IMPERIO

IRIA G. PARENTE SELENE M. PASCUAL

IMPERIO

Primera edición: septiembre de 2023

Dirección editorial: Berta Márquez
Coordinación editorial: Paloma Muiña
Dirección de arte: Lara Peces
Diseño: Mireia Rey
Ilustración de cubierta: Rubén B. Caballero

© del texto: Iria G. Parente, Selene M. Pascual
© Ediciones SM, 2023
　Impresores, 2
　Parque Empresarial Prado del Espino
　28660 Boadilla del Monte (Madrid)

ISBN: 978-84-1962-100-9
Depósito legal: M-236-2023
Impreso en la UE / *Printed in EU*

Cualquier forma de reproducción, distribución,
comunicación pública o transformación de esta obra
solo puede ser realizada con la autorización de sus titulares,
salvo excepción prevista por la ley. Diríjase a CEDRO
(Centro Español de Derechos Reprográficos, www.cedro.org)
si necesita fotocopiar o escanear algún fragmento de esta obra.

*Para quienes saben
cuándo dejar de mirar.*

«Despiertos o dormidos, trabajando o comiendo, en casa o en la calle, en el baño o en la cama, no había escape. Nada era del individuo a excepción de unos cuantos centímetros cúbicos dentro de su cráneo».

GEORGE ORWELL, 1984

«Solíamos colonizar la tierra. Era la forma que teníamos de expandirnos y ahí era donde se hacía el dinero. (...) Y entonces se reparó en la atención humana. Ahora están intentando colonizar cada minuto de vuestras vidas».

Bo Burnham

TESTIGO

Está en todas partes, es imposible que alguien no se haya enterado. En las últimas veinticuatro horas lo has visto anunciado en las pantallas de toda la ciudad, en tu visor no ha dejado de saltar la notificación con su correspondiente cuenta atrás, los hologramas de treinta siluetas desconocidas ya han empezado a obsesionar a toda la gente que conoces. También a ti, ¿verdad?

El Edificio Imperio está a punto de abrir sus puertas y, como cada año desde que lo hizo por primera vez, eso es lo único que importa.

Todas las conversaciones a tu alrededor han tratado de lo mismo durante semanas, pero hoy parece que ya ni siquiera exista otra cosa. La gente habla de la edición anterior, hacen apuestas para esta, comentan los nombres que más suenan como posibles candidatos. ¿Qué opinas tú? ¿Crees que Evan Walker va a volver a entrar, como todo el mundo dice? Es uno de los nombres más repetidos, y no es para menos: el año pasado dio un gran espectáculo. El gran triángulo amoroso, la traición, la muerte trágica en el último momento... ¿Te gustó verlo? ¿Odiaste a Evan por lo que hizo? ¿Crees que Cara Volkov sufrió una suerte que no merecía? Aunque esas preguntas no son las que importan en realidad. La única pregunta que importa siempre es: ¿estabas mirando?

Quizás no quieras que Evan Walker entre este año, ya sea por moralidad o porque no te apetece que te den dos veces el mismo espectáculo. Quizá seas la clase de persona que prefiere sangre nueva, como Bianca Fiore: guapísima, elegante, una de las Iconos de moda y belleza más reconocidas del mundo. Hay mucha gente que también apuesta por ella. Además, es amiga de Silena, la flamante ganadora del año anterior, y si Evan Walker entra por segundo año consecutivo, sería tan interesante ver qué tienen que decirse...

Que se odien. O que se amen. O lo que sea. Da igual, mientras te entretengan.

Eso es todo lo que tienen que hacer si quieren llegar a ser Imperiales: llamar tu atención hasta que no puedas pensar en nada más.

¿Y quién no aspiraría a ser imperial? A hacer las normas, a formar parte de la élite, a estar en los más alto de la jerarquía, a tener la mejor vida posible. Ya nadie recuerda cómo el mundo se dividió entre Iconos y Testigos, entre quienes son mirados —y admirados— por millones de personas y quienes miran o aspiran a convertirse en el centro de atención, pero está claro que todo el mundo mira a los Imperiales. Al fin y al cabo, es el único estatus que te asegura que nunca más vas a tener que preocuparte por nada, porque es vitalicio. Puedes dejar de ser un Testigo si consigues que suficiente gente te vea; puedes dejar de ser un Icono si, de pronto, a nadie le importas..., pero nada ni nadie hará que dejes de ser Imperial.

Y el precio para conseguirlo es solo aguantar unas pocas semanas en el Edificio Imperio. ¿Alguna vez has pensado en entrar? Si pudieras, si tu nombre fuera lo suficientemente conocido como para recibir una invitación, ¿competirías?

La cuenta atrás sigue bajando. Recibes mensajes y reenvías publicaciones; la conversación continúa. Si todo sigue su curso, no dejará de crecer. Cada año, miles de millones de personas están pendientes del principio de la retransmisión.

Quizá tú estés entre quienes dicen que no lo van a ver porque les parece aberrante, sobre todo cuando ocurren cosas que van contra la ética o la legalidad que fuera del Edificio sí se deben respetar. Pero al final, incluso quienes dicen estar en contra miran, por supuesto que miran. De hecho, es precisamente cuando ocurren esas cosas cuando las visitas se disparan, porque en el fondo, ¿cómo vas a parar? ¿Cómo no vas a opinar, cuando todo el mundo lo hace? No es culpa tuya.

—En directo desde el Edificio Imperio...

Ya está casi todo preparado. Ahí está la sede de la competición, un año más. Hace ya siete que el Edificio Imperio abrió sus puertas por primera vez, pero sigue resultando impresionante. Su altura de rascacielos, su estructura plateada y, sobre todo, sus treinta plantas deslizables.

Tras seis ediciones de Imperio, ya deberías haberte acostumbrado al funcionamiento del Edificio, pero no deja de ser fascinante ver cómo los pisos cambian de lugar, ¿no crees? La primera planta se mueve hacia arriba y se convierte en la penúltima, la decimosexta cae hacia abajo y se vuelve la primera. Aunque lo realmente atrayente de esos cambios es que, en cuanto el programa comience, van a depender de ti. Eso también es poder. Quizá no seas tú quien controle la tecnología de Imperio, quizá no seas tú quien ponga las reglas ni se invente los juegos, pero su estructura cambiará gracias a tus deseos, y eso es más importante.

Sin ti, todo esto no tiene sentido, por mucho que quienes están dentro del Edificio sean los protagonistas. Tú decides qué piso sube y qué piso baja y para ello solo tienes que mirar, mirar y mirar.

Tú vas a ser testigo de cada cosa que ocurra en ese edificio: de las mentiras, de los amores, de las traiciones, de los golpes... Tú vas a ayudarnos a elegir algunos de los retos que los Iconos participantes van a tener que enfrentar. Puede que nuestros aspirantes sean perfectos y tengan unas vidas con las que tú solo has podido soñar, puede que sean todo lo que a ti te gustaría llegar ser, pero mientras el Edificio Imperio esté abierto, ellos están en tus manos.

Haz con ellos lo que quieras. Húndelos o cuídalos. No son nada sin ti.

El Edificio deja de moverse y cambiar. Las luces de las plantas se van encendiendo una a una hasta llegar a la última, en la cúspide.

Abre bien los ojos, todos nuestros Iconos quieren que los mires solo a ellos.

Ya empieza.

PRIMERA SEMANA

Dana

Sadie Craft fue elegida presidenta cuando yo tenía diez años, así que apenas recuerdo cómo era el mundo antes de que estuviera en el poder, del mismo modo que ya nadie recuerda cómo eran las cosas antes de que existiera la separación entre Testigos e Iconos. Sí que guardo la imagen, sin embargo, de mis padres celebrando la victoria de la mujer igual que si los hubieran votado a ellos. Recuerdo a mi madre reírse, decir que era increíble y mirarme con orgullo:

—Algún día, esa podrías ser tú.

Me impactó que me dijera eso. Que creyera que podía llegar tan alto, que pudiera verme de pie en aquel escenario, dando un discurso digno de una vencedora. Sadie era perfecta, preciosa e inteligente, directa y con los suficientes seguidores fieles como para haber aplastado al resto de competidores en la carrera presidencial. Era un Icono de la cabeza a los pies, hecha para estar delante de las cámaras y no perder la sonrisa pasase lo que pasase. Transmitía... paz, no importaba lo que dijera. Transmitía cercanía, incluso si sabías que siempre estaría por encima de ti y que su nuevo cargo la convertía en poco menos que una diosa.

Empezaron a llamarla «la Emperatriz» porque parecía que había conquistado a todo el mundo. Antes de llegar a presidenta, había heredado Pandora y había empezado a hacer cambios en la red social para que los Iconos contaran con más y más privilegios cada vez. Por supuesto que ganó. Tenía en sus manos la aplicación que definía todo nuestro mundo: lo extraño había sido que, durante tanto tiempo, el gobierno y Pandora hubieran sido cosas relacionadas pero separadas. Elegirla como presidenta significaba echar abajo esa pequeña separación. Y, de alguna forma, convenció no solo a los Iconos de que era una buena idea, sino también a los Testigos, porque había algo en Sadie que atraía y, al mismo tiempo, hacía pensar que, con ella al cargo, todo el mundo tendría más poder.

Supongo que por eso a la gente le gustó la idea del Edificio Imperio, que se inauguró para el segundo aniversario de Sadie en la presidencia. Los Iconos siempre habíamos sido reverenciados: gente a la que seguir, algo a lo que aspirar... Pero ella llevó todo eso a un nuevo nivel al crear el estatus de Imperial. Le dio el poder a los Testigos, les dijo que merecían tomar más decisiones, y organizó la competición. Les preguntó a ellos específicamente quiénes consideraban que eran los treinta Iconos más importantes e invitó a los seleccionados a participar en su juego. El premio era claro: formar parte de una nueva clase que mantendría cerca de ella, una especie de consejo al que cualquiera podría llegar con el esfuerzo suficiente. Les prometió una vida resuelta para siempre, un hogar en el complejo presidencial y más poder y dinero del que una persona puede llegar a necesitar en su vida. La idea era, también, que de los Imperiales salieran los próximos candidatos a dirigir el país: candidatos que habrían sido más que probados y conocidos por todo el mundo.

Los Iconos ya éramos considerados por muchos como una especie de nobleza del siglo XXII, pero fue Sadie Craft quien decidió que podía convertir esa idea en algo real y al alcance de cualquiera: solo necesitabas tener el número suficiente de visualizaciones para ser un Icono especialmente relevante y, una vez dentro del Edificio Imperio, llamar la atención más que nadie.

Durante las cinco semanas y media que duró la primera edición de la competición, nos tuvo a todos pendientes de lo que ocurría entre aquellas altas y cambiantes cuatro paredes.

Yo también me enganché: por aquel entonces solo tenía doce años, pero la mirada de todo el mundo estaba puesta sobre Imperio y que no quería ser menos. Como mis padres no me dejaban sentarme con ellos a verlo, me las ingenié para seguir el programa como pude: por clips en Pandora y con todos los resúmenes que estaban disponibles para quien supiera buscar. Me fascinaron las idas y venidas de los Iconos, los romances, las alianzas y las traiciones, lo que la gente decía de los concursantes.

Para la segunda edición, me obsesioné por completo. La primera noche, el día de la inauguración, me quedé despierta hasta la madrugada, tapada hasta la coronilla en un intento de que mis padres no descubrieran que no me había ido a dormir cuando debía. Veía el programa todos los días, participaba en las votaciones siempre que podía, me metía al chat en cada rato libre. Al tercer día de competición, empecé a hacer vídeos y directos en los que analizaba todo y apoyaba a mis Iconos favoritos o reaccionaba a las pruebas. Mis padres estaban encantados, aunque al principio tuvieron dudas sobre si dejarme hacer un contenido tan distinto al que acostumbraba, siempre siguiendo el guion que ellos daban y acompañada de Liv.

Los números que hacían esos directos importaron mucho más que cualquier otra cosa.

Sea como sea, tenía trece años y la idea de llegar a ser Imperial era algo que me fascinaba. Soñaba con que me llegaba una invitación y me convertía en la participante más joven de su breve historia. Me montaba escenarios en mi cabeza sobre todo lo que haría, las formas en las que llamaría la atención, en qué gastaría el dinero del premio y cómo me ganaría la confianza de Sadie Craft. Las palabras de mi madre sobre que algún día podría ser ella se habían quedado en mi cabeza, aunque lo que más deseaba era aparecer junto a Sadie en los actos públicos, verla trabajar, que me mirase con el respeto de una igual. Al fin y al cabo, si llegaba hasta ella sería tras pasar por el Edificio, tras demostrar mi valía. Y tenía tan claro que podría hacerlo muchísimo mejor que los participantes que estaban en aquel momento allí...

Pero en la cuarta edición ocurrió lo de Nicholas Martin. Hasta ese momento, Imperio me había parecido un juego. Algo sin peligro real. Había pruebas, había gente haciéndose daño, pero no de verdad.

Y entonces Nicholas murió en directo.

Supongo que, en perspectiva, tenía que pasar tarde o temprano. Recuerdo tratar de analizar cómo había sucedido mientras él se desangraba en el suelo, a pesar de los intentos de algunos de sus compañeros por detener la hemorragia. Algo dentro de mí me exigía que apartara la vista, pero yo no podía dejar de mirar al tiempo que me preguntaba cómo era posible que algo así estuviera ocurriendo.

El programa no prestó ninguna ayuda a Nicholas. La regla principal es que nada ni nadie debe interferir en la vida del Edificio.

Pensé mucho en qué debía de estar pasando por la cabeza de aquel Icono mientras se desangraba. Mientras entendía, en los pocos segundos de conciencia que tuvo antes de morir, que su vida se estaba acabando. Estoy segura de que no era lo que había esperado, que ni siquiera se le había ocurrido que pudiera pasar algo así: Nicholas probablemente había concebido Imperio como un juego, igual que yo en aquel entonces. Era un Icono que había llegado a la cima en un par de años con el mismo esfuerzo que yo ponía cada día en mis vídeos y directos; puede que incluso más. Había sentido una conexión con él de inmediato, porque hablaba de su carrera en Pandora con humildad y un poco de reverencia. Tenía dieciocho años recién cumplidos.

Los mismos que tengo yo hoy.

Y, como él en su día, aquí estoy yo, en Imperio.

Miro al resto de Iconos que se reparten por la azotea del rascacielos, tratando de recordar o adivinar quién es quién antes de que todo empiece. Fuera del Edificio, el sistema de mi visor me ayudaría a reconocer las caras de quienes están a mi alrededor. Una vez dentro, sin embargo, jugamos con otras reglas y los visores que nos han dado para las próximas semanas están capados, con funcionalidades muy limitadas y sin acceso a la mayoría de aplicaciones habituales. Es casi como estar ciega, y me pregunto cómo pueden vivir los Desconectados con menos incluso que esto, sin recibir información constante, sin poder consultarlo todo con un simple parpadeo, sin tener varias pantallas abiertas a la vez para ver mucho más que lo que está ante ti.

A mi lado, Liv se revuelve, intranquila, deseando apartarse de mí pese a que ya le he dicho que tiene que permanecer cerca. Lo suficiente, al menos, como para que pueda protegerla si algo pasa. Ella sí es la participante más joven de Imperio. Ella, que tiene ahora la misma edad que tenía yo cuando Imperio empezó, todavía se emociona con la competición y la vive con ganas. Ella, que prácticamente no recuerda un mundo sin que cada año se elija a un nuevo Imperial, me lo ha contado todo sobre la edición anterior, porque yo me negué a ver nada del programa.

—¿Estás nerviosa? —me pregunta.

Estoy aterrada, pero sé que se burlará de mí si se lo digo. Me dirá que no debería estar más asustada que mi hermana pequeña y que, si iba a estar así, mejor habría sido que la hubiera dejado venir con papá o mamá. Pero no podía hacer eso, aunque ella no lo entienda.

—Estoy un poco... deslumbrada —miento—. No sé a quién mirar.

—¡Yo tampoco! ¿No te parece alucinante que estemos aquí? ¿Has visto lo guapa que va Bianca Fiore? —Y un poco más bajo, como si fuera un secreto—: ¿Has visto cómo se han mirado ella y Evan Walker?

No, no he visto nada, pero puedo imaginármelo. La enemistad entre esos dos es conocida por todo el mundo. Aunque, para ser sincera, ni siquiera sé si se habían encontrado antes de esto en persona.

—Iconos.

Siento ganas de vomitar en cuanto escuchamos esa voz que todos aquí conocemos perfectamente. En medio de la azotea se despliega una pantalla y en ella reconozco las caras de siete personas. Los seis Imperiales ganadores de las anteriores ediciones están ahí, de pie, flanqueando a la persona a la que la cámara enfoca de frente: Sadie Craft.

No sé cuántas veces soñé con parecerme a ellos, no sé cuántas veces dije que algún día sería una más de ese pequeño comité vestido de blanco. Esta noche, sin embargo, parece que ha pasado una eternidad desde que pronuncié esas palabras. Si no fuera por Liv, jamás habría aceptado la invitación, pero ella quería estar aquí y necesitaba un adulto como acompañante.

Soy demasiado consciente de lo que habría supuesto que viniera con uno de nuestros padres. Sé, también, que me habría vuelto loca viéndola solo a través de mi visor.

—Buenas noches, Iconos —nos saluda la Emperatriz, con su sonrisa de anuncio. Tiene la clase de rostro casi simétrico que ha debido de pasar por quirófano, enmarcado por mechones rubios completamente lisos—. Y buenas noches también a todos los Testigos que nos estáis viendo. Os damos la bienvenida un año más al Edificio Imperio, la mayor competición en directo del mundo.

El resto de Iconos a nuestro alrededor alzan sus copas y celebran. Incluso Liv da un salto en su sitio y aplaude con emoción. Yo, en cambio, solo puedo fijarme en la sonrisa de esa mujer y en los rostros de toda su corte. Siempre he pensado que muestra una sonrisa diferente cuando actúa como maestra de ceremonias. Parece más... cínica. Más burlona. Como si tenernos aquí encerrados, esperando a que otros decidan nuestro destino, le pareciese tremendamente divertido.

—Ya entiendo por qué algunos la llaman *Sádieca*.

Doy un respingo, sorprendida no tanto por el comentario (ese juego de palabras ya lo han hecho muchos otros antes) como por el hecho de que Klaus esté de pronto a mi lado. Mi amigo no se une al jaleo, igual que no lo hago yo. Tiene las manos hundidas en los bolsillos del pantalón y parece incómodo en su ropa de fiesta roja, el mismo color que nos han hecho vestir a todos para esta ocasión, pero que a él no le pega en absoluto.

Soy consciente de que Klaus no está participando tan a regañadientes como yo, pero aun así, me alegro de verlo. Nos conocemos desde hace años y quiero pensar que eso es bueno en un lugar como este, en el que cualquiera necesita aliados, al menos al principio. Aunque Klaus no es una estrella infantil como lo hemos sido siempre Liv y yo, lleva siendo Icono desde que la gente empezó a considerarlo un prodigio cuando solo tenía catorce años, así que hemos compartido muchísimos eventos. Nos entendemos porque tenemos la misma edad y porque creo que, en el fondo, la vida de Icono no es algo que le haga especialmente feliz, sobre todo teniendo en cuenta que, en cuanto su estatus cambió, lo separaron de su familia de Testigos para ingresarlo en una de esas academias de talentos para niños y jóvenes.

Pese a todo, está aquí, y aunque creo que se siente fuera de lugar, también creo que es demasiado consciente de que los que empezamos siendo Iconos desde niños podemos perderlo todo a medida que crecemos. Incluso Liv y yo, que nacimos de padres Iconos. Quizá Klaus considere que esta es su manera de mantenerse: en el momento en el que la gente empiece a considerar que su inteligencia y sus proyectos de ingeniería no son tan impresionantes en un adulto, su caída será inmediata.

Pero la pérdida de relevancia no es algo de lo que te tengas que preocupar siendo Imperial. Si ganas Imperio, tu vida está resuelta para siempre.

Hay algo muy extraño en imaginarme a un friki como él sentado cómodamente entre los Imperiales, acompañado de ese gato robot que le dio la fama en Pandora: Noel está sentado en el suelo, a su lado, y echa las orejas metálicas hacia atrás, como si le disgustase tanto ruido a su alrededor.

—Nos encanta comprobar que estáis impacientes por empezar, Iconos —continúa la Emperatriz—. Aunque, como ya sabéis, el desarrollo de esta competición no está solo en vuestras manos. Testigos: un año más, el Edificio Imperio depende de vosotros. Han sido vuestros votos en Pandora a lo largo del último mes los que han decidido los participantes de esta edición. De igual modo, seréis vosotros también los que decidáis quién llega al final: con vuestras visualizaciones, semana a semana, haréis que el Edificio cambie. Elegid a vuestro Icono favorito, dadle toda vuestra atención, participad en las encuestas. Y, sobre todo, no regaléis vuestro tiempo a nadie: quizá adoréis ya a alguno de nuestros participantes, pero haced que se ganen que los miréis. Ya sabemos que la gente no es igual dentro de Imperio que fuera, ¿verdad?

En la esquina inferior derecha de la pantalla, el cofre que sirve de logo de Pandora está abierto y de él salen un montón de corazones y estrellas, manos aplaudiendo y cámaras. Eso es todo lo que vamos a saber de los Testigos, todo lo que podemos llegar a ver del exterior. Ni número de visualizaciones ni comentarios ni el más mínimo control sobre las cámaras, ni siquiera desde dónde nos enfocan. Lo máximo a lo que podemos aspirar es a pedir una hora de desconexión a la semana. Y si se apaga tu retransmisión, por supuesto, son minutos de visualización que otros van a ganar en tu lugar.

Es exasperante. Es como quedarte a oscuras, como jugar a un juego donde no conoces las reglas. O donde no las hay, más bien.

—Como sabéis, la primera noche siempre es para que os conozcáis un poco, Iconos, pero sobre todo para que os deis a conocer a los Testigos que todavía no sepan quiénes sois —continúa Sadie—. Al final de la azotea encontraréis el Purgatorio: podéis dirigiros a él en el orden en el que vuestros pisos han sido colocados. Tenéis un minuto para presentaros a nuestros estimados Testigos y convencerlos de que deben mirar hacia vosotros antes que a ningún otro. Bianca Fiore: eres la Icono con más seguidores ahora mismo, así que te corresponde el piso 30, el más alto, y por tanto el primer lugar. ¿Cuánto tiempo podrás mantenerlo?

Bianca Fiore da un paso hacia delante. Liv tiene razón: está guapísima, con un maquillaje espectacular que ilumina su rostro, el pelo castaño recogido y el vestido rojo realzando su cuerpo lleno de curvas. Se mueve como si no tuviera millones de ojos sobre ella, llena de confianza en sí misma, mientras avanza hacia la puerta que ha señalado Sadie. Todo el mundo suponía que iba a estar aquí, porque es una de las Iconos más grandes que hay en este momento en Pandora... y porque es la mejor amiga de la ganadora del año pasado. Hay gente que espera que se reúnan. Hay gente que querrá verla fallar.

No puedo evitar lanzar un vistazo hacia los Imperiales alrededor de Sadie. Silena le dedica un asentimiento de ánimo a su amiga y Bianca parece hacerse incluso más alta cuando se da cuenta. No me pasa desapercibida la sonrisa, la manera en la que alza más la barbilla.

—Iconos, el espectáculo ya ha comenzado —dice Sadie, antes de que la puerta de la sala contigua se cierre tras Bianca—. Aquí empieza vuestro Imperio.

PURGATORIO

PISO 30

BIANCA FIORE

Muchas gracias a todas las personas que me habéis votado para formar parte de esto. ¡Cuando recibí la invitación, no me lo podía creer! Estoy deseando empezar y darlo todo para llegar a Imperial. Al fin y al cabo, Silena me está esperando; lo sé, lo he notado en cuanto se ha establecido la conexión. Tengo muchísimas ganas de reunirme con ella, no voy a decepcionarla. Y a quienes me seguís, tampoco.

PISO 25

EVAN WALKER

Estaba deseando regresar, aunque también ha sido duro, después de... En fin, no hace falta ni decirlo, ¿verdad? Estoy seguro de que lo recordáis tan bien como yo. Ha sido un año muy complicado para mí, pero, aun así, sigo convencido de que mi lugar está entre los Imperiales. Pase lo que pase, no voy a rendirme. Sí, soy consciente de que hay mucha gente que no quiere que esté aquí, pero incluso ellos estarán pendientes de mí. Un abrazo, haters. Os voy a demostrar lo equivocados que estáis.

PISO 18

SASHA LASKIN Y ASHER HOFFMAN (SASHER)

Sasha
La verdad es que, cuando llegó la invitación,
ni nos lo pensamos: ya era hora de que
estuviéramos aquí.

Asher
Entre los Imperiales claramente hace falta un poco
de amor de verdad, sobre todo después de tanta
traición como hubo en la edición pasada.

Sasha
Que se lo digan a Silena, que casi no entra
por el arco de la victoria de los cuernos
que le puso Walker...

Asher
Es lo que pasa cuando el amor solo es una
estrategia. Por suerte, lo nuestro es real.
Además, todavía no ha ganado ninguna pareja,
pero es que nunca había habido ninguna
tan buena como la que nosotros formamos.

PISO 8

LIV Y DANA SHIFTER (THE SHIFTERS)

Liv
¡Claro que vamos a ganar! ¡Venimos a eso! ¡Voy a ser la ganadora más joven de la historia de Imperio!

Dana
Nuestra familia espera muchas cosas de nosotras e intentaremos estar a la altura.

Liv
¡Un beso, papá! ¡Te quiero, mamá! ¡Os echamos de menos!

PISO 5

FÉLIX OLIVEIRA

En la edición de hace cinco años decepcioné a muchas personas, soy consciente, pero no va a volver a pasar: si he regresado a Imperio es para demostrar todo lo que no pude demostrar entonces. Y os aseguro que no es poco. No voy a quedar último otra vez.

PISO 1

BLAKE COOPER

No, no me importa ser la última. Lo importante no es dónde empezas, sino dónde acabas. Y yo voy a llegar al final.

Bianca

—Estás guapísima, Bianca.

—Seguro que ganas, Bianca.

—¿Esperabas estar en el último piso desde el principio, Bianca?

—¿Qué hay, Fiore?

De todas las voces que he tenido que escuchar desde que he salido del Purgatorio, admito que la de Evan Walker era la última que me esperaba. Una parte de mí no se puede creer el atrevimiento de enfrentarme así, con esa pose despreocupada y la sonrisa que el año pasado le consiguió la atención y el cariño de tanta gente. Incluido, por mucho que odie que fuera así, el de Silena.

Otra parte de mí cree que ya estaba tardando. Todo en él parece casual, desde el pelo rubio un poco despeinado hasta la corbata floja, pero no tengo ninguna duda de que cada pequeño detalle está medido. Como este encuentro, por supuesto. Sabe que esto es lo que la gente quiere ver y viene a darlo desde la primera noche. Todos nos miran ahora y creo que el resto de la fiesta enmudece un poco. Aunque es imposible, porque las cámaras que nos rodean están bien escondidas, casi puedo sentirlas enfocándonos para no perderse ni un detalle de lo que hagamos o digamos a partir de este momento.

—El que faltaba —ironiza Sasha, justo a mi izquierda, antes de beber un trago de la copa que se ha agenciado.

Su novio deja escapar una risita, como si a él todo le diera bastante igual. Supongo que es así. Conozco a Sasha y Asher desde hace un par de años y pocas veces he visto a Asher Hoffman preocupado por algo. Me alegro de que ambos hayan entrado en Imperio, sobre todo Sasha; en primer lugar, porque es mi amigo, y en segundo lugar, porque no tiene pelos en la lengua y estoy segura de que puede ayudarme mucho aquí dentro. Es su comentario lo que me da las fuerzas necesarias para tomar aire y encarar a Evan, aunque es lo último que me apetece:

—¿Qué quieres, Walker?

El chico hace un mohín lleno de una lástima que no me creo para nada.

—Qué fría. Y yo que había escuchado que eras encantadora...

—Con todo el mundo menos con los tíos que les ponen los cuernos a mis amigas. Y creo que tú estás en ese equipo, ¿no?

Escucho la risita de una persona cerca de mí, pero no me vuelvo para mirar quién ha sido: mantengo los ojos puestos en Walker, que sacude un poco la cabeza y levanta las manos en señal de rendición. No puedo evitar analizarlo de arriba abajo: es guapo, es evidente, pero he conocido a Iconos muchísimo más atractivos. No sé qué vio Silena en él o cómo la enredó para que considerase que podía ser un buen aliado.

—¿Y con los tíos arrepentidos? —pregunta, y yo solo quiero lanzar una carcajada irónica, pero me la trago—. Venga, Bianca, no tenemos por qué ser enemigos. Me gusta ver esta edición como una nueva oportunidad y...

—Guárdate tu momento victimista, Walker: ya he visto suficientes clips de ti lamentándote por la edición pasada, y no me creo ninguno.

—Eso es bastante injusto, ¿no crees? Yo...

—Mis queridos Iconos.

Todos nos sobresaltamos cuando la Emperatriz vuelve a aparecer en la pantalla. Silena también está ahí y el corazón me da un vuelco en cuanto la veo, tan preciosa como siempre con su vestido blanco en contraste con su piel negra. Recompongo mi sonrisa, pero lo hago porque espero que vuelva a reparar en mí y se sienta orgullosa.

Al fin y al cabo, si estoy aquí es en gran parte por ella.

Cuando llegó mi invitación para participar en Imperio, dudé mucho si aceptarla. En primer lugar, porque, hasta el año pasado, nunca me había interesado ser Imperial. En segundo lugar, porque sabía lo que se diría: que no merecía la oportunidad, que solo me habían elegido por ser la mejor amiga de la ganadora de la anterior edición. Estoy segura, de hecho, de que mucha gente a mi alrededor lo piensa ahora mismo, empezando por Walker.

Sin embargo, también sabía qué se diría si no asistía: que no tenía lo que había que tener; que no me merecía el crecimiento que había logrado en el último año; que solo había conseguido atención porque en algún momento había sido amiga de la persona de la que todo el mundo hablaba; que quizá no fuera para tanto; que no tenía la suficiente personalidad como para formar parte del juego... Las comparaciones con Silena continuarían, pero si no seguía sus pasos, acabarían por volverse contra mí.

Y a lo mejor incluso ella se sentiría decepcionada.

Así que acepté la invitación para acallar todas las comparaciones y demostrarle a todo el mundo que estoy a su altura. Para demostrárselo también a Silena, porque en el último año he sentido que la estoy perdiendo. Las cosas han cambiado demasiado desde que ganó: no es solo que abandonase nuestro piso compartido para mudarse a esa casa gigante que me ha enseñado alguna vez por videollamada y por la que se pasea en sus directos, sino todo lo demás. Hay distancias que son mucho más que físicas, distancias que se sienten. Apenas soy capaz de robarle algunos minutos a la semana para hablar y ya no parece lo mismo: no hay casi bromas, no hay días de ver las mismas series o compartir la música que descubrimos y que nos hace pensar en la otra; las cosas que le cuento nunca parecen lo suficientemente interesantes como para mantenerla a mi lado.

No la he visto en persona desde que ganó. A veces descubro más de su vida por lo que cuenta en Pandora que por lo que habla conmigo.

Pero supongo que es normal, ¿no? Cuando ganas Imperio, tu mundo cambia y, de pronto, tienes otro estatus y un montón de responsabilidades. No pasa nada: si gano, volveremos a compartir universo y todo volverá a la normalidad. Silena y yo volveremos a ser las mismas de siempre.

—Gracias por hablar un rato con nuestros Testigos y permitir que os conozcan un poco más personalmente —dice la Emperatriz—. Estoy segura de que la gente ya empieza a tener sus favoritos, pero los Imperiales hemos pensado que quizá deberían veros más... en acción. No son lo mismo unas palabras que los hechos, ¿verdad?

—¿Qué significa eso? —pregunta Lily Brown, a mi derecha. No se ha separado de mí en toda la noche y supongo que quiere demostrarle al mundo lo bien que nos llevamos, pese a que nos hemos visto un total de tres veces en nuestra vida.

—¡La primera noche siempre ha sido solo de fiesta! —protesta Félix Oliveira unos metros más allá. Lo reconozco de la edición en la que estuvo: me sorprende que hayan vuelto a invitarlo, porque su anterior participación dejó bastante que desear.

Lanzo un vistazo de reojo a Evan Walker, todavía cerca de mí. Él no parece disgustado, sino todo lo contrario, y eso me demuestra que no ha cambiado en absoluto desde el año pasado. En la edición del año pasado ya vimos lo mucho que disfrutaba de los retos: a veces parecía tomarse Imperio como si fuera un videojuego más de los que solía jugar en su canal de Pandora. Creo que también veía a los otros concursantes como personajes en vez de como personas; por eso pudo «entretenerse» con Silena y con Cara Volkov.

Sé que he de tener cuidado con él. Sé que todo el mundo espera que nos enfrentemos por lo que le hizo a Silena.

—Veo que lo recuerdas muy bien, Félix, querido —dice la Emperatriz, y se echa hacia atrás en el trono en el que está sentada. A sus lados, el resto de Imperiales parecen guardias que velan por ella—. Pero parte de la magia de Imperio es que nadie sepa qué es lo que va a pasar, ¿no es cierto? No querréis que los Testigos se aburran. Por eso hemos preparado un pequeño juego para hoy, la primera de las muchas sorpresas de este año.

Yo odio la idea, pero es obvio que a los espectadores les encanta, porque de la cajita de Pandora empiezan a salir un montón de reacciones de celebración: corazones, aplausos, fuegos artificiales. Nuestro público está ansioso porque esto empiece ya y se alegra de que no vayan a tener que esperar ni un solo día para ponernos en apuros.

—¿Eso significa que vais a echar a alguien esta noche? —pregunta Sasha, con las cejas enarcadas y los brazos cruzados sobre el pecho. A su lado, su novio le rodea los hombros con un brazo, relajado. No parece que le importe demasiado la posibilidad, y no sé si es indiferencia o exceso de confianza en sí mismo.

—No, nadie se irá esta noche, a menos que alguien desee retirarse, claro. Pero siempre hemos empezado la competición poniéndoos en una planta de acuerdo a vuestro número de seguidores en el exterior y... eso no suena muy democrático, ¿no creéis? —La sonrisa de Sadie se hace más amplia—. Hemos decidido dejar más claro aún que lo que importa aquí es la atención que podéis conseguir desde este momento en adelante. Y para ello hemos creado nuestro primer juego: la persona que lo gane dormirá en la última planta esta noche.

Aunque después de tantos años siendo Icono me considero una experta en disimular lo que pienso cuando hay cámaras delante, estoy segura de que no soy capaz de contener mi expresión en este momento. La última planta es mía, me corresponde. Todo lo que me he esforzado en los últimos meses para destacar cada vez más y más me ha colocado ahí.

¿Y ahora pretenden quitarme el puesto la primera noche?

Por supuesto, la noticia lo cambia todo. Noto los ojos del resto de Iconos puestos en mí, los susurros. Lily Brown me mira de reojo y bebe de su copa. Ella ha empezado en un buen lugar, en el piso veintiocho, pero supongo que la idea de pasar la primera noche en lo alto del Edificio le atrae lo suficiente.

Walker me lanza un vistazo, y no necesito que diga nada para saber que está pensando en cómo hacerme caer desde el principio. Estoy segura de que no le gusta la idea de estar cinco pisos por debajo de mí.

—¿Qué tenemos que hacer? —pregunta, tras volver la vista de nuevo a la Emperatriz.

—Evan Walker, bienvenido de nuevo —responde Sadie. Le sonríe como si verle y escucharle le resultara muy entretenido—. Parece que tienes ganas de empezar. ¿O será que quieres reencontrarte con una vieja amiga? ¿Qué opinas, Silena?

Me tenso. Desde su puesto, mi mejor amiga levanta una ceja con expresión de desagrado. Le ha crecido mucho el pelo durante este tiempo y ahora los rizos espesos y morenos le caen por los hombros. La última vez que la vi, apenas le llegaban por la barbilla.

—Está claro que soy difícil de olvidar, incluso para los traidores.

Es obvio que sus palabras tienen a los Testigos en el borde de sus asientos, porque las reacciones que salen de la caja de Pandora se triplican en este momento.

—Vamos, Sile, ¿no discutimos ya lo suficiente en la anterior edición? —dice Evan, con un suspiro dramático—. Sabes que no tenía más opción: los Testigos fueron los que me pidieron que te traicionase.

—Podías haber rechazado su reto —sugiere Silena.

—¿En la última semana de concurso? No finjas: si hubieras estado en mi situación, tú habrías hecho lo mismo. —Hace una pausa, pero está claro que Silena no se va a dignar a responder esta vez—. En fin, supongo que lo hablaremos cuando sea un miembro de los Imperiales.

—No te adelantes, cariño —le advierte Sasha, tras tomar otro sorbo de su copa y reclinarse contra su novio—. Puede que quedaras segundo el año pasado, pero este empiezas desde cero, como todos los demás.

—Ya has oído, Walker —añado. Me recompongo lo necesario como para dedicarle una sonrisa brillante—. Si yo fuera tú, miraría más por dónde camino en vez de prestar atención a lo más alto, no vaya a ser que tropieces y caigas de pronto al último lugar.

Por el rabillo del ojo veo cómo las reacciones continúan saliendo de la caja, como locas. Es la única pista que tengo de qué es lo que los Testigos quieren, ya que no hay contador de visualizaciones ni comentarios. Pero esos corazones, esos puños y las caras con las sonrisas escondidas tras las manos son todo lo que necesito para entender que los Testigos adoran el drama y que esperan muchas más discusiones entre Walker y yo.

Bien, eso se lo puedo dar. De hecho, es posible que incluso lo disfrute.

—Eh, Emperatriz, ¿en qué consiste el juego? Para ir aprovechando el tiempo mientras estos dos se matan —bromea Asher.

La Emperatriz no se hace de rogar:

—Como sabéis, el Edificio está en constante cambio para ofreceros... experiencias inolvidables. Hoy contáis con la posibilidad de explorarlo: os vamos a dar acceso a cinco salas, incluyendo la azotea en la que estáis. En cada una de las salas os espera una prueba que, si superáis, os permitirá pasar a la siguiente sala. Pero hay un pequeño inconveniente: cada sala tiene un límite de personas, un aforo que se irá reduciendo con cada prueba. Las cámaras solo seguirán a quienes avancen de sala en sala, así que ya sabéis lo que tenéis que hacer si queréis ser los más vistos: llegar lo más lejos posible. Al final de esta noche, el Edificio Imperio cambiará por primera vez en función de vuestros resultados

Todos debemos de estar pensando lo mismo: que no contábamos con esto y que no podemos saber qué nos espera. Sin embargo, si logramos llamar la atención, si convencemos a los Testigos de que merecemos que nos miren, tendremos mucho ganado. El día de la inauguración del Edificio, el mundo entero está pendiente de lo que ocurre, casi tanto como el día de la final.

Lanzo un vistazo a mi ropa. No vengo preparada para una prueba: unos tacones de quince centímetros y un vestido como el que llevo no son lo más adecuado para las ocurrencias de los Imperiales.

—¿Significa esto que vamos a tener que correr? —pregunto, aunque no espero por la respuesta mientras empiezo a descalzarme. No estoy dispuesta a que unos zapatos bonitos me cuesten el último piso.

—O ser más listos que nadie. Tanto los Imperiales como los Testigos estamos deseando saber qué opciones elegís. Sobre todo, los Testigos, porque el ganador de esta prueba tendrá un pequeño privilegio en el que ellos podrán participar.

El hecho de que no nos digan cuál es ese privilegio solo aumenta la tensión en la azotea. Un privilegio para uno de los competidores siempre significa posibilidades de que otro salga damnificado.

—¿Estáis listos, Iconos?

Nadie responde. Una cuenta atrás empieza en la pantalla y los aspirantes nos fijamos en ella. Una luz se enciende al final de la azotea para señalarnos el gran ascensor en el que hemos subido hasta aquí. Nuestra meta, supongo.

—Dadles a los Testigos el espectáculo que merecen.

Cuando el contador llega a cero, el sonido de una sirena nos da el pistoletazo de salida y todos echamos a correr.

No esperaba que alguien me pusiera la zancadilla en cuanto doy dos pasos.

No soy capaz de ver quién ha sido el culpable, aunque estoy segura de que las cámaras lo habrán captado y la gente, desde sus visores, repetirá el momento en bucle, una y otra vez. Habrá personas a las que la jugada les encante y otras que la odien, pero todo eso da igual, porque de pronto solo sé que estoy en el suelo, que un latigazo de dolor me atraviesa el tobillo y que nadie se para a ofrecerme una mano.

En vez de una posible aliada fuerte, de pronto me he convertido en una enemiga que pisotear.

Pese al dolor en el pie, en las rodillas y en la palma de las manos, me levanto a toda la velocidad que puedo y corro como nunca en mi vida. Una persona se me cruza y yo la empujo, porque me han empujado a mí antes. Puedo ver los corazones salir desde la caja por el rabillo del ojo. Esto es justo lo que los Testigos desean: ver cómo nos pisoteamos, cómo estamos dispuestos a todo para llegar a la final.

Empuja, hunde, critica, retuerce, juega. Si no lo haces tú, otras personas lo harán.

Creo que voy a conseguirlo, pero justo cuando estoy a punto de alcanzar mi objetivo, alguien me agarra de la coleta y tira de mí con tanta fuerza que pierdo el equilibrio. En esta ocasión, desde el suelo, sí que veo a la persona que lo ha hecho: Félix Oliveira me mira por encima del hombro con algo parecido a una disculpa antes de meterse en el ascensor y yo siento cómo enrojezco de rabia cuando, además, escucho la risa de Evan Walker.

—¡No te preocupes, florecilla! —exclama—. ¡Cuidaré del último piso por ti!

Las puertas del ascensor se cierran.

Y así de fácil, la ventaja con la que empezaba desaparece.

Liv

Todavía estoy recuperando el aliento cuando las puertas del ascensor se cierran y veo desaparecer a Bianca Fiore tras ellas. Trago saliva, tan incrédula como llena de ganas de echarme a reír. Esto es emocionante, es divertido, ¡y solo acaba de empezar! Aunque supongo que soy la única que lo piensa, porque a mi lado Dana suspira con pesadez y mira al techo de luces azules del ascensor. Ella no parece tan entusiasmada, pero ¿no se da cuenta de lo que acaba de pasar? *Bianca Fiore*, la absoluta favorita de esta edición, la persona a la que todo el mundo quería ver participar este año, acaba de perder su puesto en lo más alto de Imperio. No solo eso, sino que ahora ese puesto podría ser incluso nuestro, si jugamos lo suficientemente bien.

—Diez fuera, quedáis veinte —dice la voz de la Emperatriz sobre nuestras cabezas.

Veinte aspirantes, no veinte personas. Mi hermana y yo contamos como una única participación, igual que Asher y Sasha, que también han pasado. Los veo sonreírse. No me puedo creer que los tenga tan cerca: son probablemente la pareja más importante de Pandora ahora mismo. Una parte de mí quiere decirles que me encantan sus vídeos y otra, la sensata, me recuerda que eso me haría quedar como una niña fanática. Y no he venido aquí a eso: he venido a que la gente me tome en serio y me adore a mí. Pese a ello, no puedo evitar mirarlos de reojo, mordiéndome los labios para que la sonrisa de expectación no se me escape.

—Vaya, hola —está diciendo Sasha, arrinconado contra la pared del ascensor. Asher deja escapar una risita antes de apretarse más contra él, con las manos en su cintura y la cara tan cerca que algunas de sus trenzas negras rozan las mejillas de su novio.

—¿Qué tal, guapo? Me alegro de verte por aquí.

—¿Eso es lo que estoy sintiendo, o es que has colado un arma en el Edificio...?

—Hay niñas delante —resopla Dana.

La sonrisa se me cae de la boca cuando me aleja un poco de ellos, pese a que le lanzo una mirada asesina que espero que entienda. Quiero a mi hermana, pero a veces se pasa de protectora: no me voy a escandalizar porque dos chicos flirteen delante de mí, he visto cosas peores en libros, series y películas. Pronto cumpliré los trece, no soy *tan* pequeña. De hecho, estoy segura de que esta es mi oportunidad para demostrarle a mucha gente lo adulta que puedo llegar a ser, pero eso no pasará si mi hermana mayor sigue a mi alrededor tratándome como si acabase de aprender a andar.

Aun así, es obvio que soy la más joven del grupo. A mi alrededor todo el mundo es más alto que yo, y eso hace que me sienta un poco invisible, sobre todo cuando alguien me pisa y yo tengo que retroceder para no caerme. Sé que hay una persona justo a mi espalda, porque tropiezo con ella, pero antes de que pueda disculparme, un par de manos caen sobre mis hombros y me ayudan a enderezarme. Cuando miro de reojo hacia mi derecha, veo unos dedos cubiertos por guantes negros.

—¿Estás bien? —pregunta una voz suave.

Abro la boca para responder que sí, pero otra mano, desnuda y cálida, rodea la mía y tira de mí. Dana está de pronto justo a mi lado de nuevo, abrazándome contra ella y sosteniendo mi peso contra su costado.

—Está bien —responde por mí. Estoy segura de que no es necesario sonar tan borde.

A veces lo hace: lo de responder por mí y lo de ser borde. Lo primero es algo que ha aprendido de nuestros padres y, dependiendo de la situación, no me molesta porque puede llegar a ahorrarme un montón de problemas. Pero Imperio no es una de esas situaciones. Aquí me gustaría poder enseñar mi personalidad, la que va más allá de ser la pequeña de las Shifter.

Por eso carraspeo y me separo de Dana con un poco de brusquedad antes de erguirme.

—Sí, estoy bien, ¡gracias!

Ignoro el ceño fruncido de mi hermana para girarme hacia mi salvadora, que es... bueno, no es lo que esperaba, eso seguro. Mi cabeza ya se había puesto a soñar con que fuera alguna de las Iconos más deslumbrantes, como Amy Kaur o Elodie Zamora, pero en su lugar hay una chica que no consigo identificar. Y no es que su cara sea fácil de olvidar, la verdad. Estoy segura de que mi madre me diría que soy una maleducada si estuviera aquí para ver cómo me quedo mirando las quemaduras y cortes que tiene en las mejillas, la mandíbula, el cuello y probablemente más abajo, aunque desaparecen bajo su traje de fiesta.

Me pregunto cómo se las ha hecho. Y me pregunto, también, por qué no se las ha borrado. La cirugía estética puede cambiarlo casi todo y la mayoría de Iconos se han hecho algún retoque. ¿Cuántas veces he escuchado a mamá decírselo a Dana? Que estaría mejor con unas orejas pequeñas que no tuviera que tapar con el pelo, que hay varias clínicas que estarían encantadas de operarla a cambio de la publicidad... Incluso a mí me han asegurado que me darán permiso para operarme en un par de años y corregir un poco el ligero desvío de mi nariz. A mí me parece bien, aunque Dana siempre discute con ellos por meterme esas ideas en la cabeza e insiste en que mi nariz es perfecta. Pero no lo es y no veo por qué no arreglarla.

—Yo que tú la agarraría bien —le dice la chica de las cicatrices a mi hermana, aunque me dedica una mirada de reojo—. Probablemente todo el mundo salga en estampida en cuanto se abran las puertas.

Mi hermana titubea, pero antes de que pueda responder, yo me separo un paso de ella para impedir que vuelva a atraparme.

—Estoy bien —repito, aunque no sé si se lo digo a Dana o a esa Icono—. Puedo sola, no soy una niña. De todos modos, ¿tú quién eres? No te conozco.

—¡Liv! —me reprocha mi hermana.

Sé que se preocupa porque algunos Iconos se toman muy mal que no sepas quiénes son solo con verlos, pero no parece el caso de esta chica, ya que la comisura de su boca se levanta en el principio de una sonrisa divertida.

—Me llamo Blake Cooper. Empiezo en el piso uno, así que es normal que no sepas quién soy —me explica, como si no tuviera ninguna importancia.

Dana se vuelve a girar hacia ella. Veo cómo le echa una mirada de arriba abajo y no sé si se está planteando si es de fiar, si está juzgando si deberíamos relacionarnos con alguien que empieza en el piso más bajo o ambas cosas.

—Bueno, felicidades entonces: ya no estás en el piso uno —le digo yo.

La sonrisa de Blake crece un poco más, solo un poco, pero le sienta muy bien. Si se operase esas cicatrices sería preciosa, estoy segura. Tiene unos ojos grises muy bonitos y su pelo rojo conjunta perfectamente con el color del chaleco que lleva por encima de la camisa blanca.

—Sí, eso parece. ¿Y tú hasta dónde esperas subir al terminar esta prueba, Liv?

Me gusta que se dirija a mí, no a mi hermana. Todavía no lo había hecho nadie esta noche.

—¡Al último piso, por supuesto!

Blake Cooper ríe y Dana se cruza de brazos.

—¿Qué es lo que te hace gracia? ¿Piensas que no seremos capaces?

Aunque me sorprende, me alegra ver que mi hermana está dispuesta a retar a alguien aquí dentro si se nos infravalora. ¡Vamos, Dana, acaba con ella! ¡Demuéstrale quiénes somos!

—Pienso que yo voy a quitaros ese puesto. Pero os puedo ceder el siguiente.

Y después, todo el reto desaparece, porque mi hermana es tonta y se queda sin respuesta en cuanto la chica le guiña un ojo. No sería tan terrible si en ese momento el ascensor no diera una sacudida que la lanza encima de la chica de las cicatrices, pero eso termina de condenar su dignidad, porque se pone de todos los colores y se apresura a alejarse como si la otra chica quemase.

Pero luego yo soy la cría, claro.

—¿Preparada? —me pregunta Dana tras un carraspeo con el que intenta ignorar la mirada que le estoy echando o que la otra Icono se vuelve a reír.

Sacudo la cabeza. Está bien, puede que Dana sea un absoluto caos que se pone nerviosa en cuanto hay una chica guapa cerca y que no vaya a ser la hermana mayor peleona que esperaría tener aquí dentro..., pero no he venido a depender de ella.

Cojo aire y cuadro los hombros. Acabamos de empezar. Si no estoy preparada para la primera noche, no podremos llegar hasta la última planta nunca. Y quiero hacerlo.

—Preparada.

Las puertas del ascensor se abren y, tal y como predijo la tal Blake Cooper, todo el mundo quiere ser el primero en salir.

Félix

Cuando me echaron del Edificio la primera vez que participé, me dije que no volvería jamás. Había aceptado la invitación pensando que, incluso si no ganaba, la competición me daría popularidad, que aumentaría mi número de seguidores, que conseguiría contactos y, sí, por supuesto, que me daría dinero, porque Imperio te asegura un pequeño porcentaje de ganancias por cada hora que acumulas de visualizaciones. Con la cantidad de gente que estaba pendiente de Imperio, y teniendo en cuenta que las encuestas me señalaban como uno de los favoritos, estaba seguro de que con tres semanas en una buena posición tendría suficiente para dedicarme a mis proyectos durante bastante tiempo e incluso para ascender de categoría como Icono y mudarme a un apartamento mejor.

Sin embargo, nunca llegué a alcanzar esas tres semanas: el primer día que el Edificio cambió, mi piso cayó en picado y bajé hasta el primer piso. Quedé fuera de la competición.

Al principio, ni siquiera entendí la razón. Tardé un par de semanas en darme cuenta de que había sido porque no había estado jugando como los Testigos querían que lo hiciera: había ido demasiado a mi aire, como si siguiera haciendo directos desde mi casa; lo mío era relacionarme con mis seguidores a través de la pantalla, no con los Iconos que me rodeaban en el día a día. Entendí demasiado tarde que en Imperio la gente no desea que le muestres lo que ya conoce de ti, sino mucho más, porque hay demasiadas personas aquí dentro entre las que dividir su atención. Lo que los Testigos esperan es que te mezcles con otros participantes y, a poder ser, que te comportes como un capullo con ellos: que hieras y traiciones, que hagas caer a quienes son más grandes que tú y te rías de su desgracia. La mayoría de Testigos buscan espectáculo: uno crudo y duro, y si tiene sangre y peleas, mejor.

Y yo nunca he sido así. Me dije que nunca sería así.

Lo cierto es que al principio tampoco me importó perder. Me humilló, claro. Me sentí avergonzado, porque me di cuenta de que me lo había creído demasiado. Pero no me pareció el fin del mundo. Ni siquiera cuando otros Iconos empezaron a crear contenido burlándose de mí, ni siquiera cuando empezaron a caer un poco mis seguidores y mis visualizaciones. Me convencí de que estaba bien, de que se les pasaría, de que pronto dejarían de llamarme «estafa» y «mediocre» en los comentarios de Pandora. Pensé que, en cuanto se acabara la competición, todo el mundo se olvidaría del Edificio para centrarse en quienquiera que hubiera ganado.

Lo que no esperaba era que se olvidaran de mí. No esperaba que los seguidores y las visitas cayeran tanto como para terminar encontrándome a las puertas de perder mi estatus de Icono. No esperaba ver que las cifras de mis publicaciones no daban la talla, despertarme todos los días y encontrar a un Icono nuevo abriéndose paso en Pandora y desbancándome. Había luchado mucho por llegar a donde estaba, ¿cómo podía resultar irrelevante de pronto? Había mucha gente, demasiada, que empezaba a olvidarse por completo de mi nombre, gente para la que, de pronto, solo era «uno de los que echaron de Imperio».

Por eso recibir la invitación por segunda vez fue una sorpresa. Siempre ocurre: siempre hay aspirantes inesperados, para darle cierta emoción. Soy consciente de que soy solo eso: un ingrediente más en la mezcla, una segunda oportunidad envenenada, porque si fallo esta vez, no tengo ninguna duda de que voy a perderlo todo y volveré a ser un simple Testigo.

Pero si gano... Si tomo la revancha y me convierto en el Icono del pasado que consiguió que todo el mundo volviera a adorarlo y se coronó Imperial, nadie me olvidará jamás.

La otra vez quedé el último, pero ahora no dejaré que pase. Haber podido colarme en el ascensor es un buen comienzo. Como mínimo, a partir de esta noche ya no estaré en el piso 5, sino un poco más arriba. Lo siento por Bianca Fiore, pero espero que saque una lección de su caída: que alguien le tire de la coleta para adelantarla es lo más suave que le puede pasar a partir de ahora.

Soy el primero en salir en cuanto las puertas se abren, preparado para todo...

... Excepto para acabar en una celda.

—¿Qué cojones...?

Nadie habla durante el par de segundos en el que estudiamos la sala, lo suficientemente grande para contenernos a todos, sí, pero aun así bastante limitada. Cuando las puertas del ascensor se cierran detrás de la última persona que sale, nos quedamos encerrados en este sitio, rodeados de barrotes.

—Parece que este año se han puesto creativos con los espacios comunes —bromea Asher Hoffman. Él camina por la celda de la mano de su novio como si en vez de en una prueba estuvieran haciendo un *house tour*.

Pero esto está muy lejos de ser uno de los apartamentos exclusivos para Iconos a los que cualquiera de los que estamos aquí estamos acostumbrados: todo lo que hay aquí es una palangana con agua estancada y dos camas enfrentadas en las que no me tumbaría ni aunque me pagaran, con colchones llenos de manchas y almohadas amarillentas. Sobre nosotros brilla un foco con una luz que recuerda a la de un quirófano y de una de las paredes cuelgan esposas. Las cuento: diez. Igual que la gente que hemos dejado atrás y, probablemente, igual que la gente que los Imperiales quieren que dejemos aquí. No me acerco, al contrario que Evan Walker, que parece curiosearlas con verdadero interés.

—¿Qué se supone que tenemos que hacer con eso? —pregunta Lily Brown mientras se acerca a él. La he visto orbitar alrededor de Bianca durante media noche, pero ahora que Fiore no está, quizá elija quedarse junto a otro gran nombre. Y es obvio que hay mucha gente ahí fuera deseando ver qué hace Walker este año.

Por lo pronto, él coge un par de esposas y las hace girar en su mano con despreocupación.

—En realidad, creo que está bastante claro. Las esposas solo son para una cosa.

El año pasado vimos jugar a Evan de muchas maneras, así que la mayoría deberíamos ser conscientes de que puede ser encantador o despiadado dependiendo de la ocasión. Al principio, incluso yo creía que él ganaría, porque conseguía que te quedaras enganchado intentando saber cuál sería su próximo movimiento y te hacía dudar lo suficiente de sus verdaderos sentimientos como para que quisieras saber más todo el tiempo. Aunque yo nunca me creí su relación con Silena, por ejemplo, y todavía menos la que tuvo con Cara Volkov.

Visto desde esa perspectiva, no sé por qué a todos nos sorprende que Evan coja el brazo de Lily y la haga girar antes de retorcérselo. Ella deja escapar un grito agudo lleno de incredulidad, pero no puede hacer más que mirarle por encima del hombro mientras él le pone una de las esposas en la muñeca. Hay quien intercambia miradas con la persona que tiene al lado, pero nadie va en ayuda de Lily. Nadie tiene ni idea de qué hacer.

Evan, con la expresión imperturbable, se inclina hacia delante y le susurra:

—Te vi ponerle la zancadilla a Bianca en la azotea. Has sido realmente mala, Lily.

Y, con un movimiento que apenas logro seguir, cierra la otra parte de las esposas alrededor de uno de los barrotes que forman la cuarta pared de la celda.

—¿Qué haces? ¡Suéltame, Walker!

Él se muestra muy tranquilo cuando vuelve a la pared y coge otro par. Creo que los demás no podríamos soltar a Lily ni aunque quisiéramos: no se ven llaves por ninguna parte.

—Los Imperiales no dejan las cosas en un lugar porque sí —señala Walker—. Está claro que quieren que usemos estas esposas para decidir nosotros mismos quiénes pasan a la siguiente ronda.

En realidad, los deseos de los Imperiales siempre son inescrutables. A veces crees que van a hacer algo y, en el último momento, cambian de opinión. Las respuestas obvias no son siempre las más seguras, porque el juego es más divertido así, sin que nadie pueda preverlo.

Sin embargo, lo que dice Walker tiene sentido. Él, como yo, ya es un veterano en Imperio, solo que él, además, llegó hasta la final en la edición anterior, así que eso es motivo suficiente para confiar en sus palabras. O tal vez estoy tan desesperado como para creerme cualquier mentira que quiera contarme; por eso me apresuro a correr hacia la pared y agenciarme un par de grilletes.

No soy el único. Pronto hay dos grupos diferenciados: los que hemos decidido afrontar la prueba siendo los cazadores y los que se han convertido en presas. Quienes hemos decidido actuar tenemos ventaja: somos los que estamos dispuestos a todo, los que nos desmarcamos como los más fuertes del grupo, los peligrosos. Aunque no hay nada peligroso en esta prueba, ¿verdad? Nadie va a salir herido, no pasa nada. Es un simple juego de policías y ladrones, todo está bien.

Se supone que es una prueba sencilla: no hay sitios donde esconderse, no hay sitios a los que correr, pero aun así, analizo a los Iconos en un intento de encontrar a uno que no vaya a dar demasiados problemas. En mi edición decidí no relacionarme con nadie, pero he visto Imperio las veces suficientes como para saber que hay gente capaz de todo cuando se siente desesperada o arrinconada.

Al final me decanto por un chico de pecas, escuálido, que no me suena de nada. No ha llegado a tiempo de coger un par de esposas y simplemente se mantiene en una esquina, estudiándolo todo como si fuera a empezar a tomar notas en cualquier momento. Pienso en lo fácil que será ponerle el aro alrededor de la muñeca, pero cuando estoy a punto de llegar hasta él, un animal se me cruza en el camino y casi me hace perder el equilibrio.

—¿De dónde ha salido esto?

No, no es un animal de verdad: es un gato electrónico, uno de esos robots con los que he visto jugar a algunos Iconos infantiles. Pero está claro que su dueño no tiene ocho años, porque dice:

—Noel, quítale las esposas.

Estoy seguro de que las pocas mascotas electrónicas que he visto en mi vida no podían saltar como lo hace esta, que trata de quitarme lo que llevo en las manos. Y estoy seguro de que tampoco tenían dientes. La verdad, no quiero comprobar si están tan afilados como parece.

Me echo hacia atrás, tropezándome con Sasha Laskin en el proceso.

—¿Se puede saber qué es *eso*? —masculla, una vez ambos nos hemos enderezado.

—Una mascota electrónica —responde el chico de las pecas—. Levemente tuneada.

¿Levemente? Ni siquiera me da tiempo a procesar lo que está diciendo antes de que tanto Sasha como yo tengamos que apartarnos de su camino para evitar que nos muerda. Para entonces, Lily Brown no es la única esposada a los barrotes, pero supongo que yo me he equivocado al escoger a mi víctima.

—¿Necesitas ayuda, Oliveira? No tenemos toda la noche.

Reconozco a Lucian Morton un par de pasos a mi derecha. Vive en la misma urbanización para Iconos en la que vivo yo, así que hemos hablado alguna vez. Sus vídeos de viajes y retos de escalada gustan a mucha gente, pero a mí siempre me ha parecido que el tipo tiene serrín en el cerebro, así que no entiendo muy bien por qué alguien como él consideraría que puede llegar a ser Imperial, más allá de que mida metro noventa y pueda doblar una barra de hierro con las manos desnudas.

—¿Quieres intentarlo tú? –replico.

—No, pero estaría bien que sobrevivieras a la primera noche. Nadie quiere ver cómo rompes tu propio récord –se burla.

Imbécil. Si quiere sacarme de mis casillas, lo consigue, quizá porque soy consciente de que tiene razón. Esa es la única motivación extra que necesito para lanzarme hacia delante, esquivar a esa bola de metal y acercarme al chico a toda velocidad. Él trata de echarse hacia atrás y se da cuenta, demasiado tarde, de que se ha arrinconado a sí mismo. Hay un forcejeo, porque no quiere rendirse sin oponer resistencia, pero no tiene nada de fuerza. Detrás de nosotros se escucha un ruido (metálico, desagradable) que lo distrae.

—¡Noel! –grita.

El segundo en el que deja de prestarme atención resulta ser el peor error que puede cometer. Esta vez nadie debería apartar su mirada de mí.

Aprovecho el momento para asestarle un puñetazo que lo deja confundido, aunque a mí el dolor me replica en los nudillos. Una parte de mí (pequeña, estúpida) me recuerda que se suponía que no íbamos a hacer daño, pero es la parte que no siente satisfacción al ponerle la esposa alrededor de la muñeca y después asegurar el otro extremo a uno de los barrotes.

El chico sacude la cabeza y me mira con el ceño fruncido, lleno de rabia, pero después decide ignorarme para fijarse en alguien detrás de mí.

—Eso no era necesario.

Me vuelvo a tiempo de ver a su mascota de metal en el suelo con una abolladura en la cabeza: alguien le ha dado una patada y la ha lanzado hacia la pared contraria.

Lucian no parece arrepentido cuando se encoge de hombros y yo ni siquiera puedo reprochárselo. Al fin y al cabo, él ha golpeado a una máquina, pero yo lo he hecho con una persona. Y no consigo sentirme tan mal como debería, quizá porque soy consciente de que muchos de los que me rodean habrían hecho lo mismo conmigo de haber tenido oportunidad.

—Hay nueve prisioneros, queda uno —anuncia una Icono con la cara llena de cicatrices que no reconozco.

—¿Quién tiene el último juego de esposas? —pregunta Walker.

Durante un momento, todos nos medimos en silencio. La mayoría hemos actuado con rapidez, pero alguien se ha escondido unas esposas y debe de estar esperando el momento perfecto para usarlas.

No soy el único que se queda sin habla cuando Liv Shifter alza el brazo. Es apenas una niña y quizá por eso ninguno de nosotros le ha prestado atención hasta este momento, pero las esposas tintinean en su poder. Parecen un objeto muy grande para su pequeña mano.

—Liv, dame eso —le dice una chica a su lado con las puntas del pelo teñidas de un llamativo color azul. Su hermana mayor. Los menores no pueden participar solos, así que supongo que esta, al menos, habrá cumplido los dieciocho, pero no parece mucho más adulta.

—Las he cogido yo —protesta la pequeña.

—¿Y a quién quieres que se las pongamos?

—¿Qué?

La niña mira a Evan Walker con sorpresa y él le dedica una de esas sonrisas que le consiguen un montón de seguidores.

—Tienes razón: las has cogido tú, me parece justo respetarlo. Así que te ayudaremos, ¿qué te parece? Al fin y al cabo, solo queda una persona. Será más rápido si nos aliamos. Elige quién quieres que se quede aquí y nos encargaremos entre todos.

La chiquilla mira alrededor. En ningún momento se plantea señalarlo a él, y entiendo que eso mismo es lo que Evan pretendía al decirle que hiciera los honores. La mirada de la niña se para un segundo sobre la chica de las cicatrices y, después, sobre mí. Tengo la tentación de encogerme y desaparecer. Apenas si me atrevo a respirar cuando levanta el dedo y me señala.

—A él.

Tardo dos segundos en darme cuenta de que no se refiere a mí, sino a alguien justo a mi espalda.

Lucian abre mucho los ojos, con incredulidad.

—¿Estás de coña, niña?

—Me gusta Noel, no deberías haberle hecho eso —resuelve la niña, tras encogerse de hombros. Cerca de mí, y pese a estar esposado, el chico de las pecas se ríe un poco ante la venganza que lleva el nombre de su robot.

—Muy bien —dice Walker.

Nadie le lleva la contraria. Nadie se cuestiona nada. Queremos acabar pronto con esto, como ha dicho él, y salir de aquí. Queremos seguir adelante y comprobar que nuestros pisos no dejan de subir. Así que, aunque Lucian me ha ayudado hace un minuto, yo mismo me giro para arrinconarlo, como hacen casi todos los demás.

Algunos dudan, pero Evan tiene razón: somos más, por muy grande que sea Lucian.

Pese a que cuesta mantenerlo a raya, al final lo conseguimos. Lucian nos mira con los ojos llenos de ira, pero no importa.

No es nada personal. Él también lo ha hecho con otros. Lo habría hecho conmigo en el caso de que me hubieran señalado a mí.

Si quiero llegar al último piso, eso implica que otro tiene que quedarse en esta celda. Las cosas simplemente son así.

—Adelante, nosotros lo sujetamos —le dice Evan a la niña con una media sonrisa. Dana Shifter no parece muy feliz con la situación, pero, aun así, no deja de sostener a Lucian, como todos los demás.

La niña se muerde el labio en un intento de disimular su sonrisa y da un pequeño salto en su sitio, demasiado emocionada para la situación en la que nos encontramos. Puede que sea pequeña, pero hay que concederle que ha demostrado no tener miedo de señalar, de ordenar, y a mí se me ocurre que quizá alguien tan joven y caprichoso encaje perfectamente entre los Imperiales. La expresión de triunfo y su alegría cuando le pone las esposas a Lucian no tienen precio.

Justo en ese momento, la puerta se abre con un chasquido y la voz de la Emperatriz suena de nuevo desde todas partes, llena de diversión:

—Sois libres, Iconos —dice—. Pero cuidado: dicen que el karma siempre golpea de vuelta.

No sé qué es lo que quiere decir. Tampoco me importa.

Si hablamos de karma, a mí me debe una victoria.

Sasha

Las maldiciones que nos dedican los compañeros con los que vamos a tener que convivir durante las próximas semanas son solo ruido de fondo mientras recorremos un pasillo oscuro y poco iluminado que da bastante mal rollo. Vemos más celdas, pero todas están vacías y cerradas, así que supongo que no tienen nada que ver con nuestra siguiente prueba. O eso espero, al menos. Por hoy ya he tenido suficiente de este rollito sadomaso, aunque yo ni siquiera le he puesto las esposas a nadie: Asher ha sido más rápido, como siempre, porque él es el experto en actuar, mientras que mi fortaleza por lo general consiste en distraer. Ahora camina a mi lado, con nuestros dedos entrelazados, cerrando la comitiva. Evan Walker, por el contrario, abre la marcha mientras habla con la niña diabólica que, está claro, ha disfrutado demasiado lanzando a varias personas contra otra. Espero que no decidan hacer equipo, porque lo último que necesitamos es que los Testigos le pongan a Walker la etiqueta de padrazo o superhermano mayor.

Aparto la vista de ellos y vuelvo a mirar alrededor. No entiendo por qué los Imperiales crearían toda una cárcel si solo iban a hacernos jugar en una de las mazmorras.

—¿Crees que volveremos a ver estas celdas? —le pregunto a mi compañero.

—¿Es una pregunta de verdad, o estás fantaseando? —responde él.

Resoplo. Cuando lo miro, sus ojos castaños parecen brillar incluso en esta penumbra.

—A lo mejor ambas.

Su sonrisa se pronuncia un poco más cuando le sigo el juego. Sus labios, gruesos y suaves, se posan sobre la comisura de mi boca y yo dejo escapar una risa. En otro tiempo, me habría estremecido. En otro tiempo, puede que incluso se me hubiera pasado por la cabeza alguna idea creativa con las esposas y con él. En otro tiempo, habría girado la cabeza para capturar su boca con la mía, besarlo en serio y mostrarle hasta dónde podrían llegar mis fantasías.

Ahora la fantasía sería encerrarlo en uno de esos calabozos y tirar la llave por la ventana de nuestro piso en la planta número dieciocho. Bueno, como somos de los diez participantes que quedan en este primer juego, supongo que ahora podría tirarla incluso desde más alto. Con suerte, nadie la encontraría jamás.

Porque la realidad es que no soporto al imbécil que tengo al lado.

A veces me cuesta recordar que hubo un tiempo en el que no era así. En el que esto, lo que tenemos, era algo más que una actuación digna de premio. Asher y yo éramos pareja cuando decidimos empezar con nuestro canal de Pandora. Nos pareció algo divertido que hacer, y la idea de ponernos delante de la cámara no nos disgustaba. No es que soñásemos con convertirnos en Iconos... Bueno, mentira. Ese es el discurso que tenemos cuando grabamos o hacemos directos (la mayoría de Iconos lo tienen, porque la humildad vende), pero ¿quién no sueña con convertirse en Icono? El dinero, la fama, las ventajas... Claro que aspirábamos a eso. Claro que queríamos ser *alguien*. Esa, de hecho, es la única razón por la que aún no lo hemos dejado públicamente: contarle a tus más de cinco millones de seguidores que la persona con la que te ven desde hace cuatro años y tú ya no estáis juntos no es sencillo. No cuando sabes que te siguen precisamente porque piensan que sois perfectos el uno para el otro, que él y tú les hacéis «creer en el amor». ¡Si hasta hay gente que tiene camisetas con «Sasher» impreso en letras rosas y rodeado de corazones! ¿Cómo vas a confesarles que, cada vez que él te llama «cariño» con esa sonrisa empalagosa, quieres lanzarle las manos al cuello y estrangularlo? ¿Cómo explicarles que un día empezaste a ver todos sus defectos y podrías redactar una tesis doctoral con las formas en las que es capaz de sacarte de quicio en tan solo veinticuatro horas?

No podemos hacer eso. Incluso estando enfadados, incluso habiendo llegado a la conclusión de que lo nuestro nunca habría funcionado y que, claramente, yo estaba bajo los efectos de algún brote psicótico cuando pensé que me gustaba, llevamos ya tres años viviendo juntos y sería imposible volver a tener vidas por separado.

Y ahora, encima, estamos en Imperio, participando como pareja.

Bien, estoy seguro de que, si ganamos, no habrá vuelta atrás: estaremos condenados a permanecer juntos por los siglos de los siglos y a hacernos cortes de manga de un segundo cuando nadie nos esté prestando atención.

Al menos, cuando uno de los dos se muera, el otro podrá contar toda la verdad y aspirar a tener el récord de la mayor mentira que se le fue de las manos a alguien.

Y mi padre decía que nunca llegaría a nada...

—¿Qué te hace tanta gracia?

No me doy cuenta de que estoy sonriendo hasta que Asher me da un suave codazo. Para entonces, el corredor ha desembocado en las escaleras de emergencia. Cuando Sadie Craft mencionó que íbamos a poder explorar el Edificio, no esperaba que se refiriera a eso.

—Pensaba en que la primera noche está dejando los estándares muy altos.

Asher pone esa cara que tan bien le conozco, la que usa cuando suelta las bromas inadecuadas:

—Si quieres, mañana puedo intentar superarla.

A veces todavía me cuesta distinguir cuántas de las sonrisas con las que le respondo son de verdad y cuántas simplemente están ahí porque me he acostumbrado a que tienen que estar.

—Sonaría prometedor si no nos estuvieran viendo tantas personas —le respondo.

—¿Te da vergüenza? Siempre has estado dispuesto a un poco de exhibicionismo...

—Oh, no es por mí, es por ti: no quiero que quedes mal delante de tanta gente.

Asher me empuja un poco, aunque sigue manteniendo la sonrisa en la boca. Le conozco lo suficiente como para saber que en realidad no le ha hecho ninguna gracia y que probablemente ahora es él quien está pensando en encerrarme a mí.

—Muy gracioso. Yo al menos he hecho algo en la última prueba. ¿Qué dices que has hecho tú?

—¡Inspirarte para seguir adelante!

Nos reímos, porque así es como la gente da por hecho que estamos de broma, pero yo siento la electricidad de la tensión chasquear entre nosotros.

Para entonces hemos llegado a los pies de las escaleras, desde donde accedemos a otra sala. Y no cualquier sala: es probablemente uno de los comedores más lujosos que he visto jamás. Las paredes están llenas de apliques dorados y réplicas de cuadros que conozco, aunque no están como los recuerdo: muchas de las figuras humanas, en realidad, representan a los Imperiales. Reconozco a la Emperatriz, pero también a Jacob Vencel, el ganador de la primera edición de la competición. Silena Devon y Verity Meyer nos observan, casi reales, convertidas en estatuas de mármol y acero a las que decido que no voy a acercarme por si cobran vida. Hay jarrones preciosos de los que ya nadie usa, ni siquiera los coleccionistas, y muebles tan antiguos que parecen sacados de las ilustraciones de los cuentos de hadas que se proyectaban todas las noches en el techo de mi cuarto cuando era un crío.

Sin embargo, lo más llamativo es la mesa enorme que hay en medio de la habitación, decorada con platos y cubertería de oro y copas del cristal más fino que he visto nunca. En el medio hay mil bandejas diferentes, todas llenas de suficiente comida como para alimentar durante una semana a los treinta Iconos del Edificio e incluso puede que a alguno más.

—¿De verdad? ¿Quién querría comer ahora? —pregunta Félix con expresión de ir a vomitar.

Miro a los demás. La niña le está haciendo ojitos a una tarta de tres pisos recubierta de crema. Tiene pequeñas montañitas de nata encima, cada una rematada con una perfecta flor de azúcar. Me recuerda a las tartas de boda que estuvieron de moda hace siglos y que ya nadie usa más que para el vídeo de turno en el que la pareja la corta.

—Podemos fingir que es una cena romántica —le digo a Asher, aunque se me revuelve el estómago solo de pensarlo—. Mira, incluso hay pastel de fresas, tu favorito.

Me giro hacia mi exnovio con una sonrisa brillante, aunque la suya me deja claro que me matará si acerco una sola fresa a su boca. No hay nada que le dé más asco.

—Qué suerte la mía. ¿Crees que habrán pensado también en ti y habrán añadido algo con frutos secos?

Solo si los Imperiales quieren ver una muerte ridícula por culpa de mi alergia.

—Mejor no lo comprobamos. Me conformo con que estés tú en el menú.

—A mí resérvame para el postre —responde, con un guiño.

Todos estamos todavía recorriendo los laterales de la mesa y tratando de averiguar de qué va esto cuando la pared negra del fondo de la sala titila. Tardo un segundo en darme cuenta de que no es una pared, sino una pantalla. Sadie y su pequeño comité de Imperiales no tardan en mostrarse en ella.

—¿Qué sería de una celebración sin un buen banquete? —pregunta la Emperatriz—. Aquí tenéis el vuestro, Iconos. Os lo merecéis por haber llegado tan lejos en vuestra primera noche. Adelante, celebrad que habéis conquistado los diez últimos pisos del Edificio y comed. Aunque tenéis que elegir muy bien lo que tomáis: algunas de estas comidas incluyen premio, pero otras... Otras podrían sentaros mal. ¡Que aproveche!

Y ya está. La Emperatriz decide que esta vez no tenemos derecho a ninguna pregunta y desaparece. Pero casi es mejor así. Al final de la competición, habré asociado ver a esa mujer con malas noticias y no querré volver a encontrármela nunca más.

—Así que... ¿Tenemos que comer? —Extiendo la mano y corto un trozo de ese pastel de fresas que he visto antes y que tan buena pinta tiene. Me encargo de que sea un pedazo más bien grande, de los que no te puedes terminar de un bocado, y me giro hacia Asher—. Vamos, amor, abre la boca.

Él trata de fulminarme con la mirada mientras intenta mantener la sonrisa en los labios.

—No sé, lo que ha dicho la Emperatriz no suena muy bien. ¿No tienes miedo de que haya cosas aquí que estén envenenadas...?

Asher mira alrededor, como si estuviese buscando algún tipo de apoyo. El que más y el que menos, sin embargo, está empezando a probar lo que hay en las bandejas. Eliza Villegas, famosa en Pandora por su perfil de cotilleos de otros Iconos, olisquea un trozo de pollo frito antes de llevárselo a la boca y decidir que está muy bueno, por cómo se le ilumina la cara. La niña, por otro lado, echa la mano hacia la tarta de tres pisos y, sin vergüenza, pellizca el bizcocho para llevárselo a la boca. Por la expresión que pone y la forma en la que se apresura a escupir en una servilleta, o lleva alcohol o en realidad está hecho de verduras.

Así que, haciendo de tripas corazón, Asher abre los labios y le da un mordisco al trozo de pastel. Él tampoco parece pasarlo bien mientras mastica, pero se lo traga.

—¿Qué tal, cariño? —le pregunto.

—Deliciosa. Incluso mejor que ese guiso tan bueno que hacías cuando todavía éramos Testigos, ¿te acuerdas?

Capullo. Al menos yo me esforzaba en cocinar, pero él es incapaz de hacer unas simples tostadas: las carboniza incluso con la ayuda de la tecnología de cocina más puntera.

—¿De verdad? Pues no te cortes: celebremos que hemos llegado hasta aquí.

Y decido que cuando abre la boca para protestar es el mejor momento para meterle dentro lo que me quedaba de tarta en la mano. Asher abre mucho los ojos, pero se aparta de mí mientras intenta no vomitarlo todo sobre la alfombra.

Félix Oliveira, no mucho más allá de donde estamos nosotros, le da un mordisco tentativo a una hamburguesa y empieza a toser incluso antes de tragárselo.

—¡Esto está asqueroso!

Deja la comida en el plato en el que la ha encontrado y se apresura a beber agua de una de las copas. Yo me pregunto por qué algunas cosas parecen estar deliciosas y otras resultan tan horribles: tiene que haber alguna lógica, ¿no? O quizá no. Quizá los Imperiales solo quieran divertirse viendo cómo sufrimos una intoxicación alimentaria. Suena a ellos. Seguro que los Testigos también se lo están pasando muy bien en sus casas.

Blake Cooper se acerca a él. Me ha sorprendido verla aquí: la sigo en Pandora porque un día el algoritmo me recomendó la historia de su brutal accidente y me dio la suficiente pena. O quizá no fuese pena, o no solo eso. Ver cómo mostraba su recuperación pese a todo lo que había perdido, poco a poco, me resultaba bastante admirable. Aun así, las cicatrices parecen todavía más dolorosas en la realidad que en sus *streamings*.

—¿Te sientes mal? —le pregunta a Oliveira. Yo la miro de reojo, un poco intrigado. Parece algo más que un comentario amable.

—No, solo está asqueroso, pero...

La chica coge la hamburguesa mordisqueada. Pienso que le va a dar un bocado ella misma, pero me sorprende que lo que haga, en cambio, sea desmenuzarla con las manos. Tiene el ceño fruncido, pero no parece exactamente asco, sino concentración.

Y entonces ocurre: su expresión cambia, su cara se ilumina un poco. La comisura izquierda de su labio se alza, igual que lo hace su mano cuando muestra, entre el índice y el pulgar, una figurita de acero. No, no cualquier figurita: una miniatura del Edificio Imperio, como esas que a veces les venden a los turistas en las tiendas de regalos de la ciudad.

—Blake Cooper, puedes pasar a la siguiente sala —anuncia la voz de la Emperatriz casi al mismo tiempo.

Una puerta oculta entre los detalles dorados de la pared se desliza y se abre para la Icono. Estoy seguro de que ella ni siquiera se giraría para mirar a nadie antes de salir si Félix no dijera en ese momento:

—¿Qué? ¡No tiene sentido! ¡Esa hamburguesa era mía! ¡Yo la he probado y estaba mala...!

Cooper se detiene y parece estudiarnos a todos un instante, como si se preguntase a quiénes de nosotros va a ver de nuevo esta noche.

—Pero no te sentó mal. La Emperatriz no ha mencionado cómo debe *saber* la comida.

Y, como si todo fuera parte de una broma muy elaborada, Eliza Villegas cae al suelo en ese momento, desmayada. A su lado, Elodie Zamora la llama, alarmada, y se apresura a arrodillarse a su lado para comprobar su pulso y darle algunas palmaditas en la cara.

—¿Está muerta? —pregunta alguien con temor.

—¡Claro que no! —responde Elodie—. Parece que solo está dormida, pero no responde.

Respiro con alivio. Supongo que «algunos de estos alimentos podrían sentaros mal» en este caso solo significaba «vamos a drogaros», lo que, dentro de los estándares a los que los Imperiales nos tienen acostumbrados, es mejor que «podéis terminar sufriendo una muerte lenta y dolorosa».

Me doy cuenta de que Blake Cooper ha seguido su camino hacia la siguiente sala cuando la puerta se vuelve a cerrar tras ella. Hay un segundo de calma mientras el resto analizamos la situación. Dos segundos. Tres...

Nos lanzamos como carroñeros a por la comida de la mesa. Hay quien da mordisquitos pequeños, precavidos, y luego empieza a desmenuzar la comida. Hay quien prefiere destrozar la comida sin más. Félix Oliveira coge una bandeja entera de empanadillas y las empieza a comer y escupir. Evan Walker se pone a machacar el pastel de tres pisos, porque él también debe de haber visto a la niña ponerle mala cara.

Es una imagen completamente ridícula. Ahora sí que estoy seguro de que todas las personas que nos estén viendo tienen que estar riéndose de nosotros.

Estoy tan ensimismado que no me doy cuenta de que Asher está justo a mi lado hasta que me estampa un rollito de verduras en la boca. Al menos no es una tarta de almendras o un pan con semillas de calabaza. Por inercia, para no atragantarme, lo mastico y lo trago, antes de darme cuenta de lo bien que sabe... y de que probablemente acabo de cometer un gran error.

—Mierda.

—¡¡Lo tengo!! —anuncia Félix con los labios manchados de salsa de tomate y una de las figuritas en sus manos.

—¡Aquí! —grita Evan casi al mismo tiempo, con otra de las piezas entre sus dedos cubiertos de crema y trozos de bizcocho.

La puerta se abre para ambos.

—¡Date prisa! —me anima Asher.

Bueno, quizá «animar» sea mucho decir. Si pudiera darme patadas para que fuera más rápido, lo haría, porque es de los que creen que hacer las cosas rápido significa hacerlas bien. Y no tiene paciencia. Una más de sus encantadoras características.

—¡Lo he encontrado! —grita la niña amiga de Evan Walker mientras alza su estatuilla con orgullo.

Cuando se gira para ver la puerta abrirse para ella, sin embargo, no ocurre nada.

—En el caso de los Iconos que participan en pareja, los dos participantes deben pasar la prueba para darla por válida, a no ser que sean pruebas en las que los separemos en distintos equipos —nos recuerda Sadie desde los altavoces. Y juraría que la condenada está disfrutando esto incluso más que los Testigos—. En este caso, si tu hermana no consigue su figura también, Liv, no te podemos dejar pasar. Lo contrario sería injusto para el resto de participantes que vienen solos, ¿no crees?

Como si a los Imperiales les importase algo el concepto de justicia, cuando en Imperio la única justicia que cabe es la que se busca cada uno. Aun así, la niña acepta las palabras como una verdad absoluta y sencillamente le mete prisa a su hermana mayor, que continúa pasando de comida en comida, de plato en plato, todo lo rápido que puede. Mete los dedos en una tarrina de yogur y sacude la cabeza antes de lanzarse a por una bandeja de huevos rellenos.

—¡Es mía! —grita alguien—. ¡He pasado!

Trato de enfocar y saber quién habla y me doy cuenta de que no puedo. La habitación ya no parece tan estable como hace un minuto. Me aferro al borde de la mesa. A mi lado, Asher se detiene.

—¿Qué te pasa?

Intento hablar, pero la lengua me pesa una tonelada.

—¡Sasha!

No me doy cuenta de que me he inclinado peligrosamente y he estado a punto de perder el equilibrio hasta que mi exnovio intenta estabilizarme. No quiero apoyarme en él, pero no me queda otra. Al menos sé que si nos piden que hagamos uno de esos ejercicios de confianza, él me atrapará cuando me eche hacia atrás, aunque solo sea parte de la actuación.

—¿Estás bien? ¡Sasha, háblame!

Maldito dramático. Los párpados me pesan, pero consigo dejar escapar algo parecido a un gemido. Noto la mano de Asher en mi cara, en mi mejilla. Siempre le ha gustado el espectáculo y está claro que ahora está más que dispuesto a darlo.

Lo estás pasando de miedo, ¿verdad, imbécil?

—Lo siento, cariño, te he fallado. Pero no te preocupes, no voy a abandonarte. —Porque no puedes, no te dejan pasar de cuarto sin mí—. Estaré aquí cuando despiertes, ¿de acuerdo, mi vida? ¿Me oyes?

Blablabla. Insoportable.

—Te quiero.

Creo que me da un beso en los labios. Porque, por supuesto, interpretaría su papel de chico enamorado incluso sobre mi cadáver. Suspiro. Al menos supongo que esta noche dormiré de un tirón y no le escucharé decir más tonterías.

El último consuelo que me queda antes de perder por completo la consciencia es que va a tener que cargarme de vuelta a nuestro piso. Que se joda.

Evan

Imaginé que iban a invitarme otra vez a participar en Imperio prácticamente el mismo día que terminó la edición del año pasado, así que no me sorprendí cuando me llegó el mensaje. Fue fácil pensar qué podía llegar a hacer si volvía a participar: me había pasado todo el año meditando sobre ello, sobre las cosas que podría haber hecho de manera diferente en mi juego y las cosas que nunca habría cambiado. Fue fácil llegar a la conclusión de que todavía me quedaba mucho por hacer en esta competición.

Y ahora que estoy aquí, ahora que todo ha empezado otra vez, estoy más seguro que nunca de que he tomado la decisión correcta.

En realidad, podría haberme negado a volver. Podría haber decidido que ya había tenido suficiente con participar una vez, haberme contentado con el dinero ganado y con que todo el mundo hablase de mí después de finalizar mi edición. Aun así, no todas las conversaciones fueron positivas. La gente hablaba de mí, sí, pero no siempre para bien. Algunas personas estaban realmente enfadadas: no solo los fans de Silena por lo de la infidelidad, sino todos los seguidores de Cara. Ellos han sido los peores, durante todo este tiempo, con sus acusaciones incansables, con sus exigencias, con sus insultos.

Lo que no parecen entender todas esas personas es que yo tampoco lo pasé bien la última semana, ni en la prueba final. Sobre todo, en la prueba final. Al fin y al cabo, fui yo, y no toda esa gente que dice querer y defender a Cara (pese a que en realidad no la conocían de nada) quien tuvo que verla morir desde muy cerca, en vez de a través de una pantalla.

Fui yo quien vio su última expresión.

Fui yo quien la sostuvo por última vez.

Intento no pensar en que ella se habría reído con la prueba de la comida. Le habría gustado, porque era el tipo de persona que disfrutaba de los acertijos y la forma en que la Emperatriz elige sus palabras. El problema de Cara fue que realmente entró para jugar, sin entender que ella misma pasaría a formar parte del juego.

Mientras cruzamos a la siguiente sala, me entretengo con la miniatura del Edificio que he conseguido, lanzándola al aire y recogiéndola. Me detengo cuando Félix Oliveira y yo nos reunimos con... no recuerdo su nombre, aunque parece difícil olvidarse de su cara llena de cicatrices.

—¿Cómo has dicho que te llamabas? —pregunto.

—No lo he dicho.

La chica me mira de arriba abajo y yo hago otro tanto, fijándome en su cabello demasiado rojo, probablemente teñido, y la piel blanca sobre la que sus marcas destacan. Me suena de algo, pero no sabría decir de qué. Supongo que de Pandora. Quizá el algoritmo me ha enseñado su perfil alguna vez, pero no me he quedado en él lo suficiente como para recordarla.

En realidad, no importa. En Imperio importa mucho más quién puedes ser aquí dentro que quién fueses fuera. Y quién puede ser esta muchacha aquí dentro lo iremos descubriendo poco a poco, si tiene lo que hay que tener.

—Has sido muy rápida en la prueba anterior —la felicito—. Tanto descubriendo lo que quería decir Craft como quitándole el caramelo a un niño.

Félix resopla y me lanza una mirada de desprecio cuando hago un ademán hacia él.

—¿A quién llamas niño, Walker?

—Venga, Oliveira, no te lo tomes así —respondo, divertido—. Hay que saber perder.

—Ya, por eso estás tú aquí: porque has asumido muy bien tu derrota del año pasado.

—Yo no lo llamaría derrota: quedé segundo. Lo que es sorprendente es que *tú* estés aquí, cuando en tu edición quedaste de último...

Félix Oliveira se gira hacia mí, esta vez sí, fijando sus ojos azules sobre los míos. Es más alto que yo y tengo que alzar la mirada para encararlo, pero no resulta nada imponente, aunque lo intenta al cruzar los brazos sobre el pecho.

—¿No crees que estás muy subidito para tener a media audiencia queriendo hundirte por lo del año pasado, Walker? —escupe—. Pareces tener claro que esta vez vas a conseguir la victoria, pero yo no estaría tan seguro.

—Hizo lo que le pidieron los Testigos. ¿No vienes tú a lo mismo?

Aunque había abierto la boca para dar una respuesta parecida, me sorprende que sea la chica que nos acompaña la que salga en mi defensa. Lo suficiente, de hecho, como para que la miniatura de Imperio con la que he seguido jugando se me caiga al suelo. La cojo rápidamente y me la guardo en el bolsillo, como un bonito recuerdo que pienso llevarme a casa cuando todo acabe. Con suerte, adornará mi nueva sala de juegos en la mansión de los Imperiales.

—Si te refieres a engañar a Silena, sí —masculla Félix—. Pero dudo que los Testigos esperasen que matara a la otra chica...

Hay un momento de silencio en el que yo mismo no sé cómo responder. La primera vez que escuché esa acusación fue de los labios de Silena, cuando la prueba en la que murió Cara terminó. Tengo la imagen grabada en mi cerebro: las dos torres de quince metros de altura, una en cada esquina de la azotea, unidas por un puente de listones intermitentes. Recuerdo observar los huecos que había entre ellos y sentir vértigo al pensar en la caída, en lo fácil que sería resbalar y deslizarse al vacío.

Pero aquel era el último tramo de una carrera de obstáculos que ya había sido suficientemente dura hasta ese momento. Y el premio para la persona que cruzase aquel precario puente primero era un diez por ciento de visualizaciones extra. Una cantidad demasiado importante en la última semana de competición.

Por supuesto que todos corrimos, algunos más que otros. Silena no era capaz de avanzar tan rápido como quería, muerta de miedo, así que Cara y yo nos desmarcamos rápido. Íbamos casi a la par cuando ella gritó. No creo que nunca vaya a ser capaz de olvidar su rostro lleno de horror mientras trataba de sostenerse con las manos en el mismo listón al que yo sí había conseguido llegar de manera fluida, sin tropezar.

A veces todavía me despierto de noche con su súplica en los oídos.

«Por favor, Evan. Por favor».

A pesar de que podía significar la derrota, de que me arriesgaba a perder ese diez por ciento, ni siquiera me lo pensé antes de pararme a ayudarla.

Pero, a la hora de la verdad, no sirvió para nada. Aunque cogí su mano, aunque la sostuve... Cara cayó.

Y pese a ello, pese a que hice todo lo que pude, pese a que fue más doloroso para mí que para nadie ver cómo pasaba, llevo un año teniendo que leer comentarios como el de Oliveira. Todo porque Silena decidió utilizar la muerte de Cara a su favor al arrastrar mi nombre por el fango en los últimos días de competición, cuando me acusó de haberla soltado para ganar.

Pero solo estaba frustrada porque al final yo conseguí el diez por ciento y ella no porque, tras el accidente, se quedó allí plantada, mirando al vacío, en vez de seguir adelante como hice yo. Sí, Cara murió, pero la prueba no iba a terminar hasta que uno de nosotros llegase al final, porque así es como funciona Imperio. Yo continué y mucha gente me culpa por eso, pero ¿qué otra cosa podía hacer?

Daba por hecho que otros competidores iban a intentar utilizar eso contra mí, pero no lo esperaba de Félix Oliveira. Supongo que esta vez realmente viene a jugar. No sé si hay cámaras apuntándonos ahora, mientras esperamos a que el resto de nuestros compañeros acaben la prueba del banquete, pero si las hay, sé que algunos Testigos estarán encantados con él por el atrevimiento. Otros no, claro. Mucha gente me cree. Mucha gente sabe cuánto me importaba Cara y que yo jamás le habría hecho daño. Mucha gente es perfectamente consciente de que, si hubiera querido que muriese, habría seguido adelante en vez de pararme a ayudarla.

—Eso fue un accidente, ¿no? —responde la muchacha, y se encoge de un solo hombro—. No fue la primera muerte de Imperio ni será la última. La prueba era peligrosa y la chica se cayó.

Resulta agradable escuchar a personas sensatas de vez en cuando.

—La muerte de Cara me golpeó más fuerte que a nadie —me defiendo yo—. Tú no estabas aquí, Oliveira: créeme, vivirlo es mucho peor que verlo. No sé qué es lo que crees que pasó, pero yo no la dejé caer, como dicen algunos. Teníamos... un vínculo.

Intento no pensar en su cuerpo tirado en el suelo de la azotea. En la sangre.

—Venga ya —resopla él—. Lo único que lamentas es que ni siquiera el porcentaje que ganaste en esa prueba y todo el teatrillo que montaste por ella te dieran la victoria. Te habría encantado estar decidiendo las pruebas de este año, ¿a que sí?

—Me queda claro lo que piensas de mí, Oliveira, pero me trae sin cuidado: creo que solo tratas de llamar la atención que no tuviste en tu edición y consideras que ir contra mí es una buena manera de hacerlo, ¿no?

Félix enrojece, no sé si de vergüenza o de rabia. No puede responder, sin embargo, porque en ese momento la puerta vuelve a abrirse y entra otra Icono. Deborah Decker aparece limpiándose su espectacular vestido largo, como si lo que más le molestara de lo que acaba de pasar es habérselo manchado. Cuando empezó la noche, estaba solo dos pisos por debajo de mí. Su contenido por lo general es de deporte y vida sana, algo que se ve en los brazos musculados y la espalda grande. Es el tipo de persona de la que viene bien ser aliado, porque tiene fuerza suficiente como para tumbar a cualquiera.

—Bienvenida, Deborah —la saludo.

Ella me mira de reojo, todavía frotando la mancha, y hasta me dedica una sonrisa.

—¿Qué hay, Walker?

Bien, parece que esta no me odia. Me alegro, porque no querría que usara esos músculos contra mí, y menos aquí dentro. Aun así, en quien se fija de verdad es en la chica de las cicatrices, a la que mira.

—Cooper, ¿verdad? Te sigo en Pandora. Es increíble lo que has hecho tú sola.

La tal Cooper parece un poco sorprendida de ser reconocida.

—No es para tanto.

—¿Qué has hecho? —pregunto yo, intrigado.

—¿No sabes quién es? —Deborah se gira hacia mí con las cejas alzadas. Al menos Oliveira también parece perdido, así que no puede ser tan famosa—. ¿No te suena una Testigo que casi se mata en un accidente de deslizante? La que empezó a reconstruirse todo el cuerpo por sí misma. Se hizo muy viral y se convirtió en Icono.

Tanto Oliveira como yo nos giramos hacia la aludida, que ladea la cabeza como si nada. Sí, ahora la ubico. Me salieron varios de sus vídeos, aunque en la mayoría no se le veía la cara, solo el trabajo de fabricación de las piezas con las que empezó a moverse. Su nombre tampoco me habría dicho nada: la gente no la llama por él, sino que suelen hablar de la «chica cíborg». Las prótesis tecnológicas son habituales, pero normalmente los Testigos no pueden permitírselas y, desde luego, no tantas y de tan buena calidad como las que se hizo ella sola.

Es obvio por qué está aquí. A los Testigos les encantan las historias de superación, las que parten desde los orígenes más humildes y complicados posibles. Y la historia de esta muchacha es una de esas: la joven hecha a sí misma, en su caso incluso literalmente. Me sorprende darme cuenta de que, excepto el rostro, tiene todo el cuerpo tapado. Si yo fuera ella, presumiría ante todo el mundo de lo que he hecho.

—Ya sé quién eres. Deborah tiene razón: es muy impresionante. ¿En qué piso has empezado?

—En el primero.

Por supuesto. Cuanto más abajo empiezas, más simpatía te ganas, porque te conviertes en algo aspiracional para los Testigos. Cara tampoco empezó demasiado alto: solo estaba en el piso nueve cuando entró, pero tenía el carisma suficiente como para conquistar a todo el mundo, por eso llegó hasta la final.

—Y de pronto, gracias a estas pruebas, estás entre los últimos diez... Tienes que sentirte muy orgullosa, aunque ¿vas a saber dar el espectáculo suficiente para mantenerte y ganar? No creo que a los Testigos que siguen Imperio les baste con ver algunos trucos de tecnología, la verdad.

Cooper tiene las manos metidas en los bolsillos de sus pantalones de traje rojos y clava sus ojos grises en mí. La sonrisa de su boca parece más confiada que divertida.

—A lo mejor ni siquiera necesito alcanzar la final: se gana dinero y estatus por cada semana que se pasa aquí, ¿no? Veré hasta dónde puedo llegar. Pero si quieres darme algún consejo de experto...

No sé si lo necesita: tengo la sensación de que esta chica sabe muy bien a qué quiere jugar. Y probablemente espera que la gente la subestime. Yo no voy a cometer ese error otra vez, por eso sonrío y me encojo de hombros.

—Busca aliados. Es obvio que puedes hacer grandes cosas por ti sola, pero aquí saber en quién puedes confiar es tan importante o más que ser independiente.

—Y tú estás dispuesto a ser su mano amiga, claro —farfulla Félix, antes de girarse hacia Cooper—. Si te consideras una chica lista de verdad, no tengas en cuenta nada de lo que diga este.

Oliveira está empezando a sacarme de quicio, pero antes de que pueda responderle, la puerta de la sala se vuelve a abrir. Mi pequeña nueva amiga, Liv Shifter, aparece con la sonrisa gigante de quien está pasando el mejor momento de su vida, acompañada de su hermana mayor. Ella no parece estar disfrutando tanto.

—¡Pero bueno, si es mi enana preferida!

Su hermana frunce el ceño, pero Liv me dedica una reverencia perfecta, cogiendo entre los dedos la falda de su vestido mientras se ríe. Es adorable, aunque no sé qué opino de que consideren a los niños una buena elección para el puesto de Imperial. El año pasado había un chaval de dieciséis años, pero duró tan poco como Oliveira en su año.

—Felicidades, Iconos.

La voz de la Emperatriz aparece antes de que lo haga su imagen, que parpadea un momento en una pantalla detrás de nosotros antes de volver a honrarnos con su presencia. No puedo evitar fijarme en Silena, a su izquierda. Su expresión es neutra, pero estoy seguro de que no le hace ninguna gracia ver que estoy llegando tan lejos en la primera noche mientras su amiga Bianca ha pasado de estar en lo más alto a lo más bajo en un segundo.

—Os habéis adjudicado los cinco últimos pisos —continúa Sadie—. Hay gente que ya no puede esperar para ver cuántos de vosotros llegaréis a la final, pero aún quedan muchas semanas por delante y cualquier cosa es posible. Por el momento, veamos quién va a dormir esta noche en el piso treinta, ¿de acuerdo? Aunque primero quizá queráis refrescaros...

Para nuestra sorpresa, una de las paredes se desliza como una puerta corredera y nos deja ante una sala más grande que la del banquete. Parece salida de un parque acuático y recrea una playa que incluso tiene arena de verdad, blanca y brillante bajo la luz de unas pantallas que muestran un día soleado. Hasta el ambiente huele a agua de mar y sal, por no hablar de la temperatura, que es mucho más alta aquí que en las anteriores salas y me obliga a quitarme la americana.

Le echo un vistazo rápido a la piscina, cuya agua se mueve en un oleaje suave. En el centro han montado una isla decorada con una palmera bajo la que se ven cinco mochilas.

Al fondo de la sala espera una puerta doble pintada con plantas tropicales y yo estoy seguro de que esa es la puerta por la que saldrá el ganador de esta primera noche.

—¿Qué es eso?

Todos miramos a Liv cuando señala algo sumergido en la piscina. Impaciente, se acerca corriendo al borde y se agacha en un intento de ver un poco mejor.

—Parecen... ¿cofres? —murmura su hermana.

Está claro: vamos a tener que mojarnos. Desde luego, no era como esperaba acabar la noche, pero, de todas formas, empiezo a quitarme los zapatos y lanzo al suelo la chaqueta. Y no soy el único.

—¡Liv, no!

La pequeña de las Shifter nos salpica a todos al lanzarse al agua con el vestido puesto y yo tengo que admitirle el entusiasmo antes de seguirla. El resto no tardan en unirse, cada uno a su ritmo. Me fijo en Blake Cooper, que se quita su chaleco y su camisa para quedarse solo en sujetador deportivo y pantalones. Creo que no soy el único que repara en ella y estoy seguro de que se da cuenta, pero resulta muy complicado no fijarse en las cicatrices alrededor del cuerpo y, sobre todo, en la apariencia de su brazo izquierdo. La superficie de color blanco destella bajo esta luz antes de que ella se tire al agua. Las extremidades que se han estado desarrollado en las últimas décadas son sintéticas e imitan la piel humana a la perfección, pero la suya no se parece a esos prototipos. Supongo que tiene que ver con que sea algo artesanal, hecho por ella misma, probablemente con recursos limitados, propios de Testigos. Aun así, el resultado es bastante espectacular. Se ha quitado también los zapatos y los calcetines y, a pesar de que su pierna también es de metal, me sorprende ver que se mueve con bastante fluidez cuando empieza a nadar.

Todos decidimos ignorar los cofres de momento: es evidente que, sean lo que sean, no van a abrirse sin más. Y que la clave para abrirlos tiene que estar en la isla, en esas mochilas que han dejado ahí para nosotros. O quizá no. Quizá sea una manera de los Imperiales de distraernos. Quizá sea una pista falsa. He visto las suficientes cosas en este lugar como para dudar de todo.

Sea como sea, nadamos hacia la isla a la mayor velocidad que podemos. Deborah es la que está en mejor forma física y por eso también resulta la más rápida: es la primera en salir del agua, con la falda del vestido rota para moverse mejor.

Entre brazada y brazada, la veo vaciar el contenido de una de las bolsas en el suelo de la isla artificial. Y, antes incluso de que haya llegado hasta ella, la mujer deja escapar una carcajada ahogada mientras levanta algo en su mano. Una llave dorada.

Mierda. Pensé que no podía ser tan fácil.

Los brazos me arden para cuando salgo del agua y me lanzo sobre una de las mochilas para empezar a buscar. Me cuesta respirar y siento que hace demasiado calor y hay demasiada humedad en esta habitación. Me aparto el flequillo de la frente y rebusco entre esos objetos tan ordinarios con los que parece que realmente nos hayan preparado un día de excursión a la playa: un bocadillo (que no pienso probar, después del banquete), una toalla, chanclas, unos refrescos, protector solar... La llave está al fondo de todo, un poco resbaladiza, pero cierro los dedos alrededor de ella y me lanzo de nuevo a la piscina.

Para entonces, mis compañeros ya están rebuscando también en el resto de mochilas.

Tengo que darme prisa.

Hay varios cofres en el fondo, pero supongo que solo uno de ellos tiene la llave (o la tarjeta o el sensor) que abrirá la puerta de salida. Cuando llego a ellos, Deborah ya ha abierto dos. Y ambos, por la expresión de enfado que lleva mientras sube a la superficie para coger aire, deben de estar vacíos.

Decido probar con el primero que veo y espero que la suerte me sonría. La llave está a punto de escurrírseme entre los dedos y me cuesta un par de intentos encajarla en la cerradura, pero finalmente lo consigo. Siento el corazón latiéndome en la garganta, con tanta fuerza que creo que se me va a salir por la boca. Pero cuando consigo abrir la tapa, del interior del cofre solo se escapan un par de burbujas. Palpo el fondo, pero no hay nada... excepto unos números. Los noto grabados sobre el metal. Uno... Cinco... Nueve... Ocho... Seis.

¿Un código?

No tengo mucho tiempo para pensarlo. Se me acaba el aire y, mientras repito en mi cabeza las cifras, me impulso hacia arriba y respiro el aire húmedo que llena el cuarto, aunque no me permito más que un par de segundos de descanso: tengo que ser el primero en encontrar la forma de salir de aquí. Antes de volver a sumergirme, miro hacia la puerta de la habitación, tratando de distinguir si hay un panel para introducir algún tipo de código. Desde aquí no se ve nada.

Vuelvo abajo, donde los demás me recuerdan a un banco de peces alrededor de las cajas. Ya hay varias abiertas, pero nadie parece haber encontrado nada todavía. ¿Podría ser una trampa? ¿Podríamos estar perdiendo el tiempo con esta tarea mientras en su casa los Testigos y los Imperiales se burlan de nosotros...?

Mi llave encaja en otra cerradura y aparto esos pensamientos de mi mente. Una vez más, no hay nada, pero, justo en ese momento, Félix Oliveira lanza una exclamación que se convierte en burbujas bajo el agua, como si hubiera encontrado un tesoro. Me temo lo peor: que se haya adelantado a todos y haya descubierto la clave para salir de aquí...

Pero al mirar en el fondo de su cofre, para mi sorpresa, lo que veo es un teclado numérico.

El tiempo parece ralentizarse debajo del agua. Todos estamos mirando la pequeña pantalla donde destacan las cinco líneas que tendremos que sustituir por un código. Los focos sobre nuestras cabezas son tan potentes que no cuesta ver el panel, aunque las teclas están iluminadas de por sí.

Siento que se me agota el aire, pero utilizo lo poco que me queda para empujar a Félix y hacerme un sitio delante de la caja. Intento levantarla, pero está pegada al suelo, así que me rindo y tan solo tecleo: uno, cinco, nueve, ocho, seis.

Espero que pase algo. Espero que se escuche, incluso a través del agua, la voz de la Emperatriz anunciando que yo soy el ganador. Pero en lugar de eso, la pantalla parpadea en rojo tres veces y los números son sustituidos de nuevo por las cinco líneas.

Quiero soltar una maldición, pero en lugar de eso, nado hacia la superficie.

—¿Te creías más listo que nadie, Walker? —me escupe Félix.

Gruño, pero no respondo porque aún no he recuperado el aliento. O a lo mejor porque noto algo raro en el aire a mi alrededor, como si, de pronto, la temperatura hubiera subido incluso más. Quizá tan solo me he acostumbrado a la temperatura del agua y todo me resulte caliente en comparación...

—¿Cómo vais, Iconos? —dice Sadie Craft desde los altavoces—. Parece que estáis disfrutando del baño. ¡Si hasta habéis encontrado la forma de salir de la sala! Ahora solo hace falta que encontréis la clave numérica que os abrirá las puertas de la victoria.

La Emperatriz está, precisamente, encima de las puertas, en una pantalla que juraría que antes no se encontraba ahí. A sus lados, los Imperiales parecen tan divertidos como ella. Una vez más, me fijo en Silena. Me pregunto si le ha gustado verme fallar al meter ese código erróneo.

—Sin embargo, estáis compitiendo por el último piso, el mejor lugar en el que comenzar la primera semana, así que hemos decidido subir la apuesta, ¿qué os parece? —continúa la Emperatriz—. Para que esto no se haga aburrido y os penséis las cosas muy bien, por cada clave incorrecta que introduzcáis en el panel, la temperatura del ambiente y del agua subirá algunos grados. Así que pensáoslo dos veces antes de desafiar a la suerte... o aseguraos de que podéis soportar un poco de calor.

La pantalla cambia y Sadie desaparece para mostrarnos un termómetro que marca 35 ºC. Nadie dice nada, pero nos miramos un instante antes de que cada uno se vaya en una dirección. Deborah vuelve a hundirse, Félix nada hacia la orilla, las hermanas Shifter se dividen: la pequeña se dirige también fuera de la piscina por orden de su hermana, mientras que ella pone rumbo a la isla del medio. Cooper me está mirando, pero yo le doy la espalda y nado hacia la puerta, para estudiarla más de cerca.

Si la clave correcta está en algún lugar de esta habitación, voy a encontrarla.

Pase lo que pase, esta noche seré yo quien duerma en el último piso.

Blake

En algún lugar de la playa artificial del Edificio Imperio se esconde un código. Y tiene que estar más cerca de lo que parece, estoy segura. Los Imperiales no van a empezar a ponerlo todo muy complicado desde el primer día: su intención es que esta noche sea solo el aperitivo de todo lo que esté por pasar y, probablemente, mostrarles a los Testigos las novedades en las instalaciones para este año. Sí, es obvio que han decidido ponerse creativos desde el principio, pero eso no significa que esto vaya a ser lo más duro que nos va a tocar experimentar aquí dentro. Además, he estudiado con atención cada una de las ediciones anteriores y he concluido que, en realidad, todas las pruebas son solo excusas: no les importa que sean simples o complicadas, solo quieren provocar situaciones con ellas. A la hora de la verdad, quién gana o quién pierde cada juego aquí dentro rara vez importa: lo relevante es cómo se relacionan los competidores en ellas, el espectáculo que pueden llegar a dar.

Así que no, el código no tiene que ser difícil de encontrar. Y, al mismo tiempo, la prueba no va a ser tan sencilla como solo adivinarlo. Los Testigos, en sus casas, no quieren ver a los Iconos pensando, resolviendo un acertijo y nada más. Quieren otra cosa. Quieren que les sorprendas, y un misterio numérico no es una sorpresa.

Lanzo un vistazo hacia la playa, hacia el resto de participantes. En mi cabeza, repaso todas las pruebas hasta ahora, el patrón entre ellas, las palabras de la Emperatriz. Esa es otra cosa que he aprendido a la hora de analizar todos los programas anteriores: Sadie Craft nunca dice nada por decir, por eso he podido descifrar la clave del banquete. ¿Qué ha dicho en esta prueba? Palabra por palabra, desde que entramos en la sala...

«Antes quizá queráis refrescaros».

Pero refrescarnos no nos ha dado la solución. La clave no está en el agua: en el agua solo están los cofres. De hecho, el agua ha empezado a calentarse y su temperatura irá subiendo con cada error, así que no hay nada de refrescante en ella. Entonces...

La mayor de las hermanas Shifter llama mi atención. Es la única que está en el islote de la piscina, vaciando de nuevo las mochilas como si creyera que ahí va a encontrar los números necesarios, aunque parece que sin éxito, porque la veo tirar una mochila y resoplar antes de coger una de las bebidas y aprovechar para beber.

El calor en la sala es asfixiante, pero puede ser peor: de pronto, una alarma suena, los focos sobre nosotros parpadean en color rojo y el termómetro de la habitación sube cinco grados más.

40 °C. Deborah Decker vuelve a salir a la superficie justo en ese momento.

—¡Mierda, Decker! —le grita Félix Oliveira desde unas piedras en la arena.

—¡Lo siento! ¡Estaba segura de que lo había encontrado!

—¡Es mejor que consultemos en equipo antes de poner ningún código! —dice Evan Walker desde la puerta, en la que intenta encontrar algún tipo de solución—. O el concurso acabará antes de lo previsto, porque nos coceremos aquí dentro.

Estoy convencida de que Evan Walker miente: si él tiene claro que ha descubierto la clave, no va a avisar a nadie. De nuevo, repaso con la vista todos los lugares y mi mirada vuelve a caer en la hermana mayor de las Shifters, sobre el islote. Está apurando su refresco...

Su refresco.

El código es de cinco dígitos. Hay cinco bolsas en el islote. Cinco bolsas con un refresco en cada una.

Quizá queramos refrescarnos..., pero no con el agua.

Creo que cometo el error de llamar demasiado la atención cuando me vuelvo a lanzar a la piscina a toda velocidad, después de los minutos que me he quedado quieta, tan solo pensando y observando porque, al contrario que los demás, yo no estoy desesperada por que me vean actuar. Quiero la atención de los Testigos, pero estoy segura de que ya tengo bastante simplemente por haber empezado la noche en el peor puesto del Edificio y, de pronto, ir a terminarla, como mínimo, entre los cinco últimos pisos.

Dana Shifter me mira con los ojos muy abiertos cuando emerjo del agua y me acerco hacia las bolsas a toda velocidad.

—Aquí no hay nada, ya he...

Pero yo le arrebato el refresco que tiene entre las manos, pese a que ella protesta en cuanto lo hago. Dana abre la boca, pero se queda callada cuando ve cómo le quito la etiqueta a su botella y descubro, justo detrás de ella, el número tres en medio de otras cuatro rayas.

La chica y yo nos observamos durante un segundo, casi conteniendo la respiración. Escucho un chapoteo y, por el rabillo del ojo, veo que Evan Walker viene hacia aquí, probablemente sospechando que hemos encontrado algo. Dana también se da cuenta, porque mira hacia él y frunce el ceño.

—Te ayudo siempre y cuando no dejes que gane él. No me hace ninguna gracia.

Ni siquiera me da tiempo a reaccionar: Dana Shifter se lanza hacia el resto de mochilas, y yo tengo que hacer lo mismo. Entre las dos, encontramos los refrescos de cada una de ellas y, tras sus etiquetas, los números.

—El segundo número es cinco —anuncia la chica de mechas azules.

Quiero explicarle que no debería jugar así, que no me conoce de nada y es un error confiar en cualquiera aquí dentro, pero en su lugar miro tras otra etiqueta y digo:

—El primero es tres.

—El cuarto es cuatro —continúa ella.

—Y el quinto, ocho.

35348. Ese es el código para el cofre.

Pero lo que la Emperatriz dijo fue...

—¡Eh! ¿Tenéis algo?

Evan Walker se sube al islote en ese momento y Dana hace una mueca antes de girarse hacia mí. Supongo que realmente no le gusta nada Walker, que no comparte la simpatía que ha despertado en su hermana pequeña.

—¡Venga, ve!

Abro la boca, aunque finalmente me trago mis palabras. Estoy segura de que voy a perder el primer maldito puesto por esto, pero quizá haya otras cosas que puedo ganar si juego bien. Confianza. Aliados. Tengo claro que no he venido a encariñarme con ningún Icono, pero puedo utilizarlos para llegar hasta la final.

¿No dijo Walker que era así como se jugaba? Quizá pueda hacerle caso, al menos en esto.

Y a los Testigos les gusta más la gente que juega que la gente que gana.

—Espera a mi señal —le susurro a la chica.

Veo la expresión confundida de Dana Shifter, pero no me quedo para darle más explicaciones: me tiro al agua de nuevo, muy consciente de que Evan Walker va a seguirme. Porque Evan Walker no es de los que se rinden y mucho menos de los que dejan a otros ganar sin presentar batalla.

Lo que ninguno de los dos nos esperamos es que, justo en ese momento, las olas empiecen a crecer.

Evan

Hay una norma para participar en esta competición que yo tuve que aprender por las malas en la anterior edición, pero que, desde entonces, se ha quedado grabada en mi cabeza: no importa lo mal que vayan las cosas, siempre pueden ir a peor.

El calor ya era lo suficientemente malo, sobre todo teniendo en cuenta la humedad que hay aquí dentro, pero las olas lo empeoran todo. Cuando una me hunde, el golpe del agua me deja momentáneamente desorientado, y lo que podría haber parecido un *jacuzzi* con un poco de imaginación, se convierte en una auténtica pesadilla.

Veo la cabeza de Cooper asomar por encima de la superficie. Parece tan descolocada como yo, así que aprovecho el momento para acercarme a ella. Tiene el código. Es obvio por cómo se ha tirado al agua de pronto, a pesar de que el resto del tiempo trata de mantener el papel de observadora, como en la prueba de la comida.

—¡Dame el código! —le grito por encima del sonido del agua, que me atruena en los oídos—. ¡Yo iré!

—¿Crees que no soy capaz? —se burla ella.

—Estoy seguro de que soy más rápido y...

El resto de mi frase lo ahoga otra ola. Durante un segundo, me aturde tanto que tengo que mirar alrededor, un poco perdido. Necesito localizar la isla central para darme cuenta de dónde estoy, y veo a Félix y a Deborah aproximarse a nosotros. Supongo que la única que se ha rendido es Dana Shifter, ya que sigue en el islote, mirándonos. Su hermana pequeña está en la arena, en el otro lado de la sala. Le grita para que se mueva porque es obvio que la niña tiene ganas de seguir jugando y ganar, pero ella no lo hace.

Blake Cooper aparece un poco más lejos de donde estaba antes, tosiendo agua. Se aparta el pelo de la cara con un gesto de molestia. Parece mareada y machacada, y me pregunto si sus prótesis son lo suficientemente buenas como para aguantar la embestida de las olas o le están haciendo esto más complicado.

—Si te doy el código —dice, tras mirar alrededor, quizá preguntándose si la marea va a volver a arrastrarnos pronto—, me deberás un favor.

Es una mala idea endeudarse en este tipo de juegos. Y, al mismo tiempo, no puedo evitar pensar que espero que mucha gente esté viendo y escuchando esto. Si lo hacen, probablemente se quedarán con la curiosidad de qué podría pedirme esta chica. La misma curiosidad que siento yo, por otra parte. Las deudas suelen salir caras y, en algunos casos, piden ser pagadas en los momentos de mayor tensión o peligro.

Y en esos momentos quiero que todo el mundo mire hacia mí.

Por otro lado, si consigo teclear el código y abrir la puerta, esta noche dormiré en la última planta. Mañana, miles de personas que de otra manera no estarían pendientes de mí se despertarán y me darán visualizaciones simplemente porque iré el primero.

—Está bien, cerebrito: te deberé un favor.

Intento que no se me escape una sonrisa cuando ella suspira en lo que parece una rendición. Tengo los brazos cansados de nadar y siento que mis movimientos son cada vez más perezosos. Después de esto no me van a quedar ganas de volver a meterme en una piscina en mucho tiempo, y en el mar todavía menos.

—Tres, cinco, tres... —Otra ola la interrumpe brevemente—. Cuatro y ocho.

Me repito el número y echo a nadar hacia el lugar en el que se sitúan las cajas. Detrás de mí queda Blake Cooper, a quien escucho gritar:

—¡Date prisa!

No necesito que me lo repita dos veces, yo soy el que quiere acabar con esto cuanto antes, así que me sumerjo directamente, con la esperanza de que las olas no golpeen con tanta fuerza debajo del agua. Es una esperanza vana: bajar al fondo es ahora más difícil y me lleva más tiempo y energía. Para cuando alcanzo los cofres, la marea artificial me zarandea como si fuera un muñeco y necesito de toda mi concentración para que no me arrastre. Me agarro con una mano a la tapa de la caja que guarda el panel y trato de seguir pataleando mientras marco los números.

Tres, cinco, tres, cuatro...

Mi dedo tiembla en el último momento sobre el ocho y es un «5» el que aparece en pantalla.

Mierda.

Noto la forma en la que sube la temperatura de golpe y la forma en la que mi cuerpo intenta adaptarse a ella. 45°. No es agradable, pero puedo aguantarlo, aunque no por mucho tiempo más. Lo peor es que me estoy quedando sin aire. Siento la piel caliente, los pulmones me arden y lo único que quiero es respirar una bocanada fría que aplaque un poco la sensación; pero en lugar de eso, aprieto los dientes y vuelvo a intentarlo.

Tres, cinco, tres, cuatro... ¡Ocho!

Nunca había nadado tan rápido. Me impulso hacia arriba, hacia el foco que se ve en la distancia. La cabeza me da vueltas y hay manchas delante de mis ojos, pero cuando salgo a la superficie, jadeante, me siento levemente mejor. Pese al vaho que hay en el ambiente, es como si alguien hubiera dejado una ventana abierta. Siento la piel ardiendo, aunque la temperatura tiene que estar bajando. Y al menos las olas se han detenido.

—Felicidades por llegar tan lejos, Iconos —dice Sadie Craft. Las sienes me palpitan con cada una de sus palabras—. Parece que ya tenemos a nuestras ganadoras.

Sacudo la cabeza, convencido de que no he escuchado bien. Me giro en el agua, buscando la puerta, y la veo cerrarse justo en esos momentos. Deborah está cerca de ella con expresión frustrada. Félix Oliveira, que parece solo un poco menos molesto, todavía está en el agua.

La pantalla que hay sobre la puerta muestra la imagen de los Imperiales, que nos miran como si se regodeasen. No: me miran a mí, así que, si se regodean, lo hacen en mi incredulidad.

—¡Yo introduje la contraseña! —protesto.

—Pero nosotros nunca dijimos que eso fuera a hacerte ganador, ¿no? Dijimos que el número abría las puertas, nada más. Y las hermanas Shifter han sido las primeras en traspasarlas —contesta la Emperatriz.

¿Las hermanas...? Me vuelvo en redondo de nuevo, buscando. Blake Cooper está tranquila, sentada en el bordillo del islote, todavía recuperando la respiración y con los pies en el agua templada. Su mirada está fija en la mía mientras se escurre el pelo rojo. Es imposible no fijarse en esos dedos blancos y completamente artificiales.

—¿Las has dejado ganar? —la acuso, incrédulo.

De pronto recuerdo su grito, la forma en la que creí que me metía prisa... y me doy cuenta de que no estaba hablando conmigo. Se lo decía a la chica que había estado sentada con ella en la isla, con la que descifró el código, ¿verdad?

—Fuiste tú el que me dijo que necesitaba aliados. —Blake Cooper me dedica una sonrisa ladeada, pequeña pero definitivamente divertida, casi irónica—. Tal y como yo lo veo, ahora ellas me agradecerán esto y tú me debes un favor. Así que gracias por el consejo.

Se levanta de su asiento con un movimiento tan ágil que me resulta antinatural y yo la sigo con la vista, sin ser capaz de encontrar una respuesta a tiempo. Sé que debería estar enfadado, pero lo cierto es que me siento más sorprendido que cualquier otra cosa.

Ni siquiera sé si considero esto una traición. La culpa es mía por dar algo por hecho aquí dentro, ¿no? La culpa es mía por haberla infravalorado, igual que hice con Cara en su momento, aunque antes me jurase que no iba a volver a hacerlo. E igual que con ella, creo que debo tener cuidado de ahora en adelante con esta chica. Debo seguirla de cerca, porque acaba de quitarme el primer puesto después de hacerme pensar que era mío y se ha colocado entre los cinco pisos más altos en la primera noche, pese a que partía del último lugar.

Es posible que esto sea solo la suerte del principiante. Es posible que nuestra chica cíborg no sea para tanto y que yo le esté dando más crédito del que merece por un par de decisiones acertadas. Es posible que, por muy alto que suba hoy, al final de esta semana a nadie le interese Blake Cooper y su piso vuelva a caer hasta lo más bajo del Edificio.

Pero, por si acaso, decido que yo voy a estar pendiente de ella, porque como mínimo parece dispuesta a dar espectáculo.

Y a mí, como a todo el mundo, también me encanta un buen *show*.

Liv

Todo pasa demasiado rápido: Blake Cooper saltando al agua, Evan persiguiéndola, las olas. No entiendo por qué mi hermana no se une a la persecución, como sí hacen los otros concursantes. ¡Tenemos que esforzarnos! ¡Al menos tenemos que intentarlo! Le grito, pero ella no me escucha, y entonces... Entonces, mientras Evan se aleja en medio de las olas, la chica de las cicatrices grita:

—¡Date prisa!

Pero lo hace mirando hacia mi hermana, que lo observa todo desde el islote. Ella no parece reaccionar al principio.

—¡La puerta! ¡Corre hacia la puerta!

No somos las únicas que lo escuchamos, aunque yo soy la que más cerca está.

Creo que nunca en mi vida había corrido tanto. No me entusiasma, la verdad: en general, odio el deporte, y no hay nada que me guste menos que las clases de educación física. Pero puedo aceptar una carrera si hay buenas razones para ello, como ahora. Así que corro porque esa chica nos está ayudando y porque quiero el último piso, corro porque nos lo merecemos, corro porque estoy deseando ver las caras de todo el mundo cuando nos coloquemos las primeras. ¡Quiero que Testigos, Iconos e Imperiales se den cuenta de lo que pueden hacer las hermanas Shifter! ¡Quiero que entiendan que no somos solo unas niñas! ¡Que *yo* no soy solo una niña!

Escucho a mi hermana saltar al agua. La puerta se abre ante mí y me apresuro a traspasarla, y cuando miro hacia atrás... ahí viene. Se ha impulsado fuera de la piscina y corre lo más rápido que puede, pero perseguida por Deborah Decker, que también se ha dado cuenta de la trampa.

—¡Vamos, Dana! ¡Vamos! ¡Vamos!

Podemos hacerlo. Podemos ganar, gracias a la chica del cuerpo de metal. Mi hermana tropieza con la arena, cae, y veo a Deborah Decker salir del agua y echar a correr. Parece que va a pasar junto a Dana sin dificultades y yo estoy segura de que ya está, de que hemos perdido. En el último momento, sin embargo, Dana hace algo impensable en la hermana mayor tranquila y serena que conozco: agarra el tobillo a nuestra contrincante y la hace caer. Ni siquiera duda al ponerse en pie a toda velocidad mientras la otra rueda por el suelo. Tengo ganas de chillar y de reírme, quiero aplaudirle. ¡Eso es, Dana! ¡Esa es mi hermana!

Extiendo la mano, con más ganas que nunca de agarrar la suya.

Cuando la coge, yo tiro y ella salta dentro conmigo. Las dos caemos al suelo, Dana jadeante y yo todavía en medio de una risa, y la puerta se cierra a nuestras espaldas con un golpe seco que nos deja en la oscuridad.

Ganamos.

La luz se enciende, dorada y cálida, y las dos levantamos la mirada de golpe... y yo me río todavía más fuerte.

—¡¡Lo hemos logrado!!

Me vuelvo hacia Dana y me echo sobre ella para abrazarla. Tiene las mejillas rojas, el pelo empapado y su mono de fiesta hecho un desastre. Ambas estamos descalzas y nos falta la respiración por la carrera, pero nada de eso importa, nada de lo que hemos vivido esta noche importa, porque lo único que cuenta es que vamos a dormir en el último piso.

Durante la próxima semana estaremos en la cima de Imperio, en la única cima del mundo que importa.

Mi hermana suelta una carcajada un poco nerviosa, pero me abraza de vuelta antes de mirar alrededor y ponerse en pie. En el centro de la habitación, de paredes blancas y vacías, lo único que hay es un pequeño pedestal y, sobre él, un trono como ese en el que siempre se sienta Sadie Craft, hecho completamente de oro, con el respaldo altísimo. Yo dejo escapar una risita mientras me apresuro a sentarme en él. Como suele hacer la Emperatriz, cruzo las piernas, apoyo las manos en los reposabrazos y alzo la barbilla para mirar a mi hermana.

—¿Tengo pinta de Imperial?

Dana sacude la cabeza, pero está sonriendo.

—Quizá cuando te hayas secado y no parezca que te han arrastrado fuera de una lavadora.

Abro la boca, pero no me da tiempo a responderle porque entonces la pantalla que hay en la pared se enciende y los Imperiales vuelven a aparecer.

—¿Cómo os sentís, chicas? ¿Os gusta la victoria? —pregunta Sadie.

Yo me pongo en pie de inmediato, demasiado emocionada para quedarme quieta.

—¿De verdad nos podemos quedar con el último piso?

—De verdad —responde la Emperatriz con una sonrisa que hace que la mía crezca todavía más—. Aunque va a haber mucha gente que os odie. Y van a intentarlo todo para asegurarse de que no os quedéis ahí el domingo de la semana que viene.

—¡Pues que vengan!

Los Imperiales dejan escapar risas ante mi exclamación. ¿Les gustamos? ¿Estará Sadie orgullosa de nosotras? Me gustaría mucho que lo estuviera. Seguro que papá y mamá lo están, o eso espero. Espero que tengan claro que vamos a hacerlo lo mejor posible y que esto ha sido solo el primer paso.

Dana coloca una mano sobre mi hombro en un gesto que reconozco como una petición de calma. Ella está observando a los Imperiales.

—Dijisteis que había un privilegio para quien ganara esta noche.

—Directa al grano, ¿verdad? —Los ojos de la Emperatriz se posan en ella, creo que con aprobación—. Bien, porque creo que habrá Testigos que estén tan impacientes como tú por descubrir alguna de las sorpresas de este año. Como sabéis, en las anteriores ediciones, los Testigos elegían un Icono por semana para lanzarle un reto personal. Este año, sin embargo, seréis los propios Iconos los que decidáis a quién lanzarle el reto, siempre que os ganéis ese privilegio. Y vosotras lo habéis hecho: por ganar este juego, vais a tener derecho a retar a otro concursante. Los Testigos elegirán una prueba muy personal para quien vosotras digáis.

Lo que significa ponerle el juego un poco más difícil a alguien más. ¡Me encanta! Estoy deseando pensar a quién podemos...

—Eso significa darle la posibilidad de ganar visualizaciones a alguien más —interviene mi hermana. La miro, un poco frustrada por su razonamiento, pero también repentinamente consciente de que tiene razón–. ¿Por qué querríamos hacer eso?

—Porque en las anteriores ediciones, si un retado perdía su reto, tan solo perdía un porcentaje de visualizaciones como castigo; pero en esta ocasión, además, ese porcentaje irá a vosotras. Si quien elijáis no pasa su prueba, ganaréis un 10% de sus horas de visualización al final de la semana que viene.

—¿Eso quiere decir que podemos robarle visualizaciones a otro Icono? —chillo, incrédula. Tenemos que ir a por los más grandes, entonces. Tenemos que conseguir tantas visualizaciones como podamos.

—¿Y si gana?

Me gustaría que mi hermana no fuera tan desconfiada y me dejara disfrutar de las buenas noticias, pero parece que es mucho pedir. Y que, pese a todo, hace bien en querer que se lo expliquen todo, porque la Emperatriz tuerce la sonrisa y se encoge de hombros.

—Entonces vosotras le cederéis un 10% de vuestras visualizaciones. Como veis, podéis ganar mucho o perder mucho, así que pensad muy bien a quién queréis señalar.

Así que es un premio envenenado. Mi hermana y yo nos miramos. No tengo ni idea de a quién elegir, sobre todo sin saber qué prueba van a ponerle. Al mismo tiempo, estoy tan llena de energía que siento el impulso de decir un nombre cualquiera para seguir jugando sin más. No quiero que nadie piense que la perspectiva de perder visualizaciones nos asusta.

Dana vuelve a hablar antes de que pueda hacerlo yo:

—¿Tenemos que decidir ya a quién queremos retar?

—Os daremos un límite de veinticuatro horas. Después, los Testigos elegirán el reto y el lunes se lo comunicaremos a la persona en cuestión, que dispondrá de toda la semana para cumplir... o fallar. Podéis consultarlo con la almohada. O con vuestros aliados.

Estoy a punto de responder que no tenemos de eso, que nosotras jugamos solas. Pero supongo que no es cierto. Conocemos a Klaus, Evan se ha portado muy bien conmigo y la chica de metal nos ha ayudado ahora.

Descubro a Dana mirando hacia la puerta que hemos traspasado y me pregunto en quién de todas esas personas está pensando.

—Elegid sabiamente —nos recuerda la Emperatriz.

—¡Lo haremos! —exclamo. Los Imperiales vuelven a reír, y esta vez no tengo ninguna duda de lo mucho que les agrado.

En la otra punta de la sala se abre una puerta. La cabina de un ascensor nos espera.

—Por hoy podéis retiraros a descansar y disfrutar de las vistas desde el último piso, Shifters. Os lo habéis ganado.

Las puertas del ascensor se cierran en cuanto nos metemos dentro. Noto cómo se pone en movimiento y sé que está bajando de vuelta a la planta número ocho, en la que empezamos.

La que está a punto de cambiar y convertirse en la más alta del Edificio.

TESTIGO

¿Te lo estás pasando bien? ¿Te gusta lo que ves?

Las sorpresas han empezado este año desde la primera noche, pero quizá tú esperabas otra cosa. Quizá no has tenido suficiente acción o creías que estos primeros juegos llevarían a los participantes al límite, que los harían sufrir todavía más para conseguir lo que tanto anhelan. Pero calma, todavía quedan muchas semanas de concurso: todo esto solo acaba de empezar.

De momento, lo que puedes ver es el Edificio cambiar por primera vez dentro del juego. Comienza la cuenta atrás y entonces... ahí está. ¿No es fascinante cómo los pisos se mueven, cómo año tras año siempre es igual y, al mismo tiempo, totalmente diferente? El orden nunca se mantiene, rara vez se repite. Observa lo que pasa hoy: la octava planta sube y sube, mientras la que estaba arriba del todo se precipita en una caída que debe de sentirse como desaparecer en un abismo.

¿Has escuchado a Bianca Fiore gritar mientras cae?

Muchos son los pisos que suben, tantos como los que bajan. Es divertido verlos moverse pero, sobre todo, es emocionante que nada esté escrito, ¿verdad? Al fin y al cabo, la semana que viene, la forma del Edificio estará en tus manos. Tú puedes recompensar o castigar a quienes quieras.

A partir de esta noche, hay un nuevo orden en Imperio.

Pero recuerda: ese orden no es nada sin ti.

Dana

Todos los apartamentos dentro de Imperio son exactamente iguales, excepto por los cambios que cada uno de los inquilinos decidimos hacer en su interior con las herramientas de customización que se ponen a nuestro servicio. Sabiendo esto, no debería sorprenderme que la puerta de metal del piso veintiséis sea exactamente igual a la nuestra en el piso treinta. Pese a ello, se me hace totalmente diferente, como si no estuviera ya en el Edificio.

Tal vez sea por la sensación de que en realidad no debería estar aquí.

Pongo toda mi atención en la cerradura electrónica de la puerta. Quizá habría sido mejor utilizar la aplicación de nuestros nuevos visores que permite la comunicación interna entre competidores para avisar de que iba a venir. O quizá tendría que haberme quedado en mi apartamento, con Liv. Pero es precisamente mi hermana la culpable de que ahora esté haciendo esto. Ha sido ella quien esta mañana ha venido corriendo a mi habitación, me ha despertado sin contemplaciones y me ha dicho que se había pasado media noche pensando en quién debería ser la persona a la que retáramos.

Y que había decidido que teníamos que ir a por los grandes nombres.

—¿Qué sugieres, que nos lancemos a por Evan? —le he preguntado, todavía medio dormida y en broma.

—En realidad, Bianca estaba más alta cuando entramos, ¿no? —ha señalado mi hermana—. Seguro que tiene muchos más Testigos viéndola en este momento para ayudarla a subir de nuevo tras lo de ayer.

Darme cuenta de que estaba hablando completamente en serio me ha hecho despertar de golpe. No debería haberme sorprendido su razonamiento: conozco a mi hermana y sé que dentro de ella hay una pequeña manipuladora a la que se le da muy bien salirse con la suya; pero una cosa es utilizar ese don para conseguir que tus padres te regalen algo que quieres, y otra... esto. Quizá no haya diferencia para ella, después de todo. Quizá todo esto le parece igual que cualquier otro juego, lo cual también explicaría su comportamiento de ayer. Cuando señaló a aquel tipo en la celda me pareció completamente fuera de lugar, porque noté que lo estaba disfrutando. Le gustó la atención, le gustó que otros hicieran lo que deseaba, le gustó que Evan Walker le siguiese el juego. La hizo sentir importante.

Y lo entiendo. Yo también me sentí bien cuando ganamos. Anoche, cuando nuestro piso se estableció en la posición más alta del Edificio, yo también sonreí.

La victoria a veces puede ser intoxicante.

Sin embargo, no estoy dispuesta a convertirme en alguien cruel en este lugar, y no tengo claro que puedas ganar Imperio sin serlo. He de mantener los pies en la tierra. No quiero hacer cualquier cosa a cambio de las miradas de la gente o del respeto (o el miedo, la línea aquí dentro es muy fina) de otros Iconos.

Y tampoco quiero que Liv lo haga.

—¿Qué pasa? ¿Quieres caerle bien a Walker al ir contra su enemiga declarada?

Mi hermana me ha mirado y se ha encogido de hombros, como si en realidad no tuviera la menor importancia para ella caerle bien o mal a alguien.

—No, quiero ir contra su enemiga declarada porque seguro que nos viene bien. Pero, hablando de Evan, el año pasado quedó segundo y ayer fue simpático conmigo: a lo mejor sería un buen aliado.

Me he reído, pero ha sido una risa más nerviosa de lo que quiero admitir. Me aterra que realmente piense que Evan Walker, que el año pasado estuvo dispuesto a traicionar a alguien a quien decía querer y sobre quien pesa incluso una sospecha de asesinato, pueda ser una persona a la que deberíamos tener cerca.

—Nadie de aquí es tu amigo, Liv.

—¿Ni siquiera Klaus?

—Klaus es una excepción. Le conocemos de fuera.

—Vale. Entonces, según tú, no debemos relacionarnos con nadie nuevo.

—No he dicho eso: solo que no debemos confiarnos.

—Pues ayer tú confiaste en la chica de las cicatrices: saltaste al agua en cuanto te lo dijo.

Tocada y hundida. Y eso que no sabe que, antes de eso, estaba dispuesta a cederle la victoria. Le ofrecí ganar a cambio de que no lo hiciera Evan Walker simplemente porque estaba resentida por la manera en la que había empujado a actuar a mi hermana en la celda y porque he oído demasiadas cosas sobre él y su participación en Imperio el año pasado.

La realidad es que Blake Cooper y yo conseguimos la clave a la vez. Podía haberla dejado atrás, podía haber peleado un poco más, podía haber hecho muchas cosas.

Pero al final, supongo que resultó mejor que no lo hiciera.

—Si ganamos, fue gracias a ella —le he recordado—. Eso no significa que sea nuestra amiga ni que confíe en ella. Pero...

—Pero ¿qué?

—Bueno, quizá ella sí pueda ser una buena aliada en las primeras fases.

Mi hermana me ha mirado con los ojos entrecerrados, pensativa. Supongo que a Liv esta parte del juego no le gusta: no quiere estrategia, simplemente quiere pasárselo bien, hacer pruebas y correr y que la miren y nada más. Así que voy a tener que ser yo la que decida con quiénes deberíamos relacionarnos y con quiénes no. Y aunque no conozco a Blake Cooper, parece una chica lista y nos cedió el primer puesto. Pudo haberme engañado de muchas maneras para que fuera yo quien bajase a teclear la contraseña, como engañó a Evan...

Por eso estoy ahora aquí, delante de su puerta, sintiéndome muy incómoda y con ganas de dar la vuelta. Esta ha sido una mala idea. Una idea horrible.

Pero ya es tarde para echarme atrás, porque la puerta se abre. Blake Cooper levanta las cejas y se apoya contra el marco de la entrada con las manos metidas en los bolsillos de la chaqueta deportiva negra que lleva puesta. Creo que, al menos, la he sorprendido.

—Dana Shifter —me llama, casi como si paladeara mi nombre—. ¿Qué tal por el piso treinta?

Me pongo un poco colorada, quizá porque sé que ese tendría que ser su sitio.

—Exactamente igual que en el tuyo, supongo. Solo un poco más arriba y...

Callo. Me siento torpe con las palabras, así que respiro hondo y me obligo a recordar que hay cámaras enfocándonos. Las cámaras ponen nerviosas a muchas personas, pero yo puedo pensar en ellas como algo parecido a estar en casa: mis padres llevan grabándome desde que tengo uso de razón, así que me ayudan a centrarme y me recuerdan que no puedo cometer errores. «La gente está viendo esto, Dana». Me pregunto qué piensan de nosotras. De mí, por venir hasta aquí a relacionarme con la persona que hace unas horas estaba en el piso más bajo de Imperio en vez de con gente que tiene muchos más Testigos de base.

—Gracias por lo de ayer —concluyo.

Blake levanta más las cejas, como si no supiera qué hacer con mi agradecimiento o no terminara de creerse que es sincero. La observo con más atención, ahora que no estamos en medio de un juego en el que no sabemos qué es lo siguiente que va a pasar con nosotras. Las cicatrices de su rostro siguen destacando tanto como la noche anterior, pero también me fijo en el tono rojo de su pelo o en que ha cambiado su ropa de gala por unos pantalones de deporte y esa chaqueta a juego que lleva a medio abrochar, por encima de una camiseta blanca y sencilla. Cuando cruza los brazos sobre el pecho, no puedo evitar estudiar la mano biónica, que hoy no lleva cubierta por guantes. Siento una malsana curiosidad por saber cómo se siente el material al tacto, pero me obligo a quitarme la idea de la cabeza en cuanto se me cruza.

Me parece que ella se da cuenta de que la estoy mirando más de la cuenta, porque vuelve a sonreír como en el ascensor, con ese gesto que es apenas una comisura levantada.

—No hay de qué, pero para la próxima no deberías ayudar a nadie a averiguar la clave si quieres ganar.

—Y tú no deberías animar a nadie a que corra hacia la línea de meta si quieres ganar.

Sé que no me imagino la forma en la que su sonrisa crece un poco, la forma en la que sus ojos se entornan. ¿Me está juzgando y pensando qué puede sacar de mi visita?

—Anoche estaba en el primer piso, creo que ya he tentado lo suficiente a mi buena suerte.

Está mintiendo, ¿verdad? ¿Su papel es ser humilde...? No. No, deja de pensar que todo el mundo se inventa un papel aquí dentro. Deja de pensar que la gente está constantemente pendiente de las cámaras y los micrófonos, porque no es cierto. Eso solo lo haces tú, Dana.

—Subir del primer piso al último en una noche habría sido bastante impresionante. Habrías ganado todos los seguidores que siempre has soñado, estoy segura.

Aunque, por alguna razón, Blake Cooper no parece la típica persona que cuenta seguidores y visitas... O quizá sí lo sea, después de todo. No la conozco de nada. Quizá solo estoy proyectando cómo me gustaría que fuera, para convencerme de que no estoy equivocándome al decidir relacionarme con ella.

—¿A qué has venido, Shifter?

—¿Puedo robarte unos minutos?

Blake mira por encima de su hombro, como si la hubiera pillado en medio de algo, pero acaba asintiendo y me deja entrar. Su piso, al contrario que el nuestro, está exactamente igual que cuando te lo dan: no ha utilizado ninguna de las herramientas de customización. Las paredes son blancas y los muebles son los predeterminados, igual que lo es la división del espacio, con la cocina americana ocupando parte del salón. Todo está impecable, completamente nuevo. O es muy ordenada o no ha tenido tiempo de descolocar nada, al contrario que Liv, que lo primero que hizo anoche fue saquear el vestidor electrónico y empezar a pedir prendas que después dejó tiradas de cualquier forma sobre los sofás.

Me fijo en la vista. La perspectiva desde la pared de cristal que sirve de ventanal es un poco más baja que la de nuestro piso... Y eso es todo. El apartamento es tan normal que, de hecho, ni siquiera puedo ponerme como excusa mirar alrededor para no hablar. Así que respiro hondo y suelto:

—¿Quieres saber cuál es el privilegio que nos han concedido por ganar?

Blake se ha quedado junto a la entrada tras cerrar la puerta, estudiándome, pero no se esperaba eso. Lo sé porque, cuando me vuelvo hacia ella, sus cejas han vuelto a alzarse.

—Sí, la verdad es que sí. Siento curiosidad.

Al menos está claro que en eso es sincera, así que se lo cuento. Le digo lo que nos explicó la Emperatriz, la decisión que tenemos por delante y las pocas conclusiones a las que hemos llegado. A medida que hablo, apoyada en el respaldo del sofá, ella camina por su apartamento con las manos metidas en los bolsillos de su chaqueta y la expresión pensativa. No puede tener muchos más años que yo, quizá esté en el principio de la veintena, pero, por alguna razón, parece más adulta, como si hubiera vivido mucho. Y no creo que esa impresión sea solo por las cicatrices.

—¿Por qué me lo cuentas? —pregunta cuando termino de hablar.

—¿Por qué no? Nos ayudaste, ¿verdad?

—¿Me estás proponiendo que sea tu aliada?

—¿No quieres?

—¿Lo de responder con preguntas es una costumbre, o solo lo haces cuando estás nerviosa?

Siento que la cara me empieza a arder como si estuviera de nuevo en la piscina y la temperatura hubiera empezado a subir. Pese a ello, carraspeo y me obligo a no permitir que me deje más en evidencia:

—¿Tus cambios de tema son una costumbre, o solo lo haces cuando no quieres responder a mis preguntas?

Blake vuelve a dibujar esa sonrisa, aunque ni siquiera tengo claro que se le pueda llamar así: es demasiado pequeña, casi como si fuera más un efecto de la luz que algo real. Pese a todo, parece divertida.

—¿Sabe tu hermana que me estás proponiendo esto? ¿No debería estar aquí también?

Ante eso, prefiero ser directa:

—Liv a veces es… complicada. Se piensa que no necesitamos a nadie, pero la gente que trabaja en grupo tiene más posibilidades de quedarse aquí las primeras semanas, ¿no? Y, sobre todo, siento que… te lo debemos. No me gusta la idea de que nos hayas ayudado y no vayas a recibir nada a cambio. Pero si prefieres que te deje en paz…

Me gustaría poder levantar los pies y simplemente marcharme, que vea que no tengo nada que perder. En lugar de eso, nos medimos. Y realmente creo que no sirvo para esto. La satisfacción de ganar, el buen sabor de boca que me quedó ayer al terminar el juego, se me ha ido ya de la lengua. En realidad, ha durado tan poco que creo que simplemente me dejé llevar por el entusiasmo de Liv.

Ahora, delante de Blake, no puedo evitar pensar que, me diga lo que me diga, me voy a arrepentir. Si va a ser así siempre, no sé si prefiero que me vuelvan a enviar al octavo piso y estar fuera la semana que viene, cuando eliminen de la competición a los diez pisos más bajos.

—Yo le haría caso a tu hermana —dice Blake entonces, sorprendiéndome—: retar a Bianca puede ser una buena idea.

—¿Por qué?

—Porque Liv tiene razón: ayer perdió muchos puntos al caer incluso antes de empezar, y estoy segura de que eso decepcionó a muchas personas... Pero muchas otras estarán intentando salvarla ahora mismo, regalándole visualizaciones solo por respirar, porque tiene una base fiel de Testigos. La única manera de quitarle esa base o aprovecharte de ella es esta.

—¿Y que toda esa gente nos desprecie si pierde?

Su risa me sorprende, porque es sarcástica, pero también suena bien.

—¿Desde cuándo es relevante aquí si te odian o te aman? Lo que cuenta es que les importes.

—Pero...

—El reto lo deciden los Testigos, Shifter —me interrumpe ella, con esa sonrisa tan partida como su rostro—. ¿Crees que no están deseando ponérselo complicado a la favorita y que no agradecerán que les des la oportunidad? Si no lo haces por robarle visualizaciones a Fiore, hazlo para ganarte la simpatía de los Testigos. Ellos no están esperando victorias fáciles, quieren ver cosas interesantes. Y así les estarás dando una.

Se me revuelve el estómago. De pronto me gustaría no haber ganado la noche anterior, porque este privilegio no parece nada positivo, sino una bomba que podría estallarme en las manos en cualquier momento. Pero Blake tiene razón. Es cierto que los Testigos no son de los que conceden una segunda oportunidad, ni siquiera tratándose de alguien tan famoso como Bianca. Los Iconos que aceptan entrar en Imperio son tratados muy duramente: se les exige que sean carismáticos, perfectos, que pasen sus pruebas, que distraigan y entretengan.

Y si Bianca no da la talla... Bueno, gigantes más grandes han caído.

Si Bianca no gana, ¿es culpa nuestra, culpa suya o culpa de quienes decidirán a qué tiene que enfrentarse exactamente?

—¿Y si gana? Tú no estás contemplando esa posibilidad porque no tienes nada que perder, pero a nosotras nos quitarán un porcentaje de nuestras visualizaciones.

—Os quitarán el mismo porcentaje retéis a quien retéis, así que sencillamente vais a tener que aseguraros de que os sigan mirando a lo largo de la semana para que la pérdida sea lo suficientemente asumible como para no caer en picado —resuelve ella. Me fascina un poco que ni siquiera tenga que pensar su respuesta—. Por otro lado, si retas a Bianca y ella pierde, pueden pasar dos cosas: que sea eliminada en la primera semana, lo que significa que tú y tu hermana os convertiréis en las personas que eliminaron a la favorita nada más empezar la competición, o que continúe participando, pero desde una posición más baja de la que le correspondería de manera natural. Y si es así... felicidades: tendrás a tu primera archienemiga en el Edificio. Y a una de las más conocidas. A veces la gente crea relaciones aquí dentro esperando que el amor sea lo que llame la atención, pero ¿sabes qué interesa de verdad?

Me muerdo el labio y niego con la cabeza. La sonrisa crece en su boca, irónica.

—El odio.

Sasha

No sé qué es peor para el dolor de cabeza con el que me despierto: la luz que de pronto entra por la ventana o la voz forzadamente aguda que me taladra los oídos con una canción que odio. Bueno, en realidad sí lo sé, porque al menos el sol no empieza a brillar con más fuerza solo porque tiene ganas de molestarme.

—¡Vamos, dormilón! ¡Es hora de levantarse!

Las mantas desaparecen de encima de mí y yo gimoteo, disgustado, aunque me arrepiento de inmediato. Siento como si el cerebro me palpitase y tratara de salírseme del cráneo. Y ni siquiera es el único órgano que parece querer moverse de su sitio: creo que voy a echar las tripas en cuanto me levante.

Todo lo que quiero es seguir durmiendo, pero, por supuesto, Asher no se da por aludido ni siquiera cuando me hago una bola sobre el colchón.

—Te he hecho una taza de café para que te despiertes —sigue canturreando—. Bien amargo, a juego con tu carácter.

Si no le gusta mi amargura, que se busque a otro más dulce. Aunque ese es el problema, que ninguno de los dos podemos: estamos atrapados el uno con el otro. Él, con una persona que no lo quiere ver ni en holograma, y yo, al parecer, con alguien con la boca más grande que el cerebro, porque esta mañana está decidido a no callarse. Intento enterrar la cara bajo la almohada para amortiguar su parloteo, pero no funciona. A lo mejor la solución a mis problemas sería usar esta misma almohada cualquiera de estas noches. Alegaría que fue consecuencia de la presión a la que estaba sometido. O que lo hice sonámbulo. O quizá ni siquiera necesite una excusa: a la gente le encantan los crímenes pasionales. Desde luego, si lo que buscan los Testigos es espectáculo, esto se lo daría...

Reticente, abro los ojos y resoplo al ver a Asher inclinado sobre mí, con las trenzas enmarcándole el rostro oscuro, una taza en la mano y la sonrisa brillante en la boca. Incluso lleva un mandil puesto, como si supiera hacer mucho más que encender la cafetera para mí y echar cereales en un bol de leche de soja para él.

—Bienvenido al mundo de los vivos —saluda, antes de estampar los labios contra mi mejilla.

«Por desgracia, el mismo en el que estás tú», pienso.

—¿En qué piso estamos? —Mi voz suena ronca y me raspa de manera desagradable en la garganta.

Asher me ayuda a incorporarme y me tiende la taza de café. Solo olerlo es una tortura para mi estómago, pero bebo un sorbo, esperando que me ayude a asentarlo.

Me arrepiento de inmediato. No mentía cuando decía que estaba amargo, y estoy seguro de que lo ha hecho a propósito.

—En el veintitrés —responde Asher. Se sienta en el borde de la cama y me obliga a moverme hacia el centro del colchón para hacerle sitio—. No está mal, aunque probablemente nos habría ido mejor si alguien no hubiera decidido echarse una siesta... —Su sonrisa se hace más amplia, como si no me estuviera echando nada en cara en realidad—. Solo nos ha superado una niña que acaba de salir de Primaria. Supongo que podría ser peor.

—¿Las Shifter han quedado por encima de nosotros?

—Las Shifter se han despertado con las mejores vistas del Edificio esta mañana.

Si no fuera porque cada palabra que me dice se me está clavando como una aguja en la cabeza, juraría que he escuchado mal. ¿Las hermanas han superado a todo el mundo? ¿Incluso a Walker? Ese sí que es un giro de los acontecimientos. Los Testigos deben de estar volviéndose locos. Y las casas de apuestas tienen que ser un auténtico caos esta mañana. Al fin y al cabo, dudo que mucha gente tuviera en mente a esas niñas como competidoras fuertes, más allá de su propia audiencia. Ahora es imposible que no estén repitiendo sus nombres por todos lados.

Y a lo largo y ancho de este Edificio, también. Se han convertido en personas a las que los demás van a querer abatir cuanto antes.

—Aunque no sé qué es más humillante: que nos hayan ganado ellas o que incluso la que empezó en el primer piso haya quedado por encima de nosotros —continúa Asher—. Al menos, me consuela que Walker no vaya a ponerse la corona todavía.

Mientras Asher habla, parpadeo un par de veces para buscar en mi visor toda esa información. No hay muchas cosas que hacer en estos aparatos capados, pero al menos parece que tenemos la información actualizada sobre quién está en qué piso. Esforzarme para enfocar la vista en el *ranking* no hace mucho en favor de mi dolor de cabeza, pero me puede la curiosidad.

El mundo al que estoy acostumbrado parece del revés por la forma en la que los nombres se ordenan delante de mí. Por ejemplo, ¿cómo de surrealista es que los nuestros hayan conseguido acabar entre los pisos más altos mientras Bianca está más abajo de lo que nunca pensé que la vería? Su nombre brilla junto al piso número diez, bien lejos del treinta. Y entre los cinco primeros puestos de la clasificación... La verdad, Félix Oliveira era de los que menos esperaba ver en esa lista.

—Supongo que si los Imperiales querían descuadrar las cosas desde el principio, lo han conseguido —murmuro, antes de despejar el *ranking* de delante de mis ojos con otros dos parpadeos rápidos.

—Sí, es una pena que nosotros no pudiéramos estar allí para participar en la gran final. Quizá si alguien no se hubiera echado una siesta... Sin rencores, cariño.

—Quizá si alguien no me hubiera metido comida directamente en la boca...

—¿Cómo podía saber que te la ibas a tragar? No voy a hacer chistes al respecto, pero...

Pienso en responderle, en empujarlo y decirle que todo esto es culpa suya, pero no necesitamos una discusión ahora. Si vamos a meter drama en la relación, es mejor esperar. Primero tenemos que dar la imagen de pareja perfecta y luego añadir el conflicto. Eso es lo que vende. La gente se gira para mirarte cuando haces algo que rompe con lo que se espera de ti y descuadras sus expectativas por completo. Y si al drama le añades una bonita y lacrimógena reconciliación...

O podríamos saltarnos esa parte. Quizá es nuestra oportunidad para dejarlo definitivamente, para abandonar incluso la actuación. Estoy convencido de que a la gente también le llamaría la atención que ganasen dos personas que no se soportan y que van a tener que seguir viéndose el resto de sus vidas.

—Tienes razón —miento finalmente, con un suspiro resignado—. Supongo que me di cuenta de la trampa demasiado tarde. ¿Me perdonas...?

Me echo hacia delante. Asher no se mueve cuando lo hago, incluso cuando me acerco lo suficiente como para que pueda rozar mi nariz con la suya. Me veo reflejado en sus ojos oscuros, que entrecierra suavemente, consciente de que estoy haciendo mucho teatro. Pero está dispuesto a seguirme el juego.

—Vas a tener que esforzarte un poco más —susurra, antes de humedecerse los labios—. Al fin y al cabo, tuve que cargarte hasta aquí y ponerte el pijama...

Será victimista. Estoy seguro de que ni siquiera le pesé tanto como desearía. Pero en lugar de decirle eso, enredo una mano en su ridículo mandil para acercarlo un poco más, hasta que mi boca casi toca la suya. Percibo la manera en la que contiene la respiración, noto la tensión en su postura, pero espero que desde fuera se interprete como deseo, o mi actuación no servirá para nada.

—Se me ocurren varias formas de compensarte por ello, pero... me siento un poco observado para llevarlas a cabo.

Aunque en realidad no tengo ni idea de dónde están las cámaras en este cuarto. Supongo que así es como los Imperiales se aseguran de que olvides que están ahí.

Los labios de Asher casi me tocan cuando responde en un susurro:

—Siempre podemos gastar una hora de desconexión, si es por eso... Aunque quizá consideres que yo ni siquiera necesito tanto tiempo. Puede que esté de acuerdo, incluso.

No quiero reírme, de verdad que no. Por eso odio no tener que fingir la sonrisa que se me escapa. Me resulta insoportable que a veces sus bromas todavía me hagan gracia, cuando son tan terribles.

—Prefiero reservar ese tiempo para cuando realmente lo necesitemos... La semana solo acaba de empezar, y puede hacerse muy pero que muy larga...

Asher también sonríe. Lo sé porque no puedo evitar lanzar un vistazo a su boca, pese a todo, y soy consciente de que él también mira la mía. A veces me sorprende encontrarme con que todavía me emociona ese momento de anticipación, con ese tirón en el estómago y el latido de más en el pecho. Pero es normal, ¿no? La nuestra es una situación complicada, en la que resulta fácil confundir lo que fingimos sentir (lo que supongo que algún día sentimos) de lo que realmente se nos pasa por la cabeza.

A veces incluso me olvido de la gran discusión que acabó con todo, las cosas que llegamos a gritarnos, lo disgustados y asqueados que acabamos.

A veces, cuando está tan cerca, cuando mantiene la boca cerrada o simplemente no me saca de quicio, resulta fácil pensar en las cosas que me gustaban de nuestra relación.

Son pequeños momentos de locura transitoria, claro. La mayor parte del tiempo, lo que pienso es en cómo vamos a salir de esto o si no nos habremos creído demasiado listos al intentar engañar a todo el mundo. Alguien se dará cuenta, ¿no? Alguien habrá que sepa leer un poco más allá de lo que intentamos mostrar. En nuestro perfil de Pandora, al fin y al cabo, no estamos en directo veinticuatro horas al día, pero aquí sí. Aquí estamos obligados a compartir espacio; incluso la cama, que es algo que no hemos hecho en meses.

Aquí no vamos a tener un respiro en la actuación, y hay tantas posibilidades de cagarla que resulta muy fácil ponerse en lo peor.

No ayuda que hoy Asher haya decidido ser un actor terrible, porque, para mi sorpresa, él deja de seguirme el juego. Sus dedos se cierran alrededor de los míos y me obliga a soltarlo tras un suave apretón. Después, deja un beso en mi frente en vez de en mi boca y se separa para dejar que corra el aire entre nosotros.

Ignoro el escalofrío que me deja la distancia y contengo las ganas de poner mala cara. Si esto es lo mejor que sabe hacer, no vamos a durar mucho aquí.

—Parece que ya estás más despierto —me dice—. Y sin el café. Así que ¿cuál es el plan para hoy?

Me doy cuenta de que todavía tengo la taza en la mano, así que le doy un sorbo mientras pienso. No aparto los ojos de él, que se levanta, se quita el mandil y se aleja por completo de mí con la excusa de ir a dejarlo sobre un sillón. ¿Qué le pasa? Asher suele ser el que más metido está en el papel, el que exagera en todas las muestras de cariño, el que se inventa los apodos más cursis y tiene las ideas de cita más divertidas para que podamos retransmitirlas.

—Podríamos ir a apoyar a Bibi —sugiero, sin embargo—. Que estemos a las puertas de lo más alto no quiere decir que nos olvidemos de nuestros amigos, ¿no?

Si la conozco al menos un poco, Bianca estará frustrada por haber pasado del último piso al décimo en tiempo récord, pero va a fingir que no, porque no puede permitirse que la gente la vea afectada. De hecho, lleva todo el año haciendo como que no le importa que Silena la haya dejado de lado ahora que es Imperial, pero yo sé que es mentira.

Aunque tampoco soy el más indicado para hablar de mentiras porque, por muy amiga mía que la considere, Bianca tampoco sabe que Asher y yo hace mucho que ya no somos la pareja perfecta que todo el mundo cree.

—De acuerdo, pero si nos cierra la puerta en las narices porque está de mal humor, yo no pienso quedarme a discutir con ella —responde mi exnovio—. Te espero en el salón mientras te vistes. ¿O quieres que esta vez te quite el pijama, en vez de ponértelo...?

Al menos puedo dejar de preocuparme por la actitud de Asher, porque eso sí que ha sonado a él.

—Nada de exhibicionismo tan pronto, ¿recuerdas?

—¡También podemos hacer cosas sin necesidad de exhibirnos! Puedo ser muy discreto si me lo propongo.

Le lanzo un cojín y Asher lo atrapa al vuelo antes de reírse, guiñarme un ojo y marcharse.

Supongo que todo está igual que siempre. Y, al mismo tiempo, no podríamos estar en una situación más diferente.

Bianca

Las vistas desde el décimo piso son mucho menos impresionantes que desde el último y sirven para recordarme mi caída. A esta altura estoy prácticamente al mismo nivel que otras construcciones más allá del complejo de seguridad que rodea la torre de Imperio; sin ir más lejos, mi apartamento en la ciudad es un ático en un edificio de doce plantas. De alguna manera, he caído incluso por debajo de mi vivienda habitual.

Silena estará decepcionada.

Es lo primero que pensé cuando anoche sentí mi piso descender, y la idea consiguió revolverme el estómago mucho más que la caída. También es lo primero que pienso hoy al despertarme, y por eso sé que tengo que hacer algo al respecto: no puedo quedarme aquí metida, lamentándome por mi suerte y mi tobillo dolorido o maldiciendo a Félix Oliveira, a quien culpo directamente de lo que me ha pasado. No tengo claro si debería buscar alguna manera de vengarme de él... Supongo que a la gente le gustaría...

Sea como sea, salgo de mi apartamento decidida a relacionarme con los demás Iconos. Se supone que eso es lo que tienes que hacer los primeros días: por supuesto, puedes quedarte en tu apartamento e intentar entretener a los Testigos desde allí, pero la gran mayoría quiere que aproveches la oportunidad para hacer algo distinto a lo que harías por lo general en tu perfil. Y, por otra parte, aquí el público no es solo el tuyo: también tienes que conseguir la atención de los seguidores de tus adversarios. La prueba de ayer fue una gran oportunidad para eso, pero yo no pude aprovecharla, así que tengo que recuperar el tiempo perdido.

Imperio tiene muchas zonas comunes para que los Iconos socialicen, y una de las más importantes es el restaurante, justo en la planta de debajo de la azotea. Esta mañana, el comedor es un salón opulento decorado de forma casi barroca, con pesadas cortinas enmarcando los ventanales y mesas redondas con sillas que parecen más tronos que asientos al uso. Puede que la decoración cambie cada día, puede que cambie por semanas o puede que se quede así durante lo que queda de competición, pero lo que está claro es que los Imperiales quieren hacernos sentir como parte de la realeza cuando esta todavía existía.

Pese a su intención, esta mañana yo me siento solo como una plebeya entrando en la corte equivocada, porque en cuanto pongo un pie dentro de la sala soy consciente de las miradas y los murmullos. Por supuesto, ahora nadie se me acerca: nadie pronuncia mi nombre con dulzura ni trata de congraciarse conmigo. Me resultaría liberador si no me aterrase tanto.

Cuando estás acostumbrada a que todo el mundo te quiera, ¿quién eres si de repente nadie lo hace?

Al menos parece que no todos deciden mantener las distancias. Lily Brown levanta la mano desde una de las mesas en la que se sienta acompañada de Deborah Decker, y no le importa llamarme rompiendo el silencio que se ha hecho en la sala:

—¡Bianca, aquí!

No dudo en acercarme a ellas con mi mejor cara, intentando no cojear, aunque todavía siento el dolor en el tobillo. La hinchazón solo ha empezado a bajar esta mañana, después de tomarme un medicamento de los que puedes solicitarle al sistema del Edificio, pero el pie es lo de menos: lo importante es que la gente (aquí dentro y allá afuera) no te vea rota ni preocupada.

—¿Qué tal, chicas?

Pese al decorado antiguo, una pantalla se despliega sobre la mesa en cuanto tomo asiento para que pueda pedir aquello que desee para comer. Selecciono una de las opciones de desayuno casi sin mirar. Lily tiene delante un *brunch* espectacular del que apenas ha picoteado, mientras que Deborah Decker ha optado por una de esas bebidas naturales que están tan de moda ahora. Por la mirada de reojo que le lanza a Lily, parece un poco dubitativa de que me una a su reunión, pero hago como si no me diera cuenta.

—¡Nos estábamos preguntando dónde estarías, Bibi! —dice Brown. Yo le sonrío, aunque no sé desde cuándo tenemos la confianza como para que me llame así—. ¿A que sí, Deb?

Deborah Decker titubea antes de dedicarme una sonrisa amable y asentir, pero no dice nada.

—Se me han pegado un poco las sábanas —miento.

—¿Has dormido bien, entonces? —pregunta Lily, mientras apoya la cara en una mano. No me pasa desapercibido que tiene la muñeca roja y marcada y me pregunto qué pasó anoche en las salas a las que yo no pude acceder–. Estábamos un poco preocupadas por ti, por... bueno, ya sabes...

—¿Por la caída de piso? —Hago un ademán de quitarle importancia–. Fue solo la primera noche, no significa nada. Según mi visor, tú también has caído varios puestos, ¿no? Así que seguro que estás de acuerdo conmigo.

Deborah sonríe contra el borde del vaso de su bebida. Lily, por su parte, carraspea, ruborizándose un poco.

—Por supuesto, querida.

—¿Me perdí algo ayer?

—Una cárcel, un banquete y una piscina —responde Deborah–. Fue... interesante. No sé lo que había en la última sala: solo lo saben las hermanas, y no han venido por aquí esta mañana, al menos que yo haya visto.

La mesa se abre en ese momento y delante de mí aparece mi comida. Yo cojo la botella de zumo de naranja para darle un trago, pensativa.

—Las hermanas, ¿eh? Qué sorpresa.

—Walker ha adoptado a la pequeña, creo —resopla Lily.

Pongo los ojos en blanco. No quiero ni oír hablar de él.

—Pobrecilla. Deberíamos salvarla de sus garras, entonces.

—Tengo la impresión de que la niña se salva sola —murmura Deborah–. De todos modos, no creo que ni ella ni Walker sean la mayor preocupación que nadie debería tener. A mí me parece más impresionante subir del primer piso al veintiséis en una noche y sin despeinarse, como hizo Blake Cooper.

—A ti lo que te pasa es que te ha gustado la cíborg —dice Lily, con una risita.

Deborah carraspea.

—No deberías llamarla así: es ofensivo. Y solo digo que esa chica fue quien realmente nos la jugó a todos, incluido Walker. Yo creo que hay que tener cuidado con ella: es el tipo de persona que probablemente les encante a los Testigos.

—¿No le estás dando demasiada importancia? —pregunto, tras tragar un bocado de mis huevos revueltos—. La atención de los Testigos se la estás regalando mientras hablas así de ella. Y, de todas formas, lo de anoche solo fue un juego de los Imperiales para desestabilizar las cosas, pero los Testigos no tuvieron nada que ver con esta... reestructuración. Y ellos son más importantes que todos los juegos que los Imperiales se puedan inventar.

—¡Eso es! —me apoya Lily, y después me sonríe—. Estoy segura de que a finales de la semana que viene estarás de nuevo en lo más alto, Bianca. Esto ha sido solo un... resbalón.

—¿Resbalón? —dice una voz que reconozco justo detrás de nosotras—. Yo más bien diría «tropiezo». Y provocado.

Las tres levantamos la vista para ver cómo Asher y Sasha se acercan y toman asiento sin pedir permiso: Sasha a mi lado, con los brazos cruzados sobre el pecho y las finas cejas alzadas, y Asher junto a él, con su sonrisa inquebrantable, aunque ahora parece un poco afilada. Es este último quien extiende una mano para robar un tomatito cherry de mi plato.

—Sí, y no solo por Félix Oliveira, ¿verdad, Lily? —dice—. ¿El tiempo en la cárcel ha hecho que pienses en tus crímenes y te arrepientas de ponerle la zancadilla a Bianca, quizá?

Lily Brown palidece y yo me fijo en ella mientras balbucea. Deborah Decker toma un sorbo de su bebida, dejándola desprotegida ante la acusación. A mí me gustaría estar más sorprendida de que fuera ella la primera que me dio la puñalada anoche, pero en realidad lo único que consigo pensar es que tiene sentido: estaba cerca, al fin y al cabo.

—¿De qué estáis hablando? —protesta, sin embargo, indignada. Después se gira hacia mí—. Walker se inventó eso ayer, pero te juro que yo no fui. Y nadie debería creerse nada de lo que salga de la boca de ese... ese... *asesino*.

Sasha resopla tan fuerte que mueve uno de los mechones rosas que le caen por la frente, pero yo decido intervenir antes de que él pueda lanzar uno de sus cortes habituales:

—Es cierto que Walker no parece la persona más confiable del mundo.

—¡Exacto! —exclama Lily.

Sasha me mira como si fuera tonta, pero yo solo me encojo de hombros. Si Lily Brown me puso la zancadilla y hoy me sonríe, ¿qué? No es para tanto. ¿No es lo más habitual en este lugar, de hecho? No puedo ir enfrentándome a todo el mundo que pretenda hundirme: es mejor que tenga mis enemigos claros y que haga todos los aliados que pueda. Sí, incluso Lily, aunque sea una de las culpables de que hoy haya perdido mi valiosa posición inicial.

¿No es mejor tener a la gente conmigo que contra mí?

—¿Qué tal fue la noche para vosotros? —le pregunto a la pareja para cambiar de tema—. Habéis subido, felicidades.

—Habríamos podido subir un poco más si Sasha no hubiera decidido echarse una cabezadita —señala Asher, y Deborah se ríe.

—Al menos el narcótico de la comida era tan potente que no me he enterado de los ronquidos de Asher esta noche —replica Sasha.

Sonrío mientras ellos empiezan a lanzarse pullas. Me alegro de que ambos estén aquí. No nos vemos demasiado porque ellos viven en otra ciudad, pero son divertidos y es obvio que se adoran, aunque muchas veces discutan. Nunca los he visto separados, y aunque los considero una competencia feroz (está claro que saben cómo ganarse las miradas de la gente), creo que son bastante honestos. Sasha, por ejemplo, no sabe disimular cuando alguien no le gusta, como decide demostrarle a Lily a partir de ese momento.

Es Sasha, precisamente, quien me coge del brazo cuando nos levantamos de la mesa y me pide que le acompañe con esa sonrisa demasiado dulce que yo sé que esconde algo más. Me arrastra por uno de los pasillos del Edificio y no parece quedarse tranquilo hasta que doblamos una esquina que da a un gran ventanal. Las salas de ocio son los verdaderos últimos pisos, así que las vistas desde aquí son incluso más impresionantes que las que tenía yo ayer, pero no puedo mirarlas demasiado porque Sasha me coge de los hombros y me obliga a encararlo y fijarme solo en su rostro. Siempre me sorprende lo atractivo que es, con esa mandíbula marcada pero la apariencia un poco delicada, andrógina, que no se corresponde para nada con su carácter cínico y afilado. Por no hablar de lo bien que sabe maquillarse. Hoy, por ejemplo, se ha pintado los ojos almendrados del mismo rosa pálido que su pelo, con pequeñas estrellas plateadas alrededor que lo hacen destacar todavía más. Estoy segura de que su personalidad y su relación con Asher pueden conseguir que sea uno de los favoritos de esta edición, pero además es obvio que está dispuesto a llamar la atención ofreciendo los mejores estilismos.

Pero supongo que no ha venido a darme ningún consejo de moda ahora.

—¿Se puede saber qué estás haciendo? —me suelta.

No puedo evitar un parpadeo de incomprensión.

—¿De qué hablas?

—Esa chica te puso la zancadilla ayer, Bibi, y tú te has dedicado a reírle las gracias durante todo el desayuno. Si es porque estás planeando alguna venganza lenta y dolorosa, perfecto, cuenta conmigo, pero si no...

Pongo los ojos en blanco y lanzo un vistazo alrededor para asegurarme de que nadie nos ha seguido. Una cosa es que los Testigos escuchen esta conversación y otra que lo hagan nuestros compañeros.

—No puedo ponerme a planear venganzas contra la primera que me pone la zancadilla, Sasha. Si fuera así, también tendría que planear una contra Oliveira...

—¿Y no vas a hacerlo? —Sasha parece incrédulo.

—No, claro que no. Mi enemigo aquí de momento es solo uno, ya lo sabes. El resto... Bueno, están jugando, ¿no? No quiero llevarme mal con todo el mundo.

Él sacude la cabeza, en desacuerdo.

—No puedes ir así por Imperio, o lo que te pasó ayer va a ser el menor de tus problemas: si te juntas con Lily, va a parecer que dejas que se ría de ti. Puedes llegar muy lejos aquí, Bibi, estoy seguro, pero no lo vas a hacer siendo una santa...

Me remuevo, un poco incómoda. Por una parte, entiendo lo que me está diciendo, y por otra...

—No soy una santa. Y les devolveré lo que me han hecho a Lily y a Oliveira en la siguiente prueba, si tengo oportunidad. Pero no voy a jugar simplemente a hundir a todos los que querrían hundirme a mí: no acabaría nunca. Sabes que los aliados son importantes también. Silena llegó tan lejos en parte gracias a eso.

—Estoy de acuerdo, pero hay que elegirlos bien, porque incluso tus aliados pueden terminar traicionándote. De eso Silena también sabe un poco.

—Y por eso no voy a juntarme con Walker, pero si juegas bien...

—¿Y pretendes jugar bien, o solo quieres replicar lo que hizo Silena el año pasado? Porque ya hubo una Silena, la gente no quiere otra.

Doy un respingo y miro a Sasha, que no muestra arrepentimiento alguno en su expresión. Frunzo un poco el ceño y doy un paso atrás, molesta por la acusación. Por la maldita comparativa, un día más. Sí, puede que me esté basando en algunas de las estrategias de Silena, pero ¿qué tiene de malo? Eso no significa que quiera hacerlo todo igual, solo que me parece una manera inteligente de actuar. A Silena le fue bien empezar llevándose bien con todo el mundo; fue la más encantadora, la más accesible, se relacionó con cada persona de este Edificio. Y después se dedicó a utilizar todas esas relaciones en su propio beneficio, jugando con ellas como mejor le convenía.

Que Sasha no sea capaz de ver que es un buen método para subsistir en Imperio no significa que yo no tenga la personalidad suficiente como para hacer mi propio juego.

—No soy Silena ni lo pretendo —protesto—. Pero gracias por tu preocupación, Sasha. ¿O no es preocupación? ¿A lo mejor esperabas que tu novio y tú fuerais los únicos en los que confiase para pegaros más a mí?

Él parpadea antes de enarcar las cejas, incrédulo.

—¿De qué estás hablando? Te digo esto precisamente porque creo que...

—A lo mejor quien debería replantearse su juego sois Asher y tú —le interrumpo—. Estoy segura de que la estrategia de revolotear el uno alrededor del otro todo el tiempo, con vuestras peleas de matrimonio, terminará aburriendo a la gente más pronto que tarde.

—¿Disculpa?

—¿Habéis venido a jugar, o solo a enseñar lo mismo de siempre?

Sasha tensa la mandíbula.

—Hemos venido a jugar, Bianca. ¿Y tú? ¿Has venido a jugar, o solo a intentar llamar la atención de una tía que lleva un año pasando de ti?

El golpe es tan directo que me desestabiliza. Sasha sabe que se ha pasado prácticamente en cuanto acaba de pronunciar las palabras, porque esta vez sí que hace un mohín y aparta la vista al suelo, creo que arrepentido.

—No quería decirlo así, lo siento, solo...

—Déjame en paz.

Me siento humillada. Supongo que a los Testigos les gustará esto: ni veinticuatro horas de competición y ya he tenido mi primera discusión con alguien a quien consideraba uno de mis aliados. Bien, que disfruten del espectáculo. A mí la situación me deja con el estómago revuelto y la boca amarga.

Dejo a Sasha ahí parado y vuelvo por donde he venido. Deborah, Lily y Asher están en el pasillo. El novio de mi amigo parece un poco sorprendido al ver que regreso sin él.

—¿Y Sasha...?

—Se ha quedado atrás —digo simplemente, aunque tengo una sensación pesada en el pecho—. Quizá deberías ir con él. ¿Nos vamos, chicas?

Asher me observa suspicaz. Lily mira de uno a otro antes de sonreír y agarrarse de mi brazo.

—Claro. ¿Y si pasamos el día en la piscina? Deb me ha dicho que ayer hubo allí una prueba, pero creo que hoy ya no será peligroso —ríe.

Le sonrío en respuesta, aunque las palabras de Sasha me taladran la cabeza casi tanto como los ojos de su pareja mientras nos alejamos. Pero no tiene razón. Ni es lógico jugar a los enemigos más que a los aliados ni he venido solo por lo que él cree. He venido a demostrar cosas. He venido a que la gente se dé cuenta de que valgo tanto como Silena.

Y Silena... Silena no lleva un año pasando de mí. No me ha abandonado. Solo está muy ocupada. Ser Imperial no implica solo derechos, sino también muchos deberes. Es normal que ya no hablemos tanto: yo también empecé a ver un poco menos a mi familia cuando me convertí en Icono, como muchos otros. Esto no es muy distinto. Es lógico que se haya tenido que distanciar.

Contengo la tentación de mirar alrededor, de buscar cámaras en cada rincón, pero me pregunto si ella estará mirando. Y si cree que estoy haciendo lo correcto.

Liv

El primer día en el Edificio Imperio no tiene nada que ver con la gala de la noche anterior; al menos, no para nosotras. De pronto, está claro que quienes apenas nos miraban antes, ahora tienen los ojos puestos en nosotras. Blake Cooper, que se ha unido a nuestro grupo después de que esta mañana mi hermana fuera a hablar con ella, nos ha avisado de que sería así, pero lo comprobamos cuando las tres ponemos un pie en la sala de juegos, en la que hemos quedado con Klaus. Él ya está allí cuando llegamos, con una pistola de realidad virtual en las manos y las gafas de simulación puestas. Noel, a sus pies, se da cuenta de nuestra presencia primero y viene corriendo a saludarnos. Cuando la cojo en brazos, compruebo que ya está totalmente arreglada, aunque tiene una pequeña abolladura en la cabeza.

Pero no son solo Noel ni Klaus (que se quita las gafas, probablemente alertado de nuestra presencia por la tecnología de su acompañante) quienes se fijan en nosotras. En la sala de juegos hay varias personas más y siento las miradas de todas ellas. Creo que Dana intenta hacerse un poco más pequeña a mi lado, pero a mí esta repentina atención solo me da ganas de sonreír. A Blake parece darle completamente igual que nos miren o no, aunque estoy segura de que la gente se está fijando también en ella. Al fin y al cabo, su ascenso ha sido todavía más increíble que el nuestro.

Para cuando Klaus se acerca a nosotras, sin embargo, la mayor parte de la gente ha vuelto la atención a sus propios asuntos.

—Parece que habéis causado un gran impacto, chicas. Felicidades.

—Claro que lo hemos hecho —me regodeo, y alzo la voz para quien pueda estar escuchando—: Y solo acabamos de empezar.

—No deberías estar disfrutándolo tanto, Liv —me amonesta Dana en susurros—. Solo es la primera semana. Esto no se va a quedar así, probablemente.

—Aguafiestas —farfullo.

Blake Cooper esboza esa sonrisa que ya le vi anoche. La verdad es que no tengo muy claro qué pensar de ella, pero creo que me cae bien y es obvio que a mi hermana también. Además, ha decidido apoyarme en mi idea de retar a Bianca, y es cierto que estamos donde estamos en parte gracias a ella. Supongo que puede ser una buena aliada y, junto con Klaus, ya tenemos un equipo desde el principio. Está claro que hoy la gente habrá empezado también a buscar sus propios apoyos.

—Blake Cooper, ¿verdad? Yo soy Klaus Nilsen —dice nuestro acompañante en ese momento, y extiende la mano hacia ella—. Vi los vídeos sobre tu recuperación. Es una pasada todo el uso que has hecho de la nanotecnología para la integración corporal. No es algo que esté al alcance de cualquiera, y menos desde su casa y sin ayudas económicas para el desarrollo.

Cooper acepta el apretón con su mano mecánica, aunque encoge el otro hombro como si no tuviera ninguna importancia. La verdad es que yo no sé de qué están hablando. Tengo claro que solo hay algo peor que la educación física en el colegio, y son las clases de ciencias o tecnología.

—Gracias, yo también conozco tu trabajo.

—Genial, hemos juntado a dos frikis —le digo a mi hermana—. Como no teníamos suficiente con Klaus viniéndose arriba con cualquier tuerca...

—¡Liv! —me amonesta Dana, como si no supiera perfectamente que tengo razón.

—¿A quién tenemos aquí?

Reconozco la voz que se dirige a nosotros, igual que reconozco que mi hermana se tensa y me pone una mano en el hombro en un intento de hacerme retroceder tras ella, demasiado protectora. Pero a mí no me da ningún miedo Lucian Morton, por mucho que tenga un cuerpo gigantesco y esa cara de matón de película. Parece que él también se ha buscado su propio grupo, aunque no me esperaba verlo acompañado de Félix Oliveira y, sobre todo, de Amy Kaur: a ella nunca la había visto en persona hasta ayer (aunque se quedó encadenada en la celda), pero es fácil reconocerla porque empezó como mi hermana y como yo, siendo una estrella infantil nacida en las redes sociales. Ahora, ya con veinticinco años, es una actriz reconocida. No me sorprende que junto a ella esté Eliza Villegas: todo el mundo sabe que son muy buenas amigas desde que de pequeñas participaron juntas en la misma serie. Con el tiempo, sin embargo, Eliza abandonó su carrera en el mundo de la interpretación para convertirse en la Icono experta en prensa rosa que todo el mundo conoce ahora.

En mi opinión, no tiene ningún sentido que Eliza y Amy estén con el bruto de Lucian Morton. Y sé que debería morderme la lengua, sé que responderle es lo último que Dana quiere que haga.

Pero no he venido a Imperio a quedarme callada.

—¿Qué tal, grandullón? ¿Te duelen las muñecas esta mañana?

—¡Liv! —vuelve a amonestarme mi hermana.

Klaus carraspea, aunque creo que a Blake le hace gracia, porque la veo apretar los labios para esconder la sonrisa y mirarme de reojo, divertida. A quien no le hace gracia, claro, es a Lucian, que enrojece por la vergüenza mientras se acerca un par de pasos más. Dana me pone detrás de su cuerpo. Blake también da un paso hacia delante, aunque lo hace sin cambiar esa postura despreocupada suya, con las manos metidas en los bolsillos de su chaqueta. Yo resoplo, porque lo que querría decirles a las dos es que soy perfectamente capaz de defenderme sola, gracias.

—¿Querías algo, Morton? —le pregunta Dana.

—Venga, Lucian. —Es Félix quien habla. Parece un poco incómodo mientras mira de unos a otros—. Es solo una niña, no dejes que te moleste.

—La niña ha hecho que baje tres puestos esta noche —protesta el grandullón.

—En realidad, diría que dos de las tres personas con las que vas colaboraron en que te quedaras donde te quedaste —puntualiza Blake, y yo dejo escapar una risita mientras me asomo por detrás de ella.

—¡No lo habríamos hecho si la niña no le hubiera señalado! —protesta Eliza, un poco nerviosa. Supongo que se le da mejor enfrentarse a la gente soltando cotilleos a través de una pantalla que en persona.

—En realidad, fui yo quien le ofreció tomar una decisión, si queréis jugar a buscar culpables.

Creo que soy la única que sonríe cuando Evan Walker entra en la sala de juegos, con una apariencia totalmente relajada pese a que se está metiendo de lleno en una pelea. O puede que precisamente por eso, ¿no? Cuando lanzo un vistazo a nuestro alrededor, me doy cuenta de que otras personas de la sala también están pendientes de lo que está sucediendo. Supongo que es el poder de alguien que el año pasado llegó a la final: Evan ni siquiera pestañea ante la súbita atención.

—Walker —gruñe Lucian.

—¿Qué hay, Morton? Estás rojo, ¿te afectó el calor de ayer en la piscina...? Ah, no. Que no llegaste a esa prueba. ¿Quieres que te explique cómo fue?

Se me escapa otra risita, aunque me gano una mirada censuradora de Dana de las que dan miedo. Es una advertencia clara e intento contrarrestarla con mi mejor cara de ángel.

—No dejes que te provoque —suspira Amy Kaur, con una expresión que parece de hartazgo. Supongo que ella no está tan impresionada por Evan Walker—. Vámonos.

—¿Tan pronto? —dice Evan, como si le diese pena—. Si estábamos pasándolo genial rememorando la noche, ¿no?

—¿Esta es tu estrategia para este año, Walker? —resopla Félix—. Como lo de buscar a cualquier tía para dar el espectáculo ya sería repetirte y demostraría que ninguna de las chicas del año pasado te importó en absoluto, ¿este año vas de padre modelo?

—No, pero la verdad es que esa sería mejor estrategia que ser un adulto hecho y derecho intentando intimidar a una chiquilla —señala Walker—. Por suerte, ella es más lista que vosotros y no os tiene miedo, como habéis podido comprobar.

—Nosotros no intentábamos... —comienza Amy, con el ceño fruncido.

—¿No? —Evan ladea la cabeza—. Bueno, es cierto que no pega nada contigo, Amy. Quizá deberías elegir mejor con quién te juntas.

Amy Kaur juega con el borde del velo morado que le cubre la cabeza mientras lanza un vistazo a Lucian Morton, frustrada. Porque seguro que ella no quiere que se la vea así, ni siquiera por asociación. Amy es una persona inteligente y correcta que además se preocupa bastante por cómo su exposición puede afectar a otras personas, activista y reivindicativa. Ha debido de terminar en el mismo grupo que Lucian más por accidente que por gusto.

—Pídele disculpas a la niña, Morton —dice.

—Eso, Morton —se regodea Evan—. Pídele disculpas a Liv.

Lucian se gira hacia Amy, incrédulo.

—Estás de broma, ¿no?

Pero ella no lo está, para nada, y cuando entrecierra los ojos es fácil darse cuenta de quién tiene el poder realmente en ese grupo. Supongo que es normal: es la más conocida de quienes van con ella. Incluso cuando se quedó atrás en la segunda prueba de la noche, una rápida consulta en mi visor me dice que ha conseguido mantenerse en el puesto dieciocho. De hecho, recuerdo que su nombre era otro de los que sonaban como favoritos antes de entrar en el Edificio, por todos sus años de carrera.

Una carrera que no se va a jugar por un bruto con ganas de pelea.

Lucian resopla, molesto, pero es demasiado orgulloso para ceder, así que no dice nada. Se marcha de los recreativos dándole un golpe con el hombro a Evan al pasar justo por su lado. Creo que le dice algo, pero no llego a escucharlo y Walker, de todos modos, no se inmuta.

Amy se gira hacia mí.

—Perdónanos, Liv —dice, con una sonrisa de disculpa que parece bastante sincera—. No sabíamos que quería molestarte cuando entramos aquí.

—Da igual: si quería, no lo ha conseguido.

Amy levanta las cejas, aunque parece divertida.

—Esa es la actitud. —Después, se gira hacia sus acompañantes—. Vamos a jugar, chicos, que es a lo que hemos venido.

Félix nos mira un momento más antes de seguir a sus aliadas. Las personas que también estaban pendientes de la discusión deciden continuar con sus asuntos, quizá decepcionadas porque la pelea se ha disuelto antes incluso de empezar.

—Parece que yo también os debo una disculpa.

Todos nos giramos hacia Evan, que nos ofrece una sonrisa distinta a la habitual, un poco avergonzada. Dana entrecierra los ojos, desconfiada. Sé que no le gusta y no se esfuerza en disimularlo.

—Ah, ¿sí? —interviene Klaus, un poco incrédulo.

—Bueno, a las Shifter, al menos. Sobre todo a ti, Liv —añade, antes de girarse hacia mí—. La verdad es que no se me ocurrió que nadie pudiera tomarla contigo por lo de la celda. Igual tenía que habérmelo pensado mejor...

Dana abre la boca, pero yo me adelanto antes de que ella pueda responder por mí:

—¡No tienes la culpa! Yo también tenía derecho a ponerle las esposas a alguien.

Evan sonríe y extiende la mano hacia mí.

—Entonces, ¿colegas?

Sonrío y choco los cinco con él. Aunque a mi hermana no le caiga muy bien, a mí sí. Es el único que me trata como a una jugadora más. Incluso ahora que me ha defendido, lo ha hecho señalando que yo no tenía miedo.

—¡Colegas!

Evan se ríe y levanta la mirada para fijarse en los demás. Creo que repara un segundo más en Blake antes de fijarse de nuevo en mí.

—Parece que te has hecho con un buen grupo, ¿eh?

—¡Hay sitio para uno más si quieres unirte a nosotros!

—¿Qué? —La voz de mi hermana suena casi una octava más alta de lo normal—. No, no lo hay, Liv. Lo siento, Walker, no es nada personal.

Pero claro que es personal, y Evan tiene que saberlo. Mi hermana no se fía de él por todo lo que se dice de su participación del año pasado, pero tal y como yo lo veo, Evan es una persona que conoce Imperio mejor que nadie y ha rozado la victoria con los dedos.

No estoy de acuerdo con Dana, y no me parece bien que solo ella decida nuestros aliados. Klaus me cae bien y le debemos una victoria a Blake, pero eso no significa que solo tengamos que relacionarnos con ellos.

—Yo creo que sí —protesto.

—No veo qué hay de malo en que venga con nosotros —acepta Blake también, y Dana la mira como si la hubiera traicionado de alguna forma. No sé si Blake se da cuenta, de todos modos, porque tiene sus ojos grises fijos en Evan—. Parece que a tu hermana le cae bien y acaba de defenderla. Y a mí me debe un favor, ¿verdad, Walker?

La sonrisa de Evan cambia un poco cuando vuelve a posar la mirada en ella.

—Soy un hombre de palabra, cerebrito.

Mi hermana aprieta los labios y veo cómo comparte una mirada con Klaus. A nuestro amigo, sin embargo, todo esto le da bastante igual, como le dan igual la mayoría de cosas que no tengan cables o códigos de programación; por eso se encoge de hombros.

Así que yo me giro hacia Walker y le sonrío.

—¡Bienvenido a nuestro grupo, Evan!

SEGUNDA SEMANA

PURGATORIO

PISO
10

BIANCA FIORE

No, claro que no esperaba caer, pero he decidido que me lo voy a tomar como una oportunidad y no como una catástrofe. Desde aquí solo puedo ir hacia arriba. Y ahora que ya se han empezado a formar grupos y yo tengo el mío, ni siquiera importa mucho dónde estoy hoy: lo relevante es dónde voy a estar el domingo.

PISO
23

SASHA LASKIN

Bianca es adulta y puede tomar sus propias decisiones. No pienso hacerle de canguro: ella sabrá qué compañías le convienen más.

PISO 23

ASHER HOFFMAN

Si Sasha se lanzase a un foso lleno de víboras y me pidiese ayuda, yo buscaría por todos los medios una forma de alejarlo del peligro. Incluso pensaría en saltar detrás. Pero si fuera Bianca la que estuviera en esa situación... La verdad, Sasha no lo dirá, pero sé que le ha dolido la forma en la que Bianca le habló. Así que voy a sentarme en el bordillo del foso y voy a comer palomitas mientras veo cómo la envenenan. Es lo que se ha buscado.

PISO 29

EVAN WALKER

Para mí esta nueva edición es como una segunda oportunidad, una forma de hacer las cosas un poco mejor, y me gustaría pensar que he empezado con buen pie. Estoy en el segundo puesto y tengo un grupo que creo que es muy potente para apoyarnos en las primeras pruebas. ¡Si hasta he conseguido a la hermana pequeña que siempre le decía a mis padres que quería!

PISO 30

LIV SHIFTER

¡Yo creo que hemos hecho muy bien eligiendo a Bianca para el reto! Estoy deseando ver qué le tienen preparado los Testigos. Cuando entré aquí, pensaba que no habría nada mejor que pertenecer a su grupo, pero creo que me gusta incluso más que sea Evan Walker el que esté de nuestra parte.

PISO 30

DANA SHIFTER

No, claro que no me creo que Evan Walker esté realmente de nuestra parte. Ese chico solo juega de su propio lado, como demostró en la anterior edición. Si te importa de verdad una compañera, no sigues adelante en una prueba justo después de que ella muera.

PISO 30

LIV SHIFTER

Es superdivertido, sabe cómo funciona el Edificio y trata a todo el mundo genial. Bueno, excepto a Lucian, pero con razón, ¿no? Es un bruto.

PISO 27

FÉLIX OLIVEIRA

Sí, definitivamente me he puesto las baterías para esta edición. Cuando estuve en el Edificio por primera vez, creía que podía hacer las cosas solo, pero he aprendido del error, y el de no ir a mi bola no es el único que pienso subsanar. Quiero que los Testigos sepan que en esta edición me voy a arriesgar más. Y si no me creen… que me pongan a prueba. Estoy seguro de que todavía puedo sorprenderlos.

PISO 26

BLAKE COOPER

¿La sorpresa de la edición? Bueno, creo que es pronto para considerarme así, pero gracias. En cualquier caso, estoy segura de que puedo sorprender aún más: hay muchas cosas que quiero hacer en el Edificio.

PISO 10

BIANCA FIORE

¿Que me han elegido para un... reto personal? Es una sorpresa, pero estoy segura de que será una gran oportunidad para demostrar de qué soy capaz. ¿Cuál es mi prueba?

Evan

—¿Eso es todo lo rápido que puedes correr, Walker?

Escucho la voz de Blake Cooper por encima de la música que está sonando en mis oídos, pero aun así me sorprende verla subirse a la cinta que hay junto a la mía. Y más me sorprende verla con ese sujetador deportivo que deja las cicatrices de su costado al descubierto o esos pantalones cortos que no esconden para nada su pierna biónica. Al brazo supongo que ya me he acostumbrado, pero sigue siendo un poco impresionante cada vez que la miro. Y puede que lo de mirarla lo haya hecho bastante en los últimos días, aunque, en mi defensa, no soy el único. Me parece que Dana Shifter, por ejemplo, se fija mucho más en ella que yo. Incluso Klaus Nilsen lo hace, aunque en su caso creo que es por cuestiones puramente tecnológicas: estoy esperando el momento en que le pregunte si puede pedirle prestadas las extremidades para desmontarlas pieza a pieza y analizarlas.

—No sabía que te gustara el deporte.

Ella se recoge la roja melena en una coleta y se lanza a correr a buen ritmo.

—Nunca se sabe qué tipo de pruebas pueden tocarnos aquí dentro, ¿no? Es mejor estar preparada. Además, el ejercicio es necesario para mi rutina de rehabilitación.

Asiento, aunque no puedo evitar fijarme en cómo se mueve. Me queda claro que está acostumbrada al esfuerzo físico, pese a que, por lo que me ha contado Klaus, pasó inmovilizada en cama algún tiempo antes de ponerse a trabajar en sus implantes.

—Empiezo a pensar que no te estabas hundiendo tanto como parecía en la piscina, la primera noche. Creo que tienes mejor forma física que yo.

Ella deja escapar una risa mientras sus ojos se mantienen en las ventanas, que nos ofrecen una vista perfecta de la ciudad y el sol escondiéndose tras los altos edificios. O quizá mire a la mansión de los Imperiales, que se ve perfectamente desde aquí. Quizá le gusta visualizar su meta tanto como a mí.

—Estabas deseando hacerte el héroe, así que te dejé.

—Lo que pasa es que querías que te debiera el favor.

—Y pienso cobrármelo. ¿O vas a faltar a tu palabra ahora?

Yo suelto una risa un poco ahogada y decido bajar la velocidad. Llevo ya un buen rato aquí encima y empieza a faltarme el aire. Me seco el cuello con el borde de la camiseta.

—Jamás haría eso.

—Solo si te retaran a ello, ¿no? —se burla ella.

Pongo los ojos en blanco, pero acepto la pulla porque sé que no la suelta con ningún tipo de maldad. En los últimos días he descubierto que Blake Cooper simplemente es así: se burla de todo y todos, todo el tiempo, indistintamente. Y en el fondo me divierte un poco cómo siempre está preparada para golpear con las palabras.

—¿Tú también vas a darme una charla sobre lo malo que fui por traicionar a Silena, aunque fue algo que los Testigos me pidieron expresamente que hiciera?

—En realidad, Silena me trae sin cuidado: si me preguntas, creo que ni siquiera le gustabas tanto y probablemente solo decidió ser lista y utilizar tu jugarreta para dar pena a los Testigos y sumar visualizaciones. —Abro la boca, sin saber si todo eso es un insulto o una defensa, pero ella se adelanta antes de que pueda decir nada—. Aunque ¿puedo preguntarte algo?

Decido bajar la velocidad a una de paseo, intrigado. Cooper, en cambio, sigue corriendo sin perder el ritmo.

—Cuando te acostaste con Cara Volkov, ¿te esperabas que Cara fuera a contárselo a Silena?

Estoy a punto de tropezar. Me han hecho muchas preguntas en el último año, pero esa todavía no la había escuchado. Detengo la cinta de manera inmediata y observo a mi acompañante con el ceño fruncido, un poco incrédulo.

—¿Por qué lo preguntas?

Blake encoge un hombro, como suele hacer. Su expresión no cambia en absoluto, como si en realidad todo esto le diera igual.

—Solo pensaba que, si yo hubiera estado en tu lugar, habría preferido que no lo hiciera.

—¿Por qué?

—Porque cuando confesó te quitó la oportunidad de jugar a dos bandas —dice sin dudar—. Los Testigos habrían estado el doble de enganchados para ver cómo lo hacías exactamente, así que, además de cumplir tu reto de traicionar a Silena, habrías tenido muchas visualizaciones extra. Habrías ganado, pero supongo que los remordimientos de Cara le dieron la victoria a Silena... Debió de joderte, ¿no?

Al principio no sé qué responder. Que Blake Cooper se plantee todo esto me hace ser consciente de hasta qué punto ha venido a jugar, no solo en las pruebas de los Imperiales, sino con la gente. ¿Está ahora mismo jugando conmigo? Tal vez me está haciendo estas preguntas para ponerme a prueba, o quizá tan solo crea que puede ser del interés de los Testigos.

—Nadie puede culpar a Cara por haber decidido ser honesta —contesto finalmente—. Ella era así. Le gustaba a tantos Testigos por eso mismo.

Habría llegado a Imperial por eso mismo. Cara tenía un encanto natural que residía precisamente en lo genuinas que eran sus acciones, ya fueran buenas o malas. Ni Silena ni yo podíamos replicar aquello.

Blake me mide con un vistazo rápido, antes de volver los ojos de nuevo al frente. Creo que nuestra conversación va a terminar aquí y estoy ya bajándome de la cinta cuando, de pronto, dice:

—Por cierto, ya que eres el experto en retos de los Testigos, ¿sabes que Bianca Fiore tiene esta semana un reto personal?

Al parecer nuestra chica cíborg no va a cansarse de sorprenderme. Me giro hacia ella.

—¿Y cómo sabes tú eso?

—Dana me lo dijo. Los Imperiales les dieron la oportunidad de retar a alguien por ganar las pruebas de la primera noche.

—¿Y también sabes cuál es el reto?

—En ese caso ya estaría intentando frustrarlo, porque, si gana, va a llevarse parte de las visualizaciones de las Shifter.

Y eso no nos compensa. Ni a las hermanas ni a mí. En realidad, que le vaya bien a Bianca no le compensa a nadie más que a ella, porque si remonta después de su tropiezo, puede ser peligrosa. Lo suficiente como para volver arriba del todo.

Al mismo tiempo, creo que Bianca tiene que estar defraudando a mucha gente. En los últimos dos días ha decidido simplemente ser amiga de todo el mundo, y a mí su actitud me recuerda un poco a la de Silena el año pasado, solo que Silena tenía una presencia que resultaba un poco adictiva, incluso intoxicante. No era solo por su potencial, porque Silena ni siquiera empezó tan alto en el Edificio, sino que su personalidad enganchaba de verdad. A mí me pareció una aliada evidente desde el principio, igual que la primera noche me lo pareció la persona que tengo ahora al lado.

Bianca, en comparación, es solo una chica esperando que todo el mundo la quiera. A la hora de la verdad, sin embargo, ni siquiera ha podido mantener a los aliados que tenía del exterior durante mucho tiempo, porque he visto a Sasha y Asher ir a su aire, mezclándose con personas como Elodie Zamora o Daichi Ono.

En realidad, esperaba que Bianca me diera juego, que me regalara alguna confrontación, pero desde que estamos aquí solo le ha faltado dar media vuelta cada vez que me ha visto. Y eso a los Testigos no les debe de estar gustando...

Así que no sería extraño que intentasen forzar nuestras interacciones en cuanto les dieran la oportunidad.

Me fijo en Cooper, que continúa sin perder el ritmo en ningún momento.

—¿Me cuentas esto porque crees que su prueba puede estar relacionada conmigo?

Aunque no me mira, reconozco la sonrisa en su boca.

—¿No puedo habértelo comentado solo porque sí?

—No, claro que no.

Blake se ríe, pero no dice nada más, solo sube la velocidad a su máquina. Sabe que ya ha conseguido que me quede pensando en ello y, de hecho, no puedo dejar de hacerlo cuando salgo del gimnasio y me voy a la ducha; ni después, mientras me dedico a disparar contra algunas criaturas de realidad virtual en la sala de juegos.

Si yo fuera Testigo, ¿qué me gustaría ver en esta situación? Cuando el año pasado me retaron a traicionar a Silena, ¿lo hicieron porque sabían que teníamos una alianza fuerte, o para darle su merecido a Silena después de que ella, de forma muy sutil, se dedicase a traicionar a todo el mundo en el Edificio? Las únicas personas a las que nunca se la jugó fuimos Cara y yo, así que siempre he dado por hecho que los Testigos querían que probara de su propia medicina.

En el caso de Bianca, somos enemigos declarados desde el primer día, sobre todo por su parte, así que no tendría sentido que los tiros fuesen por ahí: la gente ya sabe que estamos más que dispuestos a hundirnos mutuamente. En realidad, lo más retorcido sería lo contrario, ¿no? Si ahí fuera los Testigos tienen claro que nos odiamos, lo peor que podrían hacernos es obligarnos a colaborar.

Sigo dándole vueltas al tema el resto del día. Por la noche, durante la cena, me doy cuenta de que Bianca no deja de mirar hacia mi grupo. No, no hacia mi grupo: hacia mí. Blake también se percata, porque se fija en ella y luego en mí, y me dedica una sonrisa que grita «te lo dije». Sin embargo, Bianca no hace nada. Se queda donde está, charlando y regalando sonrisas, jugando a ser la persona más agradable de este lugar como si eso no fuera lo más aburrido que puede hacer.

Horas más tarde, sin embargo, toca a la puerta de mi piso. La veo por la mirilla electrónica antes de abrirle la puerta y apoyarme contra el marco.

Está bien, Fiore. Empecemos a jugar. Veamos qué tienes.

—Florecilla —la saludo—. ¿Te has perdido? Tu piso está bastante más abajo, por si no lo recuerdas.

Bianca respira hondo, pero me dedica su mejor sonrisa. Falsa, desde luego. Supongo que esa está siendo su estrategia en general dentro del Edificio, pero ni siquiera se le da bien.

—Solo por esta semana, Walker, no te acostumbres. ¿Puedo pasar?

—No sé, ¿no hay algún tipo de código de honor que te impide entrar en el piso de...? ¿Cómo era? ¿Los tíos que le ponen los cuernos a tus amigas?

La chica carraspea cuando le recuerdo sus propias palabras de la primera noche. Seguro que, de pronto, desearía haber empezado el juego con un poco más de diplomacia.

—No deberías haberlo hecho si te iba a ofender que te lo recordasen.

—En realidad, durante todo este año no he dejado de preguntarme hasta qué punto se puede considerar que le puse los cuernos: nos conocíamos desde hacía un mes. Pensar que teníamos una relación cerrada era... exagerado, quizá. Yo no recuerdo haberlo especificado en ningún momento.

Bianca tensa la mandíbula y la sonrisa le titubea en los labios. Pero yo no he dicho ninguna mentira, por mucho que pueda molestarle. Sí, Silena y yo decidimos jugar al romance y, cuando lo hicimos, los dos sabíamos que la gente iba a entender lo nuestro como amor, como una relación asentada a lo largo de las pruebas que tuvimos que pasar, pero a efectos prácticos, nunca nadie le puso nombre. Nos atraíamos, y si eso atraía también a los Testigos... ¿qué había de malo en ello? Solo podíamos ganar.

—No te hagas el inocente ahora. Llevabais juntos casi un mes, resultaba obvio que era algo más o menos serio, y deberías haber tenido la responsabilidad de...

—¿Responsabilidad?

—Sí. La suficiente como para no acostarte con vuestra amiga en común en cuanto ella se dio la vuelta. Deberías haber sabido que a ella le dolería, que...

Resoplo, divertido. Bueno, al menos estoy seguro de que esto sí es lo que querían los Testigos: sus acusaciones, mis respuestas.

—Probablemente lo único que le dolió a Silena, si es que le dolió algo de verdad, fue ser consciente de que Cara estaba llamando la atención de la gente más que ella. Incluida la mía.

No sé cómo se piensa Bianca que es su amiga, pero quizá no la conoce en absoluto, después de todo. O quizá Silena era de otra forma fuera del Edificio. Hay gente que cambia aquí, para subsistir o para desmarcarse. Hay personas que son completamente diferentes entre estas cuatro paredes.

Bianca entrecierra sus bonitos ojos marrones, pero yo ya me he cansado de esta discusión.

—¿Querías algo, florecilla, o venías solo a darme un discurso sobre responsabilidad afectiva?

Ella aprieta los puños contra su vestido color crema, frustrada, pero los relaja un segundo después y se esfuerza en volver a dedicarme una sonrisa.

—Está claro que tenemos perspectivas... muy distintas, Walker. Pero he estado pensando mucho estos días y me gustaría enterrar el hacha de guerra.

—¿De veras? ¿Y qué crees que va a opinar tu amiga de eso?

Es obvio que la pregunta la descuadra. Es tan evidente, de hecho, que no quiere estar aquí, que solo lo está haciendo obligada, que casi me entran ganas de reír. De pronto tengo más claro que nunca que Bianca Fiore no está preparada para jugar a esto: no tiene ni la mitad de estrategia ni la mitad del carácter que Silena, por mucho que quiera ser como ella.

—Estoy... Estoy segura de que Silena lo entenderá.

—Entonces, ¿qué sugieres? ¿Que seamos... aliados?

Ella se humedece los labios y da un paso hacia delante, hacia mí. Yo me quedo justo donde estoy, apoyado contra el marco de la puerta, observándola. Bianca es atractiva, pero de una forma distinta a como lo era Silena. Ella conquistaba con su carácter afilado, un poco mordaz, atrevido y ocurrente. Bianca es guapa, pero poco más, como si tuviera una carcasa preciosa pero dentro de ella no hubiera mucho. Aun así, no puedo evitar fijarme en esa carcasa cuando levanta la mano para alisarme una arruga de la camisa.

—Yo... me he dado cuenta de que no vamos a llegar a ningún lado discutiendo, pasase lo que pasase el año pasado. Y puede que... Puede que también sienta un poco de curiosidad.

—¿Curiosidad?

—Por saber qué vieron en ti Cara y Silena. No te ofendas, Walker, pero... a simple vista no me pareces para tanto. ¿Por qué no me lo enseñas a mí también? ¿Cómo conseguiste que dos chicas como ellas se volvieran locas por ti?

No creo que Silena se volviera loca por mí, sino que solo fingió hacerlo. Cara... Cara sí, quizá. Pero lo de Cara era diferente. Cara y yo congeniamos desde el primer día entre bromas y juegos. Ella sí era natural, puede que incluso demasiado. Vino aquí con la intención de impulsar su carrera musical, pero creo que nunca esperó llegar tan lejos. A la gente le encantaba, quizá precisamente porque la mayor parte del tiempo parecía que ni siquiera estaba jugando. Solo vivía. Se reía, disfrutaba de los juegos, ayudaba a gente aunque ni siquiera estuviera en su equipo, solo porque a veces le parecía lo justo...

No pensaba mucho en las cámaras ni en los Testigos.

No sé si ella se volvió loca por mí, pero yo estaba loco por ella. Me arrepentí pronto de enredarme con Silena, sobre todo cuando me di cuenta de que Cara también me miraba.

Recibir la prueba de traicionar a Silena fue solo mi excusa para hacer lo que los dos llevábamos semanas deseando. Fui a buscarla a su apartamento esa misma noche. Había empezado la final en el piso treinta, desmarcándose como la gran favorita. Me abrió, confundida... y yo simplemente le dije que estaba cansado de fingir. Que el juego se iba a acabar pronto y que si no hacía lo que realmente quería, me iba a arrepentir toda la vida.

Y la besé.

Recuerdo que ella susurró el nombre de Silena contra mi boca. Que intentó decirme que no podíamos, que teníamos que hablar con ella, que... Pero se le olvidó cuando continué besándola, y lo único que se le ocurrió después fue suplicar por la desconexión de una hora. Yo hice lo mismo, por ella, aunque no me habría importado que todo el mundo viera cómo recorría su cuerpo.

El mismo cuerpo que solo dos días después se rompió contra el suelo.

Bloqueo la imagen en mi cabeza una vez más y me centro en este otro cuerpo, vivo, aquí, justo delante de mí. Quizá en otro momento su pobre intento de seducción habría funcionado. Quizá me habría parecido buena idea, no porque ella me atraiga, sino porque sé que a los Testigos les habría encantado ver algo así y porque estoy seguro de que Silena odiaría que tuviera algo con Bianca.

Pero sabiendo lo de su reto, me parece obvio que esto es una trampa. Ella no está pensando de verdad en una alianza entre nosotros, ni quiere que le demuestre nada. Los Testigos le han pedido que haga esto, ¿verdad?

En ese caso, sería una auténtica lástima no alargarlo un poco más y perder tan rápido la atención. Por eso alzo mi mano para coger la de ella y tirar un poco de su cuerpo hacia el mío. Le lanzo un vistazo de arriba abajo, recorriendo todas y cada una de sus curvas con la mirada.

—¿De verdad quieres comprobarlo, Bianca?

Ella traga saliva. Aunque intenta mantener su papel, veo que la sonrisa le tiembla en las comisuras cuando baja la vista a mi boca.

—No puede ser para tanto —me reta, quizá porque sabe que es exactamente el tipo de comentario que podría impulsarme a demostrarle lo contrario. Y una parte de mí quiere hacerlo, de hecho, solo para callarle la boca.

Otra, sin embargo, sabe que voy a disfrutar muchísimo más con su humillación.

Por eso me acerco un poco más. Dejo que tanto ella como los Testigos que estén mirando contengan la respiración, que se pregunten si de verdad va a ser tan fácil, si Bianca lo ha hecho lo suficientemente bien o si yo soy lo suficientemente estúpido.

Y cuando solo quedan unos centímetros... simplemente la empujo hacia atrás. Es un empujón suave, pero tan inesperado como para que Bianca trastabille y esté a punto de caerse al suelo. Sus mejillas enrojecen y yo siento ganas de echarme a reír ante su expresión sorprendida y avergonzada.

—Lo siento, florecilla, pero no estás a la altura.

Ella aprieta los dientes.

—Eres...

—¿Qué? ¿Qué soy, Bianca? —replico—. ¿Vas a fingir que tú eres la víctima aquí? ¿Vas a fingir que no estabas intentando utilizarme? ¿Que no has venido aquí a cumplir un reto?

Bianca abre mucho los ojos. Obviamente, no se esperaba que lo supiera. Quizá sí que le deba otra a Cooper, después de todo.

—No sé de qué...

—Hazte un favor y deja de ponerte en evidencia —le recomiendo—. Debes de estar muy desesperada por ganar visualizaciones para intentar algo tan absurdo como esto. Te recomiendo que te esfuerces un poco más si no quieres terminar eliminada en la primera semana.

Bianca traga saliva, pero aprieta los puños y me dedica su mejor expresión de desprecio. Por fin algo real sale de ella.

—Te voy a hundir, Walker.

Esta vez sí se me escapa la carcajada que llevo rato conteniendo.

—Puedes intentarlo. Al menos así demostrarías que puedes dar algo de espectáculo.

No me espero a que se le ocurra una respuesta antes de cerrar la puerta de mi apartamento. No sé cuál es exactamente el reto de Bianca, no sé si necesita de mí solo un beso o algo más, pero confío en que, después de esto, le quede claro que no voy a ayudarla a ganarlo.

Al fin y al cabo, fue ella quien empezó esta edición decidiendo que seríamos rivales y no aliados. Que disfrute de las consecuencias.

TESTIGO

Parece que nuestros concursantes ya han empezado a mostrar sus cartas para llegar a lo más alto del Edificio. ¿Tienes ya un favorito? ¿A quién le estás regalando tu atención? Recuerda que no hay nada más poderoso que eso. En estos días, con las vidas de todas estas personas en tus manos, ¿qué te diferencia de un dios?

Sin embargo, todavía no has podido intervenir demasiado. Has tenido la oportunidad de participar en la votación para el reto de Bianca, pero eso es... poco, ¿verdad?

¿Quieres más? Para eso están los juegos.

Y es hora de que empiecen de verdad.

Necesitamos tu ayuda: imagina una cárcel. Imagina un grupo de presos y un grupo de vigilantes. Imagina celdas de dos personas. ¿A quiénes obligarías a compartir el espacio limitado? ¿A quiénes separarías?

Imagina un traidor. ¿Quién sería?

Elige.

El primer juego está a punto de comenzar.

Blake

Me despierto en cuanto abren la puerta del piso. Lo hacen sin apenas hacer ruido, pero me he preparado demasiado para participar en Imperio como para no percatarme de algo así. Desde antes de entrar en el Edificio decidí que tenía que tenerlo todo muy bien medido, que no podía permitirme ni un paso en falso si no quería que todo acabara antes de tiempo y con más víctimas de las necesarias. Así que claro que soy consciente del momento en el que unos intrusos se cuelan en mi apartamento, porque una de las alarmas sensoriales que he colocado en la entrada manda un temblor por mi brazo biónico y me pone la piel de gallina en el resto del cuerpo.

Estoy despierta para cuando se adentran en el piso, pero espero alerta, sin moverme de la cama. No tengo claro qué está pasando, pero intento acallar las voces que me dicen que vienen a por mí, que lo saben todo, que no he podido engañar a nadie el tiempo suficiente.

Pero sea eso o cualquier otra cosa, no voy a dejar que me atrapen tan fácilmente.

Entreabro los ojos para distinguir a dos figuras entrando en el apartamento con pasos cuidadosos. He decidido redistribuir el espacio del piso para hacerlo diáfano, sin más paredes que las del cuarto de baño. Aun así, los neones que he puesto como iluminación no son suficientes para ponerle cara a la gente que se mueve en la oscuridad. Mi visor, sin embargo, me da toda la información que necesito al adaptarse a la visión nocturna: son dos concursantes de los que han quedado más bajos esta semana. Los conozco porque llevo días observándolos a todos, se dieran cuenta o no. Algunas personas ya han decidido condenar a los que consideran más irrelevantes, pero yo creo que en este lugar es un error dar nada por sentado. Ella se llama Annika Fuller, una Icono del mundo del deporte competitivo que estuvo saliendo una temporada con Deborah Decker, y él es Daichi Ono, cantautor y compositor que, sin embargo, durante los últimos años, con el auge de la música hecha por inteligencia artificial, parece condenado a convertirse en Testigo en cuestión de meses. Él no me preocupa: tiene la fuerza justa para sujetar su violín, y en los últimos días se le ha visto más nervioso que feliz por todo lo que ocurría a su alrededor: es de los que prefieren generar contenido desde su piso, trabajar en sus canciones y compartir sus procesos con la gente como si siguiera en su casa. No creo que dure mucho aquí dentro.

Annika, sin embargo, es cinturón negro de kárate, y estoy segura de que puede destrozarme las prótesis sin mucho esfuerzo y, de paso, hacerme necesitar alguna más.

No tengo ni idea de por qué están aquí, pero me tranquiliza que sean concursantes. Si los Imperiales supieran de verdad algo de mí, no los mandarían a ellos.

Así que esto debe de ser un nuevo juego.

—Yo me encargo de ella —susurra Annika Fuller.

—Vale, pero no te pases... —murmura Daichi, inquieto.

Annika resopla algo sobre tener un cobarde como compañero antes de seguir acercándose. Contengo una sonrisa y espero.

Espero.

Espero...

Y justo cuando la tengo al lado, justo cuando extiende sus manos, ruedo sobre el colchón y me pongo en pie por el otro lado de la cama. Veo su expresión de sorpresa e incredulidad y ahora sí que me permito sonreír.

—Si lo que querías era venir a mi cama, podrías haberme avisado, Fuller. Me habría preparado mejor.

Hay un parpadeo lleno de incredulidad por parte de la chica, un intercambio de miradas entre mis dos asaltantes... y, después, los dos saltan hacia mí.

Reacciono lo más rápido que puedo y corro sin mirar atrás, agradeciendo mi decisión de convertir todo el piso en un espacio abierto porque de esta manera puedo tirar muebles para entorpecerles el paso mientras me apresuro hacia la salida. No sé cuál es el juego, pero supongo que tienen que atraparme. La cuestión es: ¿por qué? ¿Y por qué ellos dos, precisamente?

No creo que vaya a descubrirlo si me quedo en el apartamento, así que salgo a toda velocidad por la puerta y enfilo el largo pasillo hacia las escaleras, ya que sería estúpido quedarme esperando el ascensor. Escucho la voz de Annika Fuller advirtiendo a alguien de que me he escapado y me pregunto quiénes más están en su equipo y cuántos van a intentar detenerme. Es la única razón por la que dudo hacia dónde dirigirme: ¿arriba? ¿Abajo? Arriba tengo más de los supuestos aliados que he hecho en estos días, pero no puedo confiar en ellos de verdad.

Ni siquiera sé qué papel van a tener en este juego: podrían tener que capturarme tanto como los demás. Hacia abajo resulta un poco más sencillo correr, iría más rápida, pero... ¿a dónde?

Decido arriesgarme cuando los pasos que me siguen suenan demasiado cercanos y me lanzo escaleras arriba. Annika Fuller me ve:

—¡Va hacia el veintisiete! —informa, y de nuevo yo me pregunto a quién.

No pretendo quedarme en el veintisiete, sin embargo. Sigo subiendo, o lo intento, porque entonces se abre la puerta de las escaleras del piso veintiocho y Lucian Morton surge tras ella. Se le pone una sonrisa demasiado satisfecha en cuanto me ve.

—¿Ibas a alguna parte, cíborg?

Mierda. Lanzo un vistazo hacia atrás, a tiempo de ver cómo Annika Fuller surge a mis espaldas, jadeante, aunque parece muy satisfecha cuando ve que me han arrinconado. Resoplo y recalculo mis posibilidades: de nuevo, hacia arriba o hacia abajo, aunque el enfrentamiento es inevitable ahora. Lucian es solo un tipo grandote con malas pulgas y mucho orgullo, mientras que Annika tiene bastante más experiencia en el combate cuerpo a cuerpo. En teoría, es más probable que lo evite a él antes que a ella. O bien podría...

—Venga, Cooper —me llama Annika, distrayendo mi atención del hueco de las escaleras—, ya le has enseñado a todo el mundo lo bien que te funcionan las prótesis, pero es hora de parar antes de que te rompas algo. Seremos amables: solo tienes que dejar que te pongamos las esposas y todos felices.

Lanzo un vistazo hacia sus manos, donde ella está moviendo precisamente unas esposas mecánicas. Estoy segura de que son de las que, como mínimo, dan calambres: las mismas que la policía usa cuando algunos Desconectados deciden actuar y revolverse de manera pública, con *hackeos* a pantallas en medio de la ciudad o simplemente armando el caos con manifestaciones contra los visores, los Iconos o los Imperiales.

—O bien puedes elegir hacer esto por las malas y obligarnos a quitarte toda la maquinaria que llevas encima —propone Lucian—. Siento curiosidad por si te mostrarás tan escurridiza sin ser un puto robot.

Los dos se acercan a mí con pasos lentos, mientras yo retrocedo hasta la barandilla de la escalera, en tensión.

—No sé, chicos, necesito un poco más de confianza con alguien antes de dejar que me espose. Quizá unas rosas, un par de citas...

—No te preocupes por eso: parece que vamos a tener mucho tiempo para coger confianza en los próximos días —sonríe Annika—. Ahora, pórtate bien y nosotros también lo haremos.

¿Ha dicho «en los próximos días»? Entonces, ¿esta es una prueba de larga duración? Una prueba en la que algunos van a terminar esposados... Vuelvo a mirarlos y me doy cuenta de que hay algo en común entre ellos y Daichi Ono: hasta donde recuerdo, ninguno de los tres llegó más allá de la prueba de la cárcel en la primera noche.

Entiendo de golpe quiénes somos los futuros rehenes, y me lo deja más claro todavía el grito que escucho desde un par de plantas más arriba, demasiado agudo, casi infantil. Liv y Dana Shifter también deben de estar siendo apresadas, como probablemente todos aquellos que llegamos al banquete o más allá en la primera noche.

«Sois libres, Iconos. Pero cuidado: dicen que el karma siempre golpea de vuelta», dijo la Emperatriz después de que la prueba en la celda terminase.

Y, por eso, ahora todos los que fuimos carceleros vamos a ser encarcelados.

Dana

Me despiertan ruidos en el piso, pero no me inquieto: estoy acostumbrada a que Liv se despierte en medio de la noche para beber un vaso de agua o para ir al baño, sobre todo desde que llegamos a Imperio. Lo ha hecho todas y cada una de las últimas noches, creo que en parte porque está demasiado emocionada por estar aquí y en parte, quizá, porque todavía no se acostumbra a no estar en casa, en su cuarto de siempre, aunque eso ella nunca lo va a admitir. Sea como sea, solo entreabro los ojos y veo la hora que se proyecta en el techo: 4:47. Suspiro y me incorporo. Creo que me estoy tomando demasiado en serio el papel de hermana mayor, pero sabía que venía a eso cuando acepté acompañar a Liv en esta locura. Descalza, con el sueño todavía colgándome de las pestañas, me asomo al pasillo desde la puerta entreabierta de mi cuarto.

—¿Liv? ¿Estás bien? ¿Necesitas algo?

En medio del pasillo hay una silueta, pero apenas soy capaz de distinguirla en la penumbra. De alguna forma, sin embargo, no me cuadra con la de mi hermana. De hecho, parece demasiado alta. Parece... fuera de lugar.

Es entonces cuando escucho un ruido en la habitación de enfrente.

Alguien maldice.

Algo se cae y se rompe.

—¡¡Da...!!

Despierto del todo. Reconocería la voz de Liv en cualquier lado, incluso cuando su grito queda sofocado rápidamente. Me lanzo hacia la entrada un latido antes de que lo haga la persona del corredor. Ni siquiera dudo cuando entro en el dormitorio, casi echando la puerta abajo. Solo necesito un segundo para ver que hay una figura alta contra la que pelea una más pequeña y yo la placo sin pensar, porque lo único que hay en mi cabeza es «Liv, Liv, Liv».

Tengo que ponerla a salvo.

La silueta y yo caemos al suelo, enredadas. Aunque me golpeo el hombro con fuerza, apenas registro el dolor mientras forcejeo con el extraño que intenta mantenerme a raya. No, no es un extraño. Lo reconozco bajo la leve luz de la lamparilla junto a la cama de mi hermana. Scott Mills es un Icono que por lo general se dedica al contenido de cocina y que siempre me ha parecido bastante simpático a través de la pantalla, pero ahora, mientras lucha contra mí, no hay nada de simpatía en su rostro.

—¡Dana!

Gruño al escuchar a Liv, con el corazón latiéndome con fuerza contra el pecho. Trato de dar patadas y mi rodilla se levanta en un acto reflejo. Scott se queja cuando el golpe le acierta y yo consigo ponerme encima de él. Espero que esté arrepintiéndose de haberse colado aquí.

Aunque ¿cómo lo ha hecho? Se supone que las cerraduras están configuradas para abrirse solo con las huellas dactilares de quien vive en el apartamento.

—¡Sal del piso! —grito.

En la penumbra del cuarto, lanzo un vistazo por encima de mi hombro. Liv entiende de inmediato que estoy hablando con ella y obedece cuando salta de la cama. Como una exhalación, se mueve hacia la puerta, pero ya hay alguien bloqueándole el paso.

—¡Te tengo!

He escuchado esa voz antes, pero no tengo tiempo de ubicarla, porque en el momento en el que bajo la guardia y trato de levantarme para ir a ayudar a Liv, Scott se mueve. Tiene mucha más fuerza que yo, de modo que antes de que me dé cuenta de lo que está pasando, me encuentro con la espalda contra el suelo, sin aire. Un dolor intenso me atraviesa el hombro, ahora sí, y luces blancas parecen estallar delante de mis ojos.

—¡Joder! ¡Me ha mordido!

Liv grita una exclamación de victoria por encima de la queja que se escucha en la puerta. Lo siguiente que sé es que sus pies descalzos se están alejando a la carrera. Yo apenas puedo moverme, con las costillas comprimidas por lo que creo que es una rodilla y las muñecas aprisionadas contra la alfombra que cubre parte del suelo del cuarto de mi hermana. Siento que no me llega el aire suficiente a los pulmones.

—¿Se te ha escapado? —gruñe Scott—. ¿En serio, Lily? ¡Que tiene doce años!

¿Lily? ¿Lily Brown?

—¡Voy tras ella!

Los pasos de unos zapatos se alejan. De fondo, algo más se rompe o se cae. Espero que no sea Liv.

Las luces del apartamento se encienden de pronto y yo tengo que apretar los párpados, cegada por un momento. Me quejo y me resisto, intento dar una patada, pero la persona sobre mí se reacomoda para que no pueda hacerle daño de nuevo.

—Vuelve a golpearme y te juro que me encargaré de llevarte a rastras hasta tu celda.

¿Celda? ¿Qué...?

Scott Mills es bastante brusco cuando me da la vuelta hasta tumbarme boca abajo, con el estómago y la mejilla contra la alfombra.

—¿Qué está pasando? —protesto de forma ahogada.

—¿Tú qué crees? —responde él mientras me pone los brazos tras la espalda con brusquedad—. Estamos en Imperio. Vamos a jugar.

Siento algo cerrarse alrededor de mis muñecas. Una corriente me sube por el brazo, lo suficientemente fuerte como para metérseme en los huesos y arrancarme un gemido de dolor.

Si esto es un juego, parece que estoy en el bando perdedor.

Sasha

Esto es ridículo.

Cuando anoche me acosté, suponía que en algún momento nos lanzarían algún desafío, un juego que entretuviera a los Testigos, pero no esperaba que empezase de madrugada, con la rodilla de Amy Kaur contra mi espalda y unas esposas inmovilizándome las muñecas. Al parecer, tengo el sueño lo suficientemente profundo, incluso sin narcóticos, como para no darme cuenta de si alguien entra en mi dormitorio.

En mi defensa diré que Asher tampoco ha podido hacer nada. Cuando se ha percatado de lo que estaba pasando, se ha lanzado hacia Amy, pero solo para llevarse una buena dentellada de la mascota electrónica de Klaus Nilsen. Tengo que reconocerle que ese movimiento desesperado, aunque le saliera de pena, ha sido bastante impresionante, sobre todo porque ni siquiera pareció pensárselo. Fue el retrato perfecto de un novio preocupado y (casi) heroico, así que puede que lo sienta un poco cuando me doy cuenta de que tiene un mordisco en el antebrazo. No parece profundo, pero está sangrando.

—¿Estás bien? —murmuro en cuanto nos meten en el ascensor.

Al menos nadie nos hace callar. Supongo que la misión solo era ponernos las esposas: nada de leernos los derechos, nada de explicaciones, más allá del «lo siento, es un juego» que nos ha dedicado Amy antes de sacarnos del apartamento. Y nosotros nos hemos dejado, claro, porque ¿qué se supone que íbamos a hacer si no?

—Creo que sobreviviré mientras la cosa esa no tenga ningún virus —responde con su sonrisa más estúpida.

Tengo ganas de darle un codazo por ese chiste. O puede que de lo que realmente tenga ganas es de decirle que deje de bromear cuando estoy intentando preocuparme por él. Pero eso, por supuesto, sería admitir que me preocupo, y entonces se pondría insoportable y...

Así que solo le doy el codazo, a lo que él se queja con un gimoteo lamentable.

—Te defiendo heroicamente y así me lo pagas. Eres la peor pareja que he tenido jamás.

—Pero me quieres —replico.

Antes de que pueda responderme, escucho el carraspeo de Klaus a mis espaldas.

—Me van a salir caries —se queja Amy.

Las puertas del ascensor se abren entonces. Ante mí veo el pasillo por el que caminábamos hace menos de una semana, durante la primera noche de competición. Reconozco perfectamente las rejas que bordean las sencillas celdas, iluminadas por unos focos blancos demasiado fuertes.

—¿Hemos tenido delante de nuestras narices todo el tiempo cuál iba a ser el primer juego? —pregunta Asher con una risa ahogada. No creo que le haga gracia de verdad—. ¿Y en qué va a consistir? ¿En escaparnos?

Nadie le responde. Yo abro la boca, pero me callo en cuanto veo a Deborah Decker aferrada a los barrotes de uno de los habitáculos. Hay dos camas detrás de ella: una está vacía, mientras que en la otra Eliza Villegas se cubre la cara con los brazos como si fuera a echarse a llorar en cualquier momento. Deborah nos saluda con un gesto de cabeza, pero cuando intento pararme a hablar con ella, un empujón en la espalda me recuerda que tengo que seguir andando. Justo enfrente, la pequeña de las Shifter está sentada en el suelo con la cara apoyada entre las manos y mirando enfurruñada hacia afuera. Me sorprende no verla acompañada de su hermana.

Nos detenemos solo unos metros más allá, delante de una celda donde ya hay una persona. En los últimos días, después de mi discusión con Bianca, nos hemos juntado con Elodie y Daichi porque también los conocíamos, sobre todo a Elodie. Es ella la que está ahí, de hecho, y creo que nunca la había visto sin maquillar ni sin el estilo punk con el que suele pinchar música en las fiestas más exclusivas de la ciudad. Casi me cuesta reconocerla, con ese aspecto tan mundano y el pelo fucsia y negro tan revuelto que es obvio que la han sacado a rastras de su cama.

—Adentro, Hoffman.

Asher frunce el ceño cuando Amy lo llama solo a él, y yo tardo un segundo de más en darme cuenta de qué significa tanto eso como el hecho de que lo coja del brazo para guiarlo hacia la puerta.

Van a separarnos.

—Espera, espera —le digo a Amy, mientras Klaus agarra mi propio brazo y me echa hacia atrás—. Tiene que haber algún error...

—No hay ningún error: los Testigos han decidido que no vais a jugar juntos esta vez —nos informa el chico de pecas, y se encoge de hombros.

Asher aprieta los dientes, claramente a disgusto con la situación, pero no puede hacer nada al respecto cuando Amy le quita las esposas y lo empuja adentro. Elodie sonríe mientras sube los pies descalzos a su cama y apoya la barbilla en las rodillas.

—Parece que los Testigos se han cansado de veros haciéndoos carantoñas —dice—. A lo mejor esperan que nos liemos tú y yo, Ash.

Estoy seguro de que Asher, en cualquier otro momento, le habría seguido la broma a Elodie, pero ahora solo se aferra a los barrotes y me mira con los labios apretados, frustrado. Lo conozco lo suficiente como para saber que no está actuando, sino que realmente no le hace ninguna gracia saber que los Testigos han decidido separarnos en una prueba. Una parte de mí quiere reírse de ellos, quiere gritarle a las cámaras que no tienen ni idea, que el castigo en realidad es ponernos juntos.

Se supone que mantenemos toda esta farsa por la gente que nos ve, porque son precisamente ellos quienes nos adoran como pareja, ¿y ahora nos separan?

—Vamos, Laskin.

Klaus tira de mí, pero yo planto los pies en el suelo. No. No quiero. Sí, puede que en una situación normal yo estuviese dispuesto a vender mi estatus de Icono por contar con unas horas de paz sin Asher, sin sus chascarrillos y sus respuestas para todo y sus bromas que no tienen la más mínima gracia. Pero separarnos aquí dentro no me gusta. No cuando no sé a qué mierda vamos a tener que jugar ni cuánto va a durar esto. Ni siquiera me hace gracia la estúpida broma de Elodie.

La idea de perderlo de vista ya no me resulta tan atractiva como pensaba, pero es normal, ¿no? Exnovio o no, es mi aliado. No pueden separarme de él.

Asher coge aire, pero intenta dedicarme una sonrisa que no le sale nada bien. Cuando Asher sonríe de verdad, achica tanto los ojos que casi no se le ven.

Y ahora sus ojos me están gritando.

—Te prometo que no aprovecharé la celda con Elodie como la aprovecharía contigo.

Imbécil. Realmente odio sus malditas bromas.

—No hagas esto más difícil, Laskin —me dice Amy, mientras ella también tira de mí hacia atrás—. Vamos, que parece que no puedas vivir sin tu novio.

No, no es eso. Pero me gusta tenerlo cerca para... para controlar que no hace ninguna tontería, sobre todo. Está claro que Asher no sabe vivir sin mí. Y a lo mejor se le olvida actuar mientras estamos separados. A lo mejor se olvida de lo que me ha dicho y nos pone en peligro porque decide ligar con Elodie o...

Apenas distingo el pasillo que se extiende delante de mí, porque lo único que puedo hacer es mirar atrás, hacia él, que está interpretando su mejor papel de perro abandonado, aferrado a los barrotes de su celda. La sonrisa se le ha caído.

Aparto los ojos con un nudo en la garganta. Todo esto es una locura. No me refiero solo a Imperio o a este juego, sino a que la separación me perturbe tanto que empiece a contar el número de celdas que va a haber entre nosotros. Un poco más adelante veo a Blake Cooper tirada en una cama, mientras Dana

Shifter nos ve pasar con cara de muy malas pulgas, probablemente tan frustrada como yo porque la hayan separado de la persona con la que entró aquí.

Por el camino nos encontramos con otros carceleros que guían a los prisioneros con más o menos brutalidad y soy consciente de la suerte que he tenido de que me hayan tocado dos de los Iconos menos violentos. Está claro que hay gente que está disfrutando demasiado de esto. De hecho, veo a Lucian con un uniforme que recuerda al de las fuerzas de seguridad que suelen acompañar a Sadie Craft allá donde va, con porra y pistola en el cinto incluidas.

Espero que ambas sean de adorno.

Finalmente, nos detenemos y yo miro al otro lado de los barrotes.

Oh, no.

Esto sí que no.

—¿Qué hay, Laskin? ¿Dónde has dejado a tu novio?

Evan Walker es el único de todos los prisioneros que he visto hasta el momento que no lleva pijama, sino que está perfectamente vestido, con una de sus camisas blancas perfectamente arreglada, como si la acabara de sacar de un ciclo de lavado y planchado. Puedo imaginármelo pidiendo tiempo muerto a la gente que lo fue a buscar para afeitarse, darse una ducha y vestirse antes de que lo esposaran para traerlo hasta aquí. O quizá ni siquiera lo han esposado, porque mientras que yo tengo marcas rojas alrededor de las muñecas, su piel luce tan impecable como siempre.

Está sentado en su catre, con las manos apoyadas de manera relajada sobre el colchón, y me sonríe como si fuéramos viejos amigos.

—¿Por qué pareces tan feliz, Walker? —gruño, una vez cierran la puerta a mis espaldas.

—Porque empiezan los juegos: los echaba de menos.

Resoplo, pero antes de que pueda responderle, hay un zumbido en el corredor que silencia cualquier otro sonido a nuestro alrededor. Empiezo a odiar cómo suena esa voz que hace que se me ponga la piel de gallina.

—Buenos días, Iconos —nos saluda la Emperatriz. No podemos verla y, aun así, adivino la sonrisa en su voz—. ¿Preparados para un nuevo juego?

Félix

—Estas son las reglas: habéis sido divididos entre carceleros y encarcelados. Encarcelados: durante los próximos tres días, si no hacéis nada por evitarlo, vuestros pisos serán estas celdas y vuestros compañeros vigilarán en todo momento que cumpláis con las normas establecidas; debéis seguir los horarios e instrucciones que ellos marquen. Carceleros: si alguien desafía las órdenes, podréis castigar a los presos como se os antoje. Sois la autoridad, así que aseguraos de haceros valer como tal.

Estoy seguro de que no soy el único que se estremece al escuchar la voz de la Emperatriz, que resuena por los pasillos de esta cárcel inesperada. No se trata solo de lo obviamente injusto del juego, porque quienes estamos encarcelados no hemos hecho nada para merecerlo más allá de superar un juego que los propios Imperiales nos pusieron el primer día, sino de lo evidente que es que Sadie Craft está disfrutando de esto. No es la única: creo que varios carceleros se sienten muy satisfechos, sobre todo aquellos a los que esposamos en una de estas celdas la primera noche. De hecho, estoy seguro de que los dos carceleros que han venido a buscarme a mi habitación han disfrutado del puñetazo y la patada en el estómago que me han dado, bien metidos en su papel desde el primer momento.

Aunque supongo que hay gente entre los encarcelados que también se lo está pasando bien, porque escucho la voz del insoportable de Walker sonar desde un par de celdas a mi izquierda:

—Has dicho «si no hacemos nada por evitarlo». Eso significa que podemos hacer algo para evitarlo, ¿verdad?

—Tendremos que escapar, ¿no? —dice mi compañera de celda—. Es lo que haría yo si estuviera en una cárcel.

Liv Shifter parece incluso más pequeña de lo que es vestida con su pijama rosa de ositos. Sigue en el mismo sitio en el que estaba cuando me han traído hasta aquí: sentada en el suelo, frente a los barrotes, como si estuviera calculando las posibilidades de colarse entre ellos. Por su expresión de fastidio, es obvio que no le gusta este lugar, pero tampoco parece que le hayan hecho daño para traerla. Cuando me ha visto llegar, con la cara marcada por el puñetazo, ha abierto mucho los ojos y creo que ha sentido miedo por primera vez desde que llegó a Imperio. Sin embargo, al momento siguiente ha disimulado y les ha hecho un corte de manga a mis carceleros cuando me han dicho, con recochineo, que me porte bien.

En otras circunstancias me habría hecho gracia el carácter de la niña, pero la verdad es que siento que mis razones para reírme empiezan a escasear. Al menos me vendrá bien compartir celda con ella: por lo que se vio la primera noche, está claro que sabe cómo llamar la atención.

—Podéis intentar huir, sí —dice la Emperatriz—. Y si alguien lo consigue, de hecho, será debidamente premiado: se convertirá en carcelero de ese momento en adelante y podrá elegir a alguien para ocupar su lugar en su celda. Solo se considerará una huida exitosa aquella que acabe con un Icono alcanzando su piso. Sin embargo, eso no hará que el juego termine.

Escucho los murmullos a lo largo del pasillo, el comienzo de un montón de preguntas apiladas. Y entonces, por supuesto, alguien decide empezar a ejercer el poder que le han dado los Imperiales, porque se escucha un golpe contra los barrotes de alguna celda.

—¡Silencio! La Emperatriz está hablando.

—¿En las normas está que no podamos hablar? —protesta Liv.

—No los cabrees —le advierto desde mi cama. Ella se gira para mirarme y yo me encojo de hombros—. Hay personas que solo necesitan un poco de poder para sentir que deben utilizarlo para imponerse.

La niña resopla, pero, por suerte, no dice nada más.

—Calma, Iconos, calma —nos pide la Emperatriz—. Todavía queréis saber cómo podéis libraros todos del juego antes de que pasen los tres días, ¿verdad? La clave no está en los carceleros, en realidad, sino en los encarcelados: hay un topo entre vosotros. Si descubrís quién es, el juego termina. No es necesario que lo descubráis por unanimidad, solo por mayoría, pero todos los que acierten la identidad del infiltrado le robarán un 5% de sus visualizaciones, así que podéis ganar muchas visitas extra para vuestro contador semanal si tenéis los ojos bien abiertos.

Vuelve a haber una pequeña conmoción. Supongo que ahora mismo todo el mundo se está fijando en la persona con la que van a tener que compartir las próximas horas, puede que los próximos días. Liv, de hecho, levanta la cabeza y me mira con los ojos entrecerrados, suspicaz, pero hace una mueca cuando se da cuenta de que todavía estoy apretando un pañuelo contra mi nariz después del golpe que me han dado.

Por mi parte, yo no tengo ninguna duda de que ella sería una gran infiltrada. Le encantaría crear el caos, ¿verdad?

—¿Y si no lo encontramos?

Reconozco la voz de Eliza, que viene de la celda de enfrente, aunque no suena tan enérgica y despreocupada como suele, sino un poco temblorosa. Me pregunto si le habrán hecho daño antes de traerla hasta aquí, como a mí. Me pregunto qué sentirá o pensará, porque Eliza puede ser maliciosa, pero de una manera bastante inocente: está acostumbrada a los cotilleos y a manejar información de todo el mundo, pero poco más. Creo que odia la parte de los juegos: probablemente ella solo ha entrado aquí esperando unos días de convivencia con varios Iconos, estar en medio de los cotilleos más importantes. Aunque si era eso lo que quería, tendría que haberse organizado unas vacaciones en grupo, no entrar en Imperio. Es posible, de hecho, que solo haya aceptado la invitación por vivir la experiencia con Amy. Ambas llevan juntas casi toda la vida, las dos provenientes de familias de Iconos, como las hermanas Shifter.

Personas como ellas, que siempre lo han tenido todo y, por tanto, no pueden entender de verdad la diferencia entre ser Testigo e Icono, no son conscientes de la oportunidad que supone un lugar como este.

—Si no conseguís averiguar quién es la persona infiltrada, el juego durará hasta el sábado a las doce de la noche y todos los carceleros recibirán en ese momento un 5% del total de visualizaciones de los encarcelados. Aunque hay más.

—¡Venga ya! —protesta Liv de nuevo.

—¡Silencio! —Una porra impacta contra los barrotes de nuestra celda. Lucian aparece y sonríe al ver a la niña. Se acuclilla hasta quedar casi a su altura, con las cejas alzadas, mirándola a través de las rejas—. Vaya, ¿a quién tenemos aquí...?

—Déjala, Lucian —le gruño.

Mi vecino se fija en mí, burlón, pero vuelve la vista hacia Liv Shifter y se lleva un dedo a los labios para indicarle que se quede calladita. Hay algo muy inquietante en su gesto, aunque quiero pensar que no va a hacerle nada. Es solo una cría. En mi opinión, ni siquiera debería estar jugando a esto. Los hijos de Iconos están protegidos por el estatus de sus padres hasta los dieciocho, así que me parece ridículo que una niña que no tiene ni que preocuparse de que su rango vaya a cambiar pronto esté compitiendo por un sitio entre los Imperiales.

Aunque probablemente Liv Shifter no ve todo esto como una competición por un puesto vitalicio, ni siquiera como una competición para terminar formando parte del consejo personal de Sadie Craft. Tal vez sus padres tampoco lo hagan. Ella, como tantos otros Iconos, solo está aquí porque quiere que la gente la vea y la adore.

La Emperatriz continúa con su explicación:

—Para decidir quién es el infiltrado se os dejará votar cada noche en un panel que aparecerá en vuestras celdas. Pero, por supuesto, hay un riesgo: si la persona que recibe más votos es la equivocada, esta perderá un 5% de sus visualizaciones, que pasarán automáticamente a ser del infiltrado.

—¿Y el infiltrado puede convertirse en carcelero también?

—Buena pregunta, Blake —la felicita la Emperatriz—. Sí, puede hacerlo. Pero los nombres en vuestro panel de votación siempre serán los mismos, independientemente de si los encarcelados cambiáis de posición. Por supuesto, los encarcelados que pasen a ser carceleros perderán su derecho a votar, y, del mismo modo, ningún carcelero que termine siendo encarcelado podrá revelar la identidad del infiltrado. Si lo hiciera, sería descalificado de la competición.

Y nadie va a arriesgarse a eso. Que te descalifiquen en Imperio significa lo mismo que rendirse: perder tu estatus de Icono, convertirte en Testigo.

Yo tengo muy claro que no pienso dejar que me pase ninguna de esas cosas.

—¿Alguna otra duda, Iconos? —pregunta la Emperatriz, con esa falsa dulzura que hace que un escalofrío me recorra la espalda.

Lucian se ha apoyado en la puerta de nuestra celda, probablemente para asegurarse de que Liv Shifter no vuelve a portarse mal, y la mira como si la retase a hablar. Ella, sin embargo, solo entrecierra los ojos y aprieta los labios mientras levanta la barbilla.

Aunque finja que no, sé que tiene que estar al menos un poco asustada. Yo lo estoy.

Pero tampoco he llegado tan lejos para dejar que el pánico me detenga ahora. Esta es mi última oportunidad de volver a ser el Icono que un día fui. Si la fastidio esta vez, lo perderé todo: mi piso, mis amistades, la vida que he conocido durante años... La única que tengo, de hecho. Me niego a regresar al extrarradio, a ser de nuevo un simple Testigo, igual que lo fueron mis padres en su día. Me niego a tener un oficio decidido por sorteo en el que echaré demasiadas horas para conseguir un sueldo ridículo, como les tocó a ellos. A nadie le importó cuando la fábrica en la que ellos trabajaban se quemó y murieron junto a otros muchos empleados. Nadie les dedicó un homenaje, nadie hizo demasiado ruido, porque los Testigos mueren todos los días ahí fuera y a nadie le importa.

Me niego a ser otra vez el niño que solo vivía a través de su visor, encerrado en una habitación diminuta que tenía que compartir con otros cinco huérfanos. Me niego a ser la persona que solo podía admirar lo que los Iconos hacían más allá, en una parte de la ciudad que siempre parecía más brillante.

No. No voy a volver atrás y a condenarme a una vida en la que siempre echaré de menos todo lo que perdí.

He venido a ganar. Y seré lo que tenga que ser para hacerlo.

—Que empiece el juego.

Dana

No hay mucho espacio en la celda que nos han dado a Blake y a mí, y eso me frustra casi tanto como el resto de la situación, porque me recuerda lo encerrada que estoy. Llego hasta las rejas que me separan del pasillo, resoplo antes de regresar hasta la palangana que sirve de lavabo y de nuevo de vuelta a los barrotes. Es ridículo. Es injusto. No pueden abandonarnos aquí, sometidos a los caprichos de otros competidores, a los que han dado armas y que ya han empezado a actuar como si fueran los dueños de esta cárcel de mentira.

—Pareces un poco estresada, Shifter.

Frunzo el ceño. Blake ha doblado la finísima almohada que hay en su cama y se la ha puesto debajo de la cabeza. Parece muy tranquila, acostada en su catre, con las manos entrelazadas sobre el estómago y las piernas cruzadas.

La verdad, su calma me saca un poco de quicio. O puede que no sea su calma. Puede que sea simplemente que necesito a alguien con quien desahogarme. Necesito gritar y sacar toda esta energía que se me ha quedado atrapada dentro.

—¡No me digas! —le respondo, irónica—. La pregunta es por qué no estás estresada tú: nos han sacado de la cama, nos han encerrado y nos han puesto una prueba absurda en la que todo está en nuestra contra. Y a ti no te han separado de tu hermana, ¡pero a mí sí!

Blake enarca las cejas y yo quiero zarandearla. Molesta, me detengo al lado de su camastro, con los brazos cruzados sobre el pecho.

—Se te ve cabreada —comenta, como si le hiciera mucha gracia.

—¡Porque lo estoy! ¡Mi hermana tiene doce años, soy su tutora legal aquí dentro! Deberían... ¿Qué te parece tan divertido, si puede saberse?

Ni siquiera está intentando esconder esa sonrisa ladeada suya.

—Es que nunca te había visto enfadada. En los vídeos con tu hermana siempre pareces muy tranquila. Aunque ya me había dado cuenta de eres bastante diferente a la chica de tu perfil de Pandora...

¿Ha visto vídeos míos? Me quedo sin saber muy bien cómo reaccionar. Quiero preguntar por qué alguien como ella se fijaría por un solo momento en nuestro perfil, donde mi hermana y yo nos dedicamos a hacer el tonto, contar historias o hablar de las cosas que están de moda, normalmente siguiendo el guion que nos facilitan nuestros padres.

Aunque lo que más me afecta no es eso, sino que esta chica, a la que solo conozco desde hace una semana, se haya dado cuenta de que la muchacha de Pandora que tiene mi rostro y yo apenas tenemos nada en común: ni en gustos ni en forma de ser ni en humor. A veces, ni siquiera en nuestra forma de hablar.

¿Cuánta gente más ha tenido que percatarse de lo mismo durante estos días? ¿Qué piensan de la chica que sí soy? Quizá les resulto decepcionante. Quizá prefieren a la Dana de la pantalla. En comparación, mi hermana se parece más a su papel, siempre traviesa y extrovertida.

—No lo decía como algo malo —señala Blake cuando me quedo en silencio—. Si me preguntas, te diré que esta Dana parece más interesante.

No le he preguntado. De hecho, preferiría que no me hubiera dicho eso, porque ahora, además de enfadada, estoy avergonzada y siento que las mejillas se me encienden.

—Deja de burlarte de mí si no quieres que me cabree también contigo.

—No me estaba burlando, pero puedes tomarla conmigo si eso te hace sentir mejor —responde, divertida—. Aunque yo utilizaría toda esa energía en pensar cómo ganar este juego.

Sí, supongo que debería. Tengo que conseguir escapar de esta celda y llegar a mi piso. Tengo que ganarme el derecho a ser guardia, porque así podré asegurarme de que Liv esté bien durante todo el tiempo que dure esto y ayudarla a escapar también.

Me vuelvo a mover, pero esta vez es tan solo para dejarme caer en mi cama. Siento las piernas heladas por debajo de la camiseta larga con la que suelo dormir. Subo también los pies al colchón y me los cubro con la finísima manta que hay en el catre. Ni siquiera he tenido oportunidad de calzarme antes de que Scott Mills me arrastrara fuera del piso. Para cuando hemos salido por la puerta, Lily ya había conseguido atrapar a Liv con ayuda de Bianca.

Me fijo de nuevo en Blake. Aunque ella está descalza también, por lo menos lleva unos pantalones de chándal negros.

—¿Vas a decirme por qué estás tú tan tranquila?

Ella tuerce su sonrisa, irónica.

—A lo mejor no lo estoy, pero se me da mejor fingir que a ti.

No llego a responder. Oigo pisadas en el pasillo y me pongo en pie de un salto, casi tropezando con la manta en el proceso. Me acerco a los barrotes con curiosidad, mientras Blake se incorpora sobre los codos. En las celdas de enfrente, más Iconos se asoman para ver quién viene.

Annika Fuller carga con una caja de almacenaje. Cuando se para delante de nuestra celda, Lily Brown me tiende un par de paquetes que tienen el grosor justo para pasar por los barrotes.

—¿Qué es esto? —pregunto.

—Vuestros uniformes —responde Lily, con una gran sonrisa—. Ponéoslos. En media hora os llevaremos al restaurante a desayunar.

Supongo que es un alivio que nadie vaya a dejarnos tres días sin comer.

—¿Vamos a ir todos?

—Si os portáis bien...

Lily y Annika se vuelven hacia la celda de enfrente, pero da igual, porque eso es todo lo que necesitaba saber. Al menos veré a Liv durante el tiempo de las comidas, quizá incluso podamos planear algo. ¿Y si pedimos que nos cambien de celda? ¿Con quién está? ¿Nuestros compañeros también los eligen los Testigos?

Le lanzo uno de los paquetes con la ropa a Blake, que lo atrapa al vuelo, y abro el mío solo para descubrir un mono naranja semejante al que usan los presidiarios en las cárceles reales. Todo es de un color naranja muy identificable, supongo que para que resulte difícil pasar desapercibidos, pero ni siquiera me importa. Me lo pongo rápido, dejándome la camiseta del pijama debajo. Las zapatillas se adaptan a mis pies, así que no voy a tener que seguir yendo descalza a todos lados.

—Al menos no nos han hecho vestir a rayas —dice mi compañera de celda detrás de mí. Me vuelvo hacia ella justo cuando se está bajando los pantalones—. No mires, ¿eh?

Me pongo de todos los colores y me apresuro a girarme de nuevo hacia los barrotes.

—¡No estaba mirando!

Estoy segura de que la escucho reír.

Tenemos que esperar casi media hora hasta que los guardias regresan. Esta vez no son solo dos, sino que deben de estar todos. Somos diecisiete presos, teniendo en cuenta que Liv y yo solo contamos como una participación y Sasha y Asher como otra, así que estamos en mayoría frente a los quince carceleros. Durante un momento me planteo qué podría pasar si nos amotinásemos, pero descarto la idea enseguida: no somos los que estamos en las celdas quienes tenemos las armas, y es mejor no retar a los guardias a usarlas. Sé que lo harían sin problemas, igual que han usado las esposas.

Nuestros compañeros se encargan de abrir las celdas, una por una, y de sacar a los prisioneros. Tienen mucho cuidado al hacerlo, probablemente en tensión por si alguien intenta escapar. Klaus está entre ellos, acompañado de Noel, y aunque trato de hacerle un gesto para que se acerque, él se muerde el labio y se encoge de hombros para indicarme que no puede hacer nada para ayudarme. Ni siquiera soy capaz de culparlo: tiene un papel que interpretar dentro del juego, aunque espero que al menos lo use para echarle un vistazo a mi hermana.

Veo cómo sacan a Evan Walker de su celda con algo de brusquedad, aunque él parece completamente manso y dispuesto a seguir el nuevo orden establecido. Sasha Laskin avanza detrás de él. Los carceleros los obligan a detenerse el uno al lado del otro y les ajustan unas cadenas alrededor de la cintura.

—Bueno, eso hace un poco más difícil la posibilidad de escapar.

Doy un respingo cuando me doy cuenta de que Blake está a mi lado, con las manos metidas en los bolsillos de su mono.

—Si nos pusiéramos todos de acuerdo... —murmuro, tan bajo como puedo.

—Si consigues que la mitad del Edificio se ponga de acuerdo para hacer algo, yo misma abandonaré solo para poder votarte desde el exterior. Bastante difícil va a ser ya llegar a un acuerdo para acusar al infiltrado.

Resoplo, frustrada porque soy perfectamente consciente de que tiene razón.

—Si tienes alguna idea mejor...

—No, no la tengo. Todavía.

Por algún motivo, eso suena como una promesa. Y no debería extrañarme, ¿verdad? La vi en las pruebas de la primera noche: se comportaba con naturalidad y con la misma calma que muestra ahora. No se me olvida que ella tendría que haber sido la ganadora entonces, así que quizá también tenga lo necesario para ganar este juego.

Me fijo un poco más en ella, de soslayo. Hay algo en Blake Cooper que no encaja, estoy segura. Y aunque no he visto ninguno de sus vídeos en Pandora y, por tanto, me es imposible comparar a la chica frente a las cámaras con la chica que está justo a mi lado, siento que hay una disonancia entre lo que Blake debería ser y lo que está siendo. Se supone que se hizo famosa hace solo unos meses por su capacidad para reconstruir su cuerpo, pero se mueve entre los Iconos como si lo llevara haciendo toda la vida.

La puerta de nuestra celda se abre y yo doy un paso atrás. Blake, como ha hecho Walker, se adelanta con mucha tranquilidad y permite que la unan a la cadena humana. Yo me resisto un poco cuando Scott Mills, que parece tener una cuenta pendiente conmigo y no quiere que lo olvide, me aprieta el hombro con la mano y me obliga a avanzar. Mis músculos se quejan después del daño que me hizo esta madrugada, pero no le doy la satisfacción de soltar nada más que un siseo.

Avanzamos con los guardias chistándonos y obligándonos a callar en cuanto alguien se atreve a abrir la boca. El proceso se hace lento, casi eterno; por eso creo que, cuando llegamos a la celda en la que se encuentra Deborah, los guardias ya están un poco impacientes y nerviosos.

Y la gente nerviosa comete errores.

—¡Deborah, no!

El grito de Eliza Villegas nos pone a todos en tensión. No sé cómo pasa exactamente, pero de pronto he parpadeado y Lucian está en el suelo, de espaldas y luchando por inspirar una bocanada de aire. Deborah le roba la porra en un movimiento que apenas puedo ver. A mi lado, Blake emite un silbido de apreciación por lo bajo, mientras que, a espaldas de Deborah, su compañera de celda parece muy pálida.

Annika Fuller se adelanta, con un suspiro de resignación.

—Siempre te gustó hacer las cosas difíciles, ¿eh, Deb?

—Ah, ¿entonces te referías a esto cuando me decías que era muy complicada para ti?

—Venga, sé buena. Esto solo acaba de empezar.
—Sabes que también puedo ser bastante impaciente.
—Como quieras.

Deborah se lanza hacia delante, cargada con la porra. Pero lo que intenta no es difícil: es imposible. Aunque los guardias nos obligan a ponernos contra la pared para poder lidiar mejor con nosotros y que no aprovechemos el momento para rebelarnos, siguen siendo muchos más que ella. A no ser, claro, que nosotros también generemos un poco de caos. Eso es lo que parece pensar Blake, al menos, porque grita:

—¡Vamos, Decker!

Creo que no soy la única que la mira como si estuviera loca, pero alguien más se une a sus gritos al final de la fila. Reconozco la voz de mi hermana:

—¡Destrúyelos, Deborah!

Una parte de mí quiere mandarla callar. Otra entiende lo que está pasando: si dividimos la atención de los guardias, Deborah podría tener alguna oportunidad. Supongo que eso es lo que piensa todo el mundo que empieza a gritar y a jalear en medio del pasillo, mientras la Icono intenta evitar a los varios guardias que se echan encima de ella. Es rápida y ágil y tiene un arma con la que defenderse.

Por un momento, creo que lo conseguirá.

Hasta que suena el disparo.

Nos silencia a todos de golpe porque, aunque habíamos visto las pistolas en los cinturones de algunos, no creo que nadie hubiera pensado realmente en ellas. De golpe, recuerdo a Nicholas Martin, muerto en el suelo.

El disparo que resuena en estas paredes me parece el eco del que lo mató a él.

Todos levantamos la vista, siguiendo el ruido.

Bianca Fiore tiene una expresión ilegible mientras mantiene su pistola en alto, señalando al cielo. Ha reventado un poco de techo y sobre ella caen trocitos de escombros y polvo, aunque no parecen molestarle. Un escalofrío me recorre la espalda cuando recuerdo que esa es la chica a la que hemos decidido retar mi hermana y yo esta semana.

Ese momento de sorpresa es todo lo que los demás guardias necesitan para reducir a Deborah. Solo un segundo de distracción, igual que la que hemos intentado provocar nosotros, y de pronto ella está en el suelo. Escucho el pulso eléctrico antes incluso de mirar en su dirección. Después viene su grito de dolor, que retumba por todos lados. Cuando me giro, veo cómo la electricidad hace que sus músculos se contraigan con un espasmo que la recorre de arriba abajo. Durante un segundo se queda muy quieta; después, con los labios entreabiertos en un grito sordo, cae de rodillas y se desploma en el suelo.

Hay un instante de duda y tensión. Uno en el que me obligo a pensar que Deborah está bien, que tiene que estar bien. Una parte de mí me grita que deberíamos aprovechar ahora para contraatacar y darle la vuelta a la situación. Al mismo tiempo, no puedo ni pensar en moverme de mi sitio. Creo que no soy la única.

Lucian Morton se incorpora con un quejido; Scott Mills y Daichi Ono lo ayudan. Aunque no se puede decir que tenga un carácter fácil, creo que nunca lo había visto tan furioso, ni siquiera cuando mi hermana hizo que lo esposasen a los barrotes de una de estas celdas.

—Llevadlos a todos de vuelta —dice, con una voz que resuena por toda la prisión—. Hoy nadie va a desayunar.

No puede estar hablando en serio, ¿verdad? ¿Quién lo ha nombrado jefe? ¿Desde cuándo él tiene autoridad para decidir qué se hace con todos los demás? Me extraña que el resto de carceleros le vayan a hacer caso sin más y, de hecho, no lo hacen. En su lugar, varios de los guardias se giran hacia Bianca. Ella sigue teniendo la pistola en la mano, dispuesta a disparar de nuevo si es necesario. Es la primera que ha tenido el valor de levantarla, y no tarda en darse cuenta de que algunos de sus compañeros están esperando que sea ella quien decida.

Bianca Fiore se humedece los labios y se lo piensa solo un segundo.

—Ya lo habéis oído.

A ella sí que nadie le lleva la contraria, quizá porque ninguno de los guardias quiere más intentos de insubordinación. Nos llevan de vuelta a las celdas, esta vez con el grupo de carceleros listos para echar mano de sus armas y con una líder inesperada guiándolos.

A menos que averigüemos pronto quién es el infiltrado, van a ser tres días muy largos.

Evan

Silena no hablaba mucho de Bianca cuando estaba en el Edificio. Aunque, a decir verdad, Silena no hablaba de casi nada de lo que estaba fuera: ni de su familia ni de sus amigos. Parecía que para ella solo existiera la competición, y a mí me venía bien. Que se centrara en ganar, que no tuviera distracciones en el exterior, hacía que su atención estuviera puesta en lo que realmente importaba. Creo que formábamos un gran equipo.

Sin embargo, lo que pude conocer a Bianca a través de los pocos comentarios que Silena le dedicó me había hecho suponer que era una muchacha inofensiva. La clase de Icono a la que el puesto le queda demasiado grande. La clase de Icono que no sabe qué hacer cuando la atención sobre ella es negativa, alguien con tendencia a derrumbarse al estar bajo presión. Por eso no me preocupé cuando la vi entre los participantes de este año, por mucho que tanta gente pareciera adorarla. Por eso, también, daba por hecho que, después de mi rechazo y mi humillación del otro día, habría acabado hundida.

No soy una persona que suela equivocarse, pero cuando lo hago no tengo problema en admitirlo. Y está claro que me equivoqué con Bianca Fiore.

—Parece que tu amiga es de armas tomar.

Sasha Laskin me mira desde el catre de enfrente. Tiene las piernas recogidas y la espalda apoyada en la pared, y ha estado en silencio desde que volvimos a nuestra celda tras el intento de fuga de Deborah, hace ya algunas horas. Al menos los Imperiales han decidido dejarnos los visores, supongo que para que podamos consultar el tiempo que pasamos metidos en este hoyo. Como sigamos así, hasta el sábado a medianoche.

—Estamos aquí para demostrar que haremos lo que haga falta por ganar, ¿no? Seguro que, en su situación, tú habrías hecho lo mismo.

—Yo no habría disparado al techo, pero reconozco que lo suyo fue igual de efectivo. Aunque tenía la impresión de que Fiore era más... mansa.

Sasha resopla. Es perfectamente consciente de por qué he sacado esta conversación.

—¿Qué quieres que te diga, Walker? No te voy a confesar los secretos de Bianca.

—En realidad, por lo sorprendido que parecías ahí fuera, me da la sensación de que no tienes ni idea de quién es Bianca.

Sé que he tocado hueso cuando se recuesta dándome la espalda y escupe:

—Déjame en paz, Walker.

Así que han tenido una crisis. Una lo suficientemente grande como para que hayan pasado todos estos días en equipos distintos y ahora la simple mención del nombre de su amiga le ponga de ese humor. O quizá ya estuviera de ese humor antes porque le han separado de su novio. La verdad es que, visto en perspectiva, yo me alegro bastante del grupo que me he buscado: al fin y al cabo, la mayoría somos prisioneros y eso puede ser una ventaja a la hora de crear un plan de huida. O un plan de votación. Aunque, por otro lado, no debería fiarme de nadie. Cualquiera podría ser el infiltrado.

¿Al infiltrado también lo han elegido los Testigos? Si estuviera en su lugar, ¿a quién elegiría yo...?

Supongo que a quien me prometiera más entretenimiento. Alguien de quien nadie sospechase. Alguien dispuesto a todo, dispuesto a burlarse de los demás... Miro de reojo a la otra cama, donde Sasha permanece muy quieto. No hay dos infiltrados, solo uno, así que, si fuese a darle ese papel a alguien que compitiera en pareja, trataría de mantenerlo separado de la única persona que puede descubrir su engaño. ¿Han separado a Laskin de su novio por eso? Si es así, ¿cuál de los dos podría ser? O quizá sea una de las Shifter: no sería raro que los Testigos quisieran ponerlas a prueba por ir las primeras de manera inesperada. Y Liv ha demostrado que sabe cómo captar la atención de la gente...

No tengo nada mejor que hacer, así que le doy vueltas a la idea hasta que nos vienen a buscar para la comida. Creo que, si fuera por los carceleros, nos dejarían todo el día en nuestras prisiones, pero los Imperiales no les van a permitir que jueguen sobre seguro y estoy convencido de que les han dicho que tienen que dejarnos salir. Esta vez, sin embargo, vienen con la lección aprendida: nadie baja la guardia en ningún momento. Si pudiéramos comer con las esposas puestas, probablemente nos encadenarían de pies a cabeza para que nadie hiciese un movimiento en falso.

    Sea como sea, nadie intenta rebelarse esta vez. Y si a alguien le quedaban ganas, se le acaban cuando descubrimos que Eliza se ha quedado sola en su celda.

    —¿Y Deborah? —escucho que le pregunta Félix, a varias personas de distancia en la cadena humana que somos ahora.

    —Se... Se la llevaron y... aún no ha vuelto. —La voz de Eliza tiembla.

    —¡Silencio!

    —¿Dónde está Deborah? —exige saber Liv.

    —Arrepintiéndose de intentar escapar. —Annika Fuller suena bastante satisfecha—. Pero si queréis saber más, solo necesitamos una excusa para daros el mismo tratamiento.

    Nadie responde.

    Cuando nos llevan al restaurante, descubrimos que el salón lujoso al que nos han tenido acostumbrados durante el resto de la semana ha desaparecido: las paredes adornadas son ahora grises, sencillas, con la pintura desconchada. Las mesas brillantes y electrónicas han desaparecido para dejar paso a poco más que planchas de metal alargadas. Hay bandejas ya servidas con la misma comida para todos, en vez del menú electrónico donde normalmente podemos escoger entre todo tipo de platos. La puerta está custodiada, como todas las esquinas de la sala, y supongo que por eso nos sueltan y permiten que nos mezclemos un poco. Veo a Sasha y Asher buscarse entre la gente y correr el uno hacia el otro, mientras otros grupos se reúnen también. Dana Shifter se apresura a lanzarse en busca de su hermana y cogerle la cara y mirarla por todos lados mientras le hace mil preguntas. Blake Cooper está junto a ellas y me ve acercarme, porque me dedica un gesto de saludo con la cabeza. Ella también podría ser una buena infiltrada, no tengo ninguna duda. Es lo suficientemente lista y observadora, dos características muy útiles en un puesto como ese.

—Que estoy bien, pesada —masculla Liv, mientras Dana le mira las muñecas para asegurarse de que las esposas no le han hecho daño.

Junto a ellas están Eliza y Félix. La primera parece muy afectada por la situación, y eso me hace sospechar que va a ser una de las que caigan más rápido. Siempre hay alguien que lleva mal la presión y decide que no le interesa seguir esforzándose por competir. Los hay, incluso, que se rinden. Eso es lo que diferencia a los Iconos de verdad, los que están dispuestos a hacerlo todo por el juego, de los que no.

—¿Ya te han dado una paliza, Oliveira? —le saludo al darme cuenta de que tiene la nariz amoratada—. ¿Qué has hecho?

Él resopla.

—Respirar.

Bueno, si les damos unas horas más, estoy seguro de que los guardias no necesitarán muchas más razones para aterrorizarnos. Es cuestión de tiempo que se les suba el poder a la cabeza. De hecho, empiezan a dar gritos para que ocupemos las mesas y nos pongamos a comer de una vez. De nuevo, nadie protesta y todos tomamos asiento.

Es evidente que la comida también ha cambiado, porque casi me dan arcadas cuando tomo la primera cucharada de un puré que ni siquiera debería llamarse así. Lanzo un vistazo alrededor, analizando el lugar, las posibles salidas, pero intentar escapar ahora sería una locura.

Descubro a Bianca apoyada contra la puerta de entrada del restaurante, con los brazos cruzados sobre el pecho. En una de sus manos sostiene esa pistola que le ha granjeado el respeto de su grupo (y probablemente el miedo de algunos de los encarcelados).

Nuestras miradas se encuentran desde ambos lados del restaurante, pero yo no quiero que piense ni por un segundo que a mí puede intimidarme por tener un arma que, a la hora de la verdad, estoy seguro de que no tendría el valor de utilizar. Por eso le sonrío, tranquilo, y alzo mi vaso de agua a su salud.

—No deberías provocarla —me advierte Félix—. Ni a ella ni a nadie.

—Evan no tiene miedo de ninguno de ellos. Y menos de Bianca —apostilla Liv, antes de inclinarse hacia mí en un susurro confidente—. ¿Tienes ya un plan de huida?

Ni siquiera tengo muy claro que sea factible escapar, pero nadie tiene por qué saber eso. Sobre todo, teniendo en cuenta que en esta mesa podría sentarse el infiltrado.

Quizá debería empezar a descartar por ahí, ¿no?

—No, yo no. Pero...

Mis ojos vuelan a otra mesa. Todo el mundo sigue mi gesto para terminar reparando en el pelo rosa que destaca entre todas las demás cabezas.

—¿Laskin tiene un plan? —susurra Eliza.

—Eso parece. Supongo que el estar separado de su novio le da un aliciente.

Si alguien tiene una opinión al respecto, nadie la pronuncia en voz alta, pero yo ya he dejado la semilla plantada. De ellos depende creerme o no, caer en la trampa o no. Y más allá de que pueda haber un infiltrado sentado entre nosotros, lo que quiero saber es qué van a hacer con esta información, si esto los animará a actuar. Escapar antes que nadie los convertiría en alguien preciado para el juego, en alguien a quien los Testigos admirarían...

Liv sale de su sorpresa y comienza a hablar del plan de huida que deberíamos crear entre todos, pero la conversación acaba, por supuesto, en el tema del infiltrado. De momento, nadie ha podido averiguar nada, lo que no me sorprende: ¿cómo vamos a descubrir algo sin tener la oportunidad de mezclarnos con el resto? Lo único que sabemos es que Deborah ha intentado escapar y ha sido reducida, lo cual probablemente afecte a la idea que los demás tienen de su compañera de celda. Y Eliza lo sabe. Tiene que darse cuenta de que recibe varias miradas de sospecha, tanto durante la comida como después, cuando nos llevan a la azotea.

Por supuesto, la azotea también ha cambiado, en este caso para convertirla en nuestro propio patio de recreo. Solo que no es un patio de recreo en absoluto, sino un espacio de entrenamiento lleno de obstáculos por los que nos hacen correr y saltar y trepar. Es otro lugar más en el que se demuestra que algunos carceleros disfrutan demasiado de su puesto. Al menos después nos permiten ir a darnos una ducha (de agua helada, eso sí) e ir al baño, siempre en grupos controlados. Durante ese tiempo, observo a cada uno de los participantes que me rodean, pero no veo nada especialmente sospechoso. Creo que todos hacemos lo mismo, que nadie se fía de nadie.

Y después, de nuevo a las celdas. Pese a que estoy agotado después de tanto ejercicio, lo prefiero a que me metan aquí dentro, donde las luces del techo son demasiado brillantes, hace frío y no hay ventanas que nos muestren algo del mundo exterior.

Por no hablar de que mi compañía no es la mejor.

—¿Alguna pista del infiltrado? —le pregunto a Sasha cuando volvemos a estar solos.

Él se deja caer de nuevo sobre su catre, con la misma expresión de hartazgo que tenía antes de ir a comer.

—¿Eso no es justo lo que el infiltrado preguntaría?

—Yo no soy, Laskin. Puedes sospechar de mí y equivocarte o podemos colaborar para encontrarlo.

—Eso también es justo lo que el infiltrado diría.

Abro la boca, pero antes de que pueda intentar convencerle de que yo no tengo nada que ver con esto, Lucian aparece en la puerta de nuestra celda. Y no viene solo.

Levanto las cejas cuando Bianca entra en el habitáculo. Lo hace con calma, mirando alrededor un segundo (a su supuesto amigo, menos incluso que eso) y finalmente a mí. Es a mí, también, a quien le dedica una sonrisa azucarada, más falsa aún que las que ha ido repartiendo a todo el mundo a lo largo de la semana.

—En pie, Walker —dice, y su mano cae de manera casual sobre la pistola que lleva en su cinto. Lucian, cómplice, lo observa todo desde la puerta, con los brazos cruzados sobre su ancho pecho.

Casi se me escapa una risa. ¿De verdad? ¿Viene a ver si su juego de intimidación funciona también conmigo? Se va a llevar una decepción, pero al menos le concedo el capricho de levantarme de la cama.

—Mira, Laskin: además de comida de primera calidad, gimnasio y spa, resulta que podemos tener visitas. Vaya lujo, ¿no?

A Sasha no le hace gracia mi broma. Nos está mirando desde su catre con expresión confusa.

—¿Bianca? —pregunta, pero su amiga lo ignora.

—¿Cómo quieres hacer esto, Walker? —me pregunta ella—. ¿Por las buenas o por las malas?

—¿Hacer qué exactamente, florecilla?

—Ayudarme a ganar mi reto de la semana.

Bianca

En el interior de Imperio no hay número de visualizaciones, compartidos o comentarios, pese a que todo depende de la atención que recibas fuera. Así pues, resulta muy complicado saber cuándo lo estás haciendo bien o cuándo lo estás haciendo mal. Es bastante extraño no ver los comentarios corriendo a toda velocidad gracias al visor, no ver a los Testigos subir y bajar dependiendo de lo que dices, de lo que haces, de si les entretienes o no. En Imperio no hay estadísticas tampoco, como ya he comprobado. Puedes estar en lo más alto un día y, al siguiente, caer.

Aunque eso también significa que puedes remontar cuando menos te lo esperes.

Dentro de Imperio es imposible saber si alguien te está mirando o no, si les gustas o te odian... Pero todo el mundo aquí dentro me prestó atención cuando cogí esa pistola y disparé.

Y fue perfecto.

Después de casi una semana perdida, sin saber cuáles eran los pasos que tenía que dar para seguir adelante, de pronto lo tengo claro. Por eso he concluido qué tengo que hacer también con Evan Walker, aunque él me mira con esa estúpida sonrisa incrédula. No entiendo qué pudo ver Silena en él. Quiero pensar que nada. Quiero pensar que solo le usó, después de todo. Si fue así, me alegro. Y pienso seguir sus pasos, pero de manera muy distinta.

—Ya te dije que tu victoria no iba a ser gracias a mí, Bianca.

Suspiro, como si su obstinación me diera lástima, aunque no podría importarme menos. Por supuesto que se va a hacer el rebelde y el engreído conmigo, porque él nunca se olvida de las cámaras y sabe que nuestro público no le perdonaría ponérmelo fácil.

Me parece bien. Si los Testigos quieren que esto sea complicado, lo haremos complicado. Mi mano cae sobre la pistola en mi cintura. Su peso resulta reconfortante, resulta... poderoso. Y no me sentía así desde la discusión con Sasha. El mismo Sasha que está observando la escena que transcurre delante de sus ojos con cara de no entender lo que está sucediendo.

Decido no pensar en él. Por ahora, tengo que centrarme en Walker.

—¿No crees que tu situación actual merece que te lo pienses un poco? No pareces estar en el bando ganador esta vez.

—Estar en el bando ganador no te hace ganadora, por mucho que algunos hayan decidido nombrarte jefa. De hecho, en mi opinión está claro que hay gente mejor que tú para el puesto...

Su mirada se posa sobre Lucian, a mis espaldas. Por supuesto que intenta regalarle los oídos, manipularlo para ponerlo en mi contra. Pero el truco no funciona con Lucian: él casi parece divertido mientras espera el turno que le he prometido. Siempre he creído que los amigos de mis amigos podían ser mis amigos, pero aquí es mucho mejor hacerte amigo de los enemigos de tus enemigos. Evan enfadó a Morton el primer día al permitir que la pequeña de las Shifter lo eligiera para esposarlo en la cárcel, y a mí eso me viene de perlas.

—¿De verdad crees que puedes ir por ahí engatusando a todo el mundo, Walker? —le pregunto, mientras empiezo a pasear por la pequeña celda—. ¿Así es como piensas hacerlo todo... otra vez? Creo que es un error, ¿sabes? Hace poco, un buen amigo me hizo darme cuenta de que los Testigos no quieren volver a ver algo que ya han visto antes.

Miro a Sasha de reojo. Él hace una mueca al sentirse aludido, pero no dice nada. Supongo que no se esperaba esto de mí. Mejor. Si Sasha, que me conoce, que debería saber perfectamente qué cosas soy capaz de hacer, no se ha imaginado que yo actuaría así, ¿quién podría haberlo hecho? Nadie. Puede que ni siquiera yo, si tengo que ser honesta.

Pero lo inesperado siempre acapara más atención.

Vuelvo mis ojos a Walker y me encojo de hombros.

—Deberías pensar en reinventarte un poco, o la gente se va a aburrir de ti.

—Oh, estoy reinventándome, Bianca —responde Walker sin perder la sonrisa—. Y por eso le dije que no a cierta chica que se vino arrastrando hasta mi habitación para suplicarme que fuera su aliada, al contrario que el año pasado. ¿Ves? Soy un hombre nuevo.

La mención velada a Silena hace que me hierva la sangre. No ocurrió así: fue él quien se acercó a ella en primer lugar.

—Y más estúpido, ¿no crees? Es obvio que no estás considerando todo lo que ahora mismo *yo* puedo hacer por ti.

—¿Lo que *tú* puedes hacer por mí? Creo que se te olvida que sin mí pierdes tu reto, por mucho que ahora estés eligiendo esta actitud de origen de villana. Disparar una pistola contra el techo no te gana la atención de los Testigos, ¿sabes? Déjamela un momento y te enseñaré cómo funcionan de verdad las cosas aquí dentro.

Es mi turno de sonreír mientras rozo la culata. Soy perfectamente consciente de que la mirada de este idiota sigue el camino de mis dedos y disfruto un momento de la espera. Seguro que le gustaría quitarme el arma de las manos. De hecho, puede que incluso fantasee con utilizarla contra mí.

—¿Y qué harías con ella, Walker? ¿Empezar a matar? Creí que tus métodos eran un poco más sutiles. Ya sabes, dejar caer a alguien, como si solo hubiera sido un accidente...

Evan entrecierra los ojos y eso, por fin, le borra la sonrisa. Es obvio no le ha hecho ninguna gracia el comentario.

—Cara se cayó —responde con dureza, y después respira hondo y recupera esa expresión socarrona que me saca de quicio—. Como hiciste tú, de hecho, en los primeros cinco minutos de programa.

Escucho la risita ahogada de Lucian a mis espaldas, pero se calla en cuanto lo miro. Morton carraspea y cuadra los hombros, como si jamás hubiera emitido ni un sonido.

—Muy gracioso, Walker —le felicito, tras volver a girarme hacia él—. Pero no he venido aquí a escuchar chistes. Verás, voy a salir de esta celda con mi reto conseguido, así que te lo voy a repetir: tienes la opción de que sea por las buenas o por las malas. ¿Qué eliges?

Ya sé la respuesta, en realidad. Es demasiado orgulloso como para echarse atrás.

—Quizás te hayas quedado sorda después del disparo, así que yo también voy a repetírtelo, por si acaso: no voy a ayudarte en nada, Bianca.

—¿No? ¿Ni siquiera si te ofreciera el regreso a tu piso?

—¿Me tomas por estúpido? Nunca me dejarías escapar, sabiendo que, si yo me convierto en carcelero, puedo elegir que tú ocupes mi lugar en este sitio.

Pongo mi mejor expresión de inocencia.

—¿Y no crees que a los Testigos les encantaría vernos a ambos como carceleros?

Evan Walker puede disimular todo lo que quiera, pero hay al menos un segundo en el que se lo plantea. Lo tengo claro por el vistazo que lanza a mi pistola seguido de una mirada de reojo hacia la puerta, que Lucian sigue guardando.

Creo que realmente se lo intenta imaginar.

Y, como yo, concluye que no funcionaría.

—Lo que yo creo es que a los Testigos les aburriría que te lo pusiera demasiado fácil, florecilla. Si lo que pasa es que por fin te has dado cuenta del error que cometiste la primera noche y ahora me quieres en tu equipo, podemos hablarlo si sigues aquí la semana que viene.

Oh, por supuesto que voy a seguir. Y me temo que Walker también, pero eso no tiene por qué ser malo. Puedo sacar mucho beneficio de esta rabia que siento hacia él. De hecho, si consiguiera retarle y la gente se lo pusiera complicado, podría robarle muchas visualizaciones. Estoy convencida de que odiaría que algo así pasara.

Pero ahora es mi momento de demostrarle a todo el mundo que estoy dispuesta a jugar. Incluido él.

—Por las malas, entonces —digo como si lo lamentase; como si no hubiera sabido desde que entré en esta celda que esto acabaría así—. De todos modos, tienes razón: nunca te habría dejado volver a tu piso. Lucian, tienes vía libre.

Mi compañero esboza una sonrisa que hace que a Evan se le borre la suya, sobre todo cuando escucha cómo la puerta de la celda se cierra con un golpe demasiado fuerte, amenazante. Lucian sostiene en una de sus manos unas esposas mientras se acerca con calma. Walker entorna los párpados y da un par de pasos atrás, pero en este espacio demasiado pequeño no tiene escapatoria, así que intenta atacar de la única manera que sabe: con esa lengua suya.

—¿Ahora te dejas mangonear, Morton? Esperaba mucho más de ti, pero supongo que solo sabes meterte con niñas de doce años.

—Las niñas de doce años nunca habrían sido un problema si cierto adulto que se cree demasiado listo no hubiera decidido darles poder. Tenías razón el otro día, Walker: estaba culpando a la persona equivocada.

No puedo evitar sentirme satisfecha cuando Lucian se lanza contra él. Evan intenta evitarlo y he de concederle que tiene buenos reflejos, que es rápido y que incluso le echa valor para lanzar un puñetazo, pero el resultado es tan evidente como inevitable: Lucian está más que preparado para el enfrentamiento y es más grande que él. Atrapa su mano y le retuerce el brazo mientras lo hace arrodillarse. Walker aprieta los dientes e intenta sacudirse en vano: las esposas pronto están alrededor de sus muñecas y lo veo temblar cuando recibe la descarga eléctrica.

—¿Qué estás haciendo?

Frunzo el ceño cuando alguien interrumpe el placer que me proporciona verlo arrodillado. Sasha me está mirando con una expresión que no encaja con su seguridad y su carácter irónico. No se trata de decepción: eso lo he visto antes en su rostro; el otro día sin ir más lejos. Esta vez me observa como si creyera que me he vuelto loca.

Pero estoy perfectamente cuerda y, de hecho, le debo todo esto a sus consejos.

—Jugar, Sasha. ¿No fuiste tú quien me dijo que no llegaría demasiado lejos siendo una santa? He decidido que tenías razón.

—Una cosa es no ser una santa y otra... esto. No tienes por qué llegar tan lejos.

—Yo no estoy haciendo nada. —Levanto las manos, vacías y libres de culpa—. Lucian tenía sus propios asuntos pendientes con Walker y yo solo le he invitado a acompañarme en esta visita. ¿No es cierto, Lucian? ¿Te he dicho yo que hagas algo, querido?

—No, Bibi —responde él, divertido—. Solo me has invitado a la fiesta.

—¿Lo ves? —le digo a Sasha, inocente. Después, me giro hacia Walker—. Claro que la fiesta podría terminar si Walker cambiara de opinión sobre mi reto. Seguro que te imaginas cuál es, ¿verdad? Es uno muy sencillo, no es necesario hacerlo más difícil...

Él, por supuesto, no va a cambiar de opinión. Resopla, pero todavía tiene el descaro de dedicarme otra de esas sonrisas llenas de burla.

—Me encantan las fiestas, Bianca.

—Fantástico. Espero que te guste la música electrónica.

Lucian solo necesita un gesto para entender qué es lo que tiene que hacer.

Evan Walker no grita cuando la porra golpea su espalda y lanza una descarga por todo su cuerpo, aunque es obvio que le tiene que doler y por eso se le cae su estúpida sonrisa de la boca. Aprieta la mandíbula y su cuerpo se sacude, y yo, mientras lo veo, vuelvo a sentir ese cosquilleo agradable. El del poder. El de la satisfacción. Porque este imbécil se ha burlado de mí desde el primer día, me ha humillado, igual que el año pasado humilló a Silena.

Silena. Seguro que ella está mirando. Seguro que se siente orgullosa de que por fin le dé su merecido a Walker. Seguro que está sonriendo, como me sonreía antes de convertirse en Imperial y desaparecer. Esa idea hace que yo misma empiece a sonreír también. ¿Cuánto me querrá si lo torturo un poco más...?

—¡Basta!

Sasha tira de mi brazo y de pronto le tengo justo delante de mí, con una expresión horrorizada. Pero yo no veo qué tiene de malo lo que estoy haciendo. Evan Walker se merece esa descarga y mucho más. ¿Se le olvida que es probable que matara a una chica?

—¿Qué te pasa? —gruño—. ¿Tanto te importa Walker?

—¡Claro que no! Pero me importas tú, Bibi, y ahora mismo no te reconozco. Escucha, sé que este sitio nos pone bajo mucha presión, pero esta... esta no eres tú.

Si lo pienso detenidamente, no tengo claro en qué momento empecé a considerar a Sasha Laskin como un amigo. Fue después del Imperio del año pasado, eso seguro. Antes nos habíamos visto en eventos, habíamos intercambiado algunos mensajes a través de Pandora... Tal vez entró a formar parte de verdad de mi vida cuando me propuso hacer una colaboración en su canal y quedamos para que me sometiera a un cambio de *look* junto con Asher.

Y eso ocurrió solo porque Silena no estaba. Sin ella, no había muchas personas a mi alrededor a las que llamar amigas de verdad.

Sasha y Asher me resultaban... divertidos. Liberadores. Sasha nunca me hacía sentir que debía ser más de lo que era, mientras que a veces, con Silena, no podía evitar cierta sensación de no estar a la altura. Silena siempre era la más guapa, la más creativa, la más divertida, y a mí a veces me aterraba pensar que algún día se daría cuenta de que yo no era tan maravillosa como ella y se marcharía.

Supongo que eso es lo que ha pasado. Supongo que, cuando la nombraron Imperial, simplemente entendió que yo me había quedado atrás.

Pero no importa, porque no voy a volver a hacerlo. Ahora, por primera vez, no tengo miedo. Aquí, en este momento, ya nadie piensa en Silena.

Desde que lancé ese tiro al aire, la gente me ha visto *a mí*.

—Tienes razón —le concedo a Sasha—. Tal vez no sea la Bianca que tú conocías. Pero puedo acostumbrarme a ser esta otra persona.

—Bianca...

—Walker, ¿has cambiado de opinión?

Ignoro a mi amigo para girarme de nuevo hacia él. El chico todavía está jadeando por la descarga, pero me mira a través del flequillo rubio que le cae por la frente y sus ojos verdes brillan con rabia contenida. Ya no hay ni rastro de su dichosa sonrisa.

—Por mí puedes pudrirte en el infierno, Bianca —masculla.

—Qué desagradable —suspiro. Después, me acerco a él, ignorando por completo cómo Sasha vuelve a llamarme. La expresión de Walker es furibunda mientras me acuclillo frente a él—. Me obligas a hacer algo muy feo, ¿lo sabes? Pero supongo que esto es lo que tú has repetido mil veces desde el año pasado: que te pusieron un reto y no tenías más opción que seguir adelante.

Evan deja escapar una risa seca.

—Tu reto es una broma en comparación con el mío. Nadie te toma en serio.

—Lo comprobaremos al final de la semana.

Evan intenta alejarse cuando le alzo la barbilla con mi dedo índice, pero es incapaz de resistirse cuando le cojo la cara y lo sujeto con fuerza.

—Pórtate bien, Walker. Será rápido. Créeme: quiero hacer esto tan poco como tú.

—Bianca, ¿qué mierda estás...? —escucho a Sasha por detrás de mí.

No le hago caso. Antes de que Walker pueda siquiera plantearse una de sus respuestas, mis labios cubren los suyos. Solo necesito eso: un beso. Es todo lo que los Testigos me han pedido, algo tan difícil y al mismo tiempo tan sencillo. Ni siquiera tiene que ser largo, pero por si acaso, para que nadie se quede con las dudas de lo que soy capaz, no me limito a apretar mis labios de manera rápida y separarme, sino que asalto su boca. Escucho la exclamación sorprendida de Walker, su queja, y doy por hecho que no esperaba que fuera capaz de hacer algo como esto. Supongo que, como Sasha, este idiota también cree que esta no puedo ser yo.

Pero no necesito ser lo que ellos crean: necesito ser lo que los Testigos deseen.

Me pregunto qué pensará Silena sobre esto, si lo considerará una traición... No, estoy segura de que lo entenderá. Al fin y al cabo, no deseo hacer esto: Evan no podría interesarme menos.

No me espero el mordisco. Walker ataca mi boca con rabia y yo distingo el sabor de la sangre en cuanto me separo de golpe, siseando por el dolor. Me llevo una mano a los labios, mientras observo a mi contrincante delante de mí. La maldita sonrisa de Evan Walker vuelve a estar ahí, mientras se relame, y yo tengo más ganas que nunca de borrársela.

—Qué mala idea, Walker —mascullo, mientras me pongo en pie—. Lucian, creo que a nuestro amigo le apetece pasar el resto del día en aislamiento, por insubordinación a la autoridad.

Pese a la brusquedad con la que lo agarra Lucian para ponerlo en pie, Evan se ríe y yo odio con cada fibra de mi ser esa risa. Quiero convertirla en gritos.

—No sabes lo que es la insubordinación, Bianca —dice Walker—. Vas a desear no haber entrado nunca en Imperio, te lo juro.

—¿No has tenido ya suficiente, Bianca? Acabas... Acabas de abusar de él —me acusa Sasha con la voz ahogada.

Ni siquiera le miro. Solo tengo ojos para ese tipo que el año pasado creyó que podía burlarse de todo el mundo y este año cree que puede burlarse de mí.

—¿Es que quieres acompañarle, Laskin? —Él guarda silencio—. Eso suponía.

Lucian arrastra a Walker hacia la salida tras un gesto de mi cabeza. La boca me sabe a óxido y tengo que llevarme los dedos a la boca solo para comprobar que el capullo de Walker realmente me ha hecho una buena herida.

—¿Qué mierda ha sido todo eso, Bianca?

Esta vez sí me giro hacia Sasha, que se ha dejado caer en su catre con expresión abatida, como si él también hubiera sufrido una derrota. Me encojo de hombros. No tendría por qué darle ninguna explicación después de una semana en la que apenas hemos hablado, pero sigo teniéndole aprecio.

—Los Testigos me retaron a besar a Evan Walker —digo, porque eso es todo lo que importa—. Culpa a las hermanas Shifter, que me eligieron para el desafío pese a que ya estaba muy abajo; estoy segura de que se arrepentirán el domingo, cuando les robe un 10% de sus visualizaciones. También puedes culpar a los Testigos, si quieres, porque ellos eran perfectamente conscientes de que era improbable, por no decir imposible, que ninguno de nosotros deseara ese beso. O culpa a Walker, porque ha sido quien ha decidido hacer todo esto tan complicado.

Sasha me observa con los ojos muy abiertos, como si no diera crédito a lo que está escuchando. Pero ¿importa? No creo. Prefiero quedarme con esa mirada, porque es la misma que vi en la cara de varios Iconos cuando disparé: una mezcla de incredulidad, sorpresa y horror.

No importa cómo me miren mientras lo hagan.

—Solo juego con las reglas que otros me han puesto, tal y como han hecho antes todos los Imperiales —concluyo, mientras me alejo hacia la puerta de la celda. Le lanzo solo un vistazo más por encima del hombro—. ¿Y tú, Sasha? ¿Qué estás haciendo aquí?

Sasha

Cuando conocí a Bianca, pensé que era una chica muy dulce. Me cayó bien, quizá porque resultaba sencilla y encantadora. La clase de persona que te manda un mensaje simplemente porque un vídeo le ha recordado a ti, se conecta a tus directos cuando tiene tiempo y te deja comentarios en absolutamente todo lo que subes a tu perfil de Pandora. Además, es raro conocer a Iconos que vayan de frente; por eso me impresionó lo sincera que parecía, la facilidad con la que podías hablar con ella.

Pero la Bianca que está ahora en el Edificio no tiene nada que ver con la que conocí. La Bianca que ahora cierra con fuerza la puerta de mi celda no me gusta.

O a lo mejor lo que menos me gusta es que su pregunta me deja pensando más de lo que desearía. Su pregunta me hace plantearme si realmente quiero estar aquí y si este sitio nos conviene a mí o a Asher. Nunca lo había visto tan aliviado como cuando nos hemos reencontrado durante la comida. En ese momento, me ha cogido la cara y me ha besado y a mí se me ha olvidado por completo que seguramente solo lo hacía para representar el papel que la gente espera de él. Casi me ha parecido real. Puede que yo haya correspondido como si lo fuera, porque estaba feliz de comprobar que estaba bien. Quizá, solo quizá, ese beso me ha hecho sentir que no todo era tan terrible, que podía haber un poco de paz en medio de este juego que claramente nos está jodiendo la cabeza. Al menos, eso es lo que le está haciendo a Bianca. E incluso a Walker. Me gustaría pensar que a mí no, pero empiezo a no saber hasta qué punto están dispuestos a llegar los demás.

—¿Qué hacemos aquí?

La pregunta se me escapa horas más tarde, en la cena. Todavía no he probado la comida. Simplemente tengo la vista puesta sobre la bandeja, con la cabeza apoyada en el brazo de Asher. Él me está peinando el pelo con los dedos de una mano, pero se detiene en cuanto escucha la pregunta. Elodie se queda a medio camino de tomar una cucharada de su cena y comparte una mirada con mi acompañante antes de volver a fijarse en mí.

—¿A qué te refieres? —pregunta mi exnovio, tras un titubeo—. Estamos aquí para ganar, ¿no? Pensé que querías ser Imperial.

¿Quiero? Ya no tengo tan claro que fuera algo que se me ocurriera a mí y no solo una cosa que tachar de una lista de deseos compartidos por todos los Iconos. La clase de cosa que te hacen *creer* que quieres, como alcanzar un estatus mejor o tener una pareja con la que compartir tu vida. ¿Tiene eso sentido? ¿Puede ser que me haya convencido de que llegar al último piso de Imperio era algo que deseaba hacer?

Si me paro a pensar, en realidad, ni siquiera tengo muy claro qué cosas quiero en mi vida. Amigos, supongo. Gente en la que confiar. Alguien con quien compartir los días buenos y los no tan buenos. Quiero... una existencia plena, pero para eso ni siquiera necesito llegar a lo más alto. Quizá ni siquiera necesitaba llegar a Icono, aunque sé que objetivamente la vida así es mucho mejor.

—Claro que quiero —murmuro, sin embargo, porque eso es lo que se espera que diga aquí dentro—. Pero de pronto me parece... más difícil de lo que esperaba.

—¿Y qué esperabas? —pregunta Elodie, con un parpadeo. Está claro que ella es el tipo de persona preparada para todo esto: de hecho, está acostumbrada a liarla en sus actuaciones como DJ. Le divierten el caos y el desafío, y precisamente por eso ha terminado en calabozos reales en más de una ocasión.

No sé qué responderle. Sí, ¿qué esperaba? He seguido otras ediciones de Imperio, sabía las cosas que podían llegar a pasar aquí dentro. Pero cuando estás viéndolo desde casa, no parece tan terrible. Te burlas de los competidores y les pones las cosas lo más difíciles posible, porque se supone que si alguien aspira a llegar a Imperial, tiene que sudar su ascenso. La violencia no te toca. Las traiciones no son contra ti. Las muertes... Las muertes son excepciones, mala suerte o culpa de alguien a quien simplemente se le ha ido la cabeza.

—¿Es por lo de Bianca? —me pregunta Asher.

Sí, claro que es por lo de Bianca. Se lo he contado y él tampoco da crédito. Le ha parecido asqueroso que fuera capaz no solo de torturar a Walker, sino de forzarlo a besarla. Después de eso, Evan no ha regresado a la celda y yo me he quedado horas preguntándome qué le estarían haciendo.

—Eh, Laskin, ¿dónde está Walker?

Me sorprende ver al grupo habitual que va con Evan unirse a nosotros. De pronto, en nuestra mesa están las Shifter y Blake

Cooper, aunque también Eliza Villegas y Félix Oliveira. Es él quien ha lanzado la pregunta y justo en este momento se sienta a mi lado.

Me encojo de hombros. Dijeron que lo llevaban a aislamiento, así que doy por hecho que hay otras celdas, aparte de esas en las que nos tienen.

—Lucian se lo llevó por orden de Bianca.

—¿Qué ha hecho? ¿Ha intentado escapar?

La niña de las Shifter me mira con los ojos muy abiertos. Creo que en su cabeza ya ha pintado a Evan como un héroe.

—No, pero no estaba muy contento con que ella lo besara para ganar su reto. —Paso la mirada de Liv a Dana—. Parece que vais a tener que darle visualizaciones. Aunque, si os sirve de algo, al menos Walker le dio un buen mordisco antes de que se lo llevasen.

Dana hace una mueca y mira a su compañera de celda antes de volver la vista a su hermana. Ninguna de las dos parece muy contenta.

—¿Y cómo es que tú sí sigues aquí? —pregunta Félix—. ¿Qué fue de tu plan de fuga?

—¿De qué estás hablando? ¿Qué plan de fuga?

Hay otro de esos silencios. Uno que me dice que me estoy perdiendo algo importante.

—Walker nos dijo que tenías un plan para escaparte —dice Blake—. Pero no es cierto, ¿no?

Creo que la cara de estúpido que se me queda es suficiente respuesta.

—Honestamente, si hubiera descubierto una forma de huir, Evan Walker sería el último al que se lo confesaría. No me fío de él, aunque supongo que no es el infiltrado, si os ha dicho eso: suena a que estaba intentando descubrir si alguno de vosotros iba a chivarse a los guardias.

Aunque su plan implicara jugármela: si el soplón hubiera estado entre ellos, me habría buscado un gran problema.

—Maldito Walker —mascula Asher, a mi lado, como si estuviera pensando exactamente en lo mismo. El brazo con el que me rodea los hombros me aprieta un poco más contra él.

—Entonces, supongo que podemos descartar a Evan de la lista de sospechosos —dice Eliza—. Igual que a Deborah.

Busco a la Icono con la mirada, pero un rápido vistazo por la sala es todo lo que necesito para notar su falta. Su cuerpo musculoso y alto no es de los que pasan desapercibidos.

—¿No la han devuelto aún a su celda?

Eliza niega con la cabeza, su cabello anaranjado y despeinado casi cubriéndole la cara. Durante toda la conversación no ha dejado de mirar nerviosamente hacia los guardias. Está claro que no está bien. En sus vídeos siempre se muestra un poco hiperactiva, parloteando sin descanso y haciendo aspavientos, pero el nerviosismo que muestra ahora es solo fruto del pánico. Elodie le pone una mano en la espalda como apoyo.

—Bueno, al menos ahora sabemos, gracias a la treta de Walker, que ninguno de los que estábamos con él al mediodía es el infiltrado —añade Félix—. Si hubiera un chivato entre nosotros, ya se habría ido de la lengua y los guardias habrían puesto a Laskin en aislamiento también.

—Siempre es un placer servir de ayuda —farfullo. Con desgana, cojo mi tenedor y me pongo a separar los trozos de verduras congeladas, agrupándolos por color.

—Entonces, ¿alguien tiene una idea de a quién votar esta noche? —pregunta la mayor de las Shifter.

—Quizá deberíamos ponernos de acuerdo para votar a alguien —reflexiona Félix.

Blake Cooper cabecea en un asentimiento, aunque no dice ni una palabra.

—Vale, pero ¿a quién? —pregunta Liv.

Nadie tiene ningún sospechoso claro. Al menos ninguno de los presentes me señala a mí, pero veo algunas miradas dirigidas a Asher que no me gustan. Mi primer impulso es decirles que ni se les ocurra pensarlo, justo antes de darme cuenta de que en realidad no puedo asegurar que él no tenga nada que ver. He dado por hecho que no, pero es cierto que está un poco raro. No me ha lanzado ninguna pulla en todo el día, y no hay nada que le guste más que meterse conmigo. Tampoco ha hecho ninguno de sus chistes malos, aunque él por lo general se enfrenta a todo con humor.

Pero si fuera el infiltrado, yo lo sabría, ¿verdad? Podemos engañar a todo el mundo, pero no podemos engañarnos entre nosotros. Lo conozco.

Sin embargo, no me quito la sensación incómoda de encima. El miedo a que me esté mintiendo incluso a mí, el miedo a darme cuenta de que nos hemos alejado tanto, pese a estar justo al lado, que ya no sé diferenciar qué es cierto en él y qué no. El miedo, incluso, a que nada de esto tenga sentido: ni el juego ni nuestro teatro, porque no tengo ni la menor idea de si los Testigos están disfrutando de este papel de novios preocupados el uno por el otro o si, como me advirtió Bianca, les estaremos aburriendo.

No vuelvo a hablar durante el resto de la cena. Siento la mirada de Asher sobre mí, su mano sobre mi pierna lanzando caricias que deberían irritarme mucho más de lo que lo hacen.

Cuando nos levantan de nuestros asientos para llevarnos de nuevo a las celdas, dejo que vuelva a besarme como si fuéramos la pareja perfecta, y lo mantengo cerca todo el tiempo que puedo. Por si la gente quiere ver esto. Para que nadie piense que él me necesita más que yo a él o que no soy lo suficientemente cariñoso, como a veces he leído en algunos comentarios. O quizá lo hago solo porque es algo que reconozco.

No puede ser otra cosa. Me niego a que sea otra cosa.

La pregunta de Bianca llena mi celda cuando me vuelvo a quedar a solas en ella.

¿Qué estoy haciendo aquí?

Blake

Eliza Villegas es la primera acusada del juego.

Se la declara así por una mayoría de cinco votos, probablemente porque, a falta de movimiento, varias personas hacen la misma asociación: si ella se dedicaba a contarle a todo el mundo los secretos de otras personas en Pandora, ¿por qué no iba a tener el mismo papel aquí? Además, su nerviosismo es demasiado evidente y Deborah era su compañera de celda. Fue su grito el que alertó a los carceleros.

Pero, por supuesto, Eliza no es la infiltrada. Se la ha escuchado llorar y quejarse cuando ha salido su nombre en las pantallas, pero eso solo ha empeorado la situación: los carceleros han entrado en su celda entonces y hemos escuchado gritos y amenazas de llevarla a aislamiento si no se callaba, seguidas de algunas burlas cuando los sollozos se han convertido en algo apenas perceptible. Al menos tiene una amiga entre los guardias que no parece dispuesta a dejarse arrastrar por la sensación de poder, porque Amy Kaur se ha enfrentado a sus compañeros para que la dejasen en paz y después ha estado un buen rato consolándola a través de las rejas. Creo que la protegerá, a su manera y hasta donde pueda. No parece que vaya a arriesgarse a dejarla escapar, pero al menos intentará que el resto del juego sea un camino un poco más tranquilo para ella, como si fuera una especie de ángel de la guarda.

Nosotros también tenemos un aliado en el bando enemigo, pero Klaus no puede decirnos la identidad del infiltrado si no quiere que lo expulsen, así que no hay mucho que pueda hacer para ayudarnos por ahora. Diría que a él tampoco le gusta el papel que le ha tocado y que preferiría estar en las celdas, porque al menos así estaría con los demás. De hecho, me da la sensación de que su mascota electrónica esté cuidándonos en su lugar, porque ha pasado varias veces por delante de nuestra celda a lo largo del día y supongo que también mantiene vigilada la de Liv.

Y eso me lleva a mi compañera, que está... de los nervios. Aunque hace ya una hora que han apagado las luces, sé que no duerme porque la oigo dar vueltas en su catre cada diez minutos. Cambia de postura una y otra vez y resopla y murmura cosas que no tienen ningún sentido. Me hace un poco de gracia, no voy a negarlo. Resulta tan diferente de la chica simpática y animada que aparece en los directos con su hermana... Claro que Liv, a su vez, no es para nada el perfil infantil e inocentemente travieso al que todo el mundo estaba acostumbrado. Tengo claro que los Testigos estarán disfrutando de eso mismo, que estarán un poco enganchados, sobre todo a la pequeña. Con respecto a Dana... Dana tiene potencial, si solo se atreviera a explorarlo un poco más...

—¿Crees que deberíamos escapar?

Justo a eso me refería, Shifter. Muy bien. Contengo una sonrisa y abro un ojo para mirarla en la penumbra. Dana se ha incorporado y se ha sentado sobre su catre. Parece querer reducir a cenizas el colchón de tanto apretarlo con las manos. Podría simplemente negarme, porque yo tengo mis propios planes, pero siento curiosidad por ver hasta dónde es capaz de llegar.

—¿Las dos? ¿Me lo estás proponiendo para tenderme una trampa porque eres la infiltrada? ¿Me venderás y te convertirás en carcelera tú sola, quizá?

Dana resopla y me mira como si fuera estúpida, algo que solo me da más ganas de sonreír.

—No soy la infiltrada y tú tampoco.

—¿Cómo lo sabes?

Mi compañera de celda frunce el ceño, confusa.

—¿De qué estás hablando? Hemos quedado en que ninguno de nuestro grupo podía serlo: de lo contrario, Sasha...

—En realidad, ¿no crees que el infiltrado habría sido muy estúpido si le hubiera dicho a los carceleros que Laskin tenía un plan de huida? Lo he estado pensando mucho, y si yo hubiera sido la infiltrada, no lo habría hecho.

—¿Por qué?

Me encojo de hombros y alzo la vista al techo. Han cuidado tanto los detalles a la hora de customizar las celdas que incluso hay marcas de humedades en él.

—Porque no había ninguna prueba de que fuera a ser así, en realidad. Y porque se habría descubierto demasiado rápido o, al menos, habría acotado el número de sospechosos a nuestro grupo, que era lo que Walker pretendía al soltarnos esa mentira: poner un cebo, dar una información lo suficientemente atractiva como para que alguien la usara. Quizá el infiltrado se dio cuenta. Que Walker pusiera la trampa no implica que el infiltrado tuviera que caer en ella.

Dana frunce el ceño y me observa, pero parece entender que lo que digo tiene sentido. Aunque duda, se pone en pie y se acerca a mi cama, inquieta. No pide permiso antes de sentarse en el borde y yo me muevo un poco para hacerle espacio. Me incorporo sobre mis codos cuando ella se inclina hacia mí para susurrar, muy bajo:

—¿Crees que el infiltrado está en nuestro grupo, entonces?

—No, solo digo que quizá sea demasiado pronto para descartar a nadie.

La mayor de las Shifter entrecierra los ojos, tensa. Me mira de arriba abajo y supongo que se pregunta si debería fiarse de mí, si es posible que yo sea la infiltrada. Yo acepto el examen con las cejas alzadas, consciente de que ella, por su parte, es demasiado transparente para ser la culpable. Estoy segura de que se le notaría... Y si ha sugerido escapar es porque empieza a ponerse nerviosa, sobre todo por estar lejos de su hermana, aunque a Liv parece que no le importa tanto. De hecho, es probable que agradezca estar un poco a su aire. Si tuviera que sospechar de una de las Shifter, lo haría de la pequeña. Nadie pensaría mal de una niña..., pero Liv ya ha demostrado varias veces no tener reparos a la hora de jugar y señalar. Si yo fuera Testigo, sentiría curiosidad por ver hasta dónde es capaz de llegar y si puede mentir incluso a su propia hermana, que siempre está pendiente de ella.

Pero sé que eso no se lo puedo decir a Dana. No todavía, al menos.

—Yo no soy la infiltrada —dice mi compañera de celda, de pronto muy seria—. De hecho, me da igual quién lo sea. Quiero llegar a carcelera, ayudar a Liv a serlo también, ponernos a salvo a ambas, y que ganen los guardias. Te estoy ofreciendo formar parte de eso porque creo que tú tampoco eres la infiltrada. Y si lo eres, ni siquiera me importa. Podemos llevarnos las visualizaciones que provoque la huida y las que se lleven los carceleros por ganar. Suena bien, ¿no?

Arqueo las cejas, divertida y puede que un poco impresionada también. Cuando me incorporo del todo para encararla, Dana toma aire, inquieta, aunque no retrocede. Estamos hablando muy bajo, lo suficiente para que nuestras palabras no alerten a nadie en el pasillo pero podamos oírnos. Aun así, yo me aproximo más a ella para susurrar:

—De modo que te parece bien que ganen los villanos, siempre y cuando tú ganes también... Pensé que eras una de esas estrellas infantiles acostumbradas a seguir siempre un guion, pero resulta que eres alguien capaz de traicionar a tus compañeros con tal de proteger tus propios intereses.

Dana levanta la barbilla, orgullosa pero también un poco abochornada, como si la hubiera pillado cometiendo un error o como si creyera que se ha puesto en evidencia. Aunque no tiene nada de lo que avergonzarse; al menos, no ante mí. Yo sé perfectamente lo que es estar dispuesta a todo por un objetivo.

—Se supone que los villanos son los prisioneros —me responde—. La justicia siempre los encierra por algo.

—¿Tú crees? A veces la justicia se equivoca. A veces, de hecho, la justicia no existe. En mi opinión, siempre hay que analizar el delito y las circunstancias en las que se comete.

Dana frunce el ceño.

—¿Te parece que hay delitos excusables?

—Definitivamente. Creo, de hecho, que hay delitos justos. Y hasta delitos heroicos.

—¿Qué eres tú? ¿Una criminal en potencia?

Dejo escapar una carcajada ahogada.

—A lo mejor. ¿Qué pensarías de mí si fuera así? ¿Escucharías mi versión, o me condenarías sin más?

No esperaba que Dana se tomara en serio mi pregunta, pero de pronto mi compañera de celda se queda muy callada, con su mirada clavada en mi rostro, y a mí me entra verdadera curiosidad por saber su respuesta.

¿Qué harías, Dana Shifter? Si supieras todas las razones por las que estoy aquí en realidad, ¿me odiarías?

—Te escucharía —responde.

Lo dice de una manera tan solemne que no puedo evitar sorprenderme.

—¿Por qué?

Dana se lo piensa durante unos segundos. Sus ojos azules, casi del mismo color que sus mechas, siguen fijos en los míos, y a mí me asalta el pensamiento irracional y estúpido de que puede ver demasiado de mí con ellos. Aun así, no soy capaz de apartar la vista.

—Quizá porque yo también cometería algunos delitos por las razones adecuadas. Y querría saber las tuyas.

El silencio que cae sobre nosotras después es tenso, largo. No puedo evitar preguntarme si su hermana es el único motivo por el que no dudaría en convertirse en una delincuente, porque no me cabe ninguna duda de que, al menos ahora, está pensando en ella. La quiere por encima de todo, ¿verdad? La defenderá por encima de todo. Por eso está dispuesta a huir de esta celda.

Me humedezco los labios y me echo un poco más hacia delante. No sé si Dana es consciente de que ella hace lo mismo, como si me invitara a compartir un secreto.

—¿De verdad quieres intentar escapar?

Mi compañera respira hondo. Creo que antes lo ha dicho en un impulso, sin pensar demasiado en lo que supondría hacer algo así. Si sale mal, pueden castigarla, y los guardias ya han demostrado no tener ningún reparo en utilizar las armas. Al mismo tiempo, el mero hecho de intentarlo le asegurará unas visualizaciones que va a necesitar después de que Bianca haya ganado su reto semanal. Admito que no me esperaba que fuera a conseguirlo: la subestimé al pensar que perdería cualquier reto que le pusieran contra Evan Walker, sobre todo si él estaba sobre aviso. Me frustra un poco, porque es probable que no nos libremos de Bianca Fiore esta semana, como yo habría deseado. De hecho, dada su actuación de hoy, puede que vaya a convertirse en una participante mucho más fuerte de lo que esperaba.

En cualquier caso, quizá Dana considere que sumar visualizaciones no compense el dolor que implicaría una huida fallida. Yo sí quiero intentarlo. Planeaba hacerlo antes incluso de que ella me lo sugiriese, aunque no iba a contárselo a nadie porque, al contrario que Dana, yo no confío en ninguna de las personas que me rodean. Ni siquiera en ella.

—Sí —dice Dana finalmente, por debajo del sonido de nuestras respiraciones. En esos ojos que no he dejado de mirar me parece ver deseos de huir que van mucho más allá de esta celda, de este juego o del Edificio—. Ayúdame, Blake. Escapemos juntas.

Evan

Es ya por la mañana cuando me dejan salir de aislamiento, que resulta ser un cuarto pequeño completamente desprovisto de muebles, sin una cama para tumbarme y en el que mi visor no funciona, a pesar de que hubiera dado cualquier cosa por distinguir algo en la completa oscuridad o tener un modo de medir el tiempo. Así he pasado la noche: en un silencio absoluto, solo, encogido en el duro y frío suelo de hormigón y con los brazos doloridos por tener las muñecas esposadas a la espalda. Con la boca dolorida también, después de que Morton decidiera darme un puñetazo para que no me quedasen ganas de volver a «hacerme el listo».

Ni siquiera sé si en ese cuarto había cámaras, pero incluso si las había, estoy seguro de que, ya que no podía hacer otra cosa que hablarle al aire, todo esto me ha hecho perder horas y horas de posibles visualizaciones.

No he sacado nada de esta noche... excepto rabia. Un enfado caliente que se me ha instalado en el estómago y ha ido creciendo a medida que reproducía en mi cabeza, una y otra vez, la visita de Bianca a mi celda.

—Tienes un aspecto horrible, Walker.

Alzo la vista y me encuentro a Deborah en el ascensor. Ella ha pasado más tiempo en aislamiento y, la verdad, no sé cómo me veré yo, pero estoy seguro de que no tan mal. Tiene el pómulo hinchado, el pelo negro revuelto y sucio y la ropa hecha un asco. Eso por no hablar de sus ojeras. Sus veinticuatro horas de encierro tienen que haberle parecido una eternidad.

—Claramente, no te has visto en el espejo.

Decker se ríe un poco, pero creo que solo se está esforzando en fingir que todo está bien. No le digo nada más porque siento los ojos de los guardias en mi nuca, pero dudo que ella no piense también en la venganza, que no tenga ganas de llevarse por delante a todos los que han decidido pasarse con ella.

Nos escoltan hasta el restaurante, que ya está lleno. Creo que nunca había sentido tanto alivio como cuando me quitan las esposas y puedo estirar los brazos doloridos. Me dan ganas de echar a correr para reunirme con mi grupo, pero, en lugar de eso, paseo hasta ellos con la cabeza bien alta, consciente de que todos en la sala me están mirando.

—¿Qué me he perdido?

Me dejo caer al lado de Cooper, aunque me fijo en el resto de personas que también se sientan a la mesa. Al parecer, Sasha, Asher y Elodie Zamora se han unido a nosotros mientras yo no estaba. Deborah también se acerca y Eliza, sentada en una esquina de la mesa, la saluda y le hace hueco justo a su lado. Mi mirada cae sobre ella: tiene los ojos hinchados y aspecto de haber dormido tan poco como yo, aunque supongo que es normal después de haber sido señalada como sospechosa. No me pasa desapercibida la manera en la que se rasca el dorso de su mano de manera un poco compulsiva.

—¿Dónde estabas? —me pregunta Liv, obligándome a centrarme en ella—. Tuviste que enfadar mucho a Bianca para que te sacaran de tu celda.

—A Bianca se le está subiendo el poder a la cabeza y los demás la están dejando —resoplo—. Alguien debería hacer algo al respecto.

—¿Tú? —se burla Oliveira—. Porque no se te ha dado muy bien hasta ahora ponerla en su sitio.

—Al menos yo lo he intentado, Oliveira. ¿Qué dices que has hecho tú?

—Contarme que vas diciendo por ahí que yo soy el infiltrado, Walker.

Mi compañero de celda parece un poco enfadado, aunque no tanto como su novio, que me está mirando como si estuviera valorando seriamente la opción de clavarme la cuchara que tiene en la mano. Casi había olvidado lo que dije ayer en la comida, pero no sé cuál es el problema, teniendo en cuenta que Sasha parece en mucho mejor estado que yo.

—La idea era averiguar si había un topo en el grupo, pero no iba a denunciarme a mí mismo, ¿no? —explico, aunque me parece bastante evidente—. Habría sido como pegarme un tiro en el pie. Tenía que guardarme las espaldas.

—¿Por qué no me extraña?

—¿Tienes algo que decir, Oliveira?

—Que ya sabemos lo que se puede esperar de...

La acusación de Félix se corta cuando Lucian se presenta en nuestra mesa con una gran sonrisa de satisfacción, acompañado de un par de carceleros más. Bianca también está cerca y yo, durante un segundo, solo tengo ojos para ella y para su sonrisa de burla. Aprieto los cubiertos en mi mano, pero estoy seguro de que no conseguiría hacerle el daño suficiente ni con el tenedor ni con el cuchillo. Por otra parte, el hecho de que los Imperiales dejen algo así a nuestro alcance quizá se deba al deseo de que alguien lo use para algo más que para comer. Quizá debería concedérselo.

—Parece que esta es la mesa de los rebeldes, ¿eh? Tal vez tendríamos que mandaros a todos a aislamiento durante el resto del juego, para asegurarnos de que nadie vuelve a hacer nada inadecuado.

Veo las distintas reacciones de mi grupo: Asher se apresura a apretar a Sasha contra él, al tiempo que su novio empalidece. Deborah resopla pero calla, porque acaba de salir de un día horrible y no creo que quiera repetir. Dana Shifter, por descontado, rodea los hombros de su hermana, que solo mira a Lucian de reojo como si estuviera observando algo desagradable. A Elodie Zamora debe de resultarle indiferente, porque sigue comiendo como si tal cosa. Blake es la única que parece aburrida de él, ya que apoya la cabeza en una mano y pregunta:

—¿Quieres algo, Lucian? Creo que ahora mismo ninguno está haciendo nada malo, así que, a no ser que vengas una vez más a demostrar lo matón que eres...

—Te equivocas, ciborg. Parece que alguien entre vosotros ha decidido ser un poco traviesa. Cogedla.

Doy por hecho que van a ir a por Cooper, pero no. Cuando Scott Mills agarra del brazo a Elodie y tira de ella con brusquedad, todos nos quedamos sin habla. Con el movimiento, la bandeja de su comida se estrella contra el suelo y el resto del comedor se queda en silencio.

—¿Se puede saber qué coño te pasa? —pregunta, revolviéndose.

—¿Por qué no le dices al resto de los prisioneros lo que escondías debajo de tu colchón? —le suelta Miller con desinterés.

Elodie parece más un gato a punto de sacar las garras que una persona, pero creo que ve pasar toda su vida por delante en cuanto Bianca enseña uno de los cuchillos de la comida, lo que supongo que responde la pregunta de Scott.

Zamora solo gruñe, furiosa. Por lo visto, alguien valoró la posibilidad de utilizar la cubertería antes que yo.

—Llévatela, Scott —pronuncia Bianca con suavidad.

—¡No, esperad...! —comienza Asher.

—¿Tú también quieres ir, Hoffman? —pregunta Lucian con burla—. Eres su compañero de celda, ¿sabías algo de esto?

Asher traga saliva y veo cómo Sasha se apresura a ponerle una mano en el brazo. Creo que ni siquiera es consciente de que esto, en realidad, solo hace que su novio sea más sospechoso. Me pregunto si soy el único que lo piensa y concluyo que no, porque Blake también se fija en Hoffman con los ojos entrecerrados.

—Déjalo en paz, capullo —escupe Elodie, revoltosa como ella sola—. No sabía nada.

—Quizá él no, pero un pajarito nos ha contado que alguien más sí —continúa Bianca—. ¿Algo que añadir al respecto, Oliveira?

Todos nos giramos hacia Félix casi a la vez. La piel del Icono empieza a adquirir un color enfermizo.

—¿Qué? —Se le escapa una carcajada histérica, apenas sin aliento—. No, claro que no. Si yo no...

No le da tiempo a acabar la frase. Lucian, como buen matón, ya está justo detrás. Del mismo modo que Scott ha arrastrado a Elodie fuera de su asiento, él levanta a Félix del suyo. Eliza, justo a su lado, parece cada vez más horrorizada. Veo a Deborah sujetarse al borde de la mesa, probablemente tentada a hacer algo, pero sin ganas de que vuelvan a confinarla.

—¡Lucian, no es cierto! ¡Escucha...!

—A aislamiento. Los dos.

La voz de Bianca suena exactamente igual que cuando dio las órdenes contra mí ayer. No tengo ninguna duda de que lo está disfrutando.

—Tenéis cinco minutos para terminar —nos avisa, por encima de los gritos de protesta de Elodie y Félix.

Nadie le lleva la contraria, aunque parece que a la mayoría se le ha quitado el hambre. Por mi parte, me bebo el café y me encargo de no dejar nada en la bandeja por si acaso a la florecilla se le cruzan los cables y decide castigarme de nuevo.

Es obvio que el soplón ha empezado a cantar, y seguimos sin saber quién es.

Félix

Dije que haría lo que fuera por ganar. Dije que me convertiría en quien hiciese falta. Me tocó ser un prisionero y estoy cumpliendo, pero puede que me esté cansando.

O a lo mejor el problema no soy yo. Quizá el problema es que los que tienen las esposas y las armas y no llevan los uniformes de preso están disfrutando del proceso y tomándose la interpretación demasiado en serio.

Si se comportan así como guardias, ¿qué harían si se convirtiesen en Imperiales?

—Ya está bien.

Bianca Fiore es, inesperadamente, la peor de todos. Es ella quien ha dado la orden de que me golpeen y es ella quien hace que paren. No sé qué se le pasa por la cabeza, no sé si es actuación o se está empezando a creer este papel, pero no parece la misma chica que entró aquí el primer día. No parece la misma muchacha a la que tiré del pelo hace ya casi una semana.

—Esto es en venganza por lo que te hice el primer día, ¿no? —escupo.

Me limpio la boca. Noto la piel de la cara sensible, como si tuviera una herida a punto de abrirse en cualquier momento.

La manga larga de mi camiseta, de hecho, se tiñe de rojo cuando me la paso por el labio. Está claro que el bruto de Lucian se ha emocionado.

—Por supuesto que no. —Bianca me sonríe, apoyada contra la pared de mi celda de aislamiento, pero yo no me creo nada—. No soy tan rencorosa como pareces pensar. De hecho, estoy impresionada, ¿sabes, Félix? Quién diría que sabías actuar tan bien. Si sobrevives hoy y mañana, es posible que incluso consigas mantenerte entre los cinco últimos pisos esta semana. ¿Quién te habría dicho hace unos años que llegarías más allá de la primera eliminatoria?

—¿Quién habría dicho de ti que te convertirías en una zorra vengativa? —replico.

Al menos puedo decir que le he borrado la sonrisa de la cara.

—Tampoco tientes a tu suerte, Oliveira. Sigues siendo un prisionero, recuerda.

Quiero responderle que ella debería recordar que sigue en el piso diez y que, por muy bien que lo haya hecho desde que ha empezado la prueba de la cárcel, los primeros días de competición solo se comportó como una mosquita muerta cuya única estrategia era llevarse bien con todo el mundo. Un par de días actuando como otra cosa no la van a llevar a la cima del Edificio otra vez: va a tener que hacer más. Va a tener que seguir dando espectáculo cuando se acabe este juego, y la pregunta es si será capaz. A veces hay gente que se luce en situaciones de estrés, pero luego no consigue interesar a nadie en el día a día: Bianca podría ser ese perfil.

Por si acaso, porque no quiero tentarla (he escuchado lo que le hizo a Walker), cierro la boca y dejo que Lucian tire de mi brazo y me ayude a levantar.

—¿Y cuál dices que es tu plan ahora, Oliveira? —me pregunta. Bianca también parece intrigada por ello.

Yo sonrío, aunque me arrepiento en cuanto siento cómo me escuecen las heridas que me han hecho en los labios.

—Mejor no os estropeo la sorpresa. Sentaos y disfrutad.

En realidad, ahora es sencillo seguir adelante. Ya nadie va a sospechar de mí, porque llegaré con la cara marcada por segunda vez desde que este juego empezó. Me han sacado a rastras delante de todos, así que la mayoría de la gente debe percibirme como otra víctima más del abuso de poder, no como un posible culpable. Muchos de los ojos de mis compañeros estarán puestos en Asher como posible infiltrado, porque comparte celda con Elodie y pensarán que es el único que podría haber descubierto el cuchillo bajo el colchón.

Pero no voy a dejar que la gente tenga en mente a un único sospechoso. Al fin y al cabo, quedan dos noches de juego, con sus correspondientes votaciones. Necesito al menos otra distracción.

Y sé perfectamente quién va a ser.

La verdad, no todo este plan ha sido obra mía: tuve mucha suerte. Suerte de ver a Elodie guardarse el cuchillo en el comedor y que nadie más se diera cuenta. Suerte de que después, en nuestra celda, Liv dijera:

—¿Tienes alguna idea de cómo escapar? Quiero hacerlo. Me aburro aquí dentro.

Dudé un segundo antes de responder:

—No, pero parece que alguien sí. ¿Puedo contarte un secreto?

Tuve mucha suerte de que ella se girase hacia mí de golpe, con los ojos muy abiertos y encendidos de curiosidad. O quizá eso no fuera suerte, solo lógica: es una niña en un mundo en el que el resto somos adultos, por supuesto que está encantada con la idea de participar en los secretos de los demás o con la idea de que se la incluya en todo. Estaba feliz cuando le dije lo que había visto, mientras susurrábamos como si todo fuera una gran conspiración.

Y lo era. Pero no como ella espera.

Me siento un poco despreciable por utilizar a la niña para esto, pero Liv es la primera que quiere que la traten como un adulto más en esta competición. No es nada personal; simplemente, no tengo más alternativa que seguir adelante con el papel que me ha tocado en este juego. Si me hubieran puesto con cualquier otra persona, habría hecho lo mismo.

Por eso, cuando me sueltan para la hora de comer, permito que todo el mundo vea el estado en el que me han dejado los carceleros antes de acercarme a la mesa donde está Liv y exclamar:

—Tú eres la chivata, ¿verdad? Me has vendido.

Hay un silencio sepulcral después de mi acusación. Liv se pone pálida y por fin muestra algo parecido al miedo en su cara de niña. Intento no pensarlo. Intento no sentirme mal por ello.

—¿Qué? —consigue decir, con la voz un poco ahogada—. ¡No! ¡Yo no…!

—¡Eres la única que lo sabía! —grito, para asegurarme de que no queda ni un solo prisionero sin enterarse de la discusión—. ¡Eres la única a la que le conté lo que había visto! ¿Cómo explicas que los guardias se enterasen de que yo lo sabía?

Ella traga saliva y aprieta las manos alrededor de la tela de su mono. Parece que vaya a echarse a llorar, pero nadie puede saber si son lágrimas de miedo o de culpa, de verdad o de mentira. Podrían ser las lágrimas de quien ha sido descubierta y es perfectamente consciente de que no tiene escapatoria.

Por supuesto, su hermana aparece para protegerla: sentada a su lado, la rodea con sus brazos y la aprieta contra su pecho para que nadie la mire.

—¿Qué estás diciendo de mi hermana, Oliveira? —sisea.

—Tu hermana es una maldita traidora y...

—¡Oliveira, siéntate y cállate! —me ordena Lily Brown cuando pasa por mi lado—. ¿O quieres volver a aislamiento?

Entorno los ojos, todavía con ellos fijos en Liv, pero luego miro a los demás, uno por uno. Eliza se lo cree a pies juntillas, estoy seguro: en primer lugar, porque está demasiado asustada; y en segundo lugar, porque cree que me conoce tras algunos días compartiendo espacio en este lugar. Asher es consciente de que él no es el infiltrado y su novio probablemente quiera creer que él no tiene nada que ver con esto, así que los veo a ambos mirar con el ceño fruncido a Liv. Los demás dudan, o espero que lo hagan.

—Ya me siento —murmuro.

Pero no lo hago en esa mesa. La abandono y me voy a una vacía. Me siento en un lugar desde el que pueda mirar con discreción al resto de la sala y espero.

Los murmullos vuelven poco a poco. Finjo comer, pero en realidad estoy pendiente de las miradas que el resto de prisioneros lanzan en mi dirección o en dirección a las Shifter.

Eliza es la primera en levantarse, como esperaba. Se desliza a mi lado en silencio y me mira la cara de cerca, limpiándome algo de sangre con su manga. Puede que sea una cotilla, pero no creo que sea mala persona.

—¿De verdad crees que ha sido ella...?

—Solo ella sabía que yo lo había visto —respondo, tras un momento de duda. No puedo parecer desesperado—. Yo mismo se lo conté.

Suspiro, porque no tiene que parecer que me gusta la idea de atacar a una niña. Es cierto que no me gusta, nada de esto me está pareciendo divertido, así que mostrar que no me siento cómodo ni siquiera es tan complicado.

—No tienes que creerme si no quieres.

Pero claro que me cree. Y no es la única. Sasha y Asher también deciden venirse a mi mesa, supongo que porque es mejor apoyarme a mí a que pueda parecer que Asher también tiene algo que ver con esto. Hasta Evan se me queda mirando, y seguro que llega a plantearse tomar asiento con nosotros. Pero él ya se ha marcado ese papelón de hermano mayor: si dejase tirada a la niña ahora, los Testigos verían en él al mismo chico que el año pasado le dio la espalda a Silena sin pensárselo dos veces.

Blake Cooper también tiene los ojos fijos en mí. Sus brazos están cruzados sobre el pecho y su rostro lleno de cicatrices resulta más ilegible que nunca. Supongo que estará decidiendo si su lugar está con las hermanas o si ya las ha ayudado lo suficiente. Les cedió el primer puesto esta semana y quizá ahora se arrepienta.

—Liv, ¿eres la infiltrada? —escucho que le pregunta su hermana mayor. He debido de hacerlo bastante bien si incluso ella se lo cuestiona—. Si lo eres, puedes confesar. Esto acabaría esta noche. No necesitamos todas esas visualizaciones extra...

—¡Pero es que no lo soy! ¡Soy inocente!

Liv Shifter mira alrededor esperando apoyo, pero ahora que ha levantado la cabeza, nadie quiere sostenerle la mirada. Nadie quiere que un chivato se fije en él. Lucian pasa por su lado y le escupe que se encargará personalmente de amordazarla si vuelve a alzar la voz. Ella se hace diminuta contra el costado de Dana.

—Está bien —escucho que le dice la mayor—. No pasa nada.

Pero sí que pasa: perdieron un 10% de visualizaciones en cuanto Bianca ganó su reto. Y esta noche, durante las votaciones, estoy seguro de que todo el mundo señalará a Liv y perderán otro 5%.

Es difícil mantenerse en lo alto de Imperio durante mucho tiempo.

Y las hermanas Shifter están condenadas a caer.

Liv

Todo el mundo me observa mientras damos vueltas por el patio. Por primera vez, no me parece que me perciban como a una niña, sino como algo pequeño pero molesto y peligroso. Supongo que es lo que quería, ¿no? Que me tomaran en serio. Sin embargo, me gustaría que lo hicieran por algo que realmente fuera culpa mía, ¡no por algo que no he hecho! Deberían haberme mirado así cuando señalé a Lucian en la celda la primera noche, deberían haberme mirado así durante el resto de la semana..., pero no ahora, porque esta vez soy inocente y no he acusado a nadie de nada.

Me pone un poco nerviosa y me parece muy injusto, pero tengo tres guardaespaldas a falta de uno: Dana es la que se mantiene más cerca de mí todo el tiempo, pero Evan y Blake no se quedan atrás, cada uno a su manera. Evan responde con gracia a toda persona que pasa cerca de mí murmurando, mientras que Blake Cooper tan solo observa a la gente con esa mirada tan extraña que tiene, tan vacía y tan llena de cosas a la vez. De nuestro grupo solo quedamos nosotros cuatro, porque ni siquiera Deborah Decker se fía ya de nosotros, como demuestra el hecho de que se haya ido con otro grupo después de la comida. Supongo que es consciente de que ya enfadó a los guardias el primer día y no quiere más problemas.

Y todo por culpa de Félix.

Lo observo mientras hacemos los ejercicios del campo de obstáculos que han puesto en el patio, rodeado de un montón de personas que le prestan apoyo después de la paliza que le han dado. Lo odio. Me ha acusado y estoy segura de que muchas personas van a votarme, aunque yo no he hecho nada, ¡no-he-hecho-nada! Ya hemos perdido las visualizaciones por culpa del reto de Bianca, y ahora van a quitarnos visualizaciones por esto también. Podría ser que estemos a punto de perder Imperio, ¡y todo por su culpa!

Alguien me empuja mientras corremos. No consigo ver quién es, pero siento el dolor en las manos y en las rodillas en cuanto caigo al suelo y las lágrimas me suben a los ojos de golpe.

—¡Liv!

Dana se apresura a agacharse a mi lado. Veo su mandíbula tensa y la mirada asesina que lanza al grupo de Iconos que se adelanta entre risitas.

—¡Venga, continuad! ¿Qué hacéis ahí paradas? —exige Scott Mills.

—¡La han empujado! —protesta mi hermana—. ¿No vais a hacer nada? ¿Dónde queda lo de mantener la paz y el orden dentro de la cárcel?

—No hemos visto nada —se excusa Lucian Morton, que tiene que estar disfrutando de esto—. Yo creo que la chiquilla simplemente se ha caído.

—¿Cómo podéis ser tan capullos? ¡Es una niña!

—¿Qué nos has llamado, Shifter?

Me encojo un poco sobre mí misma mientras Scott y Lucian vienen hacia nosotras. Mi hermana parece estar a punto de perder la cabeza, porque se pone en pie de inmediato, más enfadada de lo que la había visto nunca, y se adelanta un paso con la intención de encararse a los guardias.

—He dicho...

Otra persona se pone por delante de ella. Blake Cooper la mira por encima del hombro y ladea la cabeza.

—Mi amiga no ha dicho nada, ¿verdad, Shifter? —Mi hermana aprieta la mandíbula, pero coge aire y asiente. Blake se gira hacia los guardias y esboza esa sonrisa suya, la que parece partida—. Si nos disculpáis, vamos a seguir con lo nuestro: nos encanta hacer ejercicio, se nos está poniendo un cuerpo increíble para lucirlo en la piscina.

—A ti lo dudo, Cooper —señala Lucian, tras lanzarle un vistazo de arriba abajo. Asqueroso. Se merece que lo frían con esa porra que tiene colgada del cinto.

Pero Blake solo sonríe un poco más.

—A mí la que más. ¿Sabes lo poco que peso si me quito la pierna y el brazo?

Scott Mills resopla, incrédulo por el chiste de mal gusto. Incluso mi hermana la mira un poco escandalizada, aunque escucho a Evan carraspear para esconder una risa.

—No te hagas la graciosa, Cooper, o quizá decidamos ayudarte a quitarte el peso de tus prótesis. Sigo teniendo curiosidad por saber cómo te las apañas sin ellas —responde Lucian—. Seguid.

Blake Cooper levanta las manos (la biónica y la humana) en actitud de inocencia antes de girarse hacia mí, tal y como hacen los demás, para ayudarme a levantarme del suelo.

—¿Estás bien? —me pregunta mi hermana—. ¿Puedes seguir?

Asiento y me trago las lágrimas, pero la verdad es que me he hecho daño y estoy temblando, de rabia y un poco de miedo, porque es solo media tarde y todo el mundo piensa que soy la infiltrada, y a lo mejor han decidido que el castigo que merece una infiltrada es este... o algo peor.

Nadie me cree.

Nadie va a creerme, por mucho que diga que yo no he hecho nada, y lo odio.

Estoy a punto de echarme a llorar cuando una persona se inclina delante de mí, de espaldas. Creo que tanto mi hermana como Blake y yo nos quedamos un poco confundidas mientras Evan me mira por encima del hombro y me dice:

—Venga, sube.

Parpadeo y me paso una mano por los ojos.

—¿Qué...?

—Esto no es necesario, Walker —responde Dana por mí, con voz tensa.

—Mira, Shifter, soy consciente de que no te caigo bien, y la verdad es que tú tampoco eres mi persona preferida: me pareces un poco aburrida y, por alguna razón, la tienes tomada conmigo. Pero sé lo que es que te acusen de algo injustamente y recibir muestras de odio por ello, así que deja que ayude a tu hermana antes de que le hagan algo peor que ponerle la zancadilla.

Dana aprieta los dientes y me mira con una pregunta en el rostro. Lo cierto es que yo prefiero que carguen conmigo antes que seguir corriendo, porque me he hecho sangre y me escuecen las rodillas y las manos. Así que me adelanto para agarrarme al cuello de Evan y él me levanta como si no pesara nada.

—Vale, vamos allá, enana.

Veo por encima del hombro cómo Dana aprieta los labios, frustrada, pero entonces Blake Cooper le pone una mano en el brazo y le susurra algo y ella asiente. No puedo evitar fijarme en la manera en la que mi hermana se tranquiliza solo con eso. Cuando Blake le hace un gesto con la cabeza para que retomen la marcha, ella obedece.

Lanzo un vistazo alrededor. Hay más gente fijándose en mí ahora que voy a la espalda de Evan, pero a él no parece importarle en absoluto. Yo, sin embargo, me escondo un poco contra su hombro.

—No te preocupes —me dice mientras salta uno de los obstáculos. Está jadeando, pero no vacila al sostenerme—. Si no eres culpable, esta noche se verá, y mañana todo el mundo estará en pánico buscando al verdadero infiltrado. Porque no eres tú, ¿no? Puedes contármelo, ¿sabes? No voy a darte la espalda si así es. La gente se toma estas cosas de manera demasiado personal, pero son parte del juego.

—¡Pero es que no soy yo! ¡De verdad que no! No dije nada a nadie de lo de Elodie precisamente para que no llegase a oídos del infiltrado. ¡Ni siquiera se lo dije a mi hermana! ¡Esto es muy injusto! Si yo fuera la infiltrada, ya habría hecho algo ayer, cuando nos contaste que Sasha quería escapar.

—Bueno, puedes hacer algo hoy —sugiere él.

—Pero es que no soy...

—Pero todo el mundo piensa que sí —continúa. Varios saltos más, mientras pasamos por un circuito. Tengo que agarrarme con fuerza—. Si yo fuera tú, le daría la vuelta a la situación: ya sabes, como cuando un artista hace una canción con todas las cosas horribles que le han hecho y saca dinero de ello. Los carceleros no pueden revelar que no eres la infiltrada, ¿verdad? Si decides acusar a alguien de lo que sea, aunque te lo inventes, tendrán que hacerte caso. Y puedes hacerlo a la vista de todo el mundo, incluso: de todos modos, terminarás señalada esta noche igualmente, así que... ¿qué importa? Además, los Testigos estarán viendo qué haces con esta situación, enana; demuéstrales que no es tan fácil ganarte.

No se me ocurre nada que decir. Está claro que Evan es una persona muy inteligente, por eso llegó a quedar segundo el año pasado. Y aunque ayer lo llevaron a aislamiento, aunque Bianca se ha ensañado con él, ahora está como si nada. De hecho, todo el mundo desconfiaba de él en mayor o menor medida cuando esto empezó hace una semana, pero sigue aquí, plantando cara.

Quiero ser como él. Quiero que la gente me mire como lo miran a él.

Y tiene razón: todavía hay muchas cosas que puedo hacer. Todavía puedo conseguir que los Testigos no dejen de fijarse en mí. Todavía puedo sorprender a todo el mundo.

Si van a acusarme de chivarme, al menos que lo hagan con motivos.

Le doy un par de palmaditas en los hombros a Evan, que me mira con curiosidad. Su respiración está agitada y es obvio que le peso y que está haciendo un esfuerzo por cargar conmigo pese a que debe de seguir dolorido después de lo de ayer.

—Puedo seguir yo.

—¿Segura?

Asiento y él me deja en el suelo. Aunque me he lastimado y lo noto al flexionar las rodillas, no pasa nada: puedo fingir que nadie me ha empujado, que solo me he caído corriendo, como cuando era más pequeña y Dana y yo jugábamos en el parque mientras nuestros padres grababan. Por aquel entonces, yo no era consciente de las cámaras: era demasiado pequeña y no sabía que mi rostro había estado disponible en Pandora desde el día de mi nacimiento, que incluso mi nombre había sido resultado de una votación en una encuesta porque todo el mundo supo de mi existencia en cuanto mi madre supo que estaba embarazada. Por supuesto, tampoco sabía que al cabo de los años me avergonzaría de que hubiera un montón de vídeos de mis caídas y lloros con cientos de miles de visualizaciones.

Al cabo de un tiempo lo aprendí. Y dejé de llorar incluso si me hacía daño, porque las cámaras estaban por todas partes y yo prefería que la gente me viera reír.

Las cámaras también están por todas partes aquí. El mundo entero está mirando.

Y yo no quiero que me vean como la niña que tropieza y llora.

Por eso me salgo del circuito, sin importarme la gente que me mira por romper el orden que todos estamos obligados a seguir.

—¿Liv? —Escucho a mi hermana llamándome, alarmada—. ¡Liv!

Sé que ella también rompe el circuito para seguirme. Todo el mundo se queda un poco paralizado cuando ven cómo me adelanto con calma hasta el centro del patio. Me tiemblan un poco las piernas, pero también estoy emocionada.

Evan tiene razón: tengo que demostrarle a la gente que no soy tan fácil de ganar.

—Como parece que todos habéis decidido que soy la chivata, supongo que no pasa nada si hago lo que una chivata haría.

—¿Qué haces, niña? Vuelve a tu...

Aunque Lucian ya se está adelantando hacia mí, probablemente deseando darme mi merecido por fin, hay otra voz que se alza sobre la de él.

—Déjala hablar.

Es Bianca quien avanza un par de pasos desde su puesto. Estaba apartada, junto a Lily Brown y Klaus, el cual me mira con los ojos muy abiertos, como si pensara que me he vuelto loca. Mi hermana debe de pensar lo mismo, porque se apresura a llegar hasta mí y cogerme de los hombros para que la enfrente.

—¿Se puede saber qué demonios estás haciendo? —masculla.

Pero yo me sacudo, la ignoro y levanto una mano, con el dedo extendido.

Creo que Félix Oliveira parpadea cuando lo señalo. Está rodeado del mismo grupo que hasta esta mañana desayunaba en mi mesa: Sasha Laskin, Asher Hoffman y Eliza Villegas. Toda la gente que ha decidido darme la espalda y creer a ese chico antes que a mí.

—Planea escapar. Todos lo hacen.

Una vez, mamá me dijo que el aleteo de una mariposa es capaz de generar un huracán en la otra punta del mundo. Yo no soy ninguna mariposa, pero siento el momento exacto en el que mis palabras se convierten en el principio de una tempestad.

—¿Qué? ¡Eso es mentira! —protesta Asher de inmediato, y cubre el cuerpo de su novio con el suyo en un acto reflejo.

Eliza se pone blanca como la tiza y retrocede un par de pasos, asustada, cuando se da cuenta de que un par de guardias se fijan en ellos. Sasha me mira como si creyera que he perdido la cabeza.

Pero de lo que más disfruto es de la sorpresa en la cara de Félix Oliveira.

Mi hermana tira de mis hombros y me obliga a mirarla. Tiene los ojos muy abiertos, alarmada.

—¿Qué estás haciendo?

Pero no me da tiempo a responder. Escuchamos una carcajada. Al principio es suave, un poco incrédula, y luego se vuelve casi un ataque de risa, como si yo hubiera contado un chiste de lo más divertido.

Bianca Fiore todavía está sonriendo cuando se encoge de hombros y dice:

—No podemos pasar por alto ninguna acusación. Cogedlos.

Los primeros segundos, nadie sabe qué hacer. Hay gente que duda, tanto entre los carceleros como entre los encarcelados. No saben si creerme, no saben si hacer caso a Bianca, no saben por qué alguien acusaría delante de todo el mundo a sus propios compañeros.

Pero entonces, Bianca insiste:

—¿No me habéis oído? ¡Se está planeando un motín! ¡Cogedlos!

Y empieza el caos.

Dana

Todo ocurre como si pasase en un lugar muy lejano. Me siento como si fuese una Testigo más, en vez de estar participando en la competición, y pudiera verlo todo a través de una pantalla o de mi visor. Los sonidos del mundo se han apagado un poco, la gente parece moverse como si le hubiera subido la velocidad a un vídeo. Hay gritos, hay carreras. Escucho el crujido de la electricidad cuando alguien acciona una porra eléctrica. Hay golpes también: Asher le da un puñetazo a Scott Mills cuando este intenta capturar a su novio. A mí se me retuerce el estómago al verlo caer y, al mismo tiempo, siento una satisfacción que se transforma en culpabilidad casi de inmediato. Pero él me hizo daño a mí cuando me atrapó, hace lo que parece una eternidad pese a que han pasado menos de cuarenta y ocho horas.

Félix Oliveira es el primero en caer al suelo en el momento en el que Annika se lanza sobre él con las esposas en alto.

Tomo aire y me giro hacia mi hermana.

—¿Qué has hecho?

Liv tiene los ojos puestos en la pelea y no parece querer mirarme de vuelta. No reconozco la expresión en su rostro.

Es casi como si estuviera... feliz. Como si esto fuera exactamente lo que buscaba. Como si de pronto encontrase placer en este desastre que ha desatado a nuestro alrededor.

—Félix me señaló, aunque no fuera cierto: ¿por qué no puedo hacer yo lo mismo?

Siento ganas de reírme. Creo, de hecho, que se me llega a escapar una risotada incrédula y un poco histérica. Al parecer eso es todo lo que necesita mi hermana para, ahora sí, girarse hacia mí.

—Solo me he comportado como ellos quieren —dice—. No veo qué tiene de malo.

—¡Que es una locura, Liv! Así solo vas a ganarte su odio. ¡Les has dado todavía más razones para que te voten esta noche!

Estamos perdidas. No dejamos de perder porcentajes de visualizaciones y, con ello, nuestro puesto en el *ranking*. Y ni siquiera sé cómo me siento al respecto. Pensé que no me importaría en absoluto, que sería un alivio, pero una vez estás aquí dentro es difícil no querer seguir adelante. Mucho más de lo que me esperaba.

Quizá no soy mucho mejor que el resto. Quizá yo también quiero ganar. O quizá sea solo que soy consciente de que en este Edificio al menos soy dueña de mis actos, ya sean buenos o malos. Aquí no tengo que seguir el guion que marcan mis padres; aquí hay cámaras, pero puedo interpretar el papel que me dé la gana.

Liv se encoge de hombros.

—Al menos ahora tienen razones de verdad para odiarme, no como hace cinco minutos. —Soy consciente de que mi hermana está actuando por una pataleta, pero no puedo evitar sentirme un poco horrorizada—. ¿Y por qué estás tan molesta exactamente? Estoy consiguiéndonos visualizaciones, ¿no? Eso debería hacerte feliz: lo que haga yo es menos trabajo para ti.

El golpe es más contundente de lo que me gustaría, pero me niego a creer que la he escuchado bien. Me niego a meterme en una discusión con ella, igual que me niego a aceptar que ha hecho todo esto ella sola. ¿De dónde ha sacado la idea?

Mis ojos pasean por los Iconos que permanecen al margen, y la sonrisa de Evan Walker mientras observa la batalla entre guardias y presos me da la respuesta. Estaba hablando con él hasta hace cinco minutos. Está metiendo ideas extrañas en su cabeza, ¿verdad?

—Dana.

Una mano me coge del brazo. Blake está de pronto a mi lado, mirándome de frente con esos ojos grises en los que ahora se contiene una tormenta, y no necesita pronunciar ni una sola palabra para que entienda lo que me quiere decir. Su mirada vuela hasta la puerta. Daichi Ono es el único que está allí, guardándola, incómodo. El Icono tiene cara de no querer meterse en la pelea por nada del mundo.

Si fuéramos hasta él ahora, seríamos dos contra uno y, con los demás ocupados como están, podríamos deslizarnos por la puerta que conduce a las escaleras de emergencia antes de que nadie nos echara de menos. Desde la terraza, ni siquiera sería difícil llegar a nuestros pisos. El de Liv y mío está incluso más cerca que el de Blake.

Podría también arrastrar a mi hermana pequeña conmigo, pero no confío en que venga sin hacer preguntas. Y mucho menos confío en dejarla sola. No ahora. No cuando ha molestado a tanta gente. Si intentamos huir y fallamos, es posible que le hagan muchísimo daño.

—Yo...

Mi compañera de celda tiene que ver la duda en mi cara. Habíamos planeado crear una distracción en la cena, pero es obvio que es una tontería esperar. Sería ilógico perder esta oportunidad.

—No vamos a tener una ocasión mejor —insiste.

Siento los ojos de Liv sobre nosotras. Siento el peso de la atención de los Testigos, siento las cámaras. Siento el peso, también, de mi propia cobardía.

No me voy a atrever.

—Yo...

—¡Me rindo!

Creo que todas nos volvemos a la vez hacia el grito, que resuena en la terraza sin necesidad de ningún altavoz y deja a todo el mundo en un repentino y abrumador silencio. Durante un momento, incluso la pelea se detiene, quizá también porque la mayoría de las personas a las que mi hermana ha señalado ya están esposadas y retenidas. El que más y el que menos está en el suelo, jadeante, a merced de los guardias.

La que ha gritado es Eliza, que respira con dificultad, pero no sé si es porque ha hecho algún esfuerzo o porque no puede detener esos sollozos tan fuertes que le sacuden el cuerpo.

—Me rindo —repite, tan alto como puede con su voz temblorosa—. Quiero salir de aquí.

Nadie parece saber qué hacer con esa declaración, porque todo el mundo se queda parado en su sitio. Veo a Evan Walker sorprendido de verdad. Incluso Bianca, que ha sido quien ha dado la orden para que los atrapasen, se queda con la boca abierta. Creo que no hay ni un solo participante que no esté en *shock*, que no se pregunte si Eliza Villegas sabe lo que está diciendo. Yo lo hago. Liv, a mi lado, se revuelve incómoda.

Rendirse significa marcharse del Edificio, sí. Pero rendirse también significa perder el estatus que a muchos les ha costado tanto ganar: dos palabras pueden hacerte pasar de Icono a Testigo. Por eso hay tanta gente que jura que no entrará, porque sabe que no podría soportar la presión.

Imperio puede ayudarte en tu carrera o puede destruirte de muchas formas diferentes, y esta es una de ellas.

Nuestros padres nos hicieron jurar que no nos rendiríamos, pasase lo que pasase. Nos dijeron que teníamos que aguantar lo que fuera y llegar lo más lejos que pudiéramos y que nunca debíamos pensar en la renuncia como una opción. Sé que Liv dejaría que le ocurriese cualquier cosa antes que decir esas palabras, porque no puede ni pensar en perder todos los privilegios con los que nacimos. Tendríamos que mudarnos al extrarradio, donde viven los Testigos. Tendríamos que ocupar puestos en la sociedad que otros decidirían por nosotras. O supongo que yo tendría que hacerlo y, con ese sueldo, arreglármelas para cuidarnos a Liv y a mí. Tendríamos que dejar atrás el mundo que siempre hemos conocido.

Hay muchos Iconos que piensan que no se puede caer más bajo. Que quienes están dispuestos a renunciar a su rango no deberían haber llegado a serlo, sin más.

—Eliza Villegas, ¿quieres rendirte?

No nos esperamos la voz de Sadie Craft. No nos esperamos ver su imagen en la pantalla que acaba de aparecer en medio de la azotea. Esta vez no la acompañan el resto de Imperiales, sino que está sola, pero se muestra tan perfecta e inmaculada como siempre pese a que esta conexión claramente no estaba prevista.

—No aguanto ni un minuto más. Por favor —es la respuesta de Eliza.

Quizá podríamos haberlo visto venir. Lleva dos días al borde de un ataque de nervios, y es normal que se acabase derrumbando en cualquier momento.

Pero no parece que nadie esperase que fuese más pronto que tarde.

No hay más preguntas. No hay insistencia, aunque creo que muchas personas querríamos preguntarle a Eliza si está segura. Sadie simplemente asiente desde su pantalla. Amy Kaur es la primera en volver en sí, por lo que parece, porque se adelanta. Parece dudar cuando se acerca a su amiga. Normalmente siempre se mueve con mucha seguridad, con esa confianza con la que a veces llena la habitación en la que está, pero ahora no parece tener claro qué hacer. Son amigas desde siempre, ¿verdad? He escuchado eso en alguna parte: que son prácticamente tan hermanas como Liv y yo.

—Ya está —murmura—. Todo está bien, Eli.

Con cuidado, como si Eliza estuviera hecha de un cristal muy frágil, le quita las esposas y la ayuda a ponerse en pie. La ahora Testigo la abraza.

—Eliza Villegas, coge el ascensor hacia el recibidor. Alguien se encargará de acompañarte fuera del recinto.

Me resulta doloroso que ni siquiera les den tiempo a despedirse, pero Eliza no está en posición de protestar, así que echa a andar, apoyada por su amiga. Los demás no apartan la mirada de ellas, pero, como si pensaran que rendirse es una enfermedad que se puede contagiar, se apartan de su camino para abrirles un pasillo.

—Y los demás —dice la voz de la Emperatriz, lo que nos obliga a volver los ojos hacia la pantalla—, regresad al juego. Carceleros, no deberíais perder de vista a vuestros presos: parece que tenéis una prófuga.

Hay un momento de confusión. Yo misma no sé qué estoy buscando hasta que me doy cuenta de que Liv sigue a mi izquierda, pero no hay nadie a mi derecha. Blake ya no está a mi lado.

Mi mirada la encuentra en la puerta, con la mano en la boca de un horrorizado Daichi Ono. Es obvio que esperaba no llamar la atención, porque al principio parece un poco sobresaltada por la apelación de la Emperatriz. Solo al principio. Después esboza esa sonrisa suya, a medio hacer, y encoge solo un hombro. Le ha quitado la pistola a Daichi y, cuando la levanta, temo que la use, que le dispare.

No ocurre. Lo único que hace es golpearle la cabeza con la culata al Icono y dejar que caiga desmayado entre sus brazos.

—No os preocupéis por mí, yo ya me iba —dice, descarada.

Y después sale corriendo escaleras abajo.

Son varios los Iconos que se apresuran tras ella. Y yo, aunque soy consciente de que me está dejando atrás, que ha decidido hacer esto sin mí, solo puedo desear que no la atrapen.

Blake

De no haber sido por la Emperatriz, esto habría sido mucho más fácil. Nadie se habría enterado de mi huida, porque todos estaban demasiado impactados con la idea de que alguien tomase la decisión de abandonar la vida de Icono, aunque no me extraña. Esa gente aprecia su estatus más que cualquier otra cosa y probablemente no lo cambiaría por nada: de hecho, si han entrado a este lugar, es solo para llegar más alto. A lo largo de los próximos días habrá quienes se arrepientan y decidan que la vida que tenían hasta ahora está bien, que no necesitan escalar más... Pero una cosa es eso y otra muy distinta renunciar a tus privilegios, a tu dinero, y convertirte solo en un espectador de vidas mucho mejores que la tuya.

Supongo que a mí no me ha impresionado porque yo solo veo el hecho de ser Icono como un medio para un fin. Para toda la gente que me rodea, eso es impensable.

Igual que es impensable que una persona cambie su rol en esta sociedad sin esforzarse mucho para ello y sin darse de bruces contra un montón de impedimentos. El sistema está diseñado para hacernos aspirar a ser Iconos, pero, a la hora de la verdad, es muy complicado que la gente suficiente te mire a ti cuando hay millones de personas, millones de vidas, entre las que elegir. O tienes los recursos o un golpe de suerte o conoces a la gente adecuada; de lo contrario, serás toda tu vida un Testigo. Esta prueba no es muy distinta en ese sentido: la huida supone cambiar tu posición, pero nadie va a ponértelo fácil. Al mismo tiempo, si lo consigues, tu vida puede ser completamente diferente.

Yo no necesito cambiar mi vida. A mí no me importaba ser una de las encarceladas, como no me importaba tener la vida que tenía antes de ser Icono. Pero, del mismo modo que decidí ser Icono para conseguir algo, sé que ser carcelera me ayudará en un par de detalles técnicos que pueden venirme bien para mis propios objetivos. Por ejemplo, me permitirá conseguir armas.

Aprieto la mano alrededor de la pistola que le he robado a Daichi Ono mientras me lanzo hacia las escaleras. No tardo en escuchar los pasos que me siguen, las voces alarmadas que gritan mi nombre y órdenes. Tengo claro que probablemente han mandado a varios guardias tras de mí, tanto por el ascensor como por las escaleras, para pisarme los talones.

No hay tiempo que perder: será mejor escoger la vía rápida.

—¡Cooper, vuelve aquí!

Miro hacia atrás a tiempo de ver a Annika a mi espalda. Parece que se han acabado las bromas, porque tiene su pistola levantada para disparar. Yo no le voy a dar la oportunidad de probar su puntería: antes de que el disparo suene, aprieto mi mano biónica alrededor de la barandilla de las escaleras... y salto.

Supongo que los Testigos podrán disfrutar de que por fin destape algunos de mis trucos, como el hecho de que mi brazo pueda extenderse como si fuera una cuerda.

—¡Estás de puta coña! —escucho a Annika.

En otro momento, quizá me habría reído. Ahora, mientras caigo, solo puedo apretar los dientes, porque el hombro y la espalda me tiran allí donde la tecnología se une con la piel y se confunden. Sea como sea, funciona: una planta, dos. No puedo extenderlo mucho más, así que salto de nuevo a las escaleras en el piso veintisiete y espero que mi mano vuelva detrás de mí a la mayor velocidad posible.

Un tramo más de escaleras y estaré en mi apartamento. Un tramo más y cambiaré mi rol en una sociedad inventada por tercera vez en mi vida.

Pero, por supuesto, en este tiempo, algunos Iconos han conseguido coger el ascensor. Por eso, cuando estoy a punto de alcanzar la puerta de las escaleras de mi piso, la puerta se abre y un jadeante Scott aparece por ella. Casi nos damos de bruces, pero él sonríe con satisfacción cuando ve que me ha pillado.

—Buen intento, Cooper. Ahora sé una buena chica y...

El disparo y su grito cortan las palabras.

Creo que no se esperaba que lo hiciera. Creo que algunos de los participantes en este juego a veces no son conscientes de verdad de que las armas son para usarlas. Y a mí, la verdad, no me importa en absoluto hacerlo. El chico cae. Mi tiro le ha acertado en la pierna. Ni siquiera me quedo a mirar la sangre o su expresión de dolor; tampoco dejo que sus quejas me detengan.

Paso por encima de él, no sin antes arrebatarle también su pistola, y alcanzo mi planta. En ella, cerca de mi puerta y con los ojos muy abiertos porque han escuchado el mismo disparo, están dos Iconos más. La última barrera antes de que pueda salvarme. Lucian Morton traga saliva y creo que es la primera vez que lo veo asustado, un poco incrédulo cuando me ve aparecer con las dos pistolas en las manos. Amoldo mis dedos alrededor de las empuñaduras, rozando con los índices los gatillos.

A su lado, Bianca Fiore frunce el ceño y me mira de arriba abajo.

—¿Has disparado a Scott?

—Las pistolas sirven para disparar algo más que al techo, Fiore —me burlo—. ¿Queréis comprobarlo vosotros también, o me vais a dejar pasar a mi piso?

—Somos dos, no tienes ninguna...

Otro disparo. A los pies, lo suficientemente cerca como para que Bianca Fiore se quede sin palabras por primera vez desde que ha empezado este juego. Palidece, y yo quiero decirle que no debería jugar a juegos que claramente no entiende. Retrocede por instinto, igual que Lucian. Al menos él sí levanta su arma, aunque lo hace con duda. Probablemente no tenga nada de puntería: es un bruto, pero el tipo de bruto que solo sabe hacerse el chulo e intimidar con el cuerpo. En realidad, probablemente ninguno de los dos haya cogido una pistola antes de entrar aquí.

—A Mills le va a doler bastante la pierna unos días por una gilipollez —les explico—. De verdad, voy a llegar a la puerta igual. No hagáis esto más complicado.

Hay un segundo de duda hasta que Lucian decide que él no se la va a jugar y me enseña las manos en señal de rendición.

Bianca no lo hace. Creo que es consciente de que rendirse sin más no es una opción. Para ella, que en los últimos días ha ganado respeto por alzarse como la jefa de los carceleros, permitir mi huida sería convertirse de nuevo en alguien que no está dispuesto a todo. Y ella desea lo contrario: anhela el respeto y la importancia.

Por eso dispara.

No es un buen disparo, pero lo que simboliza es mucho más importante que el hecho de que me acierte o no. De nuevo tengo que admitir que la he subestimado. Me equivoqué al decirle a las Shifter que debían retarla. Me dejé llevar por la idea de quitárnosla rápido de encima, a ella y a los millones de Testigos que la siguen. No pensé que la presión la convertiría en esto.

Vine aquí con un plan tan claro que por el camino me he olvidado de que, al final, una gran parte de todo esto implica jugar con personas. Y las personas son imprevisibles.

Bianca Fiore vuelve a disparar y esta vez sí que tengo que moverme para que no me acierte. Resoplo, un poco molesta. Podría matarla, pero no tengo claro que eso no me vaya a pasar factura. No quiero convertirme en un verdugo y a ella en una víctima; al menos, no tan pronto. Tampoco tengo nada personal contra esta chica.

Así que solo aprieto las pistolas mientras me lanzo hacia delante, hacia ella. Animado por Bianca, parece que Lucian también se atreve a disparar. En un momento de lucidez, se me ocurre que mucha gente tiene que estar viendo esto, porque estoy segura de que nunca había habido tiroteos dentro del Edificio desde la primera semana.

Bianca no se espera que me lance a por ella. Empieza a ponerse nerviosa en cuanto me acerco, así que desarmarla de un golpe es insultantemente sencillo. Escucho su queja un segundo antes de patear la pistola lejos de ella. Lucian decide en ese momento que lo suyo no son las armas y se lanza contra mí. Yo lo evito. A él también podría dispararle. Quizá él incluso se merezca que un tiro lo deje en el sitio: es obvio que ha disfrutado demasiado de su papel en estos días.

Al final, sin embargo, no lo hago. No lo necesito.

Solo tengo que alcanzar la puerta.

Así que evito dos golpes más y me cuelo bajo uno de sus brazos para echar a correr.

Suena otro disparo y esta vez lo siento golpear la prótesis de mi brazo, pero no me detengo.

La puerta está a solo cinco pasos.

Cuatro pasos.

Tres pasos.

Dos pasos.

Un paso.

Una ráfaga de disparos encuentra mi puerta, pero yo ya estoy dentro y me echo a reír.

Dana

Después de todo lo que ha ocurrido en la última media hora, los carceleros prefieren no jugársela y nos llevan de nuevo a nuestras celdas. La fila es más corta que nunca, sin Blake y sin los presos a los que mi hermana ha señalado, que son arrastrados hasta esas zonas de aislamiento que espero no tener que ver. Creo que Liv se arrepiente mucho más de lo esperado, porque se pega a mí antes de que nos puedan separar y susurra:

—No esperaba que nadie se retirase.

No está llorando, pero se le nota la pena en la voz y yo desearía poder decirle que no pasa nada, que solo era cuestión de tiempo, que habría ocurrido aunque ella no hubiera acusado a nadie. Pero lo cierto es que no puedo saberlo.

—Eso ha sido digno de todas las visualizaciones del mundo, enana.

Una mano se posa sobre la cabeza de mi hermana y yo le golpeo el brazo.

—No vuelvas a acercarte a ella, Walker.

—¿Y yo qué he hecho ahora?

Aprieto los dedos en un puño. Tengo la tentación de hacerle cerrar la boca de una vez, pero antes de que pueda planteármelo en serio, Lily Brown levanta su porra.

—¿Queréis iros a aislamiento también?

Yo cierro la boca y bajo la cabeza. A Evan todavía le quedan ganas de bromear:

—Gracias, Lily, pero creo que voy a pasar. El servicio de habitaciones era terrible.

Ella sacude la cabeza, pero lo deja estar. Yo, en cambio, me fijo un segundo más en él y me pregunto cómo será este chico cuando se apagan las cámaras. Todo es fachada, ¿no? Quizá sea de esas personas que se creen el papel que llevan tiempo interpretando y dejan de actuar porque lo interiorizan todo. Aunque ¿importa realmente? Que haga lo que quiera. Que siga con sus gracias y sus estrategias mentales si así es como ha decidido jugar, pero que lo haga lejos de mi hermana.

Aprieto a Liv un poco más contra mí. Mi único objetivo es protegerla: esa es la razón por la que estoy aquí. La única razón por la que no me negué a venir, la única razón por la que seguir jugando en vez de seguir los pasos de Eliza y dejarlo todo.

Eso y que no conozco otra vida. Yo nunca he sido nada menos que Icono.

Aunque Eliza tampoco, ¿verdad?

Como Liv parece tan sacudida por lo que ha pasado, intento convencer a los carceleros de que nos pongan juntas, sobre todo teniendo en cuenta que parece que ambas vamos a pasar un rato solas en nuestras celdas.

—No podemos hacer cambios así, Shifter —susurra Amy, antes de encerrarme de vuelta en mi lugar. Parece bastante abatida después de perder a su amiga, o puede que incluso lo sienta un poco por mí.

Me quedo sola. Me siento en mi cama, con la espalda contra la pared, y observo durante un buen rato la manta dejada de cualquier manera sobre el colchón de enfrente. Se me hace raro no ver a Blake ahí, tumbada con esa actitud despreocupada suya.

No ha podido acabar en aislamiento, ¿verdad? Seguro que ha conseguido huir... Eso explicaría lo nerviosos que se muestran los guardias las siguientes horas. Se pasan toda la tarde paseando de un lado a otro, mandando callar incluso los susurros más inofensivos. Me fijo en que, cada vez que caminan por delante de las celdas, tienen las manos más que preparadas para empuñar sus armas.

Tiene que haberlo conseguido. Sí, seguro.

Estoy recorriendo el limitado espacio de la celda cuando escucho los pasos. Sé que suena extraño poder distinguir la forma de caminar de una persona a la que apenas conoces, así que quizá esté un poco sugestionada. Da igual: mi primer impulso es darme la vuelta y lanzarme hacia los barrotes para intentar distinguir algo en el pasillo. Pego la cara al metal. Primero distingo a Klaus, pero algo ha cambiado: va vestido con el mismo mono naranja que llevo yo y no tiene a su mascota electrónica cerca.

Y justo detrás de él...

—¿Qué hay, estrellita?

A Blake también le han cambiado el uniforme: ahora viste de negro, como una de las guardias, con las armas colgadas del cinturón. Resulta ridículo que verla sea suficiente para que se me haga un nudo en el estómago o que me entren ganas de reírme en medio de una situación que no tiene ninguna gracia.

—Lo has conseguido —digo, casi sin aliento.

—Y te traigo compañía agradable, no puedes quejarte.

—¿Puedo quejarme yo? —replica Klaus, pero creo que no está molesto de verdad mientras Blake abre la puerta para él. En realidad, apostaría a que se alegra del cambio. Parecía muy incómodo entre los guardias.

Pero de todas las personas que podría haber elegido Blake para ocupar su lugar, me parece la más extraña. Pensé que iría a por alguien más fuerte. A por Bianca o Lucian o...

—¿Por qué él? —le pregunto a mi antigua compañera de celda, sin poder evitarlo.

Blake se lo piensa un segundo.

—Porque imaginaba que querrías cerca un aliado. Estoy segura de que vas a echarme de menos igual, pero Nilsen puede hablarte de matemáticas: eso hará el tiempo aquí dentro un poco más divertido.

—Qué graciosa —resopla Klaus, dejándose caer en el catre que antes era de ella.

Se me escapa una sonrisa. Blake vuelve a cerrar la puerta y yo me acerco a ella, volviendo a poner las manos alrededor de los barrotes. No tenía por qué hacer esto por mí: podía haber usado su privilegio para conseguir algo más impresionante o encerrarme aquí con Bianca, que debe de odiarme por el reto semanal.

Por otra parte, quizá se trate de algún tipo de estrategia. Seguramente sea así.

Y, a pesar de ello, lo único que pienso es que le debo una más.

—Habría estado bien escapar juntas. Siento no haber podido hacerlo al final.

Blake resopla, como si mi comentario tuviera mucha gracia. Ahí está su sonrisa, divertida y un poco incrédula.

—¿Lo sientes? Yo me fui sin ti, ¿no deberías estar enfadada por haberte dejado tirada? Teníamos otro plan.

Quizá, pero antes de escapar se acercó a mí para ofrecerme que nos fuéramos juntas de la azotea, aunque podría no haberme avisado en absoluto y preocuparse solo de sí misma. Si yo no hubiese estado tan centrada en Liv, me habría llevado con ella, ¿verdad?

—Creo que podré perdonarte —murmuro.

La sonrisa de Blake crece un poco más. No puedo evitar fijarme en cómo lo hace, en la manera en la que sus ojos grises se encienden cuando algo le divierte de verdad.

Detrás de nosotras, Klaus carraspea y las dos damos un respingo. Por alguna razón, siento que me ruborizo, como si mi amigo me hubiera pillado haciendo algo inapropiado. Blake sacude un poco la cabeza antes de alejarse un paso de la celda y yo aparto la vista a mis pies, súbitamente incómoda. Pese a ello, escucho perfectamente su voz cuando dice:

—Hazme un favor y no te metas en líos a partir de ahora, estrellita. Sería incómodo tener que arrestar a mi antigua compañera de celda.

Nuestros ojos se vuelven a encontrar un instante antes de que Blake se dé la vuelta y se marche por donde ha venido. Supongo que va a terminar muy alta en el *ranking* esta semana, porque definitivamente sabe cómo atraer la atención de la gente. Al menos, yo no puedo dejar de observarla mientras se aleja.

—¿Por qué siento que en realidad preferirías que no te hubieran cambiado de compañero?

Ahora sí que me ruborizo. Klaus me mira con las cejas alzadas, pero parece definitivamente más animado que cuando estaba entre los carceleros. En vez de darle un abrazo, me acerco a su cama para sentarme a su lado y golpearle el brazo.

—No digas tonterías. Me alegro de que seas tú, no te imaginas cuánto.

Él sonríe, aunque se frota el brazo. Sentados en la misma cama, con las espaldas contra el muro, hablamos de lo que ha estado pasando estos días. Aunque esperamos, nadie viene a sacarnos para ir a cenar, y tampoco nos traen comida. Otro pequeño castigo de los guardias, supongo, por toda la insubordinación que ha habido hoy.

Para cuando llega la hora de votar y el panel se desliza fuera de la pared, yo observo las opciones con disgusto. Después de su renuncia, el perfil de Eliza ha desaparecido por completo, como si los Iconos ni siquiera quisieran concederle el privilegio del recuerdo. Por otro lado, y tal como nos advirtió la Emperatriz el primer día de prueba, la imagen de Blake sigue ahí a pesar de que ahora forma parte de los carceleros. Klaus se acerca para echar un vistazo a la pantalla, pese a que él no tiene derecho a votar. Me he planteado preguntarle quién es el infiltrado, intentar sonsacarle algo, pero no quiero arriesgarme a que reciba un castigo de los Imperiales por incumplir su papel.

—Es muy frustrante saber que, haga lo que haga, va a salir elegida mi hermana —le digo—. ¿Qué sentido tiene seguir votando cuando ya conoces el resultado?

Klaus se encoge de hombros.

—Supongo que esta noche poco puedes hacer... Pero todavía tienes una oportunidad. Usa el día que te queda para averiguar quién es el infiltrado y convence a los que puedas para que voten lo mismo que tú.

—¿Y cómo voy a hacer eso?

—No sé, yo solo soy el de las matemáticas —dice, inocente—. Pero las matemáticas, precisamente, también me han enseñado que todo es una cuestión de análisis, probabilidad y estadística. Cuando te plantean un problema, tienes que entender todas sus partes para poder solucionarlo.

La base de mi problema ahora mismo es que van a votar a mi hermana como infiltrada por una acusación falsa de un idiota que la ha tomado con ella. Y que eso nos va a quitar un montón de visualizaciones. Estudio la pantalla donde los perfiles siguen esperando la votación. La cara de Oliveira está ahí, sonriéndome, y antes de que pueda ser consciente, ya le he votado por puro y simple despecho.

Los perfiles son sustituidos entonces por la cuenta atrás del tiempo que todo el mundo tiene para votar, pero yo me quedo mirando a la pantalla con el ceño fruncido.

Para resolver un problema, tienes que entender todas sus partes.

¿Cómo hemos llegado a esta situación, exactamente?

Liv dijo que Félix le había contado lo que Elodie tramaba. A ella, supuestamente, y a nadie más. ¿Por qué le contarías eso a tu compañero de celda, sobre todo cuando está claro que no deberías confiar en nadie aquí dentro? ¿Era otra trampa, como la que nos puso Walker el primer día a los demás? Pero no tiene sentido: él mismo fue quien dijo que podíamos descartar que el infiltrado estuviera entre nosotros...

¿Y por qué señalar a Liv delante de todos?

¿Quién tiene más que ganar con que se señale a la persona equivocada...?

La cuenta atrás en la pantalla llega a cero. Descorazonada, veo cómo la foto de mi hermana aparece delante de mí. Debajo de ella se indica cuántos votos ha recibido:

8 de 15 Iconos han votado por Liv Shifter.
Liv Shifter no es el infiltrado.

Queda un intento. Una oportunidad para recuperar al menos un poco del porcentaje de visualizaciones que esto y el reto a Bianca nos han quitado. Una oportunidad de aferrarnos, ya no a nuestro puesto en el *ranking*, que supongo que bajará sin remedio, sino a nuestra estancia en el Edificio.

—¿Alguna idea? —me pregunta Klaus al ver mi expresión.

—Una corazonada.

Y me lo voy a jugar todo a ella.

Sasha

Es muy fácil acostumbrarte a ser Icono. Es muy natural engancharte a la atención, a gustarle a la gente, a convertirte en alguien importante. Incluso si te dices que eso no va a pasarte a ti, que tienes los pies en la tierra y la cabeza bien puesta sobre los hombros, al final acabas cayendo, sobre todo cuando empiezan a llegar los privilegios. Cuando recibes la corona al lado del nombre en tu perfil de Pandora. Cuando empiezan a contactarte, ya no solo las empresas, sino la gente, ya no quieres salir de ahí. Los mensajes de apoyo, los mensajes diciéndote que les has cambiado la vida, que aspiran a ser como tú algún día, siempre dejan un regusto dulce.

Y puede que al final sí acabes creyéndote que eres un poco mejor que el resto.

Asher y yo bromeábamos con ser Iconos cuando empezamos a salir. Fue él quien sugirió la idea del perfil conjunto, del primer directo. A mí simplemente me pareció divertido, así que accedí. No esperaba nada, y creo que él tampoco: solo queríamos pasarlo bien, hacer algo más juntos. Lo primero que creamos solo lo vieron nuestros amigos, que se burlaron de nosotros a lo grande por ser tan empalagosos.

Pero un día, todo cambió. Creo que el algoritmo le recomendó a alguien uno de los directos en el que contábamos anécdotas y hacíamos de consultorio amoroso para diez personas. Y a esa persona le hizo gracia y lo compartió en sus redes. Y más personas lo compartieron en las suyas. De pronto, teníamos un montón de visualizaciones, de preguntas y de comentarios diciendo que éramos todo lo que deseaban de una pareja o que ellos se iban a morir solos, pero que al menos vivirían el amor a través de nosotros. Fue lo más loco que nos había pasado en la vida. Creíamos, de hecho, que solo nos ocurriría una vez.

Pero no fue así. Desde aquel momento en adelante, las visitas y los seguidores se dispararon.

Cuando nos coronaron el perfil, Asher emitió mi reacción y lo celebramos por todo lo alto. Y luego, por supuesto, llegaron los privilegios, que nunca pensé que me fueran a gustar tanto. Apareció la opción de mudarnos y nos ofrecieron una casa con la que como Testigos solo podríamos haber soñado. Nuestras cuentas en el banco se llenaban todas las semanas con el porcentaje que nos ingresaba Pandora por las visualizaciones.

Ya solo teníamos que preocuparnos por hacer contenido, por crear algo que les gustara a los Testigos, por mantener los números.

Y en algún punto de todo eso se nos olvidó por qué habíamos empezado a hacer esto juntos.

Empezaron las discusiones, los desacuerdos sobre lo que debíamos hacer y lo que no para continuar en lo más alto. Empezaron las críticas, que muchas veces ni siquiera eran propias, sino que venían de aquello que veíamos en comentarios en Pandora. Siempre había cosas que echarnos en cara.

Y rompimos.

Como hacía tiempo que nuestra relación parecía estar siempre relacionada con nuestro trabajo, con nuestro modo de vida, decidimos convertirla solo en eso.

Esta noche, en la celda oscura y pequeña en la que me encierran, no puedo evitar pensar en ello, en nuestra línea cronológica, en las cosas que se nos fueron de las manos o directamente hicimos mal desde el principio. Pienso en los buenos momentos antes incluso de ser Iconos. Pienso en esos privilegios que nos deslumbraron y nos hicieron perder el rumbo.

Y pienso en Eliza. Supongo que, en realidad, todo viene por ella. Su renuncia me ha impactado incluso más que la niña de las Shifter señalándonos o descubrir que Liv, precisamente, no es la infiltrada. Me ha impactado porque creo que hacía dos o tres años que nadie se retiraba de Imperio y no puedo dejar de preguntarme qué va a hacer Eliza ahora. No puedo dejar de preguntarme qué haría yo en su lugar si tuviera que marcharme. No soy capaz de imaginarme viviendo como Testigo de nuevo, quizá porque eso significaría volver a la casilla de inicio, esa que tanto me he esforzado por dejar atrás.

Y, sobre todo, significaría perder a Asher.

Como Testigos, ya no tendríamos ninguna excusa para seguir juntos. Ya no habría relación, porque hace meses que se terminó. Ya no habría motivos para seguir fingiendo.

No espero el nudo que se me hace en el pecho cuando pienso en todo eso y en que este estúpido juego nos está alejando incluso más de lo que ya estábamos. Imperio lo está estropeando todo. Se suponía que esto iba a ser bueno para nosotros, pero ni siquiera estamos brillando tanto como esperábamos. Aunque este debería ser nuestro momento, estoy seguro de que no le interesamos a nadie. No estamos dando espectáculo, así que nuestras visualizaciones deben de estar por los suelos. Es posible que ni siquiera superemos esta semana.

Creo que paso toda la noche dándole vueltas a esos pensamientos y dormitando a ratos, porque, cuando la puerta se abre, tengo los ojos cerrados y me dan un buen susto. La luz se cuela dentro de la celda y yo me pongo en pie, desorientado. Salgo al mismo tiempo de mi prisión que Asher de la suya, justo al lado.

—¿Estás bien?

Mi ex se detiene justo delante de mí, muy cerca. Supongo que va a besarme, como en los días anteriores, pero esta vez solo estudia mi rostro y luego suspira. No debería ser él quien preguntase cómo estoy: yo no tengo un chichón en medio de la frente, a mí no me pegaron con una porra. ¿Por qué tuvo que hacerse el héroe? Yo no iba a oponer resistencia, pero él tuvo que saltar delante de mí y pegarle un puñetazo a Scott como si fuera el caballero de brillante armadura de alguna serie cutre de época. Claramente no contó con que Scott levantara su arma incluso antes de recuperar el aliento.

—No soy yo el que parece un unicornio.

Asher deja escapar una risa ahogada, pero no responde, en parte porque nuestros carceleros empiezan a tirar de nosotros por el corredor. Mi expareja camina con la mirada puesta en el suelo, sin más comentarios, sin más bromas, y yo me pregunto qué está pensando. No lo sé, y eso me frustra. Cuando salíamos, siempre sabía lo que se le pasaba por la cabeza. Ahora solo...

Solo se está convirtiendo en un extraño.

—Oye, Asher... —susurro.

Él me mira de reojo mientras nos llevan hacia el ascensor. Nos hacen esperar por los que faltan y nos sitúan uno al lado del otro, quietos y contra la pared.

«No eres el infiltrado, ¿verdad?».

«A lo mejor deberíamos dejar de actuar».

«Creo que deberíamos retirarnos».

«No puedo seguir haciendo esto».

—No debiste meterte en medio ayer —digo, en cambio—. Podrían haberte hecho daño de verdad. ¿Es que no puedes preocuparte por ti mismo por una vez?

No sé de dónde sale esa pregunta, pero está claro que consigue dejar a Asher descolocado. Pero es que parece que siempre tenga los ojos puestos en mí. Parece que siempre se esté desviviendo por mí... cuando sé que no es cierto. Y aunque se supone que ese es su papel, de pronto me molesta.

No quiero esto.

Estoy harto de fingir.

—¿Qué?

—Que no sé de qué vas haciéndote el héroe, pero puedo cuidarme solo.

Y eso es todo, porque los carceleros llegan con Elodie y Oliveira en ese momento y nos meten en el ascensor.

Ya todo el mundo está en el restaurante para cuando llegamos al desayuno. Elijo una mesa vacía y la ocupo. Los demás se sientan también, aunque Asher parece dudar antes de colocarse a mi lado. Intenta cogerme la mano, pero yo la aparto y sus dedos caen sobre mi pierna, aunque los quita casi de inmediato.

¿Por qué no se enfada? ¿Por qué no arma un escándalo o me dice que me estoy comportando como un gilipollas? Lo estoy haciendo, lo sé, pero es que no sé de qué otra manera sacar todo lo que se me ha ido acumulando en el estómago en las últimas horas. Siento que en cualquier momento voy a vomitar.

Mis ojos empiezan a barrer la sala. Me fijo en que la niña del demonio, la misma que nos señaló anoche, que comparte mesa con su hermana, con Walker y con...

—Lo ha conseguido —dice Oliveira con la voz un poco arenosa.

No me doy cuenta de a qué se refiere hasta que miro en la misma dirección que él. Blake Cooper, en uniforme de guardia, patrulla por la zona mientras se come una manzana. En realidad, sus ojos están más puestos en el cielo encapotado que se ve a través de las ventanas desnudas y un poco sucias que en lo que pasa dentro.

—Y se ha cambiado por Klaus Nilsen —apunto yo.

Creo que nadie en nuestro grupo entiende nada. Hay un silencio en la mesa mientras comemos y pensamos en lo que ha pasado en nuestra ausencia. Al final, sin embargo, es Asher quien saca el tema que a todos se nos debe de estar pasando por la cabeza. Hemos pasado la noche en aislamiento para nada. Y ha sido Oliveira, de alguna manera, quien nos ha llevado a ello.

—Pensé que estabas seguro de que la pequeña de las Shifter era la chivata —dice mi exnovio.

Félix lo mira por encima de su vaso. No parece arrepentido de nada, incluso sabiendo que ha señalado en la dirección equivocada y ahora solo nos queda una oportunidad de volver la situación a nuestro favor.

—Solo lo sabía ella —suspira—. ¿Y si se lo dijo a alguien? Ella y su hermana apenas se separan cuando pueden estar juntas. ¿Y si la infiltrada es la mayor? —Lo veo fruncir el ceño—. No sé, tampoco tiene mucho sentido para mí. Si no es Liv, a mí solo me quedaría pensar en...

Asher frunce el ceño cuando Félix lo mira. Yo también me tenso.

—¿Me estás acusando? Yo no sabía nada. —Mira a Elodie, que asiente. Pero que ella no se lo contase no quiere decir que él no pudiese verlo sin que su compañera de celda se diera cuenta—. Y aunque hubiera sabido lo de Elodie, ¿cómo iba a saber que *tú* lo sabías?

—Quizá te habías dado cuenta en la comida... —Félix suspira—. Lo siento.

Asher resopla, pero no dice nada más mientras da un sorbo a su desayuno y lanza un vistazo por encima de su hombro. Más gente va a hacer esa asociación, ¿verdad? A falta de pruebas, el sospechoso directo pasa a ser el compañero de celda de la persona que pretendía escapar. Félix tiene razón: Asher pudo verlo todo.

Pero no, no es él, estoy seguro...

¿Lo estoy? ¿Sé algo de este chico que está sentado a mi lado ahora mismo?

Y si no es él, ¿quién es? Miro a nuestro alrededor, observando rostros, intentando entablar relaciones.

Me doy cuenta de que Dana Shifter nos está observando un par de segundos antes de que se levante de su sitio, y me tenso de inmediato al darme cuenta de que viene hacia aquí. Lo hace sola, mientras el resto de su grupo la sigue con la mirada.

—¿Vienes a burlarte y a decir que nos lo advertiste, Shifter? —pregunta Asher.

—Vengo a deciros que siento lo que pasó ayer.

Pedir perdón no es algo que se estile entre los Iconos, así que me sorprende que ella lo haga. A los demás, en cambio, solo parece ponerlos a la defensiva.

—Es tu hermana la que tiene que disculparse —mascula Félix—. Ese pequeño demonio...

—Ese pequeño demonio, como tú la llamas, estaba muy dolida porque la habías señalado sin ninguna prueba y todo el mundo parecía creerte. La tomaste con ella.

—¿Y por eso decidió acusarnos?

Dana se echa hacia delante y apoya las manos en la mesa, con el ceño fruncido.

—Es una niña, Oliveira. Estaba resentida. Por supuesto que va a hacer ese tipo de cosas. —La chica sacude la cabeza y decide respirar hondo—. La verdad, podemos discutir o podemos descubrir entre todos quién es el topo y salir ganando por una vez en los últimos tres días. ¿Qué te parece, Félix? ¿O te has olvidado del objetivo del juego y prefieres acusar a la primera persona que pase por delante, como hiciste ayer?

—Tu hermana era la única con la que compartí lo que había visto. Es lógico que pensase...

—¿Cuándo lo viste?

—¿Qué?

—¿Cuándo viste que Elodie robaba el cuchillo?

—En la comida.

—En la comida éramos bastantes, ¿no crees? Alguien más pudo darse cuenta. Pero, además, ¿por qué decidiste contarle eso a mi hermana? ¿Qué pretendías conseguir con ello?

Todos nos giramos hacia Oliveira, que cruza los brazos sobre el pecho, molesto.

—No pretendía nada: simplemente, decidí confiar en ella —dice—. Pero es obvio que me equivoqué, porque esa información no quedó entre nosotros. A lo mejor no se lo ha contado a los carceleros, pero pudo habértelo contado a ti, ya que estáis tan unidas.

—¡No le dije nada a nadie! —replica Liv a voz en grito desde la otra mesa.

La niña se ha levantado, pero Klaus la mantiene lejos de nosotros, con las manos apoyadas sobre sus hombros. Evan está mirando hacia aquí, con las piernas cruzadas y la expresión relajada. Si no hubiera visto lo que le hizo Bianca el primer día, si no hubiera asistido a cómo lo torturó Lucian y no tuviera todavía mala cara por ello, pensaría que ese chico no ha sufrido nada en la vida.

Me doy cuenta de que el resto del restaurante está en silencio. Varios Iconos miran en nuestra dirección, curiosos y probablemente molestos por haber sido empujados a votar a la persona equivocada.

—Yo creo que ya ha quedado claro que la niña no es la persona más confiable del Edificio —responde Félix—. Ayer se dedicó a lanzar acusaciones falsas delante de todo el mundo, así que ¿por qué deberíamos fiarnos de ella ahora?

—Ayer tú también acusaste falsamente a mi hermana, así que ¿por qué deberíamos fiarnos de ti? —replica Dana, muy rápida.

Félix mira a la mayor de las Shifter como si creyera que ha perdido la cabeza.

—¿Me estás acusando de algo, Shifter? ¿Te has dado cuenta de cómo tengo la cara precisamente porque alguien se chivó de mí ayer?

—Y, sin embargo, ayer pasaste en aislamiento mucho menos tiempo que cualquiera de los que hemos pasado por ahí en los últimos días —interviene Evan Walker, alzando la voz para que todo el mundo le oiga—. Parece un castigo bastante suave. A mí me tuvieron más de una noche solo por revolverme un poco.

—¿Y eso es culpa mía? —replica Oliveira, incansable—. Tú al menos tienes suerte de que no te apalizaran desde el primer día: yo no puedo decir lo mismo.

Dana entrecierra los ojos y, si no fuera imposible, juraría que se le escapa una sonrisa.

—La verdad, ahora que lo mencionas, es sorprendente, ¿no? El primer día, todos llegamos bastante enteros a nuestras celdas, menos tú. Está claro que sería una buena manera de hacerte ver como una víctima desde el principio.

Asher, a mi lado, frunce el ceño. No me pasa desapercibida la mirada cómplice que me lanza de soslayo, y me gustaría que no me aliviase tanto saber que todavía reconozco algunas de sus expresiones. Esa, por ejemplo, parece preguntarme: «¿Tú qué opinas?».

Lo cierto es que no lo sé, pero me parece muy evidente que la paciencia de Félix se está agotando cuando se levanta de su sitio, de golpe, dispuesto a encararse con Dana y...

—¡Oliveira! ¿Algún problema?

El resto de guardias no han intervenido en todo este tiempo, lo que supongo que es una señal de que se lo están pasando demasiado bien, pero Blake Cooper se acerca ahora con las manos en los bolsillos de su nuevo uniforme y su mirada gris apagada. No necesita coger ninguna de las armas que tiene en su cinto para resultar intimidante.

Y todos sabemos de qué lado está.

Desde luego, Félix lo sabe, y por eso solo le lanza una mirada más a Dana antes de dejarse caer sentado de nuevo. Parece frustrado, como si lo hubiesen derrotado. Está claro que le habría gustado destrozar a Dana Shifter y dejarle claro que no se merece que lance ninguna sospecha sobre él.

—Shifter, vuelve a tu asiento —dice Blake con un gesto de cabeza—. Os quedan cinco minutos para acabar. Si tanta energía tenéis, igual deberíamos poneros a hacer ejercicio.

Se escuchan algunos quejidos, pero nadie dice nada porque ya hemos aprendido que a la autoridad no se la contradice.

Dana Shifter vuelve a su lugar. No se muestra complacida, pero podría estarlo.

Al fin y al cabo, está claro que ya ha plantado la duda sobre a quién deberíamos votar esta noche.

Evan

—¿A quién vas a votar?

Laskin me mira desde la cama de enfrente tras hacer la pregunta. Nunca lo diré en voz alta, pero lo cierto es que casi lo he echado de menos. Al menos tenerlo de compañero es mejor que estar completamente solo y no poder hacer otra cosa que hablarle a las paredes.

—A Oliveira.

—¿Y crees de verdad que es el infiltrado?

Me encojo de hombros.

—O sospecho de él o sospecho de tu novio. ¿Qué prefieres que haga?

Sasha hace una mueca por toda respuesta. Tanto si Asher es el infiltrado como si no, dudo que quiera que la atención recaiga sobre él. Pero lo cierto es que Dana parece haber puesto todas sus apuestas en Félix, y yo creo que es más probable que él sea el infiltrado a que lo sea Hoffman. De hecho, aunque soy consciente de que hay motivos para sospechar de Asher (compartía cuarto con Elodie y es amigo suyo, estaba en la comida en la que Félix vio cómo ella se hacía con su cuchillo...), su actitud no ha sido para nada la de un infiltrado, más que nada porque todo lo que ha hecho ha sido estar pendiente en todo momento de Sasha. Y un infiltrado tiene que mirar mucho más allá, a mucha más gente, estar pendiente de todo y todos.

Me pongo en pie para estirar las piernas, aunque no pueda dar más que algunos pasos por la pequeña celda.

—Oliveira es el único que ha convertido sus acusaciones en todo un espectáculo en estos días —le explico—. Y, por otro lado, se ha esforzado mucho para que todo el mundo le perciba como una víctima, ¿no crees? Demasiado, quizá porque parecer una víctima es la manera más rápida de que nadie piense en ti como un culpable. La paliza del primer día, la supuesta traición de Liv ayer, que se lo volvieran a llevar delante de todos... Y sí, Liv mintió al tomarse la justicia por su mano y acusaros a todos, pero a mí me dijo que no le había contado a nadie lo de Elodie, y yo la creo. Pienso que Félix le puso una trampa al decirle lo que había visto.

Sasha me sigue con la vista, con los labios apretados y la expresión cauta. Todavía me resulta un poco extraño ver su rostro desprovisto de los llamativos maquillajes que suele hacerse.

—¿Crees a la niña de verdad, o solo lo dices porque ahí fuera es probable que te estén coronando como el hermano mayor del año?

Puede que al principio la adoptase un poco por eso, pero lo cierto es que estoy empezando a cogerle cariño. Liv realmente parece tenerme estima, y la verdad es que la considero una buena aliada. La clase de persona imprevisible que lo hace todo mucho más interesante. La clase de persona, también, que quieres a tu lado y no en contra de ti.

Además, me respeta lo suficiente como para dejarse guiar y aceptar mis consejos.

—La creo de verdad.

—¿Y qué hay de Blake Cooper?

Detengo mis pasos y me giro hacia mi compañero de celda, perdido en la conversación.

—¿Qué pasa con ella?

—Es la única que ha conseguido escapar —señala—. ¿Por qué no estamos mirando en su dirección? La Emperatriz dijo que el infiltrado también podía llegar a ser carcelero. Y, por otro lado, subió muchísimo en el *ranking* la primera noche, más que suficiente como para que los Testigos hayan querido ponerla a prueba. Sale de la nada, pero está claro que se le da bien llamar la atención. Y la manera en la que ha defendido a la mayor de las Shifter antes... A lo mejor incluso quiere montarse un romance, y tú sabes lo bien que funcionan esas cosas.

¿Romance? No diría que lo que Blake tiene con Dana Shifter sea un romance, sobre todo en comparación con cómo se han desarrollado relaciones de ese tipo en años anteriores y lo alto que han dejado el listón, pero quizá Sasha tenga parte de razón. Es obvio, al menos, que hay cierta complicidad entre ellas, y Blake me parece una chica lo suficientemente inteligente como para pensar en utilizar eso si cree que va a reportarle algún beneficio. Por otro lado, si bien no tengo ni idea de qué ha podido pasar en la celda de esas dos estos días, dudo que haya sido nada escandaloso: a la mayor de las Shifter se le notaría, estoy seguro.

Es fácil creer que Blake Cooper podría estar escondiendo algo, pero yo, más que en eso, pienso en que, si saliera acusada injustamente, perdería bastantes de las visualizaciones que haya podido ganar durante la semana. Blake me parece una competidora interesante, y mentiría si dijese que no siento curiosidad por ella, pero precisamente por eso quizá me gustaría bajarle un poco los humos...

Pero no es el momento, así que solo digo:

—Todavía sigo pensando que es Oliveira.

Aun así, es inevitable que me quede pensando en Cooper. Por eso, cuando la encuentro formando parte del grupo de guardias que debe acompañarnos al baño, la estudio igual que la estudié la primera noche: la forma que tiene de moverse, la manera en la que observa todo y a todos como si quisiera enterarse de cualquier posible secreto a su alrededor. Esa actitud podría resultar propia de una infiltrada si no fuera porque lleva siendo así desde el primer día que empezó Imperio. Me pregunto si actúa de esa manera porque en el fondo sabe que no encaja en este lugar: al fin y al cabo, hace solo unos meses que dejó de ser una Testigo encamada. Y, pese a ello, sabe dar espectáculo como una Icono de cuna...

Tengo oportunidad de hablar con ella cuando nos ponen a todos contra la pared. Desde lo de Elodie, los guardias están todavía más atentos a cualquier posible desliz, así que nos cachean antes de salir de las celdas y antes de volver a ellas. En esta ocasión, tengo la suerte de que sea ella quien me registra y aprovecho ese momento para mirarla por encima del hombro.

—¿Disfrutando del nuevo puesto, Cooper?

Ella resopla, socarrona, y me lanza un vistazo.

—Se supone que no puedes hablar con los guardias sin permiso, Walker. ¿O es que, después de dos días buscándote todos los problemas posibles, quieres alguno más?

Me humedezco los labios. Vuelvo a pensar en Laskin, en sus palabras sobre una posible relación entre Dana Shifter y esta chica. No tiene por qué ser real: basta con que los Testigos piensen que hay algo entre dos personas y ya lo tienes todo. Sin embargo, lo que el año pasado me quedó claro es que el público no quiere relaciones: quiere incertidumbre. Imaginar si pasará o no. Estar enganchados. Por eso Cara resultaba tan interesante: a veces flirteábamos, a veces nos mirábamos desde lados opuestos de la habitación... Al salir, me enteré de que eso volvía locos a los Testigos. Cuando me pusieron el reto de traicionar a Silena, lo hicieron esperando que eligiera exactamente la manera de traición que elegí.

Si este año los Testigos están esperando que pase algo entre Shifter y Cooper, ¿qué ocurriría si alguien se pusiera de por medio? Habría discusión, supongo. Conversaciones sobre quién es mejor para ella o si ella ni siquiera tendría por qué elegir...

Atención. Una gran y valiosísima atención.

Tuerzo un poco más la sonrisa.

—Si eres tú la que se encarga de mí, puedo aceptar algún problema más, cerebrito. No me importaría que tú me pusieras las esposas.

Blake enarca una ceja y me agarra de las muñecas mientras me aprieta contra la pared. No puedo evitar sorprenderme y preguntarme si medio día entre los guardias ya ha sido suficiente para que se olvide de cuál es su equipo, pero cuando la miro de reojo, reparo en que tiene la comisura de su labio alzada.

—Sé un chico bueno, Walker —se burla casi en mi oído—. Todavía me debes un favor, y no voy a poder cobrármelo si Bianca decide que está harta de ti y que lo mejor es dispararte ahora que puede.

—Bianca no sabe cómo usar un arma de verdad.

—Ah, ayer lo hizo: levantó su pistola contra mí. —No puedo evitar girarme para mirarla con incredulidad, pero Blake, metida en su papel, me obliga a mantenerme contra la pared. Su voz sigue siendo un murmullo contra mi oreja, y a mí se me eriza la piel. Me pregunto si ella también es muy consciente de la cantidad de gente que debe de estar viéndonos ahora, si actúa así precisamente por eso—. No tiene nada de puntería, pero la puntería no es necesaria si pones la pistola en la cabeza de alguien. Ten cuidado.

Se separa de mí. Lo hace como si no hubiera pasado nada, antes de que otra persona venga para ponerme de nuevo las esposas y unirme a la cadena humana que tienen que llevar de vuelta a las celdas. Por el camino veo a Bianca en el pasillo, vigilándolo todo, con los dedos tamborileando sobre su pistola. De hecho, percibo cómo Blake pasa por su lado dedicándole un saludo con la cabeza y cómo Bianca aprieta un poco los labios, molesta.

Bianca no habría disparado si no la hubieran obligado a ello, ¿verdad? Si no la hubieran puesto contra las cuerdas... Si no hubiera encontrado a alguien de quien definitivamente necesitaba defenderse, no solo físicamente, sino en autoridad...

—Al parecer, disparó a Scott Mills —susurra alguien en la cola de gente—. Así consiguió escapar.

Frunzo el ceño y vuelvo la vista de nuevo a Blake. Lo que le dio su posición a Bianca en este juego fue tener el valor suficiente como para levantar un arma contra el techo desde el primer día, pero es mucho peor levantarla contra una persona.

Y está claro que Blake Cooper no va a dudar en hacerlo cuando sea necesario.

Liv

Como solo tengo doce años, hay muchos Iconos que fueron importantes en algún momento y que a mí ya ni siquiera me suenan, porque lo complicado de ser Icono, como me recuerda mamá día sí y día también, es mantenerse. Félix Oliveira es uno de esos casos: mi hermana lo conocía, pero a mí no me sonaba de nada, pese a que, al parecer, en otro tiempo fue de los perfiles más aclamados de Pandora. Cuando lo vi la primera noche, pensé que no me parecía para tanto. Ahora, después de lo que me hizo ayer, he decidido que él es peor incluso que Lucian Morton: Lucian es un gorila idiota, pero al menos ni siquiera disimula. De Félix no me vi venir el golpe. Por culpa de él, también, he contribuido a que una persona termine renunciando. Yo no quería. Me gustaría ganar, claro, pero hay cosas que... que espero que no pasen.

No quiero que nadie pierda su vida, por ejemplo. Y dejar de ser Icono no es morir, pero imagino que debe de ser casi igual de malo. Yo no quiero hacerlo, la verdad. Papá y mamá nunca me lo perdonarían, porque seguro que los afectaría a ellos también. Se lo han dicho mil veces a Dana, cada vez que ella gritaba que estaba harta, que no seguiría creando contenido para Pandora, que en cuanto tuviera dieciocho años tendrían que dejarla en paz. Mi hermana cree que yo nunca escucho las discusiones, pero ella cree muchas cosas de mí que no son verdad. La cuestión es que mis padres siempre le responden lo mismo: «Ser Icono es tu vida. Siempre lo será. No seas desagradecida. Lo bien que has vivido se lo debes a que haya gente que quiere verte. Nos lo debes a nosotros, por haber sabido intuir desde el principio en qué podías convertirte. Si no haces esto, ¿qué vas a hacer?».

Supongo que mi hermana no lo sabe muy bien. Y antes de que pudiera descubrirlo (solo un par de días antes de que ella cumpliera los dieciocho), llegó la invitación a Imperio. Yo quise entrar desde el principio y ella... Ella se dice que está aquí por protegerme, pero yo creo que está aquí también porque esto es un medio camino. Estar en Imperio es ser lo que siempre ha sido, guiada por papá y mamá, pero también averiguar quién puede ser más allá de ellos o de mí.

Por otro lado, aunque no era lo que quería al entrar en el Edificio, creo que yo también estoy descubriendo quién puedo ser. Y quiero pensar que soy alguien lo suficientemente interesante como para que la gente se fije en mí sin necesidad de tener a nadie más alrededor. Creo que lo soy. Evan Walker me mira como si lo fuese, al menos. Me valora a mí por separado, no como algo que funciona con mi hermana. Eso está bien, porque si Dana decide dejar todo esto, toda la vida que siempre hemos conocido, yo seguiré adelante. Yo no voy a decepcionar a papá y a mamá. Yo no voy a dejar de ser Icono. Yo, de hecho, voy a ser Imperial.

Pero no lo voy a conseguir si esto sigue así.

—Tú y tu hermana deberíais aprender que la venganza no lleva a ninguna parte, ¿sabes? No sé qué pretendía antes, pero si cree que intentar poner a todo el mundo en mi contra le va a servir de algo, está muy equivocada. Solo está quedando como una histérica. Y a ti te está dejando como una niña que no sabe defenderse por sí sola. ¿Es lo que eres?

Aprieto los labios, pero no me giro para contestar a mi compañero de celda. Sigo mirando hacia fuera, sentada en el suelo y con la cara entre las manos. En la celda que hay enfrente de la nuestra, Deborah Decker hace ejercicio, puede que para no pensar demasiado en que antes compartía espacio con una chica que ya no va a volver. Una chica que a estas alturas del día, de hecho, puede que ya esté en el extrarradio, teniendo que buscarse una nueva vida.

Me pregunto si ya le habrán asignado un trabajo. Me pregunto qué ocupación decidiría el sistema por mí y me horroriza la idea, porque yo no quiero ser nada que no sea yo.

—Parece que hoy ya no estás tan respondona, ¿eh?

Lo miro de reojo.

—¿Qué eras?

Félix titubea, sin saber qué decir, perdido en la conversación.

—¿Qué?

—Que qué eras. Antes de ser Icono.

Él hace una mueca y se encoge de hombros.

—Nada, supongo. ¿Por qué? ¿A qué viene esa pregunta?

—Porque, fueras lo que fueras, te mereces más que Eliza volver a serlo.

Félix aprieta la mandíbula, ofendido.

—Eliza ha dejado de ser Icono por tu culpa, no por la mía.

Enrojezco.

—¡Si no me hubieras señalado, yo me habría quedado calladita y esto no habría sido así!

—La niña tiene razón.

Doy un respingo y levanto la vista para encontrarme con Amy Kaur, que está justo delante de nuestra celda. Tiene los ojos entrecerrados mientras mira a Félix. Él se pone en pie, un poco tenso.

—Amy, sabes que yo no pretendía...

Pero ella lo ignora y se fija en mí. Yo intento no hacerme pequeña bajo su mirada. Amy Kaur es una de esas personas que imponen, aunque en realidad me parece buena persona. Eliza era su mejor amiga, y me pregunto si me odia por lo que ha pasado.

—No le escuches, Shifter —me dice, sin embargo—. Eliza tomó una decisión y dudo que pretendiera hacer a nadie responsable de ella, pero definitivamente no fuiste tú quien la llevó a ese límite. De todos modos, vino aquí solo porque venía yo y porque pensó que habría buenos cotilleos, pero yo se los contaré todos cuando me toque salir.

Titubeo. No sé si tengo derecho a preguntar, pero aun así:

—¿Crees que estará bien...?

Amy esboza una sonrisa pequeña y compasiva, casi maternal, antes de acuclillarse delante de mí.

—Sí, es una chica muy lista y con más carácter del que todo el mundo piensa. Como mucho, se sentirá un poco estúpida por haberse dejado engañar por la persona equivocada.

Me tenso mientras ella lanza un vistazo de nuevo a Félix, que se pone blanco. ¿Eso ha sido una acusación? ¿Una pista? ¿Está confirmando que mi hermana tiene razón y mi compañero de celda es el infiltrado, como parece creer? O quizá haya sido un comentario sin más y yo esté dándole demasiada importancia, porque quiero que Félix realmente sea el culpable que necesitamos y pague y pierda.

Lo miro de reojo, pero él aprieta los labios.

—Yo no...

—Dejad de hablar o me encargaré personalmente de llevaros a aislamiento. Sobre todo a ti, Oliveira, porque está claro que solo estás molestando a la chiquilla.

Una vez más, Félix aprieta los dientes, pero no dice nada. Amy, por su parte, se marcha para seguir su ronda. No es hasta más tarde, a la hora de la comida, cuando consigo contarle esto a mi hermana, a Evan y a Klaus. Me fijo sobre todo en el amigo de mi hermana para analizar sus reacciones, ya que él, como antiguo guardia, sabe perfectamente quién es el infiltrado. ¿Por eso Blake lo ha puesto a compartir celda con mi hermana, para ver si podía sacar algo de él, incluso sin que él dijese nada? Busco a Cooper con la vista, pero esta vez no está vigilando. Klaus, por su lado, tan solo atiende a nuestra conversación mientras mueve la comida en su plato con desgana.

—No tengo claro que eso pueda contar como una prueba de verdad —masculla mi hermana—. Puede que solo esté resentida, como tú ayer. No va a servir para que convenzamos a todo el mundo.

—En realidad, no necesitamos convencer a todo el mundo.

Todos nos giramos hacia Evan, que tiene los brazos cruzados sobre el pecho y la mirada perdida entre los grupos que hay en la cafetería. Félix está con Elodie, Sasha y Asher, como esta mañana. Deborah, en cambio, está con el mismo grupo con el que se puso ayer, y también parece observarlo todo mientras sus acompañantes hablan por lo bajo.

—¿Qué quieres decir? —pregunta mi hermana, un poco a disgusto.

—La votación es por mayoría —explica Evan, antes de volverse hacia nosotros—. Eliza salió elegida la primera noche por pura aleatoriedad: como no había sospechas claras hacia nadie, el voto estuvo tan dividido que bastaron cinco personas para que saliera ella.

—¿Y entonces propones...?

—¡Dividir el voto! —adivino. Evan me dedica una sonrisa de aprobación que me hace sentir satisfecha—. Pero ¿cómo?

—Hablando, enana —me dice, aunque mi hermana frunce el ceño cuando me llama así—. A veces no hay nada más poderoso que eso. Los rumores son lo que realmente mueve este mundo: eso Eliza lo sabía bien.

Dana y yo nos miramos. Está claro que mi hermana no está contenta con seguir ninguna idea de Evan Walker, pero también creo que tiene tantas ganas de hundir a Félix, sea o no el infiltrado, que acepta. Klaus resopla, mirándonos de reojo, aunque parece divertido.

—¿Así que vuestro plan es apostarlo todo a la fuerza de la estadística?

—¿No eras tú el que me decía ayer que aplicara las matemáticas? —le replica mi hermana, y él se encoge de hombros.

—No he dicho que me parezca mala idea. Sabes que las matemáticas siempre me parecen bien, aunque nunca imaginé que sería Walker quien sugiriera usarlas para una prueba como esta.

—Soy una caja de sorpresas —presume Evan, y a mí se me escapa una risita.

—Pero vais a tener que ser muy precavidos: dividir el voto significa que no necesitaréis convencer a tanta gente de que vote a Félix, pero también que cualquier otra persona podría salir elegida con muy pocos votos. Incluida tú, Dana. Ayer te acusó, al fin y al cabo, y después de lo que pasó con Liv... Asher y tú debéis de estar ahora mismo entre los principales sospechosos.

Evan, mi hermana y yo nos miramos. Después, Dana lanza un vistazo alrededor buscando algo. O más bien a alguien. Sé perfectamente a quién, porque llevo toda mi vida con ella. La conozco, a veces creo que mejor de lo que ella me conoce a mí. Sé cuándo hay una persona en su cabeza, como cuando se obsesionó con nuestra vecina de al lado, hace un par de años. Siempre que podía, forzaba que se encontraran en el ascensor, pero nunca se atrevió a decirle ni una palabra, porque esa es Dana. Demasiado cobarde. Demasiado precavida. Siempre calculando el peligro, incluso cuando el peligro es solo un rechazo.

—Está bien —susurra ella—. Creo que podremos contar con ayuda para levantar todas las sospechas que necesitemos.

Entrecierro los ojos, pero no le pregunto por qué piensa que Blake Cooper, que ahora es guardia (que ganaría visualizaciones si gana el infiltrado y, por tanto, los carceleros), nos ayudaría en nada.

Supongo que realmente mi hermana está aquí para saber quién es más allá de mí. Y, al parecer, ha encontrado a alguien con quien le gusta trabajar más que conmigo.

Dana

No estoy segura de lo que estoy haciendo. Ni siquiera estoy segura de que Blake vaya a acceder a ayudarnos, pero supongo que merece la pena intentarlo y arriesgarme un poco, aunque solo sea porque, de lo contrario, probablemente Liv y yo estaremos fuera del Edificio mañana por la noche. ¿Y qué es lo peor que me puede pasar a estas alturas? No creo que mi antigua compañera de celda vaya a encañonarme por pedirle un favor. Si acaso, me mirará con esa sonrisa suya y parecerá muy satisfecha cuando me diga que no.

Aun con la decisión tomada, tardo en tener la oportunidad de hablar con ella. Después de la comida, la veo supervisando nuestras dos horas de ejercicio, pero sé que no puedo aprovechar el momento y arriesgarme a que todo el mundo esté atento a nosotras, porque corro el peligro de que los encarcelados me consideren la infiltrada o que los carceleros crean que Blake y yo estamos demasiado unidas. No creo que a Bianca, en especial, le guste ver a uno de los suyos confraternizando con el bando contrario. Así que me mantengo apartada de Blake mientras nos obligan a dar varias vueltas bajo la llovizna que lleva cayendo todo el día. A ninguno de los guardias parece importarle el agua, ya que llevan chubasqueros que los protegen, pero los presos solo tardamos diez minutos en estar completamente empapados.

De todas formas, ese es el tiempo que usamos Evan, Klaus, Liv y yo para asegurarnos de que el resto de encarcelados se sientan un poco confusos: por ejemplo, cuando pasamos al lado de Deborah Decker y su grupo hablamos en voz lo suficientemente alta de nuestras sospechas sobre que Félix sea el infiltrado, mientras que ante el grupo siguiente hablamos de la posibilidad de que todo lo de los últimos días haya sido un montaje de la propia Elodie.

Repetimos la estrategia cada vez que tenemos la oportunidad. De hecho, cuando Liv y yo nos quedamos atrás, veo cómo Walker se une a otro Icono para hablar con él y supongo que también le cuenta algo. Quizá directamente intente convencerle de votar a Félix, porque cuantos más votos consigamos, menos riesgo habrá de que otra persona salga elegida.

Mientras Evan termina de difundir rumores de todo tipo, me fijo en que Blake no le quita ojo. Me fijo también en que está apartada del resto de carceleros. Me he dado cuenta de que los demás no la aceptan en su grupo o, por lo menos, no la tratan igual. Probablemente piensen que el cambio de bando no la hace una de ellos, y menos a estas alturas del juego. La única que se acerca a ella es Amy Kaur, con quien la veo conversar bajo la lluvia.

Para cuando vuelvo a verla, hemos regresado a las celdas. Klaus y yo estamos temblando debajo de nuestras mantas, sentados el uno al lado del otro en un intento de darnos un poco de calor, porque hoy tampoco nos han permitido una ducha caliente, aunque nos hayamos calado hasta los huesos.

Me levanto en cuanto distingo su cabello rojo pasando por el pasillo. Nuestras miradas se encuentran incluso antes de que yo me agarre a los barrotes y susurre:

—¿Podemos hablar?

Blake duda un instante y lanza un vistazo hacia el pasillo antes de acercarse, una de sus manos colocada de manera casual sobre la pistola en su cintura. Walker me ha dicho antes que ha escuchado que disparó a Scott Mills sin dudar cuando escapó, lo que explica que hoy le hayamos visto apoyándose en una muleta. Me pregunto si disparó a alguien más.

Me pregunto, también, si sería capaz de dispararme a mí. Doy por hecho que sí. No puedo olvidarme de que, por muy fascinante que me resulte esta Blake Cooper, por muy aliadas que seamos de momento, en realidad somos contrincantes.

—No creo que se vea bien que hable con una presa —susurra—. Quizá alguien piense que estás sobornándome para que te deje escapar.

—No tengo nada para sobornarte, pero, si lo tuviera, ¿me dejarías escapar de verdad?

—Depende de lo convincente que fueses.

Sigo llevando mi manta sobre los hombros, pero algo en su mirada y su sonrisa resulta mucho más efectivo que cualquier tela a la hora de hacerme entrar en calor. Aprieto un poco más mis dedos alrededor de los travesaños.

—Tranquila, no voy a pedirte que me dejes escapar. Solo... —Observo intranquila alrededor y me echo un poco más hacia delante para susurrar todavía más bajo—. Solo tienes que hacer lo que hacen los otros guardias.

—¿Dejar que el poder se me suba a la cabeza? —responde ella, burlona, pero acercándose también un poco más a mí.

—Sacar a la gente de sus celdas. Llevarlas a aislamiento como si alguien los hubiese acusado. Sin un patrón. Es... crear un poco el caos. Y tú has demostrado ser muy buena en eso.

—¿Eso pretendía ser un halago, estrellita? Porque quizá deberías trabajar más en ello.

Adopto la que espero que sea mi expresión más inocente.

—Es un halago para ti, ¿no? Diría que te gusta lo impredecible.

Al menos creo que es así como ha decidido comportarse en Imperio. Desde la primera noche, su estrategia parece haber sido jugar a lo inesperado, como si quisiera provocar que la gente siempre se pregunte qué será lo siguiente que va a hacer. Conmigo, al menos, le está funcionando, aunque también creo que es peligroso actuar de ese modo: resulta muy fácil perder a tus Testigos si en algún momento dejas de sorprenderlos.

Blake no dice nada al respecto, aunque veo su sonrisa tirar un poco más hacia arriba. Me dan ganas de coger el borde entre las puntas de mis dedos y tirar para ver cuánto puede extenderse.

Es ridículo. Claramente, el encierro de los últimos días está empezando a afectarme.

—¿Por qué debería hacer lo que me pides? Tal y como yo lo veo, ayudarte ahora sería como dispararme a un pie. Si no averiguáis quién es el infiltrado, los guardias ganamos visualizaciones, y ahora yo formo parte de ellos.

Soy perfectamente consciente de ello, pero...

—Lo sé, pero tú no crees que los villanos sean los prisioneros y estás dispuesta a cometer algunos delitos por las razones adecuadas, ¿verdad?

He dado en el clavo. Lo distingo en su mirada y en la risa que emite, que es apenas un resoplido. Me gusta el sonido que hace. Aprieto un poco más el travesaño entre mis dedos, en parte por la expectación y en parte para contener la tentación de extender mis manos hacia ella. Sé que puedo conseguir su ayuda, sé que quiere dármela. Blake ni siquiera necesita las visualizaciones extra: probablemente la gente ya esté enganchada a ella, ahí fuera. Además, que nos ayudase también resultaría imprevisible, ¿verdad?

—Ni siquiera te has estado mezclando con ellos —continúo en voz más baja.

—¿Tanto te has estado fijando en mí, Shifter?

Siento que me ruborizo.

—Somos aliadas, de momento. Es normal que me fije en ti.

Espero que no suene a la peor excusa que me he inventado jamás. Aunque, por cómo me mira Blake, parece que eso es exactamente lo que está pensando.

Hay otra mirada que dura más de lo que debería. Y después, por fin, Blake cabecea en un asentimiento.

—Me deberás un favor.

—¿Como Walker? ¿Los coleccionas?

Su sonrisa se retuerce un poco más.

—Nunca sabes cuándo vas a necesitar ayuda con algo aquí dentro —me confía—. O cuándo vas a necesitar que alguien haga algo por ti sin preguntar. Los favores son una cosa muy preciada.

Sí, supongo que sí. Y supongo que estoy dispuesta a deberle uno a ella, aunque ni siquiera imagino qué podría querer esta chica de mí: Blake ya ha demostrado que sabe cómo valerse por sí misma.

—Está bien.

Eso parece satisfacerla. Sus ojos vuelven a recorrerme, como si no me hubiera echado ya un buen vistazo.

No me espero que abra la puerta de mi celda. Estoy a punto de preguntarle qué está haciendo cuando me coge del brazo con cierta brusquedad. Yo grito, sorprendida. La manta que todavía llevaba sobre los hombros se me cae al suelo.

La exclamación de Klaus parece venir de muy lejos:

—¡Dana!

Para cuando mi amigo se levanta de la cama, la puerta ya está cerrada y Blake me ha inmovilizado contra las rejas. No me hace daño, pero se nota que tampoco tiene intención de que pueda luchar contra ella. Se me escapa un jadeo ahogado.

—Si quieres montar un escándalo, este es el momento perfecto —susurra en mi oído, tan cerca que su respiración me hace cosquillas y un escalofrío me baja desde el cuello hasta las piernas—. Con suerte, a lo mejor incluso dejan de considerarte la infiltrada. He oído por ahí que hay gente que pretende votarte.

Yo apenas consigo reaccionar. Me da la vuelta con brusquedad y me coge de un brazo. Me doy cuenta, demasiado tarde, de que me ha esposado las muñecas a la espalda. Siento como si hubiera salido de mi propio cuerpo durante unos segundos, como si me hubiera quedado en blanco.

—¿Crees que soy estúpida, Shifter? —dice más alto, lo suficiente para que su voz resuene en el pasillo—. Parece que te di ideas, pero ¿de verdad pensabas que nadie se iba a enterar de tu intento de huida?

Escucho murmullos dentro de las celdas.

—¡Silencio! —grita Blake—. No he acabado con vosotros. Vamos.

Me empuja hacia delante y yo tengo solo un instante para reaccionar y no caerme de bruces contra el suelo. Supongo que es eso lo que me devuelve a la realidad.

—¡No! ¡Espera, Blake! ¡Te juro que yo no...!

Pero ella no se detiene, por supuesto. Pese a mis protestas, me arrastra por el pasillo. No hago contacto visual con ella, pero creo que todo el mundo puede oír cómo me debato incluso después de que la puerta que lleva al pasillo se cierre.

Blake no me deja un momento de calma, y yo no entiendo por qué hasta que veo a Lily Brown asomarse desde una sala mientras mi carcelera me arrastra hasta otra zona de celdas, estas con paredes y puertas macizas. Cuando abre una de las planchas de metal, yo me quedo un segundo de pie, incapaz de moverme, respirando de forma acelerada mientras miro al interior. El cuarto es muy pequeño, casi claustrofóbico, completamente desnudo. No puedo evitar sentir el pánico subiéndome por el pecho hasta la boca.

—Solo serán unas horas —me susurra Blake antes de deshacerse de mis esposas y empujarme dentro con más suavidad de la que le hayan dedicado a ninguna otra persona aquí dentro.

Me vuelvo a tiempo de verla bajo el dintel de la puerta, y juraría que veo la sonrisa que tiene, la de siempre, la que empiezo a reconocer demasiado bien, pero ni siquiera puedo estar segura de si está ahí o solo quiero imaginarla para que me acompañe cuando me deja a solas en la oscuridad.

Incapaz de hacer otra cosa, respiro hondo y me dejo caer en el suelo. En la siguiente hora (o lo que creo que es una hora), escucho a otras personas gritar. Son dos, pero no reconozco sus voces. Aun así, sé que Blake está cumpliendo su parte del trato y creo que incluso consigue la colaboración de Amy, porque también escucho cómo ella trae a gente a aislamiento.

Soy consciente de que no debería, soy consciente de que todo esto es horrible, pero no puedo evitar sentir un poco de emoción. El corazón tarda mucho en volver a latirme a un ritmo normal y mis pensamientos no se calman en ningún momento durante la larga espera que transcurre hasta que una pantalla emerge de la pared.

Me pongo en pie de inmediato, observando las caras que se mueven delante de mí.

Tengo claro cuál voy a señalar.

Ni siquiera estoy totalmente convencida de que el infiltrado sea Félix, pero no se me ocurre pensar en otra opción. Le toco el rostro con el dedo y observo el contador bajar lentamente, número a número. No puedo escuchar otra cosa que mi respiración, que la forma en la que mi corazón me late en los oídos.

La pantalla cambia.

Félix sigue ahí.

5 de 15 Iconos han votado por Félix Oliveira.

Espero que aparezca la segunda línea de texto. Espero ver «Félix Oliveira no es el infiltrado» o todo lo contrario. Espero cualquier cosa, pero lo que ocurre es que la pantalla se apaga. La celda se queda a oscuras otra vez.

Y entonces, una luz brillante se enciende sobre mi cabeza y la puerta de mi celda se abre. Cuando salgo, dubitativa, veo dos cosas: que el resto de celdas del pasillo de aislamiento también se han abierto y a ella. Blake Cooper está apoyada en la pared de enfrente, con las manos en los bolsillos y su sonrisa tan libre como lo soy yo misma en este momento.

—Buen trabajo, estrellita.

Siento el estremecimiento bajando por mi columna, las ganas de echarme a reír. Me digo que es solo una reacción puntual y perfectamente lógica. Que no estoy implicándome demasiado en todo esto, que sigo sabiendo cuáles son mis prioridades y que solo estoy aquí por accidente. A mí nada de esto me importa tanto. Ni el juego ni, mucho menos, esta completa extraña.

Es solo que a nadie le disgusta ganar, ¿verdad?

TESTIGO

Fin del primer juego. Las cárceles se abren, los Iconos pueden volver a sus apartamentos, todo vuelve a la normalidad.

Solo que nada lo hace.

Han cambiado demasiadas cosas esta semana, ¿no crees? A estas alturas, ya es evidente quiénes han venido a jugar y quiénes no están preparados para ello. Nadie debería entrar a Imperio sin ser consciente de lo que puede pasar, seguro que tú también lo piensas. Ya que llegan ahí, ya que se exponen, ya que pueden ganar tanto, lo mínimo es que aguanten. Si no pueden soportarlo todo, ¿acaso se merecen las oportunidades y los privilegios?

¿Quién ha sido la persona que más te ha llamado la atención esta semana? ¿Quién te ha decepcionado? El Edificio está a punto de cambiar otra vez y, en esta ocasión, depende de ti, de todo el tiempo que hayas decidido regalarle a tus favoritos y del que no les has dado a quienes no han hecho nada por ganárselo.

La primera ronda de eliminatorias siempre es especialmente emocionante. Los sueños de grandeza de unos están a punto de chocar contra el suelo mientras los de otros se alzan directos a tocar las estrellas.

Esta semana se marcharán diez participantes. Pero lo importante, por supuesto, es quiénes se quedarán.

Tenemos una pregunta más para ti: ¿quién crees que lo ha hecho mejor esta semana? ¿Quién crees que se merece un premio por su desempeño? Vota. El favorito tiene un privilegio, ya lo sabes, así que piensa bien a quién se lo das.

¿Quién será esta vez el que tenga el poder de hundir o alzar a otro?

Y, sobre todo, ¿quién coronará el Edificio esta semana? Veamos.

Félix

Se acabó.

Lo supe en el momento en el que vi mi cara en la pantalla de la celda. Lo supe en el momento en el que vi cuánta gente me había votado y comprendí todas las visualizaciones que iba a perder. Lo supe cuando las puertas de las celdas se abrieron y pude sentir las miradas de todos mis compañeros sobre mí.

Nadie me dijo nada, y supongo que así será a partir de ahora. Supongo que mi vida va a cambiar, que la gente me dará la espalda y me olvidará. Será como la primera vez que caí, pero peor, porque esta vez puedo verlo venir. Esta vez ya sé que, para cuando esta noche salga de aquí, los seguidores habrán bajado y todo el mundo se reirá de mí. Seré un perdedor, seré la persona que tiró su estatus a la basura por hacerlo todo mal. Es muy probable que me convierta de nuevo en Testigo, a pesar de que me prometí que jamás regresaría ahí; a pesar de que, cuando al fin pude dejar el extrarradio, me dije que volvería a caminar por esas aceras solo por encima de mi cadáver.

No sé qué hacer. Hay una voz en mi cabeza que me insta a seguir teniendo esperanza y pensar que el día no ha acabado. Es la misma voz que me susurra que haga un último acto desesperado, algo lo suficientemente sorprendente como para que, incluso si no consigue mantenerme en el Edificio, al menos consiga que me vaya de aquí con mi nombre en labios de todo el mundo.

Al final, sin embargo, ni siquiera tengo las fuerzas para eso, así que solo aguardo.

Cuando el sol se esconde, Sadie Craft aparece en la pantalla de mi dormitorio, una de las muchas que hay repartidas por el piso. Los Imperiales están a su alrededor, mirando hacia delante con expresiones ilegibles. Supongo que ellos ya saben quiénes se van y quiénes se quedan. En un lateral de la pantalla, la caja de Pandora se abre y empiezan a salir todos esos corazones a los que nos tienen acostumbrados.

Me pregunto si alguno irá para mí, si queda alguien que todavía piensa que lo he hecho bien.

—Buenas noches, Iconos. Espero que hayáis tenido tiempo de recuperaros de nuestro primer juego, porque esto no ha sido más que el principio.

Trato de aferrarme a la voz que dice que, si esto ha sido solo el principio, no quiero estar aquí para lo que pueda venir después. No quiero saber cómo van a ser las siguientes pruebas, cómo van a llevar a los Iconos hasta el límite y descubrir qué es lo que hay debajo de sus perfectas fachadas. Porque sé que no pararán hasta romperlos a todos o hacer que muestren su verdadero potencial.

Pero a lo mejor yo quería eso. Todos los que estamos aquí queremos eso. Queremos la atención, queremos los halagos, queremos sentirnos victoriosos. Queremos probar cosas nuevas, demostrarle a todo el mundo que estamos por encima de los simples mortales, como lo están los Imperiales. Queremos que nos hagan de nuevo, de cero, que nos pulan para ser la versión más brillante de nosotros mismos.

—Pero antes de seguir adelante, veamos qué es lo que tienen que decir los Testigos. Imperio solo puede cambiar gracias a ellos.

Cierro los ojos. Bajo mis pies, sobre mi cabeza, a mi alrededor, Imperio tiembla y deja escapar un gruñido, como una bestia durmiente que se prepara para devorarnos. Recuerdo la primera noche, el subidón de adrenalina cuando sentí mi piso ascender. La leve presión sobre mi cuerpo, la ciudad de pronto en movimiento a través de las ventanas. El corazón me latía tan acelerado entonces como lo hace ahora, pero la sensación es completamente diferente.

El piso empieza a descender.

El estómago me da un salto. La bajada es mucho más rápida que la subida, pero así funciona siempre, ¿no? El ascenso tiende a ser tortuoso. La fama no suele llegar de la noche a la mañana en la mayoría de los casos.

El piso sigue descendiendo.

Caerte de tu pedestal (del pedestal en el que otros te han puesto) es tan sencillo, sin embargo, como tropezar. Cualquier cosa puede arruinarlo todo. Un rumor. Un desliz. Una palabra en un mal momento. Incluso que el algoritmo decida jugar contigo.

El piso no se detiene. Parece que vaya a bajar más allá del suelo, que vaya a seguir haciéndolo eternamente.

Una sacudida, y el piso se para. Con un estruendo atronador, el Edificio se reconforma. Ni siquiera soy capaz de asomarme a la ventana para ver a qué altura quedan las luces. No quiero hacerlo. No quiero saber dónde estoy, cuánto he perdido o por cuánto.

La bestia que es Imperio vuelve a dormirse.

Las luces titilan y se apagan en mi piso.

Es el fin de la función.

TERCERA SEMANA

PURGATORIO

PISO 28

BIANCA FIORE

Es cierto que al principio quizá estaba un poco desconcentrada, que me ha costado encontrar mi estrategia a seguir aquí dentro, pero ahora eso ha cambiado. Como dije el primer día, he venido a darlo todo y no voy a defraudar a las personas que me han estado apoyando. El juego de la prisión solo ha sido el principio: todavía no le he demostrado a los Testigos todo mi potencial. Y ahora que estoy tan cerca de alcanzar el último piso, no voy a detenerme.

PISO 30

EVAN WALKER

La experiencia de la cárcel ha sido... entretenida. Desde luego, no me esperaba que alguna gente actuara como lo hizo, pero supongo que es a partir de ahora cuando todo el mundo desvela de lo que es realmente capaz. Y sí, me estoy refiriendo a Bianca. Puede que me equivocara con ella, pero no tengo miedo a admitirlo. Tampoco tengo miedo a admitir que estoy pensando en la manera de vengarme. Se merece una lección. Por el momento, sin embargo, seguro que odia que yo esté en el piso en el que ella empezó... aunque nunca llegara a dormir en él.

PISO 19

LIV Y DANA SHIFTER (THE SHIFTERS)

Liv
Sí, claro que me alegro de que Félix se haya ido. ¡Que se arrepienta de haberse metido conmigo! O con nosotras. Si no lo hubiera hecho, puede que hasta hubiera ganado. Por otro lado, entiendo que hizo lo que tenía que hacer... Ya. Sí, hemos bajado, pero seguimos aquí, y tampoco estamos tan mal, la verdad: creo que hay gente en peor posición.

Dana
Voy a echar mucho de menos a Klaus, pero supongo que ahora que comprendemos un poco mejor cómo se mueve todo el mundo aquí dentro, podremos jugar mejor. No, no me importa deberle un favor a Blake Cooper. Creo que... nos entendemos. Y por ahora estamos en el mismo bando, ¿no?

PISO 11

SASHA LASKIN Y ASHER HOFFMAN (SASHER)

Asher
La caída ha dolido, pero si los Testigos nos han salvado es porque creen que nos lo merecemos. Sabemos que estamos a prueba, no vamos a desperdiciar esta oportunidad. Está claro que el juego nos ha desestabilizado un poco porque estamos acostumbrados a hacerlo todo en pareja. ¿No se había notado?

Sasha
Eso no quiere decir que no seamos buenos por separado. A veces creo que la gente se ha acostumbrado demasiado a vernos juntos, pero la realidad es que hay muchas cosas que los demás no saben de nosotros. Y quizá sea el momento de contarles a todos la verdad.

Asher
¿De qué estás...?

Sasha
Que estoy cansado de fingir. Los Testigos deberían saber que ya no estamos juntos. En realidad, rompimos hace meses.

PISO 29

BLAKE COOPER

¿La favorita de la semana? Vaya, gracias. No me lo esperaba... No, tampoco me esperaba estar tan arriba, pero, como entenderéis, no me voy a quejar. Tampoco me voy a confiar: creo que esta semana ya se ha demostrado que todo lo que sube baja... Ya veo: así que tengo el mismo poder que las Shifter la semana pasada. ¿Y puedo votar a cualquier persona del Edificio? Comprendo. No, no necesito pensarlo. Tengo claro a quién voy a elegir.

Sasha

—¿Qué demonios ha sido eso?

Asher entra en nuestro apartamento justo detrás de mí. Oigo sus pasos cerca, pisándome los talones, y odio no poder caminar más rápido. La puerta se cierra con un golpe. Me detengo en el mismo momento en el que él me coge del brazo, también porque he llegado al dormitorio y no me queda ningún otro lugar al que huir, a menos que me encierre en el vestidor o en el baño.

No voy a girarme y encararlo. No soy capaz de hacerlo.

¿Cuánto tiempo hacía que no lo veía realmente enfadado?

—Sasha.

Por la manera en la que dice mi nombre puedo imaginarme la forma en la que aprieta los dientes. Siempre lo hace antes de estallar y, aunque sea estúpido, lo único que se me ocurre es que a esta persona sí la conozco; esto sí lo entiendo, por fin.

Me suelto de su agarre con brusquedad, pero no me giro.

—Ya está, ¿no? —replico, apretando los puños—. ¿No te sientes al menos un poco aliviado? Ahora no tendrás que hacerte el héroe, no tendrás que besarme ni nada. Solo somos compañeros de equipo. Ganemos o perdamos, somos libres: ya no estamos obligados a seguir fingiendo. A mí me parece algo bueno.

—¿No vas a mirarme?

¿Para qué? ¿Para ver cómo de molesto está? ¿Para que pueda gritarme directamente a la cara? Eso sería un espectáculo maravilloso. Debería darme la vuelta y permitírselo. Deberíamos darles a los Testigos una buena pelea entre antiguos amantes: una en la que nos alcemos mucho la voz y nos reprochemos por fin todas las cosas que hemos estado guardándonos. El tipo de discusión que te mantiene pegado a la pantalla, llena de una tensión que podría resolverse tanto con golpes como con besos.

Estoy seguro de que eso nos haría subir de piso al final de la semana.

—No creo que haga falta. ¿No está ya todo dicho?

—¿Lo está? ¡El único que ha dicho algo aquí eres tú! ¡Si ibas a hacer una cosa así, al menos me merecía que me avisaras! Todas las decisiones las hemos tomado entre los dos, hasta las malas.

Hasta las malas. ¿Y cuál considera él una mala decisión? ¿Empezar a salir? ¿O empezar a grabar? No, quizá la mala decisión fue dejarlo. U ocultarle a todo el mundo que lo habíamos dejado. Debimos seguir cada uno nuestro camino en su momento. Quizá si lo hubiéramos hecho, si hubiéramos recibido invitaciones por separado para participar en esto, yo nunca habría dicho que sí. ¿Por qué lo hice, entonces? Supongo que porque él me estaba grabando mientras leía lo que nos había llegado al correo. Supongo que porque yo siempre he sido el primero en decirle que hay que crear más contenido, que hay que hacer las cosas más a lo grande, que hay que seguir creciendo. Rechazar a los Imperiales habría sido ir en contra de todo lo que llevo trabajando y cuidando desde que empezamos a hacernos virales.

Con la frustración mordiéndome el pecho y el enfado burbujeándome en la garganta (¿contra él, contra mí?), me vuelvo al fin. Asher está ahí, delante de mí, con los hombros caídos y expresión derrotada. Parece furioso, y para eso estaba preparado, pero también parece... triste, aunque no sé por qué. Debería sentirse aliviado. Más ligero. Ambos deberíamos estar así.

Entonces, ¿por qué yo tampoco me siento así?

—¡Esto es bueno para ti y para mí! ¿No lo ves? ¿No sientes que se te ha quitado un peso de encima?

—¡No, Sasha, no siento eso! Me siento...

Asher calla, como si no pudiese decirlo. Se lleva una mano a la cara y lo veo apretar los párpados con fuerza. Y, de pronto, sus hombros en tensión simplemente caen hacia abajo y su enfado desaparece, como si se hubiera cansado de lidiar con él. Parece exhausto, aunque no sé de qué. De mí, supongo.

—Perdido —susurra—. Me siento perdido.

Es normal, ¿no? Llevamos una eternidad el uno con el otro. Hemos continuado juntos incluso después de la ruptura, así que no hemos tenido tiempo ni espacio para dedicarnos a nosotros mismos y averiguar qué es lo que realmente queremos.

—Eso es bueno —me escucho decir, pero mi voz no suena mía—. Significa que ahora podrás dedicarte a ti y encontrarte de nuevo. ¡Los dos podremos hacerlo! Quizá este no sea el mejor escenario para intentarlo, pero...

—No —me interrumpe él, con más fuerza de la esperada—. No lo entiendes.

—Claro que sí. Sientes como si hubiéramos roto por segunda vez, ¿verdad? Como si la primera no hubiera sido definitiva. Pero fue una decisión que ambos tomamos, y ahora...

No me espero su risa. No me espero su mirada, tan desolada.

—¿Ambos, Sasha? Romper fue una decisión tuya.

Creo que abro y cierro la boca, sin saber qué decir por un instante. Vuelvo atrás, al día en que decidimos terminar con todo. Recuerdo que empezó por una tontería, por un directo en el que tuvimos muchos menos Testigos de lo habitual. Ni siquiera sé quién empezó preguntando si estábamos perdiendo relevancia, si estábamos haciendo algo mal. Quizá fui yo, aunque a veces Asher también tenía esas inseguridades, esos miedos.

Sin embargo, fue una de esas discusiones que al final no tienen nada que ver con su detonante. Es inevitable que la repita en mi cabeza. Es casi como volver allí, a nuestro salón, a los gritos. Pienso en él, en su cara, en la tensión de sus hombros; pienso en mí, en la manera en que apretaba los puños, en mi rabia.

«¡Si tanto odias todo esto, a lo mejor deberíamos romper de una vez!», dije yo.

«¡Pues sí! ¡A lo mejor deberíamos hacerlo!», respondió él.

—Rompimos de mutuo acuerdo —le recuerdo.

—No: tú gritaste que debíamos romper —replica él—. Y yo estaba muy enfadado en ese momento, estaba muy... dolido. Pero confiaba en que se pasaría. Hasta entonces siempre hacíamos las paces. Hasta entonces nadie había dicho que... Pensé que recapacitaríamos, que volveríamos a hablar después de la pelea y nos pediríamos perdón. Pensé que simplemente estábamos bajo mucha presión; que el trabajo y los números y todo lo que teníamos entre manos nos había superado, pero que quizá podríamos reenfocarlo para salvarnos a nosotros. Pero yo nunca... Nunca quise romper.

La comisura de mis labios se vuelve hacia arriba, aunque en realidad no quiero sonreír. Es un gesto de incredulidad. El gesto de quien no tiene ni la menor idea de qué cara poner. O de quien no acaba de entender lo que le están intentando decir.

Recuerdo bien cómo nos miramos aquel día, después de gritarnos. Recuerdo el silencio que sobrevino, porque Asher tiene razón: habíamos discutido antes, pero nunca habíamos usado esas palabras. Nunca habíamos hablado de romper. Creo que ninguno de los dos estaba preparado para escuchar esas palabras.

Pero yo las pronuncié aquel día.

Y di por hecho, cuando él se volvió sobre sus talones y no solo se marchó del salón, sino de casa, que no había nada más que hablar.

Trago saliva.

—Te marchaste.

—Porque no quería seguir discutiendo. No quería decir nada más de lo que fuese a arrepentirme. Quería espacio para los dos. Quería que nos diéramos cuenta de hasta qué punto habíamos llegado y cómo podíamos solucionarlo, porque si habías dicho que debíamos romper... Quizá lo sentías de verdad. Quizá incluso yo lo sentía de verdad. Y no quería.

—¡Pero cuando volviste a casa...!

Asher se ríe, como si mis palabras le parecieran una broma de mal gusto.

—Cuando volví a casa, lo único que tú dijiste fue que teníamos que ser elegantes. Que los Testigos no podían enterarse, no en ese momento, o lo perderíamos todo. Ni siquiera se te ocurrió intentar salvar la relación o pedir perdón, aunque yo iba a hacerlo: ya la habías condenado. Y pensé... Pensé que, al fin y al cabo, no había nada que salvar. No para ti, al menos. Todo lo que tú querías mantener era la vida que llevábamos, lo cual no era lo mismo que mantenerme a mí.

Doy un paso atrás, como si sus palabras me hubieran golpeado. No, nada de lo que dice es cierto. No fue así. Estaba dolido y decidí que tenía que protegerme, que al menos debía ser pragmático...

Pero lo peor es ser consciente de que tiene razón: es verdad, reaccioné de esa manera y ni siquiera me di cuenta de lo que él estaba sintiendo. Recuerdo el dolor en su rostro, pero me pareció simplemente una réplica del que yo sentía en el pecho, rompiéndome en dos.

Creí que conocía a este chico mejor que a ninguna otra persona en el mundo.

—Tenías... Tenías que habérmelo dicho, tenías que...

Asher sonríe de manera retorcida, al borde de una risa, o del llanto, no lo sé muy bien.

—¿Por qué? Ya habías tomado tu decisión. Igual que lo has hecho hoy.

Sacude la cabeza y se da la vuelta. A mí me parece volver a verlo girarse como lo hizo aquel día, como si todo estuviera sentenciado. Y porque no quiero que se repita la escena, doy un paso adelante.

—¿Adónde vas? No puedes irte en medio de la discusión otra vez. No puedes...

No puede dejarme así; de modo que esta vez soy yo el que se lanza a por él, a cogerlo del brazo para que se detenga.

—¿Quieres que la gente vea cómo nos gritamos un poco más? —replica, irónico.

—¡No, quiero que me digas lo que piensas! Quiero que me digas si has estado fingiendo salir conmigo durante todo este tiempo solo porque yo lo propuse. Quiero que me digas si realmente quieres estar aquí o solo lo haces porque es lo que todos esperaban de nosotros o...

Ahora es Asher quien me da la espalda, aunque tiro de él. Creo que lo hace solo para castigarme, para demostrarme lo frustrante que puede llegar a ser. Y aun así, lo escucho tomar aire, lo veo apretar los puños.

—Acepté fingir porque pensé que quizá en algún momento... —Calla, aunque su voz ha sonado tan baja que casi me obliga a contener la respiración para escucharlo—. Acepté las migajas porque eran mejor que nada. Porque creí que, si me quedaba cerca, todavía habría alguna oportunidad para nosotros. Porque a lo mejor estar enamorado también te hace un poco masoquista, y supuse que era mejor estar a tu lado fingiendo una relación que no tener ninguna relación en absoluto.

Me quedo tan helado que Asher solo necesita un leve tirón para soltarse y marcharse de la habitación tras murmurar un «lo siento» que ni siquiera estoy seguro de no haberme imaginado.

Como el día en el que rompimos, la puerta del apartamento se cierra detrás de él.

Vuelvo a quedarme solo.

Bianca

«Lo has hecho genial, Bianca. Sigue así».

Hasta ahora, en nuestras conexiones en Purgatorio solo hablaba la Emperatriz. Es su papel, como líder de todo esto y maestra de ceremonias de la competición. Hoy, sin embargo, Silena me ha sonreído en cuanto me he conectado y, antes de que se acabase mi tiempo, ha pedido permiso para poder hablar y me ha dedicado esas palabras. Y ha sido... perfecto. Igual que son perfectas las vistas desde el piso veintiocho. No tanto como las del piso treinta, que ahora le pertenecen a Walker, pero está bien. Puedo ser paciente. Lo que tengo claro es que no estoy dispuesta a volver a los primeros pisos: no voy a abandonar el podio en lo que queda de competición y no pienso decepcionar a Silena y a todas esas personas (todos esos números que no veo, todos esos ojos que me siguen, pero solo puedo imaginar) que me están diciendo que tengo que ganar, que tengo que continuar, que puedo ser más, más, más.

«Sigue así», ha dicho Silena. Y lo voy a hacer.

Para empezar, necesito rodearme de aliados fuertes. Tengo algunos, pero está claro, a estas alturas, quién es la sorpresa de esta temporada y quiénes están en apuros por haberse centrado demasiado en sí mismos. Los desesperados siempre son más fáciles de convencer que los que tienen mucha confianza en sí mismos; por eso toco a la puerta de Sasha y Asher. Al fin y al cabo, han caído hasta casi lo más bajo del nuevo *ranking*.

Me sorprende la velocidad con la que abre Sasha, como si hubiera estado esperando que alguien llamase. Es obvio, sin embargo, que no me esperaba a mí.

—Vaya cara, Sassy —le digo—. Ya sé que ahora no soy tu persona favorita, pero podrías disimular un poco, que se supone que somos amigos.

Él hace una mueca. Tiene un aspecto casi tan horrible como el que ha lucido todos estos días en la cárcel, y es mucho decir considerando que ahora al menos ya ha vuelto a su estilismo habitual. Me gusta la falda que lleva y el maquillaje que se ha hecho en los ojos, ambos de azul neón brillante. Doy por hecho que es una manera más de llamar la atención después de la dura caída que han sufrido, pero va a necesitar algo más que ropa bonita.

—¿Qué quieres, Bianca? No tengo paciencia para tonterías ahora mismo.

—Estás siendo muy injusto, ¿no crees? Estoy segura de que no he hecho nada tan malo como para que me trates así...

Sasha emite una risa que suena profundamente incrédula.

—¿Abusar de una persona, quizá? ¿Disparar contra alguien? Te luciste en la cárcel, Bianca.

—Gracias —respondo con una sonrisa—. Aunque me gustaría que no lo dijeras como si fuera algo malo: tan solo hice lo que tenía que hacer. El beso me lo pidieron los Testigos, ya te lo expliqué. Y sabes perfectamente que Walker pudo ponérmelo fácil y decidió no hacerlo. ¿Qué se suponía que tenía que hacer? ¿Perder el reto y regalarle un porcentaje de mis visualizaciones a las Shifter? Todo es culpa de ellas. Y sí, claro que disparé, pero fue en defensa propia: Blake Cooper está loca. Ahora, ¿puedo pasar?

Sasha tensa la mandíbula, pero al final me deja entrar a su piso, aunque empezaba a pensar que iba a cerrarme la puerta en las narices. Echo un vistazo alrededor antes de reparar en una gran ausencia. Considero que soy más amiga de Sasha que de Asher, pero la verdad es que esperaba encontrarlos a los dos juntos y poder hablar con ambos a la vez.

—¿Y tu novio?

—No tengo ningún novio —farfulla.

Me giro hacia él pensando que bromea, pero cuando veo su cara y la manera en la que se deja caer tristemente en el sofá, me doy cuenta de que está hablando en serio.

Y no puedo evitar pensar que esto es... magnífico, en realidad. Claro, lo siento por ambos, pero estoy tan segura de que van a volver a estar juntos que ni siquiera me preocupa que ahora puedan estar pasándolo un poco mal. De hecho, quizá no lo estén haciendo. Tal vez ni siquiera esté habiendo una crisis de verdad y solo estén representando el papel de sus vidas. Pero tanto si es mentira como si es verdad, esto es puro *show*.

A los Testigos les va a encantar. Sobre todo, si alguien les ayuda a reconciliarse.

—¿Lo habéis dejado?

—Hace meses, en realidad.

Se me escapa una carcajada.

—¿Estás de broma?

Parece que no, por la mirada que me lanza y que consigue detener mi risa. Me dejo caer sentada a su lado en ese sofá customizado con gusto, como el resto del piso. Estoy segura de que la pareja se pasó la semana pasada diseñándolo para que estuviera justo como ambos querían. Estoy segura también de que a la gente le encantó verlo, como si estuvieran asistiendo a la mudanza de unos recién casados.

Solo que al parecer no eran recién casados, sino recién divorciados.

—¿Me lo quieres contar? —sugiero con precaución—. No se lo has dicho a nadie en todo este tiempo, ¿no? Seguro que ha sido complicado... ¿Es definitivo?

Sasha tensa la mandíbula y aprieta las manos sobre su rostro. Nunca le había visto así. Supongo que el Edificio lo está poniendo a prueba, sobre todo sumado a la situación con su novio. Bueno, exnovio. Voy a tardar en acostumbrarme.

—Era definitivo. O yo pensaba que lo era.

—¿Y ahora ya no lo piensas?

—Ahora... —Se muerde el labio y me mira—. No lo sé, Bianca. No sé lo que siente, ni lo que siento yo, ni nada. Llevábamos meses... distanciados, a pesar de que estábamos juntos todo el tiempo. No sé cómo pasó. Simplemente, de pronto todo estaba... calculado para que el resto del mundo lo viese. Porque ya no éramos él y yo, ¿sabes? Éramos él, yo y... un montón de gente, aunque no vivieran con nosotros.

Asiento sin decir nada. Puede que lo entienda, quizá demasiado bien. Las paredes del salón tienen un papel pintado lleno de flores, pero a mí me parece ver ojos en cada uno de los tallos.

—Empezamos a discutir por tonterías cuando algo no era tan perfecto como todo el mundo quería que fuese —continúa Sasha. Me parece que está hablando más para sí que para mí, porque tiene la mirada perdida en la alfombra rosa—. No sé. Éramos Iconos. Todo tenía que ser ideal, ¿no? Entonces, ¿por qué no lo era? ¿Por qué a veces echaba de menos los tiempos en que éramos un par de críos del extrarradio? Nuestra vida era muchísimo peor, Bianca; sé que lo era. Pero también era mucho más... nuestra. Y al mismo tiempo, me aterraban las consecuencias de dejarlo de verdad...

—¿Porque podíais perder vuestro estatus si os separabais? ¿O porque podías perderlo a él?

Sasha me mira con los labios apretados, y de pronto parece muy perdido. Me da pena y, aunque en principio estaba todavía molesta con él por infravalorarme y cuestionarme durante la semana pasada, de pronto, las cámaras y los Testigos me importan un poco menos. Extiendo la mano hacia la suya y, por suerte, no la aparta, así que me permito rodearle los hombros con un brazo y atraerlo hacia mí.

—Creo que el problema es que ya no sé diferenciar una cosa de la otra —confiesa.

—Entonces, tendrás que descubrirlo. A lo mejor un poco de distancia no es tan terrible, para que puedas ganar perspectiva.

Sasha resopla y me mira de reojo, con el ceño un poco fruncido.

—Por si no te has dado cuenta, estamos encerrados en un edificio en el que las cámaras están grabando todo el día. Y ahora mismo debo de estar pareciendo un idiota. O peor: alguien que nunca estuvo enamorado y a quien solo le importaban los números. Comparto apartamento con él, juego con él. Nada en esta situación es mi definición de «distancia».

—Bueno, que vuestra participación sea conjunta no significa que tengáis que estar siempre pegados, ¿no? Puedes buscarte otras personas con las que pasar el rato, otros aliados. Creo que te vendría bien.

Sasha aprieta los labios. Veo la desconfianza y, al mismo tiempo, los deseos de aceptar. Y sabe que, a estas alturas de la competición, tampoco tiene muchas opciones. A mí, al menos, me conoce, aunque considere que he hecho algunas cosas mal. Y tampoco puede juzgarme. No debería, cuando Asher y él llevan meses engañando a la gente. No me parece que eso sea el colmo de la ética.

Supongo que lo sabe. Tiene que ser consciente de que nadie en este Edificio es perfecto. Supongo, también, que siente un poco de desesperación y de ganas de pertenecer a algo, ahora que lo único a lo que lleva tanto tiempo aferrándose, su única seguridad, ha desaparecido.

—Seguimos compartiendo apartamento... —susurra.

—Vente al mío —le invito. Aprieto su mano y le dedico una sonrisa, pequeña pero comprensiva—. Esta noche, al menos. Quizá te ayude y mañana veas las cosas con más perspectiva.

Sasha me mira sin poder disimular la sorpresa.

—¿En serio?

—Para esto están las amigas, ¿no? Si lo hubiera sabido cuando estábamos fuera, te habría invitado a mi casa todo el tiempo que hubieras querido.

La duda sigue ahí un par segundos más. Después, Sasha echa un vistazo a su alrededor, a este apartamento en el que puede ver a su novio por todas partes. Su mirada se pierde en la puerta corredera del dormitorio; está abierta, así que los dos podemos ver la cama demasiado grande.

Suspira y se gira hacia mí.

—Sí, creo que me vendría bien. Yo... Gracias, Bibi...

Sonrío cuando vuelve a llamarme así, por fin. Aprieto mi abrazo a su alrededor y dejo que se apoye en mí, que suspire contra mi cuello como si un cansancio terrible tirase de su cuerpo y solo quisiera dormir. Si es lo que necesita, adelante. Pretendía venir aquí llevándome a dos aliados, pero supongo que puedo contentarme con uno con un corazón roto y una historia de amor que puedo ayudar a enmendar.

Estoy segura de que Sasha me dará las gracias cuando todo se arregle.

Y sus seguidores también.

Blake

—¿Estás segura? Podrías hundir a otra persona, Blake, ¿eres consciente?

—O podría regalarle el primer puesto sin querer, como hemos comprobado con Bianca Fiore. Así que sí, estoy segura: la persona a la que reto es a mí misma.

Los Imperiales se miran entre sí con incredulidad, pero no puedo culparlos: debe de ser la primera vez que un Icono usa un privilegio de este modo. Desde mi punto de vista, es lo más inteligente que puedo hacer en este momento. Y lo que más información me va a dar, también. Si me reto a mí misma, ganaré o perderé en base a mis propias visualizaciones y sabré, también, qué esperan exactamente los Testigos de mí. Hay pocas cosas a las que no estaría dispuesta con tal de llegar a la final, así que confío en ser capaz de conseguir lo que sea.

A lo mejor quieren convertirme en un monstruo, pero no pueden hacerlo si ya lo soy.

El problema, de hecho, es que he venido aquí dispuesta a más cosas de las que ellos o los Imperiales se pueden imaginar. Sé que eso les gusta: no saber exactamente de qué voy. Es justo como Dana dijo hace dos días: mi juego se basa en lo imprevisible, en el caos, porque es la única manera en la que puedo atrapar la atención de la gente y competir con quienes ya la tenían antes de entrar aquí. Considerando el piso en el que estoy esta semana y que me han nombrado favorita, supongo que está funcionando.

A Sadie Craft parece encantarle también, porque se echa hacia atrás en su asiento con una expresión muy satisfecha en su rostro.

—Adelante, pues —concede la Emperatriz—. Tu reto de esta semana se someterá a votación durante el día de hoy y mañana te lo notificaremos, Cooper. Tendrás toda la semana para llevarlo a cabo, igual que Bianca. Si ganas, tus propias visualizaciones se incrementarán en un 10%. Si pierdes, descenderán el mismo porcentaje.

Asiento antes de levantarme.

—Blake —me llama Sadie Craft. Me giro y la descubro con la cara apoyada en su puño, tan lejos y tan cerca a través de esa pantalla—. Eres una gran jugadora. Tienes madera de Imperial. Si sigues así, puede que en unas semanas te conviertas en toda una leyenda. Nosotros no podemos tener favoritos, pero te seguimos de cerca.

Una parte de mí querría echarse a reír. En lugar de eso, les dedico un asentimiento y mi mejor actuación de una persona halagada, que supongo que es lo que quieren ver.

—Haré lo que sea necesario por alcanzaros, podéis estar seguros.

No digo nada más. Escucho el sonido de la cerradura del Purgatorio al desbloquearse y salgo a la azotea. Pese a que llevo en el Edificio ya una semana y media, es difícil acostumbrarse a las vistas: estamos en la cima del mundo, o eso quieren que parezca. El horizonte resulta muy lejano, desdibujado por la niebla que se forma por culpa de la contaminación. La siento también en el aire cargado, en su olor a gases tan diferente del de la costa. Aun así, por encima de mi cabeza el cielo es azul, despejado de nubes. Hace un día brillante que ilumina tanto el Edificio como la mansión de los Imperiales. Desde aquí observo una vez más el largo paseo lleno de árboles que conecta Imperio con la residencia de los Imperiales, blanca y gigantesca, con sus torreones y sus cúpulas destellando bajo el sol.

La persona que gane recorrerá ese mismo paseo para ser coronada como Imperial, igual que lo han hecho antes todos los anteriores. Y yo solo puedo imaginarme a una persona recorriendo ese mismo paseo, subiendo las escaleras...

—¿Fantaseando ya con la mansión?

Doy un respingo y levanto la vista para ver cómo Dana Shifter se acerca. El sol también lanza reflejos a sus mechas azules mientras se apoya de espaldas contra el muro de metal que rodea la azotea. Me mira a mí, no al lugar que en teoría ha venido a conquistar tanto como yo.

No soy capaz de imaginarla a ella recorriendo el paseo. No puedo visualizarla saludando desde lo alto de las escaleras, feliz de ocupar ese espacio en el que todo el mundo te considera casi un dios.

—Estaba preguntándome si, cuando gane, me permitirán llevar visitas —le respondo—. A lo mejor quieres venir a verme.

Dana resopla, aunque creo que se ruboriza.

—¿Ya se te está subiendo a la cabeza?

—Para nada: lo único que sube aquí es mi piso, no como el de otras.

—Muy graciosa.

Dejo escapar una risita entre dientes y me apoyo a su lado, aunque yo sí que miro al frente, a ese horizonte que no debo perder de vista.

—Has estado bastante tiempo en el Purgatorio —comenta mi compañera. Siento su mirada sobre mí—. ¿Los Imperiales estaban felicitándote por tu actuación de esta semana?

Me encojo de hombros. No voy a decirle que me estaban informando de que soy la favorita y del poder que eso conlleva. Todavía no. No es que crea que Dana Shifter pueda traicionarme de ninguna manera, pero nunca se sabe, y que haya salido favorita es una información que no me interesa que se extienda.

—En realidad estaba rajando de ti y de tu hermana —bromeo, y ella pone los ojos en blanco—. Por cierto, ¿dónde está? Es raro que no estéis juntas.

Lanzo un vistazo alrededor. Aunque hay algunos Iconos más en la azotea (algunos esperando su turno para Purgatorio; otros, simplemente aprovechando para fumar o para tomar algo al aire libre), no veo a Liv por ninguna parte. Tampoco veo a Walker, y supongo que eso y la mueca que hace Dana me dan la respuesta.

—Dijo que le aburría esperarte y se fue con Walker a los recreativos. Me han dicho que nos encontremos con ellos allí.

Vuelvo la vista hacia ella, burlona.

—Ah, ¿estabas esperándome?

Dana levanta los ojos al cielo. Ahora sí que estoy segura de que se ha ruborizado, y a mí me parece... un poco adorable, aunque no voy a decírselo. Me divierte comprobar lo fácil que es alterarla un poco, pero no puede ser tan transparente o los Testigos querrán jugar con esto. ¿Debería *yo* jugar con esto? ¿Con ella? Preferiría evitarlo, porque no creo que Dana Shifter se merezca que jueguen con ella, pero si me obligan, ni siquiera me lo voy a pensar.

¿Y si mi reto tiene relación con Dana? Quizá la gente ahí afuera se ha dado cuenta de esta pequeña tensión que se ha creado entre nosotras en los últimos días y quiere forzarla un poco más.

¿Me pedirán que consiga un beso, como hicieron con Bianca?

—Simplemente me parecía mal dejarte aquí sola —se excusa—. Empieza una nueva semana y me preguntaba qué piensas hacer para llamar la atención esta vez. Seguimos siendo aliadas, ¿no?

—¿No decías que lo mío era lo imprevisible? Si te contara mis planes, se me acabaría el factor sorpresa. No puedo permitírmelo.

—Supongo que entonces habré de tener un ojo puesto en ti para ver por dónde sales esta vez.

Siento las comisuras de mi boca tirar de mi sonrisa. ¿Eso ha sido un intento de flirtear conmigo? Me inclino hacia ella, confidente, y percibo cómo se tensa, aunque no retrocede.

—¿Tienes miedo de que te traicione, estrellita?

—¿Vas a llamarme siempre así?

—¿Hemos vuelto a lo de responder con preguntas?

—¿Te molesta tanto porque estás acostumbrada a que las cosas siempre salgan como tú quieres, quizá?

No puedo evitar reírme y veo la sonrisa de ella curvar su boca, sus dientes mordiendo suavemente su labio inferior. Solo me permito fijarme en eso un segundo. Si nos hubiéramos conocido en otras circunstancias, quizá esta chica y yo podríamos jugar, no contra la otra, sino juntas. Quizá la habría invitado a tomar algo. Quizá en un momento como este me inclinaría un poco más y...

Pero estamos en Imperio y la lista de razones por las que no puedo hacer nada de eso es demasiado larga.

Por eso sacudo la cabeza y me separo.

—Vamos a buscar a los demás. Y a Amy: me la encontré antes y me preguntó si podía unirse a nosotros.

—¿En serio?

—¿Te extraña? Se ha quedado sin aliados. Su grupo eran Félix, Eliza y... Lucian, que ya no le gustaba demasiado. ¿De verdad crees que se va a ir con él?

—A él lo he visto con Bianca antes, de hecho...

—Por supuesto que sí. Y Bianca estará encantada de tener a un matón de su lado.

—Sabes que no eres la persona más adecuada para hablar de matones, ¿verdad? Todo el mundo comenta que eres capaz de disparar a bocajarro contra alguien.

Yo pongo mi mejor cara de inocente.

—Fue en defensa propia. ¿Quién puede culparme?

Dana levanta las cejas, desconfiada, pero le hago un ademán para que me siga, y ella no duda en hacerlo. Acabamos de llamar al ascensor cuando la puerta se abre y nos sorprende ver a Asher salir de él, casi a ciegas. Está a punto de chocarse conmigo, pero lo evito extendiendo las manos hacia delante para detenerlo. Parece despertar justo en ese momento. Alza la vista hacia nosotras y juraría que está al borde de las lágrimas.

—Lo siento —susurra.

Después pasa por nuestro lado, y Dana y yo lo seguimos con la mirada mientras él se aleja. Las dos somos conscientes de que, igual que es raro ver a Dana sin su hermana, es raro verlo a él sin Laskin.

—¿Habrá pasado algo...? —pregunta mi compañera.

—Puede. O puede que sea parte del espectáculo.

En Imperio siempre es difícil saberlo.

Evan

A los Testigos les encanta el romance. Lo demuestran todos los años, porque cuando hay algo entre dos (o más) participantes, sus visualizaciones siempre suben como la espuma... si saben llevarlo bien, claro. En la pasada edición, puse la hipótesis a prueba cuando Silena y yo decidimos comenzar nuestra aventura. Y sí, claro que confirmé que el amor vende. El sexo vende también, y habríamos sido muy estúpidos si no hubiéramos aprovechado la atracción y la química que claramente teníamos para conseguir un buen puesto en el *ranking*. A la gente le encantaba nuestra dinámica. Dentro del Edificio solo podía sospecharlo, pero una vez fuera, lo comprobé: todo el mundo había estado hablando de nosotros, especialmente a partir de que Cara entrara en la ecuación.

Desde que Laskin insinuó que podía haber algo entre Blake Cooper y Dana Shifter, le he dado muchas vueltas a si ellas realmente pretenden algo parecido. O quizá solo sea idea de Blake, porque la mayor de las Shifter no parece la clase de persona que saca adelante un plan así. Está claro que, al menos ella, se siente atraída de verdad. Por eso ha querido quedarse a esperar a Blake a la salida del Purgatorio.

Y a Liv eso no le ha hecho ninguna gracia.

Es tan obvio que no sé cómo su hermana no se ha dado cuenta. Solo tenía que haberse fijado en la cara que ha puesto la niña y la forma en que ha salido de la azotea, haciendo un poco más de ruido del necesario cada vez que sus zapatos encontraban el suelo. Y ahora, en la sala de juegos, apenas da una, a pesar de que, por lo general, es una contrincante bastante decente.

—¿Qué te pasa hoy? —le pregunto, sacándome las gafas de realidad virtual cuando, por segunda vez, la partida llega a su fin más rápido de lo que a mí me habría gustado.

Ella tiene los labios apretados. Se saca las gafas también, pero mira al suelo.

—Nada.

—¿Estás enfadada con tu hermana?

Liv da un respingo y me mira, abriendo y cerrando la boca como si fuera un pez fuera del agua.

—No. —Y al momento, supongo que incapaz de mentirme, añade—: Es solo que no sé a qué está jugando.

Los recreativos están llenos de sillones y de pufs repartidos por las esquinas, igual que de todo tipo de juegos. Le hago un gesto para que me siga y nos tiramos en un par de asientos al lado de las amplias ventanas. Ella se hunde en su sitio como si quisiera desaparecer dentro de la tela, lo que la hace parece incluso más pequeña de lo habitual.

—¿No está confiando demasiado en ella? —suelta, un poco frustrada—. ¡Ayer me confesó que incluso llegaron a hacer un plan para escaparse juntas de la cárcel! ¿Te imaginas que lo hubieran conseguido? ¡Me habría dejado sola en una celda! ¡Con el estúpido de Félix Oliveira! Y ahora se queda ahí, esperándola como una tonta...

Ah, ya veo lo que pasa. A veces puedes llegar a pensar que Liv está hecha de otra pasta, ya que siempre ha sido Icono. Como está aquí, donde nadie más de su edad ha llegado, es fácil olvidarte de que tiene doce años, porque se está codeando todo el día con personas que le doblan la edad y porque tiene un número de seguidores con los que hay gente adulta que solo es capaz de soñar.

Sin embargo, al final es solo una niña. Una que nunca ha salido de la seguridad de su familia. Una que, además, tiene una hermana que la sobreprotege, que siempre está a su lado. Y eso puede haberle dado la sensación de que seguirá siendo así, de que nunca habrá nadie más importante que ella en la vida de Dana.

Pero ahora que la mayor de las Shifter parece estar un poco encandilada con alguien del mundo exterior, llegan los celos. Las ganas de mantenerla junto a ella, porque nunca echamos de menos a alguien hasta que nos damos cuenta de que podríamos perderlo.

Aquí podría haber una crisis. Y a los Testigos les encantan las crisis.

—Creo que a tu hermana le gusta Cooper.

La niña arruga la nariz en una mueca de disgusto, como si fuera la peor respuesta que podría haberle dado. Liv es de las pocas personas aquí dentro que nunca me han mirado mal, pero ahora lo hace.

—No soy tonta, ya me he dado cuenta —refunfuña—. Pero me da igual. No es como si mi hermana fuese a hacer nada al respecto...

—¿Estás segura?

—No hemos venido aquí para eso —protesta—. Y, de todas formas, apuesto a que nunca volverá a verla una vez que salgamos de Imperio. De hecho, mis padres tienen que estar subiéndose por las paredes sabiendo que se ha aliado con alguien que es Icono desde hace dos días, como quien dice. ¡Nosotras llevamos toda la vida en esto!

Se me escapa una sonrisa, aunque la cubro con mi mano y un carraspeo. En lugar de reírme, me echo hacia delante para hablarle en susurros.

—Entiendo perfectamente cómo te sientes. Al fin y al cabo, Blake no es más que algo pasajero, mientras que tú eres su hermana. Vas a estar ahí para ella toda la vida. Cuando le vaya mal o cuando le vaya bien. Cuando la hagan llorar porque le han roto el corazón...

Liv frunce más el ceño y me mira en tensión.

—Tampoco creo que vayan a romperle el corazón...

—¿Estás segura? Porque es obvio que Cooper... Bueno, viene a por todas. A lo mejor está jugando con tu hermana. A veces, aquí dentro, la gente finge. Y los romances venden, Liv. La verdad es que creo que tu hermana quiere protegerte, pero quizá sea ella, y no tú, quien esté cayendo en una trampa. No le vendría mal que le recordases que eres su única aliada antes de que le hagan daño.

La niña aprieta los labios, obviamente preocupada. Y, cuando asiente, estoy seguro de que lo hace porque piensa que tengo toda la razón. No he dicho ninguna mentira: la mayoría estamos solos aquí dentro; al menos, las Shifter pueden apoyarse la una en la otra.

—Sí. Sí que lo voy a hacer —dice, y después suspira—. No entiendo por qué le cae mejor ella que tú. Eres muchísimo mejor.

Ahora sí, le dedico una sonrisa amplia y le guiño un ojo.

—Es un detalle que te hayas dado cuenta.

Liv se ríe por fin y se echa hacia atrás en su puf, dejando que su cuerpo se hunda un poco más.

—¿Qué es tan gracioso?

Tanto la pequeña como yo alzamos la vista para encontrarnos con que precisamente Dana y Blake se acercan a nosotros, juntas. Y no están solas: al parecer, Amy Kaur se ha unido a nuestro grupo. No me parece mal: Amy es una competidora decente y una Icono con bastante influencia. No tengo dudas de que podemos sacar bastante beneficio de que se junte con nosotros.

—Hablábamos de lo bueno que soy.

Dana pone los ojos en blanco, pero no dice en voz alta lo que piensa. Está claro que sigo sin hacerle demasiada gracia.

—Ah, ya entiendo por qué se reía tanto Liv —comenta Blake, con esa expresión burlona que siempre tiene preparada para mí—. Es un gran chiste.

—Soy muy bueno en cosas que no te puedes ni imaginar, cerebrito. Cuando quieras te lo demuestro.

—Hacerte el chulo se te da de maravilla, eso seguro.

Yo me río por lo bajo, preguntándome qué hace junto a Shifter pudiendo estar junto a mí. No me gusta repetirme en mis estrategias, pero lo cierto es que Cooper y yo podríamos reinar sobre este sitio con facilidad. Ya hemos conquistado los dos últimos pisos, así que ni siquiera sería un reto. Este año no me parece que la competición esté demasiado reñida: hay gente que lo hace bien, pero quien más posibilidades tiene de ser una verdadera competidora, por su base de Testigos y por lo que ha demostrado ser capaz de hacer hasta ahora, es Bianca.

En ella también he estado pensando mucho estos días. Me pregunto si se desinflará ahora que el juego de la cárcel ha terminado o será capaz de mantener el ritmo y seguir sorprendiendo esta nueva semana.

Como si pensarla fuera suficiente para convocarla, Bianca entra justo en ese momento en los recreativos. Al parecer, el séquito que se consiguió la semana pasada ha sufrido modificaciones tras la cárcel: no veo a Deborah Decker por ninguna parte, pero Lily Brown sigue siendo su perrito faldero y Annika, Lucian y Scott se han unido a ellas.

Aunque la verdadera sorpresa es ver a Sasha justo al lado de Fiore. Ella le agarra del brazo y charla con él alegremente.

—¿Desde cuándo esos dos vuelven a ser amigos? —susurra Amy.

—Quizá ahora que Bianca no está en el piso diez, la gente considera que vuelve a merecer la pena tenerla en cuenta como aliada —respondo.

Pero ni siquiera yo estoy seguro de esa explicación, porque habría jurado que Sasha estaba muy enfadado con ella. ¿Por qué ha vuelto a su lado, entonces? Si incluso se enfrentó a ella cuando vino a por mí...

Frunzo el ceño. En realidad, Sasha no me caía mal. En la cárcel no fue tan insoportable ser compañeros. Y creo que votó por Oliveira, al final, y eso contribuyó a que lo echaran. Quizá, de hecho, eso fue lo que los salvó a él y a su novio la semana pasada. Pero si cree que hacer las paces con su amiguita le va a dar más visualizaciones...

Todos nos tensamos al darnos cuenta de que el grupo viene hacia nosotros.

—Amy, Blake, os estábamos buscando —dice Bianca, ignorándonos por completo a los demás. Enarco las cejas, pero mi sorpresa no es tanta como la de mis compañeras.

—¿A nosotras? —pregunta Blake con cierta incredulidad.

—Terminamos jugando en el mismo equipo la semana pasada, ¿verdad? Pensábamos que quizá os apetecería venir con nosotros. Íbamos a tomar algo en la azotea.

Amy resopla y comparte una mirada de complicidad con Blake.

—Creo que, de hecho, yo ya estuve mucho tiempo con vosotros en el juego anterior —responde—. Mejor me quedo aquí.

Todo el mundo se gira entonces hacia Cooper; nuestro grupo también. Quizá porque ninguno, ni ellos ni nosotros, podemos estar seguros de qué va a hacer. Veo a Dana, justo a su lado, mirarla de reojo y moverse con cierta inquietud.

—¿Blake? —pregunta Bianca—. Me gustaría invitarte a algo para enterrar por completo todo lo ocurrido durante tu huida en la cárcel...

—No hace falta: todo enterrado por mi parte, Fiore —resuelve ella, y se gira hacia Scott, que todavía se apoya en una muleta—. Nada personal, Mills.

Él resopla, pero no dice nada. Bianca frunce un poco los labios, porque ha sido un rechazo en toda regla y es obvio que quiere a Blake Cooper de su parte. Puedo entender por qué, y por eso precisamente yo no voy a dejar que nos la quiten.

—¿Qué pasa, florecilla? —suelto, y veo cómo Bianca respira hondo antes de fijarse en mí—. ¿Consideras que el séquito que te has conseguido se te queda pequeño y estás reclutando a más gente? ¿Esperas conseguir a alguien que lance pétalos delante de ti o se ofrezca a que camines por su espalda para que tus pies no toquen el mismo suelo que los demás Iconos?

Ella me sonríe de la manera más falsa que puede.

—¿Por qué, Walker? ¿Te interesa el puesto?

Siento ganas de reír.

—Creo que no estoy a la altura. Y Blake tampoco. Al fin y al cabo, ya hemos demostrado estar por encima de ti, ¿no?

Ah, eso sí que le molesta. Que le recuerde que no está en lo más alto le escuece lo suficiente como para que se le descomponga la cara de póker y entorne los ojos.

—¿Por encima? Yo diría que lo tuyo es más bien estar por debajo, Walker. De rodillas, en concreto, como demostraste la semana pasada. Pero tranquilo: es solo cuestión de tiempo que vuelva a pasar.

—¿Eso ha sido una amenaza, o le tenemos que tapar los oídos a Liv para que no escuche cosas de mayores? —se burla Blake. Dana le da un pequeño codazo en respuesta y Cooper le pone cara de inocente.

—La verdad es que ha sonado un poco mal, Bibi —admite Sasha con un carraspeo.

No puedo evitar volver a reparar en él. O, más bien, en algo que parece faltar junto a él.

—¿Dónde te has dejado a tu novio, Laskin? ¿Él no quiere unirse a vuestro espectacular grupo? Diría que eso demuestra buen gusto, pero teniendo en cuenta que sale contigo...

Sasha hace una mueca ante mis palabras, como si le hubiera golpeado con ellas, y Bianca aprieta su brazo con suavidad. Veo que Dana y Blake se miran, pero ninguna dice nada. En realidad, se hace un silencio que no esperaba. No hay réplicas.

No hay más batallas dialécticas. Bianca tan solo sacude la cabeza y, con un simple «vámonos, está claro que no hay nada interesante aquí», la Icono se lleva a su grupo.

—¿Qué ha sido eso?

Es Liv quien pregunta. Y es su hermana mayor quien responde:

—Creo que han discutido.

Es normal que las parejas finjan pelearse durante la competición, porque el drama vende tanto como los nuevos romances. Eso también tuve tiempo de comprobarlo en la anterior edición: me pidieron que traicionara a Silena porque el sufrimiento siempre resulta interesante.

Y aun así, la expresión de Sasha Laskin no me ha parecido una simple actuación. Me pregunto si eso es bueno o malo para los demás. Está claro que los conflictos entre personas que compiten juntas pueden llegar a despertar mucho interés... Miro de reojo a Liv y Dana, a esa brecha que puede ser la simple existencia de Blake. Ahora mismo, de hecho, la mayor de las Shifter comenta en susurros algo con nuestra compañera pelirroja y la niña las mira con el ceño fruncido.

—¿Qué pasa? —exige saber con un poco de dureza.

Dana mira a su hermana con un parpadeo, sorprendida por su tono.

—Estaba preguntándome si deberíamos ir a buscar a Asher y averiguar un poco más sobre lo que está pasando. Y... tenderle la mano, si lo necesita.

Hace que eso suene como si realmente le preocupase Asher, pero yo no puedo evitar preguntarme si la realidad no será que se ha dado cuenta de lo beneficioso que puede ser para nosotros hacernos con la otra parte de la pareja en crisis.

No sabría decir si Dana Shifter es más lista de lo que parece o solo le salen las jugadas por casualidad.

—Me parece bien —intervengo—. Bianca claramente se está aprovechando de Laskin en un momento de debilidad. Quizá si hablamos con Asher podamos hacerle entrar en razón y arreglar lo que sea que haya pasado entre ellos. Al fin y al cabo, son un grupo, ¿no? Seguro que al final recuerdan que no deberían dejar de jugar juntos.

Liv se fija en mí cuando pronuncio esas palabras y aprieta los puños alrededor de la falda de su vestido antes de volver la vista hacia su hermana. No me pasa desapercibido que Blake también tiene su mirada clavada en mí. Creo que a ella no la engaño. Creo que sabe perfectamente que en realidad Sasha y Asher me dan igual, pero no voy a dejar que Bianca sea la única que se beneficie del drama de la pareja.

Y le da igual, claro, porque Blake Cooper es como yo y nunca se olvida de que todo esto es un gran juego. Por eso dice:

—Vamos.

Dana

Encontramos a Asher en la terraza, apoyado en el muro que la bordea, con los ojos perdidos en el mismo punto en el que Blake los tenía cuando salió del Purgatorio: la mansión de los Imperiales. Ella parecía muy consciente de estar mirando allí, de desear llegar allí; Asher Hoffman, por el contrario, solo me da la sensación de querer escapar de este lugar.

Se le ve... derrotado. No, más bien tiene aspecto de tener el corazón roto. Y, diga lo que diga Blake, no creo que sea todo parte del entretenimiento. La forma en la que se pasa la manga por las mejillas no es ninguna interpretación.

Miro a mis compañeros, que están estudiándolo también. No me gusta la idea de acercarnos todos juntos. Si yo estuviera triste, no querría a un grupo de gente a mi alrededor.

—Esperadme aquí.

Evan va a protestar y tengo claro que a él todo esto le da igual. Estoy segura de que solo quiere a Asher entre nosotros para azuzarlo contra Sasha o utilizarlo para sacarle ventaja a Bianca. Walker ya ha demostrado que se le da de maravilla manipular a la gente con cuatro palabras. Y no quiero que aproveche un momento de debilidad de nadie para volver a hacer lo que probablemente hizo con Liv cuando Félix la acusó de ser la chivata. Sigo pensando que mi hermana no habría actuado así sin más.

—Dudo que quiera hablar delante de todo un grupo de gente con el que no tiene ninguna relación —explico antes de que él pueda replicarme.

—¿Y por qué va a querer hablar contigo? —resopla Walker—. No te conoce de nada.

—No lo sé, pero al menos voy a intentar que no sienta que esto es un truco para ganar visualizaciones y, dada tu reputación, creo que tu presencia estropearía eso.

Me adelanto sin darle tiempo a responder, aunque veo cómo frunce el ceño. Durante todo el intercambio de palabras, Asher no se ha movido. Ni siquiera parece ser consciente de que me acerco, de hecho, o de que me apoyo a su lado.

—Hey.

Solo entonces da un respingo y vuelve a la realidad. Tarda un momento en reconocerme, igual que tarda en enfocarme. Tiene los ojos rojos y se limpia una lágrima de la mejilla en cuanto se da cuenta de quién soy. Le escucho sorber por la nariz. No se me escapa el vistazo que lanza por encima de mi hombro. Evito girarme, pero espero que el resto no se haya quedado mirando hacia aquí o esto va a ser un desastre.

—Íbamos a ir a comer y hemos pensado que a lo mejor te apetecía unirte a nuestra mesa —digo, antes de sacar un pañuelo del bolsillo de mi sudadera.

Asher vuelve a mirarme. Por cómo frunce el ceño, creo que ya vuelve a ser más consciente de dónde está y de qué estoy haciendo aquí. Es bastante más alto que yo, pero no es hasta que le veo ponerme mala cara que me resulta un poco imponente. La sensación de que va a darme una mala contestación desaparece cuando acepta el pañuelo.

—Gracias —murmura antes de sonarse la nariz.

Yo me apoyo en el muro, a su lado, aunque dejo aire entre nosotros y le doy tiempo, por si lo necesita. Le veo pasarse el pañuelo por la cara, respirar hondo e intentar recomponerse.

—No somos pareja —me suelta a bocajarro.

—¿Qué?

—Es eso lo que has venido a averiguar, ¿no? —Hace un gesto con la cabeza hacia el grupo que espera a unos pasos detrás de nosotros—. Pues ya lo sabes: no somos pareja. Cortó conmigo hace tiempo, pero hemos seguido fingiendo hasta que hoy Sasha ha decidido contárselo al mundo entero en el Purgatorio.

No sé muy bien qué decir. Venía preparada para una pelea de novios después de la tensión de la cárcel, para alguna conversación en la que alguien perdió los nervios. Podía incluso haberme esperado una ruptura, pero supongo que el destape de una mentira no estaba entre mis ideas.

Quiero preguntarle sobre la ruptura, pero siento que no tengo derecho a hacerlo, así que solo murmuro:

—Lo siento.

—No, qué va. Probablemente estés celebrándolo y pensando la forma en la que vamos a caer más bajo todavía esta semana. Aunque, ¿quién sabe? A lo mejor hasta subimos. El drama vende. Y si ahora ganamos, tendremos que pasar el resto de nuestras vidas sentados el uno al lado del otro, poniéndonos buena cara como Imperiales incluso si lo que queremos es desaparecer. Seguro que hay Testigos que se mueren por ver eso.

Esa perspectiva suena muy triste y él, además, la suelta en el tono más amargo posible. Ni siquiera me está mirando, sino que tiene la vista fija de nuevo en el horizonte.

—Lo decía en serio: lo siento. —Trago saliva e intento dedicarle una sonrisa, pero me siento torpe y fuera de lugar. Quizá Walker tenía razón. Quizá no tenía que haber venido yo—. A veces veía vuestros vídeos. Me gustaba mucho lo espontáneos que erais, lo bien que parecíais pasároslo en directo o grabando. Siempre estabais contentos. Era imposible no creer que teníais la mejor vida del mundo.

O, por lo menos, que tenían justo la vida que querían tener. Sentía envidia. Envidia de que estuvieran llevando su perfil simplemente porque les apetecía. Envidia de que pudieran hacer cualquier cosa, sin guiones, sin nadie supervisándolos. Y un poco de envidia, también, por lo que tenían como pareja.

—Ya. Supongo que somos los mejores actores que has visto nunca, ¿verdad?

Se me hace difícil creer que todo fuera una farsa.

—No creo que estuvieras así ahora si todo hubiera sido una actuación.

Asher vuelve la vista hacia mí, y yo solo veo a una persona muy triste, pese a que siempre me había dado la impresión de que era el más alegre de los dos. Se me hunde el corazón.

—Supongo que ya no importa qué cosas eran reales y cuáles no.

—Quizá todavía no es tarde para arreglar las cosas...

Él parece a punto de echarse a reír.

—Mira, no quiero destruir tus sueños sobre las relaciones después de haber sido, probablemente, uno de los culpables de crearte unas expectativas muy altas, pero hay cosas que simplemente no se pueden arreglar. Hay cosas que se destruyen y, por si fuera poco, luego lo haces tan mal que solo te dedicas a aplastarlas todavía más en un intento de arreglarlas.

—Pero al menos hay un intento de arreglarlas.

El chico me mira como si creyera que no estoy en mis cabales. O quizá simplemente piense que soy una ilusa, demasiado inocente. A lo mejor es cierto. Yo no sé nada de relaciones, jamás he tenido una. Me han gustado algunas chicas, sí, pero ni siquiera tengo claro que me haya enamorado nunca.

—¿Qué pasa? ¿Quieres hacer de casamentera? —replica—. Nadie ha intentado esa forma de jugar en Imperio todavía, pero algo me dice que no va a funcionar: ni para tus visualizaciones ni para mi vida romántica.

Por un instante estoy tentada de decirle que sí, que eso es justo lo que quiero; sin embargo, sé que solo es un impulso infantil. Mi madre siempre dice que me encanta llevar la contraria y puede que algunas veces, especialmente con ella, lo haga solo por orgullo, por demostrar que no tiene ni idea de quién soy o cómo pienso.

Pero no voy a hacerlo ahora. Aunque...

—Sasha parecía... triste. Lo hemos visto con Bianca, hace un rato. Y no creo que...

Asher frunce el ceño antes de que me dé tiempo a terminar de hablar.

—¿Con Bianca? —Resopla—. Por supuesto. Ha tardado menos de una hora en irse con la persona con la que hace dos días estaba cabreado. Muy Sasha.

Titubeo y miro por encima del hombro. Los demás siguen ahí, cerca, pero al menos han decidido centrarse en otras cosas. Liv les está contando algo y Amy se está riendo. La única que sigue mirando hacia aquí es Blake. Tiene las manos metidas en los bolsillos y nuestros ojos se encuentran. A lo mejor es solo casualidad. No es como si me estuviese prestando atención a mí, ¿no? Está pendiente de Asher.

—Está bien —dice el chico a mi lado—. Supongo que yo también puedo buscarme un nuevo grupo. No le voy a dar la satisfacción de que me vea solo.

Eso suena... terrible. La clase de cosa que haces por despecho y de la que luego te arrepientes.

Pero también soy consciente de que los Testigos lo van a disfrutar muchísimo, aunque no viniera pensando en ellos en primer lugar. Puede que haya mucha gente pendiente de cómo se resuelve esto, al menos hasta que alguien tenga su reto personal. O hasta que empiece el juego de esta semana, que no sabemos en qué momento puede caer ni en qué va a consistir.

Veo cómo Asher se pasa el pañuelo ya arrugado por el rostro y se recompone. Es pura fachada, pero si le hace sentir bien...

—Entonces... ¿Quieres unirte a nosotros? —le invito con cierta duda.

—Probablemente incluso seáis una mejora en comparación con mi antiguo aliado —dice, con un tono amargo que me deja muy claro que no piensa eso en realidad—. Contad conmigo.

Blake

—¿Podemos hablar?

Estaba claro que esto iba a ocurrir más tarde o más temprano. De hecho, lo sorprendente es que no ocurriera desde el mismo instante en que Sasha vio que su expareja, de pronto, se juntaba con nosotros. Pero ayer, quizá por orgullo, Laskin se limitó a mirarnos desde lo lejos cada vez que compartíamos espacio con cara de perro apaleado o perro furioso, dependiendo del momento. Ahora parece lo primero, con las manos hundidas en los bolsillos de sus pantalones anchos y los labios apretados.

Todos nos giramos hacia Asher, con distintos grados de intriga o curiosidad. No me pasa desapercibida la manera en la que Dana le da un codazo a nuestro nuevo integrante en un intento de darle ánimos. Deborah, que ayer a la hora de la comida decidió unirse a nosotros junto con Elodie Zamora, le da un mordisco a su tostada con cuidado, como si temiera que el ruido fuera a ser demasiado en medio del silencio que se ha hecho a nuestro alrededor. Elodie, por su parte, mira a Hoffman con lástima.

Por supuesto, a estas alturas ya todo el mundo sabe lo de Asher y Sasha. Los secretos no duran demasiado en Imperio, sobre todo cuando son tan evidentes: a nadie le ha pasado desapercibido que de pronto la parejita que no podía vivir separada esté dividida en dos grupos rivales. De igual modo, ya hay muchas versiones de lo que ha podido ocurrir, porque cuando los rumores empiezan, resulta difícil controlar la narrativa. Quizá ha sido eso lo que ha hecho que Sasha se harte y quiera evitar esta guerra fría.

Asher, sin embargo, no parece por la labor de finalizarla, porque solo levanta la mirada hacia su ex y después la aparta como si ni siquiera lo hubiera visto, mientras se lleva la taza de café que estaba bebiendo a los labios.

—Asher —sisea Sasha.

—Me da que no tiene muchas ganas, Laskin —señala Walker, siempre dispuesto a sacar todo el jugo posible de una situación—. Aunque es normal. ¿No crees que está un poco feo no dormir en vuestro piso y venir a la mañana siguiente como si nada...?

Elodie, que debe de tenerles cariño tanto a Asher como a Sasha, le lanza una mirada helada a Evan. Él levanta las manos en señal de inocencia pese a que sabe perfectamente que está echando más leña al fuego.

Por la cara que pone, es obvio que a Sasha no le hace ninguna gracia que su exnovio nos haya contado eso.

—Asher —prueba de nuevo—. No puedes culparme por eso. Necesitaba un poco de espacio y...

—Bien, pues ahora el espacio lo necesito yo —responde el aludido, sin ni siquiera alzar la vista. Y yo, en realidad, creo que no lo mira porque sabe que cedería si lo hiciera—. Así que, si no te importa, quiero terminar de desayunar en paz. Ya te buscaré si me apetece hablar en otro momento.

Sasha hace un mohín, pero no suplica, ya sea porque sabe que no tiene derecho o porque no está dispuesto a quedar en evidencia. Hay mucha gente mirando, tanto en esta sala como fuera de ella. Tengo claro que los Testigos estarán disfrutando, pero, aunque al principio pensé que todo podía ser un montaje para llamar la atención, ahora lo dudo.

Asher, desde luego, parece destrozado cuando Sasha se aleja.

—Bien hecho —le felicita Walker.

Liv asiente, de acuerdo con él.

—Qué cara, venir aquí como si nada después de haberte tratado como te ha tratado.

—La gente recapacita, Liv —señala Dana.

—Asher, si quieres arreglarlo, no creo que... —comienza Elodie.

—A lo mejor no quiero —protesta Asher, al tiempo que sacude la cabeza—. A lo mejor el problema es precisamente que he querido arreglarlo durante demasiado tiempo y no había nada que arreglar. A lo mejor esto no va a ninguna parte y punto. Estoy seguro de que ni siquiera le importo yo de verdad: es solo que no le gusta que todo el mundo esté hablando. O al revés: quizá lo único que busca es dar más que hablar con otra discusión.

Creo que se equivoca, pero no podría asegurarlo. Mientras Amy Kaur empieza a soltar un discurso sobre la responsabilidad afectiva en la pareja, yo apoyo la cabeza en una mano y observo cómo Laskin vuelve a su mesa con aire derrotado y Bianca le da un beso en la mejilla, pasándole la mano por la espalda. Qué lista. Está haciendo el papel de buena amiga de manera intachable, está claro. Después de la caída a principios de la semana pasada, se va a encargar como sea de que algo así no le vuelva a suceder. Y si para ello tiene que utilizar el corazón roto de su amigo, adelante, ¿no?

O tal vez yo esté siendo muy fría. Tal vez sí le preocupa un poco. Tampoco es que me importe demasiado, ni ella ni lo que ocurra con Hoffman y Laskin. En realidad, en mi opinión es evidente que lo que pasa es que no saben vivir el uno sin el otro, pero tampoco tienen ni idea de qué hacer con el lugar en el que están. No me refiero solo al Edificio, sino a su estatus de Icono. Lo consiguieron vendiendo su relación y ahora es muy complicado volver a pensar en sí mismos al margen de todas las personas que los están mirando. Por eso Asher ni siquiera se cree que Sasha haya podido pasar una mala noche lejos de él, llena de arrepentimientos, y que esta mañana de verdad quiera hablar. Su cabeza le está gritando otra cosa. Le está gritando números, comentarios, contenido. Espectáculo, espectáculo, espectáculo.

Es muy complicado salir de ahí, pensar que puede haber otra vida más allá. Me recuerda a...

—Blake Cooper, preséntate en Purgatorio.

Me sobresalto con la voz de la Emperatriz, que ha sonado desde los altavoces invisibles distribuidos por todo el Edificio. Mi grupo se sume en un repentino silencio y me observa entre la sorpresa y la suspicacia.

Resoplo, un poco divertida. Está claro que los Imperiales quieren que todo el mundo sepa que pasa algo conmigo, porque podrían haberme notificado mi reto por privado, pero han decidido no hacerlo.

Me pongo en pie sin decir nada, con las manos hundidas en los bolsillos de mi chaqueta. Evan se echa hacia atrás en su asiento, sus ojos verdes entornados y fijos en mí.

—¿Qué has hecho, cerebrito?

Me encojo de un hombro, porque no pienso desvelar que he sido la favorita de esta semana, ni mucho menos que me he retado a mí misma. Prefiero que la gente vea amenazas en otros sitios, que nadie sepa quién me ha retado ni por qué a mí.

—Supongo que enfadar a alguien. O gustarle demasiado. Aquí no hay mucha diferencia.

—Ni que lo digas —ironiza Asher por lo bajo.

—¿Quieres que te acompañe? —se ofrece la mayor de las Shifter, y creo que no soy la única que se fija en ella. Por supuesto, en cuanto es consciente, hace un ademán despreocupado con su mano—. Por si es algo grave...

Tengo que contener la sonrisa. A veces, Dana también me recuerda a ella.

Demasiado, quizá. Más de lo que me conviene.

—Creo que sobreviviré, sea lo que sea.

No espero a que nadie diga nada más. Soy consciente de que tanto mi grupo como el resto de Iconos me siguen con la mirada mientras salgo del restaurante. Escucho alguno de los murmullos, alguien llamándome cíborg por lo bajo, preguntas sobre si van a retarme o si mi llamada tendrá que ver con el juego semanal o si he hecho algo que no se puede hacer o si van a castigarme por haber disparado en la cárcel.

Que piensen lo que quieran. Que hablen de mí. He venido justo a conseguir eso mismo.

Cuando los neones rojos del Purgatorio me reciben, los Imperiales ya están ahí, tras su pantalla. Ni siquiera tomo asiento. Me quedo de pie, mirándolos de frente, mientras la Emperatriz se echa hacia atrás en su trono.

—¿Y bien? ¿Qué tenéis para mí?

—Los Testigos han decidido tu reto, Blake Cooper. Veamos si puedes cumplirlo.

Dana

No debería acercarme mucho a Blake Cooper. Ya no solo porque en realidad no sé nada de ella, sino porque soy consciente de que no tiene mucho sentido hacerlo. Las alianzas en Imperio son temporales y, al ritmo al que vamos, la semana que viene Liv y yo nos habremos caído mientras que ella seguirá entre los diez primeros del *ranking*.

Pero la verdad es que no me la quito de la cabeza. Es muy estúpido, y sé que en parte me ocurre esto solo porque estar a su alrededor es un poco... emocionante. Nuevo. Me siento como si yo misma me hubiera convertido en una más de sus Testigos, enganchada a su siguiente movimiento inesperado. Por eso no puedo evitar reparar en su ausencia durante las horas siguientes a que se marche al Purgatorio. Los demás hemos ido a la piscina y yo tenía la esperanza de que eso me mantuviera entretenida, pero la vista se me iba constantemente hacia la puerta mientras esperaba que volviera a aparecer. Incluso Amy se ha dado cuenta, porque me ha mirado con una sonrisilla desde su tumbona y me ha preguntado si echaba de menos a alguien. Le he respondido que solo sentía curiosidad, pero creo que no la he convencido. Y, por supuesto, tampoco me he convencido a mí misma.

Pese a ello, mis compañeros hacen que se me olvide un poco Blake. Es extraño estar sentada con ellos, comparar experiencias de cuando éramos pequeñas con Amy, escuchar a Elodie hablar de cómo fue su transición, intentar animar a Asher entre todos contando anécdotas vergonzosas o ver cómo Deborah se tira a la piscina con mi hermana en brazos mientras ella se parte de la risa. Es extraño... tener un grupo. Hasta ahora, siempre había estado más bien sola, junto a Liv. Sí, vemos a gente en eventos y nos mezclamos, hacemos colaboraciones con otros Iconos, pero nunca hemos tenido muchos amigos, sin contar a Klaus. En parte siempre ha sido porque nuestros padres han controlado mucho nuestras relaciones desde que tengo memoria, igual que controlan todo lo demás, pero por otro lado, yo tampoco he hecho nunca un esfuerzo por relacionarme con otras personas porque... porque no sabía si quería que algo me atase a una vida en la que ni siquiera me siento cómoda, supongo.

Al mismo tiempo, ¿qué otra vida podría querer, aparte de esta?

Después de pasar un rato sorprendentemente tranquilo en la piscina, nos vamos a comer. Nadie menciona que Blake no está en la mesa ni pregunta dónde se encuentra o por qué no ha vuelto todavía, pero yo empiezo a preocuparme. Por eso acabo levantándome antes del postre.

—¿Adónde vas? —me pregunta Liv, en el mismo instante en el que me pongo en pie.

Titubeo un segundo, pero no soy capaz de mentirle a esos ojos grandes y tan azules como los míos que me están mirando con insistencia.

—Voy a buscar a Blake, creo que es raro que no haya vuelto con nosotros todavía.

Mi hermana enarca las cejas.

—¿En serio, Dana?

Carraspeo porque siento que está cuestionándome o que le parezco ridícula. Quizá lo sea.

—Quédate con Amy, ¿vale? No tardo.

Mi hermana abre la boca, pero no le doy opción a protestar más y echo a andar hacia la salida, aunque siento sus ojos clavados en mi nuca.

Son pocos los sitios a los que puedes ir aquí dentro: los apartamentos; el restaurante; la piscina; los recreativos; una biblioteca como las de la época de mis bisabuelos, llena de libros en papel; el gimnasio y la azotea. No hay mucho más que hacer mientras no hay juegos, pero no importa, porque se supone que aquí somos nosotros el entretenimiento.

Decido empezar por la azotea, quizá porque es mi sitio favorito y porque creo que a Blake también le gusta. Al menos, la veo a menudo mirar por las ventanas, así que creo que disfruta de las vistas desde lo alto. Sin embargo, Blake no está allí ni en ninguna de las otras zonas comunes. Las recorro todas, hasta que al final llego a la conclusión de que solo me queda un lugar en el que buscar.

Ya he estado en su apartamento antes, así que volver a llamar a su puerta no debería resultarme tan intrusivo, pero cuando me encuentro frente a ella, no puedo evitar dudar. Si nos hubiéramos cruzado en cualquiera de las zonas comunes, podría haber pasado como un encuentro fortuito, pero de esta forma... De esta forma va a ser evidente que la busco, ¿verdad? Y no sé qué va a pensar ella de eso.

No sé ni siquiera lo que pienso yo, aparte de que soy patética.

Estoy a punto de darme la vuelta. Estoy a punto de volver sobre mis pasos y fingir que nunca he estado aquí, pero soy demasiado consciente de que hay Testigos mirando. A lo mejor, con suerte, ellos también están tan enganchados como yo a esto. A nuestras conversaciones llenas de preguntas, a su comisura levantada y a mis reacciones cuando me lanza una de sus bromas. Supongo que ese pensamiento es suficiente como para seguir adelante con este plan en el que me he metido casi sin querer.

Cojo aire y llamo a la puerta.

Apenas tarda un momento en abrirse de manera automática, sin nadie que me reciba al otro lado. El interior del piso me recibe, muy distinto a la última vez que lo vi. Cuando vine a pedirle consejo a Blake sobre a quién retar en nuestra primera semana, no había nada personal en este espacio; ahora, en cambio, me recibe en un apartamento totalmente diáfano en el que los muros lisos están cubiertos de neones. Ni siquiera sé adónde mirar, con tantos rojos, azules, rosas y morados. Es como poner un pie en otro mundo, uno donde los sofás y la mesa del comedor han dejado sitio a varias mesas de trabajo. Hay al menos tres de ellas, llenas de herramientas y cosas que no tengo ni la menor idea de para qué sirven. Hay muchas pantallas también, con códigos en ellas que parecen lenguajes secretos. Más que un piso, este lugar parece un taller. No tengo ninguna duda de que a Klaus le habría encantado.

—¿Por qué sabía que ibas a ser tú?

Blake está inclinada sobre una de las pantallas, tecleando algo, pero parece que termina justo en ese momento. Se endereza y se gira hacia mí y, durante un instante, no entiendo qué hay de diferente en ella, hasta que me doy cuenta de que no lleva puesto el brazo biónico. Este se encuentra estirado sobre una de las mesas, rodeado de un montón de máquinas que trabajan sobre él, quizá siguiendo las órdenes que Blake ha debido de dar a través de su pantalla. Las chispas resultan casi hipnóticas. Me empieza a picar la nariz con el olor del acero y el humo.

Me quedo muy quieta, cerca de la entrada, sin saber qué hacer o adónde mirar. Hay un altavoz en alguna parte reproduciendo música electrónica, aunque lo suficientemente baja como para que no tenga que alzar demasiado la voz para hablar:

—¿Debería irme?

Blake me mira por encima del hombro y, durante un par de segundos, deja de vigilar el trabajo del robot sobre su prótesis. Me está sonriendo.

—Si sabía que ibas a ser tú y te he dejado pasar, será porque no me importa que estés aquí, ¿no? —dice, y estoy segura de que esas palabras no deberían hacerme sentir tan satisfecha—. Aunque igual a ti no te gusta mi caos. O verme desmontada.

No, no me importa ninguna de las dos cosas. Me fascina su caos, aunque yo ni siquiera lo llamaría así: no cuando resulta tan... intenso, tan lleno de colores. De alguna manera, el escenario no encaja para nada con ella y, al mismo tiempo, me pregunto cómo no podía haberme imaginado que su piso podía ser exactamente así.

En cuanto a lo del brazo, no puedo evitar mirarla. No creo que le importe, pero no sé si es realmente de buena educación fijarme en el muñón recubierto con una placa metálica. Las máquinas dejan de trabajar entonces sobre su extremidad biónica y ella la coge para colocarla en su sitio con facilidad. Escucho el chasquido cuando las piezas blancas, artificiales, encuentran las que tiene directamente implantadas en su carne. No aparto la vista tampoco cuando empieza a probar su movimiento: los dedos, la muñeca, el codo. Al cabo de unos segundos, sin embargo, me siento demasiado invasiva, así que me concentro en los neones. Me acerco a uno y lo repaso con un dedo, fascinada por la manera en la que me pinta la piel.

—En realidad, tu «caos», como tú lo llamas, es muy... guay.

Suelto la palabra sin pensar y me arrepiento al momento. Guay. He dicho «guay». Mi padre y mi madre dicen «guay», pero estoy segura de que nadie de menos de cincuenta años usa esa expresión en este siglo.

—Guay —repite ella con la sonrisa en la boca. Este me parece el momento perfecto para que el Edificio se venga abajo, pero, por supuesto, ni una muerte digna voy a tener—. Gracias. Aunque imagino que no has venido para cotillear la decoración ni a por unas clases de nanotecnología, ¿no?

—A lo mejor sí. Echo de menos a Klaus y ahora eres mi friki científica de sustitución.

—Hacía tiempo que alguien no me decía algo tan bonito.

Aprieto los labios para no sonreír. Le lanzo un vistazo de soslayo y la descubro recortada contra los neones, apoyada en una de las mesas. Me sigue con la vista mientras yo camino por el lugar.

—No has vuelto con los demás —dejo caer.

Ella se encoge de un solo hombro.

—Decidí aprovechar el tiempo para hacer algo de mi contenido habitual. Bianca me acertó en el brazo el otro día y, aunque no fue nada grave, he aprovechado para arreglar el desperfecto. A los Testigos les encanta ver las cosas que puedes hacer con un poco de tecnología.

Y seguro que les encanta también conocerla mejor, sobre todo los que no la seguían hasta su llegada aquí. ¿Hablará con ellos, como hace Liv cuando nos quedamos a solas? Para mi hermana, comportarse así, incluso cuando no hay comentarios o contadores, es tan natural como respirar. Me pregunto qué le contará Blake a sus Testigos...

No, quizá lo que me pregunte es si habrá hablado de mí.

—Entonces, ¿todo bien en el Purgatorio?

Sé que no engaño a Blake: aunque lo comento de la forma más casual posible, ella sabe que esa es la verdadera razón por la que estoy aquí.

—Ah, yo pensando que venías a visitarme porque me echabas de menos, y en realidad solo vienes a cotillear qué me han dicho los Imperiales... Me rompes el corazón.

No, no lo hago. Creo que hay más posibilidades de que ella me rompa el corazón a mí que al revés. La miro de reojo, su pose despreocupada, su dichosa sonrisa.

—¿Estás intentando cambiar de tema porque no me lo quieres decir o...?

—¿Crees que tengo algo que ocultar?

Al fin una pregunta fácil:

—Sí, por supuesto que sí.

Mientras hablamos me he ido acercando. Mis pasos me llevan hasta la mesa que se encuentra enfrente de donde se apoya ella, justo delante de la ventana. Encima de Blake hay un montón de herramientas que ni siquiera sé para qué se utilizan. Escucho su risa, suave.

—La verdad, Shifter: no me queda claro si te fías de mí o no.

Lo peor es que lo hago mucho más de lo que debería. Y que quiero seguir confiando, incluso cuando la lógica me dice que no, que es la peor idea que podría tener. Porque no la conozco de nada, porque las traiciones aquí dentro venden, porque no hay nada más impactante que ganarte la confianza de alguien y luego apuñalarle por la espalda. Walker quedó segundo el año pasado justo así.

—Pensé que lo único que todo el mundo tenía claro antes de entrar en Imperio es que no se puede confiar en nadie aquí dentro. ¿O me vas a decir que tú sí te fías de mí?

—Si tuviera que fiarme de alguien en este lugar, probablemente sería de ti.

Me gustaría que el corazón no se me acelerase ante eso, sobre todo porque ni siquiera sé si es sincera. Me gustaría poder decir que no consigue que me ponga nerviosa o que no siento las palabras haciéndose un lío en mi garganta.

—Dado cómo son el resto de competidores, no sé si es exactamente un halago —consigo decir. Me doy la vuelta y me apoyo en la mesa para encararla. Blake no ha dejado de mirarme en ningún momento, así que nuestros ojos chocan y yo no puedo evitar tener de nuevo esa sensación de enganche. Es la misma anticipación que cuando ves acabar un capítulo de tu serie favorita y no puedes esperar a que empiece el siguiente—. Pero, entonces, ¿no me vas a contar qué te han dicho los Imperiales...?

Se hace un breve silencio en el que adivino su duda.

—¿Se quedará entre nosotras si lo hago?

—No se lo contaré a nadie, te lo prometo. Es tu secreto, no el mío.

—¿Y tu hermana? Juegas junto a ella.

Me gustaría que eso no me removiese y me hiciera repentinamente consciente de que no estoy pensando en absoluto en Liv en este momento, lo cual me parece horrible por mi parte. Tengo que volver pronto con ella. Aunque Liv quiere espacio también, ¿verdad? Siempre insiste en eso, así que no debería molestarle que me ausente unos minutos...

—No, a mi hermana tampoco.

Blake parece conforme. O quizá sea una magnífica actriz y tan solo finge que me cree. Quizá todo esto se trata de una elaborada trampa. Entonces, ¿es real esta tensión que parece chispear entre nosotras o no?

—Esta semana tengo que afrontar el reto personal —me explica—. Me han llamado para decirme qué quieren los Testigos que haga.

No puedo disimular mi sorpresa. ¿A quién le han otorgado el mismo privilegio que se nos dio a mi hermana y a mí la semana pasada? ¿Y por qué ha elegido a Blake? Pero, sobre todo:

—¿Qué te han pedido? ¿Es muy complicado?

Blake se endereza. Estamos solo a unos cuantos pasos, pero de pronto la siento mucho más cerca, sobre todo cuando ladea la cabeza y sus ojos grises taladran los míos.

—¿Por qué lo preguntas? ¿Vas a ayudarme a conseguirlo?

Quiero decirle que sí, pero sería una locura. Ni siquiera sé de qué se trata. Además, se supone que es mi rival, como todos los demás jugadores. Debería desear que pierda y su piso baje. Debería desear que se marche ella y que me salve yo una semana más.

—¿Está en mi mano? —pregunto, en cambio.

—Podría estarlo, sí.

—¿Qué te han pedido? —repito.

Blake se separa de la mesa contra la que estaba apoyada y se acerca a mí, aunque lo hace con tanta lentitud que yo podría huir si quisiera.

Pero no quiero.

—¿Qué crees que puede ser?

No tengo ni idea, pero tenemos que dejar de jugar a las preguntas, porque me ponen cada vez más nerviosa. Y, al mismo tiempo, mientras se sigue aproximando, yo solo puedo pensar en el reto que le lanzaron a Bianca la semana pasada: un beso. Pero no, los Testigos no repiten pruebas. Bianca y Evan se odian a muerte, y esa es precisamente la única razón por la que los Testigos les pidieron que se besasen. Pero nosotras no somos Evan y Bianca. Nosotras nos llevamos bien y...

Cualquier pensamiento lógico se detiene cuando Blake se para justo delante de mí, tan cerca que siento su calor. La Icono apoya sus manos en la mesa que hay detrás de mí, a ambos lados de mi cuerpo. Su cara está muy cerca, lo suficiente como para que pueda contar sus cicatrices y sienta su aliento acariciándome la boca.

No puedo evitar bajar la vista a sus labios.

—¿Vas a ayudarme, Dana? —insiste.

Sus palabras chocan contra mi piel y creo que me olvido de respirar, porque de pronto la cabeza me da vueltas. Nunca he estado tan cerca de nadie. No de esta forma. No respirando del mismo aire que ella. El corazón jamás me había latido con tanta fuerza tampoco. Estoy segura de que Blake puede escucharlo, igual que sé que puede oír mi voz, aunque es solo un susurro:

—Si... puedo hacer algo...

Blake entorna los ojos. La veo mirar mis labios e inclinarse un poco más cerca de mí. En un acto reflejo, trago saliva y cierro los ojos, con una anticipación asomada a la boca de mi estómago que sé que está mal, que no debería sentir. Noto su respiración en mi mejilla y después en mi oído. Un escalofrío me trepa por la espalda.

—Renuncia.

Abro los ojos de golpe. Blake da un paso atrás y yo quiero desaparecer al darme cuenta de que está sonriendo.

—¿Qué?

Ella solo encoge el hombro con su mejor cara de inocencia.

—Eso es lo que me han pedido: que consiga que cualquier otro competidor renuncie. Pero supongo que no vas a ponérmelo tan fácil, ¿verdad?

Ni siquiera me enfado porque esté jugando conmigo, aunque es obvio que lo está haciendo. Todo lo que puedo pensar es que pedirle que consiga que alguien renuncie es pedirle que le quite su estatus a alguien.

Me parece cruel. Me parece injusto.

Pienso en Eliza, en la desesperación con la que gritó que se rendía.

—¿Tienes que... hacer que alguien renuncie? —repito, solo para asegurarme de que lo he entendido bien—. Pero eso significa dejar de ser Icono. Ninguno de los que están aquí va a...

O quizá sí. Al fin y al cabo, Blake no es de las que dejan pasar un reto. No creo que esté dispuesta a perder un 10% de sus visualizaciones, aunque eso signifique arrebatarle toda su vida, tal y como la conoce, a otra persona. No tengo claro cómo sentirme al respecto.

—¿Ni siquiera tú? Tengo la impresión de que tu estatus no te gusta tanto como a los demás, ¿me equivoco?

El golpe es efectivo, tanto que ni siquiera se me ocurre defenderme.

—Tengo que quedarme con Liv —digo. Me gustaría que no sonase como si mi hermana fuera la única razón, no solo para estar aquí, sino para seguir siendo Icono, pero quizá lo sea—. ¿Tienes alguna idea de qué vas a hacer?

Blake entorna los ojos. Una vez más, me resulta muy difícil saber qué es lo que está pensando, pero al final solo sacude la cabeza y vuelve a apoyarse contra la mesa, esta vez a mi lado. La observo de reojo, tan cerca que solo tendría que mover ligeramente la mano para rozarla.

—Puede. Pero eso sí que no te lo voy a decir, o te cargarías mi factor sorpresa, ¿recuerdas?

No quiero sonreír en esta situación y, sin embargo, siento el impulso tirando de mi boca. Aparto la vista hacia las puntas azules de mi pelo, que retuerzo entre mis dedos.

—Es cruel. Lo sabes, ¿verdad? Tu reto.
—Sí.
—¿Te importa?
—No.

Resoplo y la observo de reojo.

—Delincuente en potencia.
—¿Te importa? —me pregunta ella de vuelta.

Menos de lo que debería, lo cual no sé en qué clase de persona me convierte. Pero en lugar de eso, lo que se me escapa responder es:

—¿Necesitas mi ayuda?

Blake enarca las cejas. Parece genuinamente sorprendida.

—¿Estarías dispuesta a ayudarme a arrebatarle su estatus a alguien?

No, me parece horrible. Yo no soy así... Y este ni siquiera es mi problema, sino el suyo. Estoy segura de que, incluso si pierde el reto, puede mantenerse bastante alta en el Edificio. Y pese a ello...

—Todavía te debo un favor.

Algo parece hacerle mucha gracia a mi acompañante, porque sus ojos destellan y su sonrisa vuelve a aflorar, serpenteando por esa mejilla llena de marcas.

—No me olvido.

Se hace un silencio entre nosotras. No es incómodo, no exactamente. En estos días y, sobre todo, en la celda, he descubierto que los silencios que comparto con Blake pueden ser un lugar muy agradable en el que descansar. Pero quizá por eso, porque soy consciente de que todo esto me hace sentir demasiado cómoda, sobre todo cuando estamos hablando de arrebatarle su vida tal y como la conoce a alguien, de llevarle tan al límite que solo quiera renunciar y salir de aquí, necesito romper el momento y fijar la vista en mis botas negras.

—Creo que... debería regresar con los demás antes de que Liv piense que la he abandonado.

—Yo seguiré trabajando un rato; después me uno a vosotros.

Con suerte, para entonces habré conseguido que mi corazón vuelva a latir con normalidad. Habré recordado también cómo se respiraba y dónde se supone que están mis valores. Asiento y me dirijo hacia la salida sin volver a mirar esa cara. Sin volver a mirar esos labios que creí que iban a...

No. Ni lo pienses.

—Dana.

Me detengo en seco en cuanto pronuncia mi nombre, como si hubiera tirado de una cuerda atada a mi cintura. Cuando me giro, casi con miedo de lo que vaya a decirme, la encuentro ahí, entre las luces y las pantallas y las herramientas, con las imponentes vistas de este piso tan alto a sus espaldas. La mansión de los Imperiales siempre parece estar en su punto de mira, pero ahora está justo detrás, y no sé qué encuentra Blake en ese edificio, pero a mí definitivamente no me llama tanto la atención como a ella.

—¿Renunciarías si no fuera por Liv?

Es una pregunta extraña. Es una pregunta, también, un poco solemne.

Y no debería tener tan clara la respuesta.

—Sí. Si no fuera por Liv, ya habrías ganado tu reto.

Estoy segura de que mis padres me odian en este momento. Estoy segura de que me están viendo y consideran que me he vuelto loca, porque lo que he dicho va en contra de lo que me han enseñado durante toda mi vida, de las cosas que me hicieron prometer antes de entrar aquí. Estoy segura, de hecho, de que a muchos Testigos les debo de parecer de pronto una desagradecida.

Por otro lado, Blake podría destruirme solo con esto, y probablemente lo sabe. Ambas somos conscientes, porque yo ya he aprendido que Blake Cooper está aquí para ganar.

Blake se humedece los labios y asiente, pero no dice nada, y yo me pregunto si usará esto contra mí. Si realmente me considera la más débil, la manera más fácil de conseguir su objetivo de esta semana. Si de verdad quiere conseguir que renuncie o solo me lo ha pedido para ver cómo reaccionaba.

No vuelvo a mirar atrás antes de marcharme.

No sé si acabo de condenarme. No sé qué esperar de Blake. Y quizá eso sea lo que más me atrae de ella.

Sasha

Tal vez no debí irme del apartamento ayer, pero cuando Bianca apareció y me tendió la mano, realmente quise hacerlo. Quise alejarme de allí fuera como fuera, porque la idea de seguir compartiendo el espacio con Asher, como si nada hubiera pasado, me ponía de los nervios. Sabía que iba a tener la sensación de que no habíamos avanzado, de que seguíamos en el mismo punto que en los últimos meses.

Aun así, la noche alejados no trajo consigo ninguna solución, y yo empecé a arrepentirme de verdad en el desayuno, después de que todo el mundo se nos quedara mirando, mientras él apenas me prestaba atención. Me dejó claro que no quería saber nada de mí. Y dolió, igual que duele verlo en la comida, hablando con sus nuevos compañeros de grupo, a los que escucho reír gracias a alguno de esos chistes malos que antes siempre escuchaba yo primero. Duele cruzarnos por los pasillos y en las zonas comunes y que ni siquiera nos miremos. Duele verlo de nuevo en la cena, que estoy a punto de saltarme precisamente por eso. Duele que me haya dicho que seguía enamorado de mí y luego se haya esfumado. Duele la noche que he pasado en vela en el sofá de Bianca, a pesar de que se supone que no le iba a dar la oportunidad de que tuviera ningún tipo de poder sobre mí.

Duele volver a nuestro apartamento y que no esté dentro. El lugar me parece gigantesco y horrible sin él, su ausencia demasiado evidente, como cuando te acostumbras a verte con maquillaje y de pronto te miras en el espejo sin él.

Cuando finalmente aparece, yo llevo cerca de una hora aquí, sentado en la cama en la que dormíamos juntos hasta hace solo unos días.

En cuanto me ve, Asher se detiene en seco, a punto de sacarse el *blazer* verde que lleva puesto, ese que tanto le gusta y que le regalé yo cuando solo éramos Testigos. Me costó muy poco dinero en un mercadillo, pero por entonces no podía permitirme mucho más. Le he regalado ropa mucho mejor a lo largo de los años, pero él siempre dice que esta es la mejor prenda y se niega a tirarla. Cuando se lo vi puesto en el desayuno, pensé que quizá era una señal, una manera de decirme que me echaba de menos, pero tal vez me equivoqué.

Asher aprieta los labios y se deja el *blazer* puesto, supongo que preparado para volver a salir por la puerta si hace falta.

—¿Qué haces aquí?

—Es mi piso, ¿no?

—Sí, pero pensaba que preferías las vistas desde la planta veintiocho. O quizá lo que prefieras sea la compañía de Bianca. Es curioso, teniendo en cuenta que hace cuatro días me decías que ni siquiera la reconocías.

Siento el golpe, pero no encuentro palabras para defenderme de él.

—Seguro que ni te ha pedido perdón —continúa—, a pesar de que has sido el único aquí que en algún momento se ha preocupado por ella de verdad.

No, claro que no lo ha hecho. Pero entendí que su disculpa estaba implícita cuando vino a verme. Me ha dejado dormir en su apartamento y me ha aceptado en su grupo. En este par de días no se ha apartado de mí, ha estado atenta a todo lo que necesitaba.

Y, aun así, no puedo ser un iluso. Sé que probablemente no está haciendo todo esto solo por mí, sino por las cámaras que nos rodean. Ser consciente de ello y permitirlo, después de todo lo que ha hecho, después de ver la persona en la que se está convirtiendo, me convierte a su vez en alguien horrible, ¿verdad? O tal vez ya fuese alguien horrible de antes. Eso explicaría que Asher y yo hayamos acabado en esta situación.

—Mira, Asher, no he venido a hablar de Bianca. —Me pongo en pie para encararlo, aunque él da un paso tentativo hacia atrás en cuanto lo hago y yo me detengo. Está bien, mantendremos las distancias, si eso es lo que quiere—. He venido a hablar de nosotros.

—Ya no hay un nosotros, Sasha. Lo dejaste claro ayer por la mañana. ¿Y sabes qué? Quizá sea mejor así. Quizá todo esto sea para bien. Tenías razón en que es un peso que nos quitamos de encima: está claro que va siendo hora de que cada cual siga su camino. A lo mejor incluso debería darte las gracias de que lo hayas hecho todo sin consultarme.

Sus palabras se sienten como un puñal, pero no estoy dispuesto a que sea el único capaz de hacer sangre.

—¿Y qué querías que te dijera exactamente? —replico, sintiendo que las palabras me rasgan en la garganta—. ¿Qué querías que te consultase? ¿Si debíamos mantener la bonita fachada un poco más? ¿Y cuánto más lo hubieses hecho tú? ¡Ayer admitiste que me habías seguido la corriente simplemente porque querías estar a mi lado! ¿Qué más cosas habrías hecho? ¿Tenías un anillo guardado por ahí para pedirme en matrimonio en medio de la competición y rascar visualizaciones? ¿Habríamos adoptado después? ¿Habríamos interpretado durante años la función de la familia feliz?

La risa de Asher es tan sarcástica, tan helada, que me provoca un escalofrío.

—¿Así que ahora yo soy el malo? Como si alguna vez te hubiera obligado a algo. Como si alguna vez se hubiera hecho otra cosa que lo que *tú* querías.

—No te atrevas a llamarme egoísta cuando todo, absolutamente todo, lo he hecho pensando en lo que era mejor para nosotros —protesto, un poco más alto. Las uñas se me están clavando en las palmas de las manos por culpa de la fuerza con la que aprieto los puños.

—No, Sasha: todo, absolutamente todo, lo has hecho pensando en lo que era mejor para nuestro estatus.

Me deshincho, quizá porque sé que tiene razón. Pero ¿qué iba a hacer? Ese estatus me parecía lo único a lo que aferrarme. En algún momento, los Testigos y visualizaciones, los aplausos y comentarios, me resultaron más fiables que nuestros propios sentimientos. A los Testigos les tenía tomado el pulso, sabía lo que funcionaba con ellos y lo que no. Y de ellos dependía toda esa vida que habíamos conseguido.

Si la perdíamos, ¿no íbamos a perdernos también a nosotros?

Creí que ese razonamiento tenía sentido, pero de pronto ya no estoy tan seguro.

Frente a mí, Asher suspira, como si él también se hubiera cansado de golpe, como si la tormenta ya hubiera soltado los truenos y ahora solo dejara caer la lluvia, fría y triste. Parece derrotado. ¿Estaba así esta mañana, en el desayuno? Retrocede unos pasos para apoyarse contra la pared y pasarse una mano por el cabello negro y trenzado.

—¿Sabes lo peor, Sasha? Que no te culpo —dice, con una sonrisa amarga que no tiene nada que ver con la suya de verdad—. No puedo porque fui yo quien tuvo la idea de crear el maldito perfil. Fui yo el primero que convirtió esto en algo que no era solo nuestro. Y, llegado un momento, yo también... también empecé a pensar que teníamos que proteger lo que habíamos conseguido juntos a toda costa.

—Si todo se rompía, al menos que nos quedara eso, ¿no?

Nos miramos. Creo que es la primera vez que lo hacemos de verdad desde ayer (quizá desde hace meses), y lo cierto es que parece que en vez de un día haya pasado una eternidad. No siento que seamos exactamente los mismos.

A lo mejor tampoco queremos seguir siéndolo.

—Sí, supongo que sí —admite.

Ambos bajamos la vista. Él lleva puestos los zapatos que le regalé por nuestro último aniversario, esos por los que había estado suspirando tanto tiempo. Para entonces era un aniversario falso y habían pasado solo tres semanas desde la gran discusión: no deberíamos haber estado tan preocupados por encontrar el regalo perfecto. En mi caso, me dije que era porque la gente estaba esperando que hiciéramos de la celebración algo especial. Así que le compré aquello que sabía que llevaba tiempo queriendo. Él organizó una velada de lo más romántica, llenando nuestro apartamento de velas, pétalos de flores, y se esforzó mucho en hacerme mi cena favorita pese a lo mal que se le da cocinar. Se puso su mejor traje e hizo que sonaran de fondo todas esas canciones que siempre hemos asociado con nuestra relación. Después bailamos abrazados en el salón y yo pensé que estaba haciendo un gran papel porque lo estábamos grabando todo. Pero de pronto él estaba susurrando la canción en mi oído poniendo una voz ridícula y los dos nos reíamos como siempre, y nada de eso parecía parte de un guion.

Cuando nos besamos, me dije que era porque quedaría bien en el vídeo, porque era lo que todo el mundo quería ver. Pero quizá no era eso.

—Debiste decírmelo. Debiste hablar conmigo, Asher. —Él me mira, confuso, sin saber de qué estoy hablando ahora—. Debiste decirme que todavía sentías algo por mí.

Mi novio... No. Mi ex se encoge de hombros, como si no tuviera importancia.

—No habría cambiado nada. ¿Qué ibas a hacer? ¿Seguir conmigo solo por lástima? Si tú tenías tan claro que todo se había acabado, eso era todo lo que importaba. Quizá, de hecho, sea yo quien tenga que pedir perdón, por haberme aprovechado de la situación para arañar un poco más de tiempo contigo.

—Si lo hubiera sabido, nunca te habría hecho pasar por esto. Nunca... No quiero hacerte daño, Asher. Nunca he querido.

—Excepto que, a lo mejor, un poco sí, ¿no? —Asher intenta sonreír, pero no le sale—. Vamos, sé cómo me miras a veces... Sé que no todas las pullas van en broma.

Sí, supongo que es cierto. Y, al mismo tiempo, empiezo a pensar que tampoco iban tan en serio como yo creía. Que ese desprecio al que me agarraba era algo de lo que estaba intentando convencerme, quizá porque estaba resentido porque él no me había llevado la contraria cuando estallé y dije que debíamos dejarlo. A lo mejor esperaba que lo hiciera, que luchara por mí, por nosotros. Y cuando no sucedió, cuando simplemente aceptó todo lo que le dije, tanto la ruptura como la idea de seguir juntos solo delante de las cámaras, di por hecho que yo nunca le había importado, que llevaba mucho tiempo haciendo un papel y nada más.

Eso era más fácil que asumir lo dolido que me sentía o pensar en todas las cosas que iba a perder al perderlo a él y que no tenían nada que ver con nuestro estatus. Anoche, despierto, mirando al techo, pensé en ellas. Llegué a la conclusión de que, si de verdad esto era el final, iba a echar de menos un montón de cosas, incluso aquellas que a veces me irritan. Iba a echar de menos su buen humor por las mañanas, en contraste con lo mucho que yo odio levantarme. Iba a echar de menos que sea un perfeccionista con el ángulo desde el que grabamos, que tiene que mostrar siempre lo que él llama su «lado bueno», aunque yo creo que es guapísimo desde todas las esquinas. Iba a echar de menos esas pequeñas manías que me ponen de los nervios, como que siempre lleve los calcetines desparejados o que no haga el planchado automático de sus camisas a pesar de que así quedan mil veces mejor o que no tenga ni idea de cómo llevar una agenda y se olvide siempre de muchísimas cosas.

Voy a echarle de menos a él. Le tengo delante y ya lo estoy haciendo. Llevo echándole de menos meses.

¿Cómo hemos llegado hasta aquí?

—Fue masoquista —le acuso, con la voz ahogada—. Aceptar esto, aceptar... las migajas, como dijiste ayer... Es como si hubieras querido hacerte daño a propósito.

Él emite una risa ronca y débil, aunque dudo que le haga gracia de verdad.

—No eres tan horrible, ¿sabes? Eres la mejor pareja falsa que he tenido nunca.

No me puedo creer que bromee en esta situación. No me puedo creer que yo le vaya a conceder una sonrisa, cuando lo único que quiero hacer en realidad es echarme a llorar.

—No habías tenido ninguna pareja falsa antes. No tienes nada con lo que comparar.

—Pero ahora sí, y sé que has puesto el estándar muy alto. Y, de todas formas, también eres una maravillosa pareja real. He sido muy feliz contigo, Sasha. De verdad.

Trago saliva y siento las ganas de dejar salir el llanto a punto de desbordarme. ¿He llorado desde aquella discusión? Creo que no. Quizá porque nunca sentí que cortáramos de verdad. Porque me aferré a la rabia y a nuestras mentiras; de esa manera, nada cambiaba.

Él también es la mejor pareja que yo he tenido, falsa o real.

Aunque titubeo, doy un paso hacia delante. Y otro. Me quedo a tan solo tres pasos de distancia. Él no se mueve, aunque me mira con tristeza, como si no le gustase el espacio que nos separa.

—Asher...

—Se acabó —me corta, con la voz tomada. Es como si lo estuviera anunciando, como si le pareciera justo decirlo, ya que hasta ahora siempre he sido yo quien ha dado forma a nuestros finales. O quizá se lo esté recordando a sí mismo—. Pero espero que podamos seguir siendo amigos.

El golpe es lo suficientemente fuerte como para que se me olvide lo que iba a decir. Solo me quedo en silencio, mientras él, finalmente, se quita el *blazer* y va a colgarlo al vestidor. Como si no hubiera pasado nada. Y, al mismo tiempo, como si hubiera decidido que ya no va a huir.

—Dormiré en el sofá, quédate con la cama. Mañana podemos hacer los cambios para que haya otra habitación.

Yo no me muevo del sitio. No soy capaz. Tengo un nudo en la garganta que no consigo tragarme, por mucho que trato de empujarlo hacia abajo.

—Está... Está bien. Compartir una cama enorme no nos va a matar. Llevamos años haciéndolo...

Asher me mira por encima del hombro, como si dudase de que sea buena idea. Por un momento creo que cederá, que dejará que al menos tengamos eso, un último espacio común, un lugar donde acercarnos...

Pero, contra todo pronóstico, niega con la cabeza.

—Realmente creo que es mejor que duerma en el sofá.

Asher elige uno de sus pijamas en el vestidor electrónico. Yo no puedo decir nada. No quiero insistirle, porque sé que no tengo derecho. Porque le acabo de echar en cara que no me dijera las cosas, que no hablara conmigo de lo que en realidad pensaba, y ahora lo está haciendo.

La puerta del dormitorio se cierra tras él cuando sale.

Sé que solo se ha ido al cuarto de al lado, pero siento que nunca habíamos estado tan lejos.

TESTIGO

Tic, tac; tic, tac. La semana y la competición continúan. Seguro que te has preguntado por qué no ha habido un juego todavía, como se lo están preguntando nuestros queridos Iconos. Los has oído, ¿verdad? Se dedican a hacer cálculos basándose en lo que ocurrió la semana pasada, se imaginan qué tipo de prueba tocará en esta. Los más avispados han empezado a pensar en el banquete del primer día con el fin de encontrar alguna pista, del mismo modo que la celda fue un aperitivo de la cárcel.

Pero van a tener que esperar un poco más para que el juego llegue justo cuando no se lo esperan. Para que se pongan nerviosos. Y para que tú, una vez más, nos ayudes.

En esta ocasión tienes que imaginar una boda. ¿Quiénes conformarían la encantadora pareja?

Imagina dos familias enfrentadas que no quieren que ese enlace se celebre. ¿A quién no le gusta una trágica historia de amor, de esas en las que los amantes deben ser capaces de luchar contra viento y marea? ¿Quiénes son las familias?

Elige. Dinos sus nombres.

Y prepárate para la ceremonia del año.

Liv

La ruptura (¿se le puede llamar así si ya habían roto antes?) entre Sasha y Asher se lleva el protagonismo de la semana, sobre todo hasta el jueves, cuando todos empezamos a ponernos nerviosos a la espera de un nuevo juego. Hasta ese momento, el Edificio ha quedado dividido en tres grupos: el nuestro, el de Bianca y el de la gente que sencillamente decide mantenerse al margen de esa rivalidad que crece a medida que pasan los días. Cada vez que nos cruzamos con Bianca y su grupo, parece que vayan a saltar chispas, sobre todo entre Bianca y Evan, que se atacan de todas las maneras que pueden en cuanto tienen oportunidad.

Al resto eso nos viene bien, como nos viene bien intentar arreglar o terminar de romper lo que hay entre Laskin y Hoffman. La verdad es que yo estoy en el equipo que quiere romperlo, porque durante la semana conozco un poco más a Asher y decido que me cae muy bien y, por tanto, Sasha pasa a caerme peor. Asher se merece algo mejor que alguien que te grita un día que lo dejéis y, al día siguiente, en vez de pedir perdón, te sugiere seguir fingiendo para engañar a todo el mundo. Está claro que a Sasha no le importa Asher: si está triste es solo porque ya no va a poder aprovecharse más de su exnovio, de sus ideas para sus vídeos, de su buen humor y de todo lo demás.

Mi hermana, por supuesto, no está de acuerdo. Ella desearía que lo arreglaran, pero es que mi hermana, al parecer, últimamente está en el equipo de las parejas felices, quizá porque espera salir de aquí con una. Solo así se explica que se pase toda la semana revoloteando alrededor de Blake Cooper de la manera más vergonzosa y ridícula. A veces las veo mirarse como si compartieran un secreto y ayer por la noche, de hecho, la escuché salir de nuestro piso a hurtadillas.

Pensé que los Testigos debían de estar mirando, así que me pareció bien darles un poco más de espectáculo y seguirla. Solo que en realidad no era solo eso. Es que me molesta. Espero que mis padres estén viendo lo irresponsable que es, dejándome sola por la noche para escaparse con una desconocida. Y si creyera que Dana ha decidido seguir su propia estrategia para darnos visualizaciones, estaría de acuerdo, pero conozco a mi hermana y sé que los Testigos son lo último en lo que está pensando.

Vi cómo cogía el ascensor y cómo este se paraba en el piso veintinueve. No volvió a casa hasta dos horas después. Cuando entró en mi habitación para comprobar si todo estaba bien, yo me hice la dormida.

Hace un rato, cuando se lo conté a Evan mientras jugábamos a un videojuego, él paró de jugar de golpe y se giró hacia mí con incredulidad.

—Vaya. Puede que tu hermana sí que se esté esforzando por llamar la atención, después de todo —dijo. Y luego, pensativo, añadió—: Me pregunto si dejarían las cámaras encendidas...

—¿Por qué no iban a hacerlo? ¡Lo que me faltaba, que estuviera quitándonos horas de visualización!

Evan torció la sonrisa. Me miró de esa manera en la que a veces me miran los adultos y sacudió la cabeza.

—Hay cosas que incluso los Iconos prefieren llevar en privacidad, enana.

Al principio no lo entendí. Y cuando al fin lo hice, solo me salió poner una mueca de asco, al mismo tiempo que me sentía muy tonta por quedar una vez más como una niña pequeña.

—A mi hermana ni se le pasaría por la cabeza...

—¿Segura? Últimamente no se está comportando como tú esperabas.

Y no he podido responder, porque es cierto. Porque sonríe de manera diferente y ya no me mira tanto. Y pensé que estaba bien que no lo hiciese, pensé que quería ese espacio, pero no me gusta sentir que me estoy perdiendo algo. Como si de pronto hubiera un juego delante de mis narices en el que yo no puedo participar.

Justo después, la voz de la Emperatriz ha sonado en los altavoces y nos han mandado a todos a nuestros pisos. Y ahora aquí estamos, supongo que esperando el juego de esta semana. Yo me he tirado en el sofá mientras tanto, pero Dana pasea de un lado a otro del salón, inquieta. Entrecierro los ojos cuando la veo mover los dedos en el aire, creo que para mandar un mensaje, y me imagino a quién.

—¿Adónde fuiste ayer por la noche?

Mi hermana da un respingo y se gira hacia mí.

—¿Cómo?

—Te escuché irte. ¿Adónde fuiste?

Dana, por supuesto, se ruboriza, porque es así de tonta.

—Ah. Estaba... No podía dormir. Me parecía raro que estuviéramos a viernes y no hubiera habido un juego todavía, así que salí a que me diera el aire...

Soy más joven que ella, pero me molesta que me tome por idiota.

—¿Y si el juego hubiera empezado en ese momento? ¿Y si hubieran venido a buscarnos al piso como la semana pasada? Habría estado sola. ¿Tú no habías venido para ayudarme?

Mi hermana se fija en mí y yo sé que no se esperaba que fuera a acusarla de nada, y mucho menos de esto, porque siempre le estoy repitiendo que puedo cuidarme yo solita.

—No es que te necesite —aclaro, y siento que me ruborizo—. La verdad es que es al revés: sería capaz de jugar yo sola. De hecho, eso es lo que está pasando, porque no creo que lo que estás haciendo tú cuente como jugar.

Dana parpadea, incrédula, y después su ceño se frunce. ¿Va a discutir conmigo? Mi hermana y yo nos enfadamos de vez en cuando, como todas las hermanas, supongo, pero ella siempre se retira primero porque le agota pelear. Con papá y mamá también es lo mismo.

—¿Y qué estoy haciendo yo, según tú, Liv?

—Meterte en la cama de Blake Cooper, al parecer.

La cara que se le queda no tiene precio. Abre tanto los ojos que creo que se le van a caer y yo me humedezco los labios, preparada para continuar, para que se dé cuenta de lo mucho que se está equivocando:

—¿Crees que a mamá y a papá les gustará verlo? Porque espero que al menos hayas dejado que se vea. Eso nos pondrá bastante altas en el *ranking*, aunque a mí me parece bastante asqueroso ganar visualizaciones así.

Esto también debe de estar teniendo bastantes visualizaciones. Desde luego, yo repetiría muchas veces la reacción de Dana; al principio, se queda muy bloqueada, y después, cuando de verdad entiende cada una de mis palabras, enrojece por completo. Aunque no sé si es solo vergüenza: parece rabia, por la manera en la que aprieta los puños.

—¿Se puede saber de dónde has sacado todas esas tonterías...? No. No me lo digas. Ha sido Walker, ¿verdad? ¿Te escuchas siquiera? Esto es...

Pero no le da tiempo a continuar, porque la pantalla que cuelga de la pared de la sala se enciende. Las dos nos giramos hacia ella, en mi caso, poniéndome en pie de un salto.

La Emperatriz y los Imperiales aparecen. Están vestidos de gala, igual que la primera noche de competición.

—Iconos —comienza Sadie Craft, con la sonrisa a la que todos estamos acostumbrados—. Supongo que os estabais preguntando cuándo íbamos a jugar, ¿verdad? Ha llegado el momento. En los sistemas de vuestros vestidores encontraréis varias opciones de vestimenta. Por favor, elegid la que más os guste, arreglaos para la ocasión y, en cuanto escuchéis la señal, dirigíos hacia la azotea. Nos espera una noche muy especial.

La conexión se corta y yo me apresuro a ir hacia mi cuarto sin ni siquiera mirar a mi hermana. Escucho cómo me llama, pero también sabe que no es el momento de seguir discutiendo y, por eso, lo siguiente que sé es que se encierra en su dormitorio con un portazo.

Pero luego yo soy la cría, claro.

Decido ignorarla y centrarme en el juego que está a punto de empezar. En mi vestidor, como Sadie ha dicho, se han configurado varios modelos de ropa que yo no he solicitado, todos ellos de color negro y todos ellos de fiesta. Dudo un segundo, pero al final elijo un vestido de volantes con un estampado de pequeñas estrellas plateadas que me parece especialmente bonito.

Solo cuando ya estoy vestida y peinada reparo en que la Emperatriz no nos ha explicado cuál es exactamente la señal. Pero no hace falta, porque de pronto está claro.

A través de los altavoces del Edificio, empieza a sonar la marcha nupcial.

Sasha

En una ocasión, alguien en el chat de Pandora nos preguntó cómo imaginábamos que sería nuestra boda si algún día decidíamos casarnos. Por aquel entonces no habíamos roto todavía, aunque ya habían empezado las discusiones. Supongo que por eso nos centramos tanto en hacer un vídeo que respondiera a esa pregunta, porque queríamos esforzarnos en demostrar (a los Testigos, a nosotros mismos) que todo podía ser perfecto. Fuimos a una tienda y nos probamos los trajes de gala más caros, como si estuviéramos escogiendo nuestra ropa para la ceremonia. Fuimos a una pastelería y catamos y diseñamos tartas de boda. Fingimos elegir nuestras alianzas e incluso llegamos a enseñarle a todo el mundo el sitio donde nos casaríamos, la playa cerca de nuestra ciudad natal en la que nos dimos nuestro primer beso.

Es uno de los vídeos que más me gustan de todo nuestro perfil. Es romántico y divertido y recuerdo habérmelo pasado muy bien grabándolo. De hecho, disfruté también lo que no era la grabación, sobre todo el paseo que dimos después por la orilla mientras se ponía el sol, aunque hiciera mucho frío. Asher tuvo que dejarme su bufanda y sus guantes porque yo me había olvidado los míos en casa y metió nuestras manos unidas en el bolsillo de su abrigo para calentarme los dedos. Creo que me gustó grabar todo aquello porque me ayudó a recordar aquellos días en los que éramos solo los dos, sin Testigos. Días en los que podíamos escaparnos a caminar por la playa y darle la vuelta por completo a un día horrible simplemente con ese detalle.

En aquel momento pensé que realmente quería casarme con él.

Y ahora Imperio ha conseguido pervertir incluso ese recuerdo. Lo hace cuando todos los participantes nos presentamos en una azotea llena de flores, con un altar, un paseo y sillas, y la Emperatriz aparece en una de las grandes pantallas para decir:

—Sasha Laskin, Asher Hoffman, ¡bienvenidos a vuestra boda!

Hay un momento de silencio después de esas palabras, o quizá simplemente yo dejo de escuchar. Si es una broma, no tiene ninguna gracia, pero el problema es que estoy seguro de que no lo es. No soy el único. Lo sé cuando miro a Asher y veo su expresión descompuesta.

Querría hacer algún comentario sarcástico. Querría decir que ha tenido que haber un error, pero sé perfectamente que no es así: los Imperiales no se equivocan.

En la azotea todo el mundo empieza a hablar y a mí sus voces se me meten en la cabeza. Las risas, incluso las felicitaciones. Un foco se enciende de repente y nos ciega, y los dos nos encogemos en un intento de protegernos. Como si la luz fuera lo que más daño va a hacernos de toda esta situación; como si toda la semana no hubiera sido ya lo suficientemente complicada y como si obligarnos ahora a interpretar este papel, después de todo lo que ha pasado entre nosotros, no fuera algo muy cruel y retorcido.

—Adelantaos hacia el altar, chicos, por favor. La gente quiere ver a la feliz pareja.

—Nosotros no... —comienza Asher, inquieto—. Esto no es en serio, ¿no?

Me parece algo muy estúpido que preguntar y, al mismo tiempo, entiendo perfectamente que lo haga. También me duele que la posibilidad de terminar casado conmigo esta noche sea lo que más le preocupe en este momento... No, sé que ese es un pensamiento injusto. Sé que lo que le aterra es volver a vernos envueltos en algo demasiado grande, en otra relación que no sea realmente nuestra.

Cuando nos imaginamos nuestra boda, no era así.

Lo miro. Asher está muy atractivo vestido con su traje blanco en contraste con su piel oscura. Su mano está muy cerca de la mía y yo siento la tentación de estirar los dedos y cogerla. La semana ha sido... complicada. Con él demasiado cerca y demasiado lejos, justo como ahora. En este estado entre ser todo lo que hemos sido y, al mismo tiempo, acostumbrarnos a no ser nada. En los últimos días nos hemos convertido, como mucho, en compañeros de piso: dos conocidos que se cuentan brevemente sus días al coincidir y que después duermen en habitaciones separadas. Supongo que es algo parecido a seguir siendo amigos, pero también es extraño y doloroso.

—Bueno, si os habéis reconciliado y queréis que oficie de verdad, no tengo ningún problema: puedo concederme a mí misma la autoridad —bromea la Emperatriz.

Las risas a nuestro alrededor me suenan crueles y me las imagino también en las casas de la gente que está viendo esto.

Asher tensa la mandíbula, pero no sirve de nada enfadarse, así que cojo su mano y tiro de él hacia el altar. Es peor si hacemos de esto un drama. Es peor si nos mostramos molestos y les damos más razones para burlarse.

—Solo es un estúpido juego —mascullo.

Sé que mi exnovio me escucha, porque suspira y se deja arrastrar. Cuando llegamos al altar, me giro hacia él y tomo también su otra mano. Nos miramos. No hace falta darle más vueltas a la situación: es una escena falsa, igual que era falsa la cárcel. Aunque a algunos se les olvidara que no tenían ningún poder real, los uniformes no eran más que atrezo. Aquí dentro no somos mucho más que actores improvisando todo el maldito día.

Y después de tantos años haciendo justo eso, lo cierto es que empiezo a estar cansado.

Los demás Iconos también ocupan sus posiciones siguiendo las órdenes de la Emperatriz. Los veo sentarse en las sillas, una marea blanca a un lado y otra negra al otro, como si fueran los dos lados contrarios de una partida de ajedrez. La única que duda en el pasillo, un momento, es Dana Shifter. Su vestido blanco parece digno de una novia o una bailarina, con una bonita falda corta por delante y larga por detrás. Me fijo en que mira a su hermana, que ya está sentada en una de las sillas que ha ocupado el equipo vestido de negro. El mío, supongo, porque es el color con el que me han hecho vestirme, aunque lo odio. Se suponía que yo en mi boda iría de rosa o de morado, con un diseño espectacular, pero lo máximo que he podido elegir para la ocasión es una camisa translúcida con un gran lazo y unos pantalones brillantes.

Sea como sea, me percato de que Liv Shifter ignora abiertamente a su hermana. A su lado está Blake Cooper, vestida con pantalones y chaleco. Ella parece mirar de una a otra antes de girarse hacia Dana y ofrecerle un asentimiento con el que supongo que le promete cuidar de su hermana. Tras un par de segundos tensos, la mayor de las Shifter se sienta finalmente junto a Amy Kaur, que se inclina para decirle algo en cuanto ocupa su asiento.

—Iconos, estamos aquí reunidos... para un nuevo juego.

Trago saliva. Las manos de Asher están húmedas bajo las mías, de los nervios. O puede que sea mi piel la que esté sudorosa. Siento la impaciencia morderme las entrañas, el miedo a no saber qué va a pasar.

—Como veis, cada uno de nuestros queridos novios va vestido de un color, del mismo modo que vosotros. Esto es así por una razón: el color que se os ha asignado señala la familia del novio a la que pertenecéis. Y esta es la cuestión: ellos se aman, pero las familias no os lleváis muy bien. Ninguno de los invitados queréis que la boda se celebre, pero nuestros trágicos amantes ya han dejado claro que están dispuestos a morir por su amor si es necesario. Así pues, la única forma de evitar el enlace es eliminar a uno de los miembros de la pareja.

Me quedo lívido. El silencio que se asienta sobre la azotea es tan intenso que solo puedo escuchar el aire que nos revuelve el pelo y el latido de mi corazón en los oídos. Tengo los ojos puestos en los de Asher, que me devuelve la mirada con una expresión horrorizada.

—Es una forma de hablar, claro —continúa la Emperatriz, y creo que tanto Asher como yo volvemos a respirar—. No esperamos que nadie muera en este juego... en principio.

Tanto Asher como yo nos giramos de nuevo hacia la pantalla en la que se encuentran los Imperiales, inquietos por la aclaración.

—Seguro que muchos os acordáis del pequeño convite del primer día, ¿verdad? Era el banquete de esta ceremonia. Como sabéis, algunos de los alimentos llevaban somníferos. Y eso es justo con lo que vamos a jugar hoy.

Dos focos más se encienden. A cada lado de la terraza hay una mesa llena de regalos de boda. Una de ellas está cubierta por un mantel negro; la otra, por un mantel blanco.

—Entre los regalos encontraréis vuestras armas: son unas pistolas de corto alcance cargadas con varias dosis de tranquilizante. Una dosis es suficiente para dejar dormido a cualquiera: actúan mucho más rápido que los somníferos que os metimos en la comida la primera noche, por lo que también son más peligrosas. Cada pistola tiene solo tres cargas: esas son tres personas a las que podéis acertar. Y, por supuesto, abatir a alguien tiene premio: recibiréis el 5% de visualizaciones de cada persona que durmáis.

Lo que significa que muchos Iconos no van a venir solo a por nosotros: van a ir a por todos los que quieran ver caer en el equipo contrario o, simplemente, ganar el máximo de visualizaciones posibles. Apuesto a que Evan y Bianca se están lanzando miradas desde ambos lados de la sala y están dispuestos a aprovechar este momento para llevar a cabo esa *vendetta* personal que se han jurado. Walker tenía muy claro que quería hacerle pagar a Bianca todo lo que le hizo en la cárcel, y me sorprende que no lo haya hecho todavía. Quizá solo estaba esperando al juego para llevar a cabo su victoria, pero tengo claro que no va a dejar pasar esta oportunidad.

—¿Qué pasa si disparamos más de una carga a una persona?

Es Blake Cooper quien pregunta, y yo me tenso. Aunque su ropa negra indica que forma parte de mi equipo y, por tanto, no va a venir a por mí, todavía recuerdo cómo logró huir la semana pasada, o el hecho de que no dudó en disparar a Mills en cuanto tuvo una pistola en la mano.

Si esa chica se empeña en venir a por Asher, estoy seguro de que va a conseguirlo.

Mis dedos se aprietan un poco más alrededor de los de él.

—Dos cargas podrían matar a alguien, así que tened cuidado.

La Emperatriz ni siquiera parpadea cuando suelta esas palabras, aunque a mí me dejan sin respiración. Un simple error y podrías matar a alguien. Si dos personas disparan a otra al mismo tiempo, por ejemplo...

Asher respira hondo y da un paso más cerca de mí. Yo quiero apoyarme en su pecho, encontrar ese refugio, justo en su clavícula izquierda, al que llevo años acostumbrado.

—El objetivo es muy sencillo —continúa Sadie—. Proteged a vuestro novio y dormid al del equipo contrario. El juego acabará en cuanto uno de los dos novios caiga. Todos los miembros de la familia vencedora recibirán un 10% de visualizaciones.

Asher respira hondo antes de centrar toda su atención en la mujer que llena gran parte de la pantalla.

—Nosotros... Nosotros no tenemos armas.

Puede que me imagine el temblor de su voz, pero estoy seguro de que no me imagino la forma en la que a mí me tiemblan las manos.

Como respuesta a su queja, el centro del altar se abre y sobre él aparece una pequeña mesa. En ella descansan dos pistolas y a mí, la verdad, se me encoge el estómago al pensar en usarlas. Si no fuera porque sin ellas seríamos las presas más fáciles, probablemente me negaría a coger una. De hecho, por el momento lo único que hago es apretar un poco más las manos de Asher, que me devuelve el apretón entrelazando sus dedos con los míos.

—No nos olvidamos de vosotros, novios. Al fin y al cabo, queréis proteger vuestro amor por encima de todo. No sería justo que no pudieseis defenderos. —Escuchar la palabra «justo» de labios de esta mujer parece una broma de mal gusto, sobre todo en estas circunstancias—. Por supuesto, vosotros también ganaréis un 10% de visualizaciones extra si sois los únicos que quedáis en pie. ¿Creéis que podréis seguir dándonos espectáculo hasta el final de la semana?

Algo en mí se revuelve contra esa pregunta. Quiero decirle que somos algo más que su entretenimiento de la semana, pero no me sale la voz.

—De todas formas, seguís siendo solo dos contra todos los demás, así que hemos decidido daros una pequeña ventaja: aprovechadla bien.

Mi ex y yo intercambiamos una mirada, sin comprender qué ha querido decir hasta que ya es demasiado tarde. El suelo empieza a vibrar bajo nuestros pies. Es la misma sensación que cuando el Edificio cambia la última noche de cada semana y, por un momento, pienso que no tiene sentido, que ya no hay ningún lugar más alto al que subir.

Pero me equivoco.

El altar en el que estamos parados Asher y yo empieza a crecer.

Asher me sostiene cuando el movimiento amenaza con desequilibrarme, y yo me abrazo a él mientras vemos cómo el suelo y nuestros invitados se alejan lentamente de nosotros. Esa es justo la intención, supongo: poner a los cazadores un poco más difícil su tarea de llegar hasta nosotros. Ahora no va a ser solo una cuestión de rapidez: van a tener que escalar para llegar hasta donde estamos.

El ascenso se detiene tan bruscamente como ha comenzado, con un golpe metálico. Asher y yo no nos soltamos ni siquiera entonces. Bajo la luz del foco que todavía nos señala, veo su expresión de preocupación. Su mano se aprieta contra mi cintura y yo siento una gran presión en el pecho, como si las costillas se hubieran cerrado sobre sí mismas.

Es estúpido que me dé cuenta justo ahora de cómo me ha defendido desde que estamos aquí dentro, cómo está haciéndolo incluso ahora. ¿Cómo no he visto antes que todo lo que hacía no podía ser solo una actuación? La forma en la que fue a buscarme después de la discusión con Bianca, preocupado, no era actuación. La forma en que trató de defenderme cuando vinieron a por nosotros a nuestro cuarto para llevarnos a la cárcel no fue actuación. La forma en la que me besó, demasiado aliviado, cuando nos reunimos en el restaurante después de horas sin vernos. La forma en la que puso su cuerpo delante del mío cuando Liv Shifter nos señaló o cuando Scott Mills intentó esposarme...

—¿Estás bien? —murmura.

No, no lo estoy. De pronto sé que, si vienen a por mí en este juego, no va a dudar en protegerme también. Eso es lo que ha estado haciendo desde la primera vez que le guiñé un ojo y le dejé mi usuario de Pandora junto con una propina en el bar en el que Asher solía trabajar de camarero antes de todo esto.

—Estoy bien —digo en cambio. Me arrepiento al instante, porque eso significa que ya no tiene una excusa para seguir abrazándome y me deja ir.

—Iconos, preparaos —dice Sadie Craft—. En cuanto suene la campana, podréis abrir los regalos y coger vuestras armas.

La imagen de la Emperatriz es sustituida por una cuenta atrás de un minuto.

Su voz resuena en la azotea una última vez antes del juego:

—Buena suerte. Y que vivan los novios.

Evan

Cuando me quiero dar cuenta, la cuenta atrás ya ha comenzado. Siento que tardo demasiado en ponerme en marcha, pero son muchas cosas que digerir. Los «novios» están ahora encima de una plataforma que recuerda a una tarta de tres pisos que debe de medir unos nueve metros, aunque al menos hay asideros para que podamos trepar por ella. Pese a la ayuda, no será fácil llegar hasta la cima, sobre todo si somos varios los que vamos a intentar escalar.

Aun así, conseguir disparar a Laskin es hoy mi segunda misión. Tengo que arreglar cuentas con otra persona primero.

La gente está nerviosa alrededor de la mesa de los regalos. Somos nueve en el equipo (sin contar a nuestro novio correspondiente) y la mayoría de participantes a mi alrededor están hablando en corrillos de dos o tres, probablemente decidiendo su estrategia. Todo el mundo quiere permanecer vivo, así que es útil tener a alguien que te cubra las espaldas.

Pero yo no voy a confiar en nadie en este juego, ni siquiera en las personas de mi propio equipo. Esta semana estoy en el último piso y eso me convierte en un objetivo demasiado atractivo: robarme un 5% de mis visualizaciones podría suponer un cambio importante para mucha gente.

Mientras los números siguen cayendo del contador, observo a nuestros contrincantes. Blake Cooper está mirando a los novios, supongo que calculando cómo llegar hasta allí arriba lo más rápido posible. Hay rumores de que ese brazo suyo hace bastantes más cosas que uno humano y que eso la ayudó a escapar en la cárcel, así que estaría bien dejarla fuera de combate cuanto antes. Podría encargarme de ella, si nadie lo ha hecho para entonces, después de Bianca. Estoy seguro de que eso me ayudaría a mantenerme en mi piso. Con Cooper y Bianca eliminadas, mis visualizaciones subirían como la espuma. Y aún me quedaría una dosis de somnífero para Sasha. A menos que, además, me haga con las pistolas de quien vaya tumbando, en cuyo caso tendré más tiros.

Si solo quedamos Asher Hoffman y yo en pie cuando esto termine, me convertiré en el favorito absoluto del juego.

Me doy cuenta de que Bianca me está mirando desde la mesa cubierta por el mantel negro y no puedo evitar sonreír. Ella también va a venir a por mí, lo sé. Le admito el atrevimiento, aunque supongo que tampoco tiene alternativa: como yo, debe de ser demasiado consciente de que los Testigos estarán deseando que volvamos a intentar hundirnos mutuamente. Y yo, por mi parte, pienso cumplir encantado.

Le lanzo un beso por ese que me robó y ella entrecierra los ojos.

El contador llega a cero.

Las campanas prometidas por Sadie Craft empiezan a sonar, un sonido profundo y tan alto que ahoga el ruido que hace todo el mundo lanzándose a por los regalos. Yo consigo ponerle la mano encima a un paquete y empiezo a destrozar el papel. Al abrir la caja que hay debajo, encuentro el arma de la que nos han hablado: es pequeña, parecida a una pistola de videojuego, aunque no tan ligera. Al menos parece fácil de manejar: simplemente hay que apuntar y disparar, aunque han dicho que el alcance no es muy amplio. Mejor. Prefiero mirar a la cara de la persona a la que dispare; de lo contrario, sería demasiado fácil.

Los primeros Iconos ya se dirigen a la plataforma. Veo a Elodie, vestida de negro, empezar a correr hacia allá con ese aire kamikaze y caótico que tiene, pero apenas ha comenzado a trepar cuando Lucian le pregunta que adónde va tan rápido y le dispara. El efecto, tal y como nos dijeron, es casi instantáneo: apenas le da tiempo a volverse y disparar de vuelta, aunque su dardo solo se clava, inofensivo, en el suelo. La veo intentar aferrarse al siguiente asidero, pero un tirón a su vestido de muñeca punki por parte de Lucian es suficiente para desestabilizarla y hacerla caer.

Una menos.

Con la pistola acomodada en mi mano, me adelanto. Muchas personas a mi alrededor corren hacia la plataforma, pero yo no. Bianca tampoco. La veo entre la gente, descalza, porque probablemente ha decidido, como la primera noche, que sus zapatos de tacón no son más que un estorbo. Nuestros ojos se encuentran y sé que me estaba buscando.

Sonrío y echo a correr.

Bianca Fiore puede haber ganado muchas visualizaciones durante el juego de la cárcel, pero me niego a pensar que esto sea realmente lo suyo. Abusar de mí fue algo premeditado, pero el resto de sus acciones no lo han sido. Dudo que sea una estratega, dudo que tenga un plan cuando corre hacia mí. Creo que solo lo hace porque no quiere ser menos. A la hora de la verdad, sin embargo, la vence el miedo, por eso dispara antes de tener una buena oportunidad. El dardo da en el respaldo de una silla a un metro de mí, y yo siento ganas de reír mientras ella se queda muy quieta.

—Vas a tener que hacerlo mucho mejor para ganar en Imperio, florecilla.

—Aceptaré los consejos de alguien que haya ganado alguna vez, Walker —replica, mientras levanta la pistola de nuevo.

Me echo a reír porque, pese a su bravuconería, la veo retroceder un par de pasos, de pronto insegura. Estoy convencido de que las manos le tiemblan y sé de antemano que es imposible que me dé; aun así, le concedo el placer de dispararme otro tiro, que pasa más cerca pero no me roza, y eso que estamos solo a unos pasos.

Entonces, por fin, me abalanzo sobre ella. Podría simplemente dispararle, pero quiero hacer esto lo más interesante posible antes de vencerla; quiero darle a los Testigos un enfrentamiento digno. Hay un forcejeo en el que los dos intentamos luchar por el control y desarmar al otro, pero Bianca no es una persona atlética y, además, creo que entra en pánico cuando la golpeo y hago que caiga al suelo, porque es consciente de que a mí me quedan todos los tiros en mi pistola, mientras que la suya se escurre de sus dedos unos pasos más allá. Aprieta los dientes e intenta mostrarse orgullosa, serena; sin embargo, sé que tiene miedo. Al fin y al cabo, me cree un asesino por la acusación de Silena, ¿no es cierto? Quiero pensar que se le pasa por la cabeza que pueda descargar todos los tiros y acabar con ella no solo en este juego, sino para siempre.

Alzo el arma, directa hacia su pecho, y no puedo evitar sonreír.

—Estás preciosa ahí tirada, Bianca —le digo—. A lo mejor yo también te robo un beso cuando no puedas defenderte, para devolverte el favor de la semana pasada.

Ella aprieta los dientes mientras ve cómo me paso la lengua por los labios y acaricio el gatillo, disfrutando del momento en el que, por fin, la veo humillada delante de mí, tal y como se merece. Me pregunto qué pasará si el somnífero se descarga cerca de su corazón. Si algo así produjera un efecto indeseado y nadie nos hubiera advertido del peligro, sería un accidente o responsabilidad de los Imperiales, ¿verdad?

Sin embargo, mi dedo no llega a hundirse del todo en el gatillo porque me quedo helado. Algo me acaricia la nuca y tardo un segundo en comprender que me están encañonando. Bianca da un respingo y abre mucho más los ojos, mirando a un punto por encima de mi hombro.

—¿Shifter? —pregunta sorprendida.

Trato de volverme, pero decido no hacerlo cuando la presión del acero en mi cuello se hace más real. Unos dedos finos, con las uñas pulcramente cortadas y pintadas de un azul eléctrico, se clavan en la manga de mi chaqueta.

—Aléjate de mi hermana, Walker —dice la voz de Dana, sorprendentemente cerca de mi oído—. Deja de manipularla. Es la última vez que te lo aviso. Empiezo a estar harta de ti.

—¿Qué estás...?

La última palabra se me corta con un gemido cuando siento el pinchazo en la nuca. Es más fuerte de lo que esperaba.

Duele. Escuece. La pistola se ha ido, pero algo helado empieza a escurrirse a través de mis venas desde el lugar en el que estaba.

Apenas puedo moverme, aunque no sé si es por la sorpresa o por ese frío que se va apoderando de mi cuerpo. Es casi instantáneo: el suelo parece perder consistencia bajo mis pies, la realidad se nubla. Dana Shifter ya no me sujeta y trastabillo cuando quiero darme la vuelta. La veo ahí, delante de mí, con el ceño fruncido partiendo esa expresión que hasta ahora siempre me había parecido bastante inocente, inofensiva. Va vestida de blanco, como yo, y eso hace que su presencia tenga menos sentido todavía. Se supone que debería ir a por la gente de negro, se supone que...

—Tú...

No llego a terminar la frase. Ni siquiera tengo claro lo que iba a decir. Su mano se apoya en mi pecho, creo que me empuja, pero apenas la siento. Solo sé que de pronto estoy cayendo y cayendo y...

Bianca

El cuerpo de Evan cae como un fardo justo a mi lado, disparado por la espalda por una de sus supuestas aliadas y, de hecho, parte de su equipo en este juego. Dana Shifter viste del mismo color blanco que él, pero no le ha importado en absoluto y yo me pregunto, de pronto, quién es esta chica. Mientras el caos de carreras y disparos continúa a nuestro alrededor, ella solo le dedica una mirada de desprecio al chico desmayado cerca de mí. El arma sigue en su mano.

—Era de tu equipo —digo, no sé muy bien por qué. Ni siquiera sé si me refiero a este juego o a toda la competición.

La mayor de las hermanas Shifter parpadea como si despertase de golpe de un sueño. Solo entonces repara en mí y me doy cuenta de que su intención, por supuesto, nunca ha sido ayudarme: simplemente tenía sus propios asuntos con Walker.

—La Emperatriz no ha dicho que no se pudiera hacer —declara, como si fuera tan simple como eso.

A mí se me escapa una risa estrangulada. No me lo puedo creer. Siempre pensé que, de las dos hermanas, ella era la tranquila, la menos importante, la que se dejaba llevar un poco por la más pequeña. Me molestó que ella y Liv me retasen el primer día, claro, pero nunca la había considerado de verdad una enemiga o una rival. Como mucho, tenía en cuenta a la niña, sobre todo después de que en la cárcel demostrase que era capaz de armar una revolución solo por estar enfurruñada.

—Se supone que erais aliados. Todos estos días...

—Walker no es mi aliado. Pero de nada por salvarte de él.

No dice nada más. Aunque creo que duda un segundo, se humedece los labios y, de pronto, vuelve a alzar la pistola. Me doy cuenta demasiado tarde de que la sorpresa ha hecho que pierda la valiosa oportunidad de recuperar mi arma y me lanzo hacia Walker en un movimiento desesperado para agarrar la suya. Llego a conseguirlo. Llego a levantarla y...

El pinchazo me agarrota el hombro. Disparo, pero soy consciente, incluso antes de que el mundo se distorsione a mi alrededor, de que no va a servir de nada.

Dana

Ver los cuerpos de Bianca y Evan en el suelo me devuelve a la realidad. Siento que me estremezco, que me quedo un poco fría, y le echo la culpa al vestido que llevo puesto, que me deja los hombros y parte de las piernas al aire. En realidad, supongo que lo que pasa es que el chute de adrenalina se desvanece; por eso empieza a temblarme la mano con la que sostengo el arma y, de pronto, me cuesta enfocar. Me agacho junto a mis víctimas (no, no debería pensar en ellos de esa manera) y me digo que he hecho lo que tenía que hacer, que nadie va a culparme por esto. Evan me llevó al límite de mi paciencia. Y Bianca... Supongo que Bianca solo estaba en el lugar equivocado en el momento equivocado. De otra forma, no la habría atacado.

O quizá sí. Al fin y al cabo, de eso va el juego. O disparas o te disparan.

Respiro hondo antes de recuperar las armas de mis contrincantes y vaciarlas de munición para rellenar la mía. Pese a que nos han dado las pistolas cargadas con solo tres dardos, compruebo que caben algunos más. Al tiro que me quedaba sumo uno de Bianca y tres de Evan.

Liv me ha acusado antes de no estar haciendo nada, pero, con cinco cargas, ¿hasta dónde podría llegar yo en este juego? ¿Cuántas visualizaciones podría robarle a otros competidores...?

Los ojos se me van, casi sin quererlo, a esa extraña plataforma que recuerda a un pastel. Veo a la gente intentar subir. También veo a la gente caer, dormida o simplemente desde las alturas, aunque el suelo de cada piso está lo suficientemente acolchado como para amortiguar el golpe, así que no parece que nadie esté haciéndose demasiado daño. En el piso superior, Asher y Sasha intentan defenderse de sus asaltantes.

—Eso ha sido bastante impresionante, estrellita.

Me pongo en tensión al escuchar a mis espaldas esa voz que ya reconozco demasiado bien. Cuando me pongo en pie y me giro hacia Blake, me sorprende ver que no está sola: tiene a Liv en brazos. Mi hermana duerme tranquila, con el mismo rostro pacífico que he visto mil noches desde que era solo un bebé. Resulta difícil pensar en ella respondiéndome de mala manera hace una hora, sugiriendo que debía dejar que todo el mundo me viese acostándome con Blake...

Sacudo la cabeza, tratando de no pensarlo. La sangre todavía me hierve al pensar que ha debido de ser Walker quien le ha estado metiendo ideas extrañas en la cabeza.

—Cuando antes me miraste, pensé que me estabas diciendo que le echarías un ojo... —le digo—. No esperaba que la atacases para robarnos visualizaciones.

Blake pone esa cara que pone de vez en cuando: la de fingir ser inocente pese a que está claro que no lo es. Una vez más, me recuerdo que no tengo razones para fiarme de ella, pero supongo que siempre acabo olvidándolo.

—Tal y como yo lo veo, dispararle era la manera más rápida e indolora de evitar que pudiera hacerse daño: yo creo que deberías darme las gracias.

Conociendo a Liv, sí, probablemente se hubiera metido en un lío. Habría ido a por Lucian Morton o habría intentado escalar hasta Sasha y Asher. Y sé que hay gente que todavía le guarda rencor por lo que ha estado haciendo en las últimas semanas, así que doy por hecho que le habrían disparado más pronto que tarde.

—No voy a darte las gracias: esa es una manera muy extraña de cuidar de una niña. Y no deberías tentar a tu suerte: en este momento voy más armada que tú.

Alzo la pistola, solo para que la tenga en cuenta. Todo lo que hace ella, por supuesto, es dedicarme una de sus sonrisas, como si encontrara la situación muy divertida. La veo redistribuir el peso de Liv entre sus brazos.

—¿Salvo a tu hermana y te la traigo aquí, y solo recibo amenazas? Te estás convirtiendo en toda una villana.

Sus ojos bajan un momento a los rostros de Bianca y Evan. Ella ha caído sobre él, con la mejilla contra su pecho. Casi parecen un par de amantes que se han quedado dormidos juntos, en vez de los enemigos acérrimos en los que se han convertido.

Supongo que Blake va a preguntarme algo. Supongo que va a querer saber por qué lo he hecho, por qué estaba lo suficientemente enfadada como para dispararle a Walker por la espalda y comportarme de una manera que no pega nada con quien soy.

Aunque ni yo misma sé quién soy en realidad, ¿no?

Antes de que ella hable, sin embargo, me acerco y extiendo las manos. Nuestros brazos se rozan mientras mi aliada me cede a mi hermana y yo soy incapaz de no reparar en el contraste entre la carne y el metal. La sensación provoca un estremecimiento que baja por mi columna, aunque intento que no se note.

El peso de Liv cae contra mí. La sostengo como puedo, abrazándola por debajo de las axilas. Al contrario que Blake, yo no estoy en tan buena forma (ni tengo ayuda tecnológica) como para cargarla en volandas, aunque Liv no es especialmente pesada.

Blake está muy cerca, todavía ayudándome a sujetar el cuerpo de mi hermana, cuando dice:

—Sabes que podrías dispararme ahora, ¿verdad? —Sus ojos grises están fijos en los míos y a mí me gustaría tener la voluntad de dejar de mirarlos—. Somos de equipos contrarios, el juego va de eso, y te llevarías un 5% de mis visualizaciones al hacerlo.

Eso significaría quedarme con un porcentaje importante de las tres personas que están más altas en el Edificio. No sé si es suficiente para salvarnos esta semana, aunque suena tentador. Pero no. No voy a atacar a la chica que me deja entrar en su piso, de día y de noche. No voy a atacar a la chica que, el otro día, cuando le escribí diciéndole que no conseguía dormir, me invitó a subir a su apartamento y me entretuvo dejándome trabajar con ella y sus máquinas. Me dijo que podíamos hacer casi cualquier cosa que se me ocurriese, desde un juguete a una bomba, y durante ese rato junto a ella me sentí un poco así: capaz de todo, aunque la tecnología no tenía nada que ver.

—Tú también podrías dispararme a mí. Apuesto a que todavía te quedan tiros.

—Podría, sí.

Pero no lo hace, y a mí me gustaría que eso no me hiciera sentir especial, porque sé que esta chica no va a dudar en disparar a nadie más en este lugar. Tomo aire y aprieto el cuerpo de mi hermana contra mí mientras Blake retrocede un paso.

—Si te disparase ahora, no tendrías oportunidad de cobrarte tu favor y pedirme que te ayude a ganar este juego —le digo.

Por alguna razón, quiero que me lo haga. Quiero sentir que de verdad somos aliadas y que yo puedo echarle una mano esta vez. Quiero que haga algo impresionante como la semana pasada y pensar que, de alguna forma, colaboré con ello. Es estúpido, lo sé, pero quiero sentir que yo también puedo hacer algo por esta chica, porque ella está haciendo mucho por mí.

Ella mira un instante a nuestro alrededor, a todos los Iconos que ya han caído y a los que todavía luchan, ya en la plataforma.

—Ya que lo mencionas, ¿por qué no me das toda esa munición extra que tienes? Sería un detalle por tu parte y a mí me vendría bien.

—¿Te estás cobrando tu favor? ¿Estamos en paz, entonces?

Blake resopla, la comisura de su boca regalándome esa sonrisa a la que empiezo a hacerme adicta.

—Solo hasta que vengas a suplicarme ayuda otra vez.

No tengo nada que pensarme: sé que ella va a usar estos dardos mucho mejor que yo, así que simplemente le tiendo mi pistola cargada. Las puntas de nuestros dedos se tocan cuando ella la coge, aunque no termino de soltarla. Blake no tira y, durante unos momentos, nos quedamos así, unidas de esta manera tan extraña.

—Solo para que conste, yo no suplico.

Estos días he descubierto que, cuando Blake ríe de verdad, lo hace de una manera muy suave, como si fuera un secreto. Como si no quisiera que los Testigos se enteraran de que lo está haciendo. Es un sonido que me fascina más de lo que debería, como toda ella.

La Icono se inclina hacia mí, pero esta vez no caigo en la trampa, no pienso que me vaya a besar. Solo quiere hablarme al oído de una manera que me hace pensar que estamos solas, que nadie puede escucharnos. Es mentira, pero es una mentira agradable.

—Cuidado, estrellita: podría tomarme eso como un reto personal.

Siento que el calor me trepa por el cuello hasta la cara. Y me abrasa por completo cuando, sin esperarlo, siento sus labios en mi mejilla.

Sé que está jugando conmigo otra vez. Lo veo en la forma en la que se separa, llevándose con ella mi arma. La levanta, como si estuviera dándome las gracias por ella, pero yo tengo la boca repentinamente seca y no se me ocurre qué responderle.

—Te queda muy bien el blanco, por cierto. Es una pena que vaya a ser el color de los perdedores.

La veo encogerse de un hombro y después, como si nada, da media vuelta y se marcha. Yo la sigo con la mirada, con los dos brazos alrededor de Liv y la cara en llamas.

Sus labios son un fantasma que todavía me acaricia la mejilla.

Sí, sé que está jugando conmigo. Pero ni siquiera me importa.

Sasha

Contra todo pronóstico, Asher y yo nos defendemos bastante bien.

Al principio, simplemente nos quedamos aquí encima, tan quietos como si fuéramos las figuritas que adornan una tarta de boda. Ni siquiera nos atacan tan rápido como esperábamos, porque ahí abajo varios Iconos se roban visualizaciones entre sí al neutralizarse los unos a los otros. Y cada uno que cae es una buena noticia para nosotros, porque significa que es un asaltante menos y una posibilidad más de que la victoria sea nuestra.

Pese a ello, en algún momento nuestros contrincantes empiezan a intentar alcanzarnos, y entonces no nos queda otra que empezar a actuar.

Asher es el primero que se pone a disparar, demostrando una vez más que no tiene ningún problema en entrar en acción. Lo hace parecer sorprendentemente fácil, en realidad, porque sabe aprovechar las alturas y neutralizar a la gente antes de que llegue a alcanzarnos. Gracias a él (y a mí, cuando deja de temblarme la mano con la que apunto), nuestro piso permanece inexpugnable: es tan sencillo como apuntar y disparar.

Durante un rato, todo está bien.

Hasta que llega Deborah. La vemos subir, sin prisa pero sin pausa. La Icono demuestra que ha escalado muchos muros como estos y trepa como si fuera una araña. Aunque sería fácil pensar que tantos músculos deben de hacerte torpe o lento, lo cierto es que se mueve con una agilidad que ni yo ni Asher tenemos. Y por el camino, además, ha ido dejando un rastro de cuerpos vestidos de blanco y robándoles la munición, así que creo que va a tener más de un par de oportunidades para acabar con mi prometido de pega.

A él, por supuesto, no le importa. Asher está muy pendiente de la escalada de Deborah y, en cuanto ella se pone al alcance, dispara. Estoy tranquilo, porque es obvio que lo tiene controlado... hasta que nos damos cuenta de que no le quedan dardos. Me acerco todo lo rápido que puedo y trato de disparar yo también.

Sin munición.

Asher y yo compartimos una única mirada de pánico, pero cuando una mano se agarra al borde para intentar auparse, mi acompañante no se lo piensa dos veces y le pisa los dedos. Se escucha un grito y Deborah aparta la mano. No cae, sin embargo, sino que se queda colgando precariamente de uno de los salientes de la pared. Me asomo al borde para verla mejor y me doy cuenta de cómo abre y cierra el puño. Tiene los nudillos rojos, pero no parece que tenga nada roto. Una pena, en mi opinión.

—Necesitamos otra arma —masculla Asher.

Sí, pero no veo cómo vamos a robársela a alguien. Estoy seguro de que los cuerpos que pueda haber a nuestro alcance, esparcidos por la estructura inferior de nuestra plataforma, ya han sido desvalijados.

Me separo de él para investigar el área que hay a nuestro alrededor y me quedo helado cuando veo aparecer a Annika Fuller por el lado contrario adonde está Asher. Está resoplando cuando flexiona los brazos para impulsarse sobre el borde. Lleva un traje de pantalón negro y sé, sin duda alguna, que va a ir a por mi exnovio en cuanto tenga tiempo de recobrar la respiración. Del bolsillo de su americana saca la pistola.

Podría dejar que esto acabara aquí. Sería sencillo y el equipo de mi «familia», como lo ha llamado la Emperatriz, ganaría. Por no hablar de que, en este momento, no le debo ningún tipo de lealtad a Asher.

Aunque sí lo hago, ¿verdad? Él siempre se ha preocupado por mí. Él está aquí, luchando, y si fueran los blancos quienes llegasen arriba y viniesen a por mí, no dudaría en defenderme. Quizá yo debería intentar ser un poco más como él.

Aun así, está claro que esto se le da mejor a mi exnovio que a mí. Asher es el de la acción. Asher es el que puede trazar un plan o simplemente actuar como si tuviera uno y conseguir que le salga bien. No tengo ni idea de qué habría hecho sin él todos estos años, pero sé que no estaría aquí. Que no habría sido tan feliz, incluso si la situación en este momento no es la que a mí me gustaría.

—¡Asher!

El chico se da la vuelta al escuchar mi aviso y ve a Annika. Lo veo dudar un segundo, observar la pistola en la mano de su rival y calcular sus probabilidades. Lo veo, también, considerar que tiene muy pocas. Que ella va a poder con él en un parpadeo. Retrocede. Está en el borde, podría caerse en cualquier momento.

Todo ocurre a cámara lenta. Veo a Asher tambalearse, darse cuenta de que no tiene escapatoria. Al mismo tiempo, Annika se echa hacia delante con el dedo en el gatillo, dispuesta a acabar con todo. No sé de dónde saco las fuerzas o el valor, pero yo me abalanzo sobre ella justo en ese momento y caemos al suelo juntos, y la sorprendo lo suficiente como para que pierda su arma. Incluso con el dolor de la caída resonándome en los huesos, me lanzo a por la pistola y cierro los dedos a su alrededor solo un segundo antes que ella.

El único segundo que necesito para disparar.

Me gustaría decir que el somnífero es instantáneo, pero Annika todavía forcejea. Trata de arrebatarme el arma, trata de inmovilizarme. No sé cuánto dura el enfrentamiento, pero son los instantes más largos de mi vida. Casi es un alivio cuando, finalmente, se me cae encima, inconsciente. Para entonces estoy sudando, al borde de empezar a hiperventilar, pero la aparto de mi cuerpo y me incorporo.

—¡Sasha!

El grito de Asher me pone en tensión otra vez. Él sigue en el borde y me mira por encima del hombro. Su cara tiene una expresión de pánico absoluto mientras intenta deshacerse de una mano en su tobillo. Deborah.

—¡Cógela!

Le lanzo la pistola y Asher la agarra al vuelo, sin pensar, apuntando a un lugar desde el borde de la plataforma. Apenas se escucha un silbido cuando aprieta el gatillo, porque no es como una pistola de verdad, pero yo me quedo tan quieto como si hubiera habido un gran estallido. No me atrevo a respirar mientras aguardo a que algo ocurra. Creo que pasan cinco segundos. Diez segundos. La mano de Deborah suelta al fin a Asher y desaparece por el borde.

Recupero el aliento y me desplomo hacia atrás.

No quiero volver a hacer esto en la vida.

—Con ese traje negro y ese arte para robar pistolas ajenas, podrías ser un gran espía.

Abro los ojos. Asher me mira desde arriba, con sus trenzas cayéndole por la cara completamente desordenadas y la ropa hecha un desastre. Me está tendiendo la mano y yo la cojo sin dudar, para dejar que tire de mí y me ayude a levantarme.

—Con ese traje blanco y lo guapo que eres, podrías ser un gran Imperial.

Él se echa a reír y me doy cuenta de que llevaba días sin escucharle una carcajada sincera. Una dedicada solo a mí, como las de antes.

—Ten cuidado con lo que dices, o voy a pensar que estás flirteando conmigo. Y siempre se te ha dado de pena.

—¿De pena? Te recuerdo que fui yo el que te tiró los trastos primero y te quedaste prendado.

—No te equivoques: solo fuiste la obra de caridad de aquella noche en la que decidí mandarte un mensaje.

—No puedo ser tu obra de caridad durante tantos años.

—Es que al final te acabé cogiendo un poco de cariño.

Asher me está sonriendo y yo no puedo evitar hacer justo eso. Esto, esto es lo que echaba de menos. Las bromas, la complicidad, olvidarnos de las cámaras. Porque no es hasta ahora que pienso en ellas que soy consciente de que siguen ahí, transmitiendo todas nuestras palabras, todos nuestros movimientos.

Se me hace un nudo en la garganta. Algo dentro de mí se revuelve contra la idea de seguir así, de seguir haciendo esto, de estar condenado a perderlo una y otra vez. Cuando salgamos de Imperio, de hecho, será para siempre. Volveremos a nuestra casa, pero solo para recoger nuestras cosas y buscarnos otros lugares en los que vivir, lejos del otro...

No, no quiero. No puedo ni pensar en hacer eso. Aunque no tendríamos por qué, seguimos cogidos de la mano, muy cerca, y yo soy muy consciente de pronto de que no quiero soltarle. No puedo.

A lo mejor yo también me inventé todo lo de continuar nuestra relación de manera falsa para mantenerlo cerca de mí, después de todo. Y no solo por nuestro estatus. A lo mejor a mí también me parecía más sencilla esa solución que enfrentarnos a los problemas que teníamos.

—Escucha, Asher...

No llego a terminar el pensamiento ni la frase porque algo negro, una sombra, capta mi atención por encima del hombro de mi compañero.

Es el movimiento más estúpido que he hecho jamás. Normalmente yo no actúo así, pero quiero echarle la culpa a la adrenalina. Quiero echarle la culpa a la emoción y al estrés de los últimos minutos.

—¡Cuidado!

Me lanzo hacia él y lo empujo a un lado antes incluso de ser consciente de lo que estoy haciendo. Lo siguiente que siento es el pellizco de algo que se me hunde en el pecho. Bajo la vista. Allí, a la altura de mi corazón, se ha clavado uno de los dardos. Es fino, no más largo que una horquilla del pelo. Y es más doloroso de lo que pensaba, un pinchazo que me tira de la piel y lanza un estremecimiento helado por todo mi cuerpo.

Me lo arranco en un acto reflejo.

—No puedo creer que acabes de darle la victoria al equipo contrario.

Me cuesta enfocar a Blake Cooper, que baja el arma al tiempo que chasquea la lengua con disgusto. Las piernas me fallan y justo después noto el brazo de Asher en mi cintura, veo su cara sobre la mía. Supongo que él tampoco entiende nada.

—¿Qué has hecho?

Siento unas ganas incontrolables de reírme. Esto me recuerda demasiado a la primera noche que estuvimos aquí: yo al borde de la inconsciencia y él sujetándome. Esta vez, sin embargo, no monta un drama innecesario. Esta vez parece preocupado de verdad, con la expresión ansiosa y los ojos entrecerrados llenos de incomprensión. Desearía decirle que no frunza tanto el ceño, que le van a salir arrugas antes de tiempo. Desearía levantar una mano y probar a alisarle la frente o jugar con su pelo trenzado como llevo demasiado tiempo sin hacer, pero el cuerpo ya no me responde.

—Yo también quería ser el héroe por una vez.

Asher me mira con cara de no creerse lo estúpido que soy, pero me parece que también sonríe. A lo mejor no estoy viendo eso de verdad, a lo mejor solo es un recuerdo de otro tiempo, a lo mejor solo intento creer que todavía puede mirarme con ese cariño.

Pero es una buena imagen con la que quedarme antes de que todo se vuelva negro.

Blake

La verdad es que no era así como planeaba que pasara todo. Una vez más, la gente en este lugar ha decidido no ajustarse a lo que yo quiero o necesito, pero supongo que tendré que contentarme con la situación. Las campanas que anuncian el fin del juego suenan, y las pocas personas que seguimos despiertas levantamos la vista cuando escuchamos la voz de la Emperatriz anunciando que el equipo blanco es el ganador.

—Si te sirve de consuelo, yo tampoco esperaba que fuera a hacer una tontería así.

Bajo la vista a Asher, que me está sonriendo desde el suelo, donde se ha arrodillado mientras aprieta a su expareja contra su cuerpo. Aparta pronto la vista de mí para volver a mirar el rostro dormido de Sasha, tan obviamente enamorado que está claro por qué a nadie se le ocurrió nunca que los dos estuvieran fingiendo una relación.

La verdad, preferiría hacerle esto a Sasha, porque creo que se lo merece un poco más. En la última semana he descubierto que Asher Hoffman es una de esas personas demasiado buenas o demasiado estúpidas, o quizá las dos cosas a la vez, como si fuera un cachorro.

Al menos esto va a ser bastante rápido.

—Eh, Hoffman. El juego no ha acabado.

Asher vuelve a levantar la mirada, confuso. Su expresión no tiene precio cuando se da cuenta de que vuelvo a alzar la pistola, aunque no le estoy apuntado a él, sino a Sasha. La sonrisa le titubea un segundo.

—¿De qué estás hablando? La Emperatriz ha dicho...

—El resto del juego, Hoffman. Por si no lo recuerdas, estás en Imperio.

—No entiendo...

—La Emperatriz dijo que dos disparos eran suficientes para matar a alguien, ¿recuerdas?

Ahora sí, la sonrisa se le borra de golpe de la cara cuando comprende lo que estoy insinuando y ve cómo mi dedo acaricia el gatillo con suavidad. Su reacción es inmediata: aprieta el cuerpo de Sasha contra sí y traga saliva.

—No tiene gracia, Cooper.

—¿Tengo cara de estar bromeando?

Él debe de ver en mi rostro sin sonrisa que no lo hago. Debe de identificar la repentina frialdad en mi voz y comprender que no tengo intención de hacer ningún chiste en esta situación. Creo que se estremece. Creo que se le pasa por la cabeza lo que sería sentir a Sasha morir en sus propios brazos, y por eso también su reacción es desesperada. Se apresura a echarse hacia delante para coger una pistola del suelo, pero yo me adelanto y piso su mano antes de que pueda levantarla. Asher deja escapar un gemido y yo suspiro, agotada, mientras me inclino hacia él y Sasha. Sigue apretando a su expareja contra sí cuando me acerco más y pongo la pistola cerca del cuello de Laskin.

—No tienes ninguna oportunidad contra mí, Hoffman. De verdad, ni lo intentes, solo vas a ponerte en evidencia. —Y, para que lo tenga claro, aprieto un poco más el pie sobre su mano. Es el biónico, así que su peso le tiene que doler—. Pero puedes hacerte el héroe una última vez, si quieres. Está en tu mano salvarlo.

Asher Hoffman aprieta los dientes, con los ojos inyectados en sangre. Veo que tiembla. Me mira como si de pronto fuera una pesadilla. Es la misma mirada que me dedicó Scott Mills cuando le disparé la semana pasada, como si no se pudiera creer que no tenga límites de ningún tipo.

—¿De qué estás hablando? ¿Qué quieres?

—Renuncia.

La palabra cae con sencillez entre nosotros. Al principio, Asher ni siquiera parece entenderlo, pese a que la petición es muy simple.

—¿Qué?

—Renuncia —repito—. Tal y como yo lo veo, de hecho, te vendría bien. ¿Qué haces aquí, Hoffman? Ya no estáis juntos; no te quiere, no tenéis ningún futuro. A lo mejor deberíais separaros de verdad de una vez, en vez de seguir haciendo este circo. ¿O qué haréis, si llegáis a Imperiales? ¿Crees que eso lo solucionará todo? Viviréis juntos en la mansión y ¿qué? ¿Continuarás esperando a que algún día vuelva a mirarte como si lo fueras todo? Lo que le importa son solo las visualizaciones.

Ahí está: el dolor, tan fácil de provocar cuando sabes dónde golpear. Hay palabras que son mucho más efectivas que balas o dardos, que pueden hacer mucho más daño y abrir heridas mucho más profundas. Y sé que las mías dan en la diana, aunque ni siquiera son verdad. Porque la verdad es que yo creo que Sasha Laskin quiere a este chico. Si no lo hiciera, no se habría interpuesto ahora en mi camino. Si no lo hiciera, no habría estado toda la semana mirando hacia él cada vez que pensaba que Asher no se iba a dar cuenta.

Pero el amor es solo otro juego más. Uno peligroso y que puede dejarte sangrando si no tienes suficiente cuidado.

—¿Qué haces aquí, Hoffman? —insisto.

Seguir estirando el único hilo que cree que los une. Un hilo que le hace apretar la mandíbula porque no quiere soltarlo. No quiere dejarlo ir.

—No vas a hacerlo —me dice, pero le tiembla la voz—. No vas a disparar.

No puedo evitar reírme. Bueno, es cierto que preferiría no tener que hacerlo, pero que piense que no sería capaz solo demuestra que no tiene ni idea de quién soy o las cosas que puedo llegar a hacer.

—Yo no me probaría, Hoffman. Los Testigos me han pedido que consiga que alguien renuncie, pero creo que les servirá si cambio renuncia por muerte. De una manera u otra, es un jugador menos.

—Estás loca.

—Puede —le concedo, aunque yo creo que el problema es que estoy perfectamente cuerda y soy consciente de cada cosa que hago—. Pero se me están acabando la paciencia y el tiempo. Quiero terminar con esto rápido, así que dime: ¿qué va a ser? ¿Renuncia o muerte?

Los dos sabemos la respuesta y, aun así, Asher se resiste un poco más al apretar el brazo alrededor de su compañero. Lo mira, tan ajeno a nuestra conversación, tan pacífico. Para terminar de presionarlo, acerco un poco más el arma al cuello de Sasha y rozo el gatillo con el dedo.

—¿Y bien, Asher? Se acaba el tiempo.

Hoffman deja escapar un suspiro. Es de rendición.

—Renuncio.

La palabra es solo un susurro, pero sé que es suficiente, sobre todo cuando la pantalla se enciende y la Emperatriz y los Imperiales nos contemplan desde ella. Sadie Craft parece extasiada, como si estuviera teniendo el mejor día de su vida.

—Asher Hoffman, ¿quieres renunciar?

Él aprieta la mandíbula. Sus ojos no se apartan de Sasha, como si deseara grabarse a fuego en la memoria cada uno de sus rasgos. Supongo que piensa que no lo verá más, que es consciente de que no está dejando solo el Edificio, sino toda la vida que tenía con él. Ahora van a estar distanciados por algo mucho mayor que algunas discusiones puntuales. Los Testigos y los Iconos no se mezclan. No viven en las mismas zonas, no tienen espacios comunes. Los Testigos, de hecho, tienen el paso restringido a la mayoría de lugares que sí pueden ocupar los Iconos.

A partir de este momento, Asher y Sasha son de mundos distintos. Solo podrían ser más diferentes si Asher se convirtiera en un Desconectado...

—Sí. Renuncio —susurra.

—Asher Hoffman, coge el ascensor y...

Pero mi disparo acalla a la Emperatriz. Asher da un respingo cuando siente el dardo en su propio cuello y me mira con sorpresa.

—¿Qué...?

—Podréis despediros cuando despertéis de la siesta.

Asher entrecierra los ojos, pero no le da tiempo a decir nada más, porque sus párpados ceden y su cuerpo cae, todavía abrazando a Sasha. Cuando miro hacia arriba, me doy cuenta de que Sadie tiene las cejas alzadas, incrédula por mi interrupción. El resto de Imperiales se miran entre sí, aunque veo a Silena sonreír, con los brazos morenos cruzados sobre el pecho. Yo tan solo me encojo de hombros.

—A los Testigos les encantará verlo.

Los corazones que salen del cofre de Pandora me dan toda la razón.

Sasha

Me siento como si realmente me despertase la mañana después de mi boda. Al menos, imagino que debe de ser algo así, con resaca tanto física como emocional. Es semejante a la mañana tras la primera noche en Imperio, solo que esta vez nadie entra cantando con el desayuno, esta vez nadie me dice que tengo que levantarme. Quizá por eso tardo un poco más en abrir los ojos: porque en realidad tengo la esperanza de que en cualquier momento aparezca Asher para molestarme... aunque hoy no creo que me molestase en absoluto verlo.

No ocurre, sin embargo. Por eso, al final cedo y separo los párpados, que siento pesados, casi pegados por las legañas. A mi lado, y para mi sorpresa, porque esto llevaba casi una semana sin pasar, duerme mi exnovio.

Creo que hacía siglos que no me levantaba antes que él. Hacía mucho que no podía verle la cara tan relajada, los labios entreabiertos, una de sus trenzas cayéndole sobre la mejilla. La aparto con cuidado y me fijo en la marca que tiene en el cuello. No es mayor que la picadura de un mosquito o la reacción a una vacuna, pero soy perfectamente consciente de qué significa. Y no lo entiendo. Ayer, en el juego, me dispararon a mí, y se suponía que todo acababa cuando se acertaba a uno de los novios. ¿O es que, como Cooper me dio a mí, trató de arreglarlo durmiéndolo luego a él, en un intento desesperado de ganar? No creo que se lo dieran como válido...

—¿Asher?

Lo muevo un poco. Él se gira sobre su costado y se queja, pero no tarda en abrir los ojos. Confundido, me enfoca. Esa sonrisa estúpida que pone a veces, la de no haberse enterado de nada de lo que le he dicho, aparece en su boca.

—¿Estás bien? ¿Qué ha pasado?

Creo que no comprende qué le estoy preguntando. No es hasta que se intenta incorporar sobre un codo y el pinchazo en el cuello le molesta que despierta de verdad.

En el momento en el que lo hace, la sonrisa se borra de su boca. Se sienta en la cama de repente y yo lo hago con él, preocupado por la expresión de su rostro.

—¿Asher? —pregunto de nuevo—. ¿Qué pasa? ¿Está todo bien? ¿Te encuentras...?

—Lo siento, Sasha.

Sus palabras no tienen sentido para mí, como no lo tiene la expresión derrotada que hay en su cara o el hecho de que de pronto se niegue a mirarme.

—¿Qué...?

No llego a acabar la pregunta. La voz de la Emperatriz suena por esos altavoces ocultos que hay dentro de la habitación y dice:

—Asher Hoffman, has renunciado.

—¿Qué?

—Tienes cinco minutos para despedirte de tu compañero y salir del Edificio. Alguien te recogerá en el recibidor y te acompañará fuera de las instalaciones.

—¿Qué?

Me giro hacia mi compañero, pero Asher sigue sin mirarme. Veo cómo cierra los ojos y hunde los hombros, y yo solo puedo pensar que no tiene sentido. Asher no ha renunciado. ¿Cómo iba a hacerlo? Le han disparado. Hasta hace un minuto, dormía justo a mi lado. He debido de entender algo mal; claramente estoy aún bajo los efectos del somnífero. O quizá es un error. Seguro que se trata de un error...

Pero, cuando miro hacia él, no encuentro incomprensión en su cara, solo derrota escrita por todas partes. En vez de protestar, solo dice:

—Entendido.

No. Esto no puede estar pasando. Algo incómodo nace en la boca de mi estómago y lo escupo en forma de risa nerviosa.

—¿Es otro juego? —pregunto—. ¿Alguna clase de prueba?

Tiene que serlo. Un desafío cuyas normas desconozco. Una actuación para los Testigos o un reto personal. Una prueba de fe, tal vez, donde tengo que demostrar que conozco a Asher mejor que nadie. Y él no renunciaría. Lo sé. Él...

Él suspira y me mira, pero la sonrisa que hay en sus labios está fuera de lugar.

—Estoy seguro de que podrás hacerlo muy bien tú solo de ahora en adelante.

Siento todavía más ganas de reír, pero también un sollozo que no dejo que me salga de entre los labios. ¿Yo solo? No quiero estar aquí solo. No quiero tener que enfrentarme a todo esto solo. Ni siquiera recuerdo ya por qué nos pareció una buena idea venir. ¿Por qué creíamos que este lugar nos aportaría algo? ¿Por qué pensamos que tenía sentido convertirnos en Imperiales?

No, yo no deseo ningún puesto si no es con él a mi lado.

No soy capaz de imaginarme mi vida sin él, ni siquiera aquí dentro.

—No, no puedes hacer esto. Éramos un equipo. —No, no quiero hablar en pasado, así que me corrijo—: ¡Somos un equipo! Anoche no lo hicimos tan mal, ¿verdad? No...

No tiene sentido que haya renunciado. ¿Por qué lo ha hecho? Ayer, por un momento, todo pareció estar bien. Todo volvió a ser... nuestro. ¿O quizá solo yo lo percibí así? ¿Es que se ha cansado de mí lo suficiente como para renunciar a su estatus? ¿Es eso? ¿La he jodido tanto...? No, ayer me sonrió, estoy seguro. ¿Me lo imaginé? ¿Quería tan desesperadamente sentir que podíamos ser los de siempre, que vi cosas que no estaban ahí y que ya nunca van a volver?

—Tranquilo, Sasha —murmura—. Es... No te preocupes.

¿Que no me preocupe? Quiero gritarle. Quiero que los ojos dejen de escocerme. Quiero dejar de temblar cuando él se acerca con mucho cuidado y se inclina sobre mí. Tiene que ver mi desesperación, mi incomprensión. Tiene que ver cómo me siento. Y tiene que saber que es el beso que deja sobre mi frente, tan delicado, lo que termina de romperme.

Quiero decirle que no me deje, pero en lugar de eso, todo lo que puedo hacer es cerrar los ojos cuando acaricia mi mejilla con el dorso de sus dedos.

—Vas a estar bien —susurra—. No me necesitas, ni aquí dentro ni allá fuera.

Lo necesito. Claro que lo necesito. No me acuerdo de cómo era estar sin él, pero lo más importante es que no quiero recordarlo. No quiero estar sin él.

Cuando se aparta, tengo la sensación de que se lleva consigo un pedazo de mí. Un pedazo hecho de recuerdos, de un primer beso, de risas en la playa, de bailes lentos, de discusiones y disculpas, de caricias por todo el cuerpo y de mañanas juntos.

Es un pedazo inmenso. Voy a quedarme vacío.

—Te estaré mirando, ¿de acuerdo?

Eso sería lo único que nos quedaría. Yo, con mi vida a través de las cámaras; él, al otro lado de la pantalla. Quizá vea algún comentario suyo de vez en cuando. Sabré que uno de los corazones que salgan de la caja en la pantalla será suyo mientras esté aquí.

Asher se levanta y yo siento que no me muevo lo suficientemente rápido cuando me echo hacia delante. Su manga se me escapa de los dedos por centímetros, pero es suficiente para que se gire hacia mí. Suficiente para que yo consiga levantarme y lo sujete de los brazos para detenerlo.

No quiero perderlo. No así. No sin entenderlo.

La última vez que dejé que se marchase sin más explicaciones cometí el mayor error de mi vida.

—¿Por qué? —pregunto con la voz rota—. ¿Por qué has renunciado?

—¿Qué importa? —Asher rehúye mi mirada—. A lo mejor esta es la distancia que realmente necesitamos, ¿no?

—¡A mí me importa! —Me cuesta respirar y, ahora sí, el sollozo hace que se me atraganten las palabras—. No necesitamos más distancia. Ya hemos tenido suficiente.

Silencio. Él permanece muy quieto, pero noto la forma en la que le tiemblan los brazos. No sé por qué no quiere contarme cómo hemos llegado hasta este punto, pero seguro que hay alguna forma de arreglarlo. A lo mejor puede retractarse. A lo mejor pueden readmitirlo.

Sí. Sí, eso tiene sentido.

—¡Emperatriz! —llamo, porque sé que tiene que estar escuchando. Ella y los Imperiales siempre están escuchando, siempre están observando. Me separo de Asher y miro al techo, hablando hacia lo alto, como si pudiera ver las cámaras—. ¡Tiene que haber algo que podamos hacer! ¡No puedes echarlo! ¡No...!

—¡Sasha!

La voz de él es un siseo, un aviso. Al menos vuelve a mirarme, aunque sea porque de pronto parece alarmado. Ni siquiera me importa si me estoy poniendo en evidencia o si parezco completamente desquiciado.

—Asher ha decidido, Sasha. —La voz de Sadie Craft rebota por el cuarto—. Esta competición tiene pocas reglas, pero esa es inamovible: una vez alguien se retira, está fuera. No hacemos excepciones. Pero, ya que quieres explicaciones y él no parece dispuesto a dártelas, te las enseñaremos nosotros.

—¡No! —protesta Asher—. ¡No tenéis por qué hacer eso! ¡Ya basta!

Pero ni los Imperiales ni yo lo escuchamos, porque la pantalla que hay en la pared de mi cuarto se enciende y, de pronto, todo lo que puedo hacer es prestar atención a las imágenes que aparecen en ella: Asher con mi cuerpo entre sus brazos, Blake Cooper alzando su arma y amenazándome. Una simple pregunta: la vida con un cambio de estatus o mi muerte.

Perder todo lo que hemos conseguido juntos o mi muerte.

Y él me eligió a mí. Después de como me he portado, después de nuestras discusiones, de decidir romper con todo, todavía me eligió a mí.

La pantalla se apaga y el silencio cae sobre la habitación. Asher tiene la mirada puesta en el suelo cuando me vuelvo hacia él. Aunque aún no se ha ido, ya me siento solo. Ya estoy odiando la idea de despertarme por las mañanas y no verlo. Odio la posibilidad de salir de Imperio y volver a nuestro apartamento, vacío sin sus cosas, sin su alegría, sin sus palabras, sin las bromas o las pullas.

Sin él, sin él, sin él.

—Renuncio.

La palabra me pesa sobre la lengua, pero en cuanto la pronuncio me siento liviano. Como si hubiera estado conteniendo la respiración, nadando contracorriente, y de pronto hubiera alcanzado la superficie.

Asher levanta la cabeza de golpe para mirarme, pero no parece feliz. Si acaso, su expresión es de incredulidad y horror.

—¡No! —Por fin me toca, pero es solo para poner las manos sobre mis hombros y sacudirme un poco—. Retíralo. No puedes hacer esto. No puedes… No te lo voy a perdonar si tiras por la borda todo lo que hemos conseguido en estos años, toda tu vida tal y como siempre la has querido, por sentirte culpable o…

—¡No lo hago porque me sienta culpable! ¡Lo hago porque nada de lo que hemos conseguido tiene sentido sin ti! ¡Lo hago porque todavía estoy enamorado de ti!

Es sorprendentemente fácil decirlo en alto, después de habérmelo negado tanto. Es incluso más liberador que pedir mi renuncia. Es dejar salir algo que llevaba mucho tiempo intentando conseguir la más mínima brecha para escapar.

Asher traga saliva. Todo el enfado y el miedo se diluyen en su rostro y solo queda... incredulidad. Emoción, cuando asoman las lágrimas. Sus manos se aprietan un poco más sobre mis hombros y yo quiero que me abrace, pero no lo hace.

—Ayer tú me elegiste por encima de todo. ¿Tan difícil de creer es que yo ahora te elija a ti? —continúo entre sollozos—. Quizá es lo que tenía que haber hecho hace tiempo. Quizá jamás habríamos llegado a esto si hubiera sido así.

—Sasha... —susurra él con la voz tomada.

La voz de la Emperatriz vuelve a surgir, pero esta vez yo no la busco en las paredes porque no quiero apartar la vista del rostro que tengo frente a mí. Asher me está mirando como si fuera algo muy preciado en vez de una persona que no ha dejado de cometer errores en los últimos tiempos. No me lo merezco, pero voy a intentar hacerlo a partir de hoy.

—Sasha Laskin, ¿quieres renunciar?

Es curioso que haya mil voces gritando en mi cabeza y, en el momento en el que ella habla, todo se quede en calma, quizá porque sé cuál es la respuesta correcta. Llevo más tiempo del que me voy a admitir sabiéndolo perfectamente.

—Si él se va, nos vamos juntos.

Creo que se me escapa una lágrima, pero Asher está ahí para secármela. Me limpia las mejillas con los pulgares, me sostiene el rostro entre sus manos, y sé que esta vez no me imagino la sonrisa en su boca. Es pequeña, es triste, pero también es dulce. Es real.

Su frente se apoya contra la mía. Lo hace como si estuviera agotado y ese fuera su lugar preferido en el que descansar.

—Eres idiota.

Dejo escapar una risa húmeda, pero no me rompo. Está bien. Estoy bien. Esto es lo correcto. Quiero que volvamos a ser nosotros dos. Quiero que volvamos a preocuparnos de lo que importa. Quiero que nunca más tengamos que contar visualizaciones ni comentarios cuando nos demos un beso o cuando salgamos en una cita. Si es que sigue habiendo citas, aunque vayan a volver a ser simples, en las pocas horas que nos dejen los trabajos asignados a los que tendremos que volver. Quiero seguir viviendo con él, aunque sea en un cuchitril a las afueras de la ciudad.

No necesito más vistas que su cara por las mañanas al despertar.

—Sí, pero soy tu idiota, porque voy a quedarme a tu lado. Si... Si tú todavía quieres.

Él ríe conmigo de manera entrecortada. Su rostro está tan cerca que solo tendría que bajar un poco más la cabeza para besarme. Quiero que lo haga. Por favor, que lo haga.

—Eh, Emperatriz —dice en cambio, sabiendo que sigue ahí, en alguna parte—. Ya nos vamos de tu Edificio, pero antes hazme un favor.

—¿Sí, Asher?

—Apaga las putas cámaras.

Siento ganas de lanzar otra carcajada, pero a la vez estoy demasiado hechizado por esos ojos oscuros y por la manera en la que su boca se acerca hasta que su sonrisa casi roza la mía. Lo escucho contar hasta tres, en voz muy pero que muy baja. Tres segundos, supongo, para darle tiempo a Sadie a dejarnos a solas de verdad por primera vez en mucho tiempo.

El beso, cuando llega, no le pertenece a nadie más que a nosotros.

Y por eso es perfecto.

Dana

Liv está furiosa cuando se despierta.

—¿Le dijiste tú que lo hiciera? ¿Que me durmiera?

Yo suspiro, de pie tras la isla de la pequeña cocina, donde me he servido un vaso de zumo. Sabía que se iba a molestar en cuanto la pusiese al día de todo lo que ocurrió anoche, pero suponía que también lo haría si no le decía nada.

—Ya te lo he dicho: creyó que era lo mejor.

No culpo a Blake por dormirla y considerar que esa era una buena manera de ponerla a salvo, porque yo también lo creo. Liv tiende a hacer las cosas sin pensar y la gente ama que sea espontánea, que no tenga pelos en la lengua. La gente la ama, punto, y yo lo entiendo. Pero estos ya no son los directos que hacemos en casa. Esto es real, todo es real, aunque parece que el miedo que pudo sentir en el juego de la cárcel ya no existe: fue algo de la semana pasada.

—Y, por supuesto, tú estás de acuerdo —me reprocha—. Serías más feliz si me quedase quieta en un rincón, ¿no? ¿Es así como piensas que se gana esta competición?

—Solo quiero protegerte, Liv. Y Blake también.

—¡No necesito protección, va siendo hora de que te enteres! La verdad, casi hubiera preferido venir sola, o con papá o mamá. Estoy segura de que ellos me habrían dejado hacer muchas más cosas.

El golpe es certero. Duele y, al mismo tiempo, siento un ramalazo de ira en el pecho. ¿Eso es lo que opina? Sola ya la habrían pisoteado. Si estuviera sola, tanto Walker como otros Iconos la habrían manipulado ya de todas las maneras posibles. Estoy convencida de que Evan está aprovechándose de Liv para hacerse un lavado de cara y que nadie siga reprochándole lo que sucedió el año pasado, pero ella se lo habría puesto incluso más en bandeja si no estuviera yo aquí, ¿verdad?

Y ya no hablemos de nuestros padres. Por supuesto que ellos le habrían dejado hacer cualquier cosa. Ellos, de hecho, habrían sido los primeros en animarla a ponerse en primera línea de peligro, si eso pudiese significar más ganancia. Es lo que llevan haciendo toda la vida con las dos: nos han robado cada segundo de nuestras vidas para dárselo a los Testigos.

—Liv —le advierto.

—¡No! ¡Vete con tu novia y déjame en paz!

—¡Liv!

Mi grito no suena más alto que su portazo, y yo tengo la tentación de salir detrás. De decirle que no vuelva a dejarme con la palabra en la boca, que no se le vuelva a ocurrir levantarme la voz. Pero al final no hago nada más que lanzar un grito frustrado al aire. Discutir con mi hermana siempre me drena la energía. Y parece que ahora nos dedicamos a ello todos los días.

Menudo espectáculo debemos de estar dando.

Decido que no voy a ir tras ella, que será mejor que se calme primero. Normalmente, después de diez minutos, los remordimientos harían que fuera a pedirle perdón, pero esta vez no pienso darle la satisfacción. No creo haber hecho nada malo. Yo ni siquiera tuve nada que ver con la decisión que tomó Blake.

De todas formas, sé que la tentación de ir a buscarla si en media hora no ha dado señales de vida va a ser demasiado grande, así que opto por salir de nuestro apartamento. Me digo que lo hago porque es una lección para ella, para que entienda que no siempre voy a estar ahí si sigue comportándose como una caprichosa. Me ha pedido espacio, ¿no? Bien, que lo tenga.

Intento convencerme de ello, pero lo cierto es que me paso todo el camino hasta la planta veintinueve diciéndome que soy la peor hermana del mundo.

Una vez en el piso de Blake, sin embargo, concluyo que he hecho lo correcto. Cuando le cuento que he discutido con Liv y me permito gritar varias cosas en alto, frustrada, ella deja de lado uno de los proyectos en los que estaba trabajando (una serie de pelotas de metal pequeñas que no tengo ni idea de para qué pueden servir) para escucharme con atención, y yo me siento... mal, pero al mismo tiempo bien, porque por lo menos puedo soltar todo lo que se me pasa por la cabeza y Blake no me juzga.

No quiero pensar demasiado en el hecho de que su piso se está convirtiendo en lo más parecido a un refugio que he tenido nunca. Empieza a ser un lugar familiar, con su olor a aceite y metal y sus propios sonidos, como el zumbido de las máquinas y la música que siempre hay de fondo. Es fácil creer que aquí no estás dentro del Edificio Imperio, que es otro mundo.

Al menos, cuando la Emperatriz no se mete.

Escucho la estática de los altavoces antes de que la música se detenga y sea sustituida por la voz de Sadie Craft diciendo:

—Iconos, Sasha Laskin ha decidido renunciar. Con su marcha y la de Asher Hoffman, el piso doce pasa a estar desocupado. Quedáis diecinueve personas en la competición. Después de esta noche, solo seréis diez.

La música vuelve en cuanto el anuncio termina. Aunque ha sido corto, no hace falta mucho más para sacudir nuestro mundo. Antes de darme cuenta, estoy asomada a la ventana. Blake me sigue solo unos segundos después. Ella es la responsable de esto, ¿verdad? Los Testigos le pidieron que consiguiera la renuncia de una persona y ha conseguido dos, ni más ni menos.

Apenas me atrevo a moverme hasta que veo a Asher y Sasha abajo, muy abajo. Sé que son ellos porque todavía visten la ropa de ayer: uno va de blanco; el otro, de negro. Los colores destacan contra el gris del cemento. Entorno un poco más los ojos, me aprovecho de mi visor para hacer *zoom* y distingo que van de la mano.

—¿Sabías que iban a marcharse juntos? —le pregunto a Blake—. ¿Sabías que lo suyo se podía arreglar?

Ella también tiene los ojos puestos en ese par de figuras. Me pregunto qué pensará, si cree que hay algo romántico en esa escena o piensa que son un par de idiotas. Hace dos semanas habría pensado que era una persona muy práctica, de las que los juzgaría por echar todo su trabajo por la borda. Hoy, sin embargo...

—Tenía mis dudas. Mi plan era dispararle a Asher y forzar a Sasha a abandonar el juego al amenazar con dispararle una segunda vez. Estaba segura de que si Asher se despertaba solo en ese piso, renunciaría de inmediato y se iría a buscar a Laskin adonde fuese. Pero nunca imaginé que Sasha se pondría delante cuando disparara a Hoffman, así que... tampoco tenía muy claro qué haría hoy.

Las figuras se siguen alejando. Hay un deslizante esperando para llevárselos del recinto. No los he visto mirar atrás. No creo que quieran, aunque estoy segura de que tienen que sentir vértigo, que tienen que estar al menos un poco asustados.

Suspiro y, con un parpadeo, quito el *zoom* de mi visor para observar a la muchacha que me acompaña. Ella, en cambio, mantiene la vista fija en la ventana.

—¿Por qué dormiste también a Asher ayer? —le pregunto—. Tu reto solo era conseguir que una persona renunciase. No tendrías por qué haberle disparado.

En realidad, creo que sé la respuesta. Creo que empiezo a conocer a la chica que se esconde tras la piel recubierta de metal y cicatrices.

—Pensé que sería entretenido —añade Blake con ligereza—. Tenemos que ganarnos el amor de los Testigos, y estaba segura de que ellos agradecerían el drama de la despedida: ese par ha tenido que dar una buena escena antes de largarse...

—Vaya, y yo pensando que quizá Asher te había caído bien y por eso habías querido darle la oportunidad de mantener una última conversación con Sasha...

Blake me mira como si pensara que me he vuelto loca.

—¿Qué forma de jugar en Imperio sería esa? ¿Me tomas por alguien con corazón?

Siento ganas de reír, pero me las trago. En su lugar, me giro hacia la ventana de nuevo, echo algo de mi aliento sobre el cristal para que se empañe y dibujo con mi dedo índice un corazón. Ese que me imagino en el pecho de la chica de al lado, quizá. O el mío, no lo sé.

Desde mi perspectiva, parece que vuele justo por encima de la línea del horizonte.

La mirada de Blake se posa sobre el dibujo y después se encuentra con la mía.

—No sé, algunas de las cosas que haces me hacen pensar que quizá no seas tan dura como pretendes aparentar.

Ella aparta la vista hacia fuera de nuevo. Yo, en cambio, no puedo dejar de fijarme en la sonrisa que aparece en su boca. Me da la impresión de que es un poco distinta a las que ya le conozco, pero no sabría decir en qué.

—Simplemente pensé que todo el mundo merece poder despedirse de la persona que quiere —admite.

Lo dice muy bajito, como si fuera un secreto. Lo dice, también, como si escondida en esas palabras hubiera una pena que yo no había notado hasta ahora. Como si ella misma no hubiera tenido la oportunidad de decir adiós a alguien que ya no está. Como si hubiera hecho por Sasha y Asher algo que no pudo hacer por sí misma.

Me pone más triste de lo que probablemente ella pretendía. Me entristece su tono, pero también todo lo que hay detrás de sus ojos, aunque no tengo ni idea de lo que es: solo sé que de pronto parece muy lejos de aquí.

—Gracias por darles esa oportunidad —le digo.

Blake vuelve a mi lado, a este momento, cuando su mirada cae sobre mí de nuevo, tras un parpadeo confuso.

—¿Por qué me das las gracias tú? No te afecta en nada.

Le doy la espalda a la ventana al apoyarme contra el cristal.

—Porque ellos ya no van a poder agradecértelo, supongo. Y porque me ha hecho feliz que hayan acabado juntos. Esperaba que lo hicieran.

—¿Incluso si eso ha significado para ellos tener que renunciar?

Sí. Rendirse no ha debido de ser fácil, pero quiero pensar que no se han ido tan desesperados como Eliza. Creo que ella quería que acabara la angustia, que simplemente no pudo soportar más lo que veía a su alrededor. Pero la pareja no lo ha hecho por esas mismas razones. Eliza, además, solo conocía la vida de Icono, pero Sasha y Asher han sido Testigos antes y nunca han tenido ningún problema en hablar de ello. Durante esta semana, de hecho, Asher ha respondido a todas mis preguntas. Me ha dicho cómo era su trabajo antes y las cosas que le gustaban de él y las que no; me ha hablado de su piso antes de vivir con Sasha; me ha descrito la parte del extrarradio en la que creció.

—Al menos ellos no van a empezar de cero. En el extrarradio tienen familia y... se tienen el uno al otro. El amor no lo puede todo, no creas que soy una romántica —aclaro, avergonzada de sonar demasiado idealista—. Pero... no sé, a veces, por lo que decía Asher, parecía que... no eran tan felices como Iconos como querían dejar ver, ¿sabes?

—¿Y tú, Dana? ¿Eres feliz como Icono?

No me atrevo a mirarla. Me avergüenza que pueda ver en mi expresión que no lo sé. Que a veces sueño con escapar. Que a veces siento que no encajo, ni siquiera con mi propia familia, e incluso menos con los otros Iconos. Odio ser la

Icono infantil que ha crecido y que ya no se reconoce en la visión que la gente tiene de ella. Odio estar atrapada en lo que he hecho durante toda mi vida simplemente porque mis padres decidieron que así debía ser.

Odio ser tan cobarde como para no atreverme a romper con todo, también.

—Es la única vida que conozco —susurro, consciente de que esa no es una respuesta a lo que me ha preguntado.

—¿Y si te ofrecieran otra vida? ¿La cogerías?

«Sí. Sí, por favor. ¿Podrías hacerlo tú? ¿Podrías darme otra vida?».

Eso es lo que pienso, pero lo que digo es:

—¿Por qué no me hiciste esa pregunta anoche? Podrías haber usado a Liv para obligarme a retirarme. La tenías en tus brazos, dormida. Podrías haberme amenazado exactamente igual que amenazaste a Asher con Sasha.

Cuando me fijo en ella, Blake ha recuperado esas dos cosas que son capaces de desestabilizarme: la sonrisa partida y la mirada de burla.

—¿Has estado toda la semana preguntándote si iría contra ti, estrellita?

Trago saliva, pero decido ser sincera:

—Cada día me pregunto cuándo decidirás que la alianza ya ha durado demasiado.

—Tú también podrías darme la espalda en cualquier momento.

—Pero yo no voy a hacerlo. Ya te lo dije: solo estoy aquí por mi hermana. No quiero...

—¿Dejar de pasar tiempo conmigo? —La voz de Blake me salva de cometer un error, porque decir que no quiero ser

Imperial mientras estoy aquí metida es algo que podría ofender a mucha gente. A los propios Imperiales. A otros Iconos. A los Testigos. A mis padres—. Lo entiendo. ¿Qué te ha conquistado más: las cicatrices, el cuerpo robótico, mi gran sentido del humor o los datos sobre nanotecnología?

Todo. Me pongo colorada al pensarlo y me aseguro de fijar mis ojos en uno de los neones que cuelgan de esa columna que hay en el centro de la habitación.

—El corazón —susurro, como si me burlase de ella. Pero creo que es cierto, que lo que más me atrae de ella es eso mismo. La manera en la que late, en la que vive. Blake Cooper *suena* como un corazón que nunca se detiene.

Su risa. La de verdad. Un silencio pequeño, y entonces...

—Es curioso, a mí me pasa lo mismo contigo.

No creo que lo diga en serio. Estoy segura de que yo no la he conquistado de ninguna manera y, aun así, no puedo evitar volver a mirarla. Blake se inclina en ese momento un poco más cerca de mí y yo siento los latidos. A lo mejor no es su corazón lo que me atrae, sino cómo hace palpitar el mío. A lo mejor no es su vida lo que me gusta, sino que me llene a mí de ella. Es adictivo.

Veo sus labios abrirse cerca del cristal y exhalar contra él. Ahí sigue mi corazón, apenas un fantasma del dibujo anterior, revivido por su aliento. Pero ella, contra todo pronóstico, dibuja otro al lado.

Blake me mira de reojo, creo que estudiando mi reacción. Me siento mareada, llena de cosas que quiero hacer y decir.

—Me recuerdas a alguien que conocí, ¿sabes? —continúa en voz baja—. Era todo corazón, también. Lo llevaba siempre al descubierto.

—¿Por qué hablas de esa persona en pasado?

Blake no es alguien que dude. Es, probablemente, una de las personas más seguras de sí mismas que hay aquí dentro. En todo el tiempo que la conozco, casi siempre ha tenido un plan o una respuesta preparada, incluso cuando nadie más sabía qué iba a ocurrir a continuación.

Pero ahora titubea. Y, con ella, su sonrisa.

—Murió.

Su mano en la ventana borra el vaho y los dos corazones: el que ha hecho ella y lo que podía quedar del mío. Es como si borrase a esa persona. O como si nos borrase a nosotras.

—Lo siento.

Blake sacude la cabeza y yo desearía poder decir algo más, pero no sé cuáles son las palabras correctas. No sé cómo consolar a alguien que ha perdido a otra persona, porque a mí nunca me ha pasado, así que no tengo idea de qué es lo que necesita escuchar.

Extiendo los dedos, dispuesta a engancharlos con los suyos, pero Blake no se da cuenta y esconde las manos en los bolsillos de su chaqueta justo en ese momento. También echa a andar de espaldas a mí, así que no puede ver cómo cierro los dedos en el aire o cómo intento olvidar lo que acaba de pasar tirando de las mangas de mi jersey blanco, ese que de la manera más estúpida he elegido esta mañana solo porque ella me dijo ayer que me quedaba bien ese color.

—¿Vamos a comprobar si a tu hermana se le ha pasado el berrinche? —dice, otra vez con esa ligereza con la que siento que disfraza muchas más cosas—. Si sigue con ganas de discutir, a lo mejor hasta os da algunas visualizaciones extra antes de que el Edificio cambie de nuevo esta noche.

No vuelve la vista atrás, así que no puede ver en mi rostro que no, que lo que quiero es quedarme aquí. Quiero que me cuente más de ella. Quiero descubrir quién era esa persona de la que habla. Quiero la historia tras sus cicatrices, las que se ven y las que no. Quiero volver a crear vaho en el cristal y juntar los dos corazones, el suyo y el mío, como si eso fuera a acercarnos un poco más en medio de este juego en el que todos jugamos solos.

Pero, al parecer, toda mi valentía se acabó ayer, porque solo digo:

—Claro. Te sigo.

CUARTA SEMANA

PURGATORIO

PISO 29

EVAN WALKER

Dana Shifter solo tuvo suerte: me pilló con la guardia baja porque estaba ajustando cuentas con Bianca, pero no va a tener otra oportunidad de jugármela. Sí, a lo mejor me confié un poco, pero yo siempre intento aprender de mis errores para no volver a cometerlos, ¿sabéis? Y aún queda tiempo. Lo importante en la cuarta semana es llegar a la final, y tengo claro que voy a conseguirlo.

PISO 25

LIV SHIFTER

Me alegro de que sigamos aquí una semana más, aunque estoy segura de que podríamos estar mucho más altas si cierta persona no hubiera decidido por mí que era buena idea dormirme en un juego. Pero no pasa nada: esta semana me mantendré alejada de traidoras como Cooper.

PISO 25

DANA SHIFTER

Mi hermana de pronto se la tiene jurada a Blake, pero no creo que haya hecho nada malo. No, no es ninguna traidora. Quizá dormirla fue una medida un poco extrema, y puedo entender que Liv esté molesta, pero solo tratamos de ayudarla. En cambio, hay gente con la que se empeña en codearse que no deja de meterla en problemas... Se dará cuenta más tarde o más temprano.

PISO 30

BLAKE COOPER

Dana es... una buena aliada. Más interesante de lo que pueda parecer a simple vista. De hecho, Walker y Fiore la infravaloraron el otro día y eso les costó muchas visualizaciones en los primeros minutos de juego. Fue ella también quien decidió incriminar a Félix en la cárcel. Y la primera noche estaba dispuesta a darme la victoria solo para robársela a Walker. Dana es capaz de muchas cosas, solo que no juega como el resto de la gente está acostumbrada: no busca llamar la atención todo el tiempo porque el motivo por el que está aquí le importa mucho más que eso. Respecto a su hermana... entiendo que esté enfadada conmigo, aunque espero que se le pase: no tengo nada en contra de ninguna de las Shifter. Por supuesto, me enfrentaré a ellas cuando no quede más remedio, pero espero que las tres podamos encontrarnos en la final. ¿A quién más espero ver allí? A Walker, claro. Ya sé que se supone que somos aliados, pero ¿entre nosotros? Estoy deseando verlo caer.

PISO 28

BIANCA FIORE

¿La favorita de la semana? ¡Muchísimas gracias! Me alegro de que los Testigos estén apreciando tanto mi cambio de actitud... Además, creo que es cierto que me lo merezco. Fui la primera en ser retada, así que ya tenía ganas de retar a alguien yo también. Y todos sabéis quién va a ser, ¿verdad?

Evan

El martes por la mañana, la voz de Sadie Craft me llama al Purgatorio y yo me dirijo inmediatamente allí. Me imagino por qué quieren verme. Al fin y al cabo, la semana pasada llamaron a Cooper, y no es difícil adivinar que fue entonces cuando le comunicaron su reto personal. Estoy incluso emocionado, porque el funcionamiento de los retos este año me resulta fascinante. Al fin y al cabo, en mi edición fue todo un poco diferente: para empezar, porque eran los Testigos, y no los Iconos, quiénes decidían quién era retado cada semana, y para continuar, porque tu reto, ganases o perdieses, afectaba solo a tus propias visualizaciones. En comparación, lo cierto es que tener un reto en este nuevo sistema a mí me parece casi un premio, porque no solo te asegura una gran cantidad de atención de gente que estará pendiente de si consigues pasar tu prueba o no, sino que además te da la oportunidad de hundir un poco a quien se atreva a retarte.

Y parece que ha llegado mi turno.

—Evan.

La Emperatriz y los Imperiales ya están en la pantalla cuando llego. Me siento delante de ellos y los miro a todos, tan brillantes, tan... cercanos. No por su actitud, sino porque yo podría ser uno de ellos en menos de dos semanas si juego bien mis cartas. El año que viene, tal vez alguien esté sentado en este mismo sitio, participando de la oportunidad de su vida, mientras me ve y piensa que yo soy la prueba de que sí, el esfuerzo da sus frutos y los sueños se hacen realidad. Quien se queda como Testigo, quien es pobre y se conforma con un trabajo asignado por el sistema, es porque quiere.

Sin ambición no se llega a ninguna parte. Los Iconos que han renunciado son prueba de ello. ¿Creyeron que era posible llegar a lo más alto sin sacrificios?

—Esta semana, alguien te ha lanzado un reto personal —me informa Sadie Craft.

—Y supongo que no me vais a decir quién es, ¿verdad?

—Si la persona que te ha retado quiere hacértelo saber, lo hará —responde la Emperatriz.

Tendré que conformarme con eso y con generar mis propias sospechas, aunque en realidad a estas alturas de concurso cualquiera podría haberme señalado para intentar llevarse un 10% de mis visualizaciones.

—De acuerdo, ¿cuál es mi prueba?

La sonrisa de Silena, un paso por detrás de la Emperatriz, lo dice todo. Va a ser algo desagradable, ¿verdad? Algo que no me va a hacer ninguna gracia, no como el reto del año pasado, que en el fondo estaba deseando cumplir.

—Los Testigos han votado. Obtendrás un 10% de las visualizaciones de quien te ha retado si ayudas a que Bianca Fiore gane el juego semanal.

Me quedo en blanco y estoy seguro de que se me ve en la cara, porque no creo ser capaz de esconder lo que siento en este momento. La sonrisa de la Emperatriz se une a la de Silena, y sé que ambas están disfrutando de mi confusión. Probablemente todo el mundo al otro lado de la pantalla lo está haciendo.

Pero es que tiene que ser una broma.

—Sabemos que te gustan mucho más los juegos en los que tienes que apuñalar a alguien por la espalda, Evan, pero si Bianca no gana esta semana... tú tampoco —aporta Silena, dispuesta a terminar de sacarme de quicio. Me pregunto si ella misma habrá sido quien ha propuesto esta opción de reto entre todas las que los Testigos habrán podido elegir—. Así que pórtate bien, ¿de acuerdo?

Tenso la mandíbula, pero ni siquiera tengo la oportunidad de lanzar una réplica.

—Buena suerte, Evan —concluye la Emperatriz.

La pantalla se apaga y yo me quedo solo en el Purgatorio, aunque en este lugar nunca llegas a quedarte solo del todo. Siempre hay una cámara enfocándote y, detrás de ella, millones de ojos dispuestos a analizarte. Trago saliva, pero sé que no debo permitir que esta sea la cara que vean los Testigos, así que fuerzo una sonrisa. La carcajada que le sigue suena hueca, demasiado artificial.

—Os encanta hacerme sufrir, ¿verdad? —digo. No sé si hablo con los Imperiales, que deben de seguir escuchándome, o con los Testigos—. Pero está bien: ya sabéis que yo nunca le digo que no a un reto.

Aunque este implique colaborar con la única persona a la que realmente me gustaría destruir en este juego. Durante la boda, al final ni siquiera pude vengarme por lo que me hizo en la cárcel, porque Dana Shifter me interrumpió primero.

Y ahora los Testigos quieren que la ayude a ganar una prueba que ni siquiera sé en qué va a consistir. Por no hablar de que darle la victoria del juego de la penúltima semana de concurso es prácticamente regalarle el pase a la final...

Odio que mi reto sea convertirme en su niñera, pero está claro que los Testigos van a disfrutarlo. El año pasado me obligaron a traicionar a una aliada y este año me hacen ayudar a una enemiga. Tengo bastante claro qué es peor.

Por otro lado, supongo que no todo es malo en este reto. Si lo hago bien, Bianca y yo llegaremos a la última semana, y ya me encargaré entonces de darle su merecido. La caída desde lo más alto siempre es mucho más dolorosa: cuando piense que ya lo tiene todo, cuando crea que está a solo unos pasos de poder sentarse junto a Silena, acabaré con ella.

Todo el mundo está en el restaurante cuando llego. Quedamos diez personas, aunque solo nueve participaciones en total, y yo no puedo evitar lanzar un vistazo hacia la mesa de Bianca. Ella está allí, sorbiendo un batido de frutas. Nuestros ojos se encuentran por encima del borde de su vaso y ella sonríe alrededor de su pajita. Parece muy satisfecha, como si nada le causase más placer que verme llegar por la puerta.

Y, de pronto, lo tengo claro: me ha retado ella.

Antes de que pueda hacer nada, Bianca se pone en pie. La veo apoyarse en el hombro de Annika para subirse a su silla, pidiendo con ese gesto la atención de todo el mundo. Para mi disgusto, yo también me detengo en seco, como si fuera un simple Testigo más cayendo en sus trampas para captar visualizaciones.

—¡Iconos! —dice, y a mí me resulta solo una imitación barata de Sadie Craft—. Le he lanzado un reto personal a Evan

Walker. Seguro que ya venís con la lección aprendida del año pasado, pero, por si acaso, cuidaos las espaldas. No cometáis el error que cometió Cara Volkov y confiéis en él: os recuerdo que ella acabó muerta.

Bianca salta al suelo con elegancia y me mira. No es la única. Para entonces, todos los participantes que quedan aquí se han vuelto hacia mí, aunque no siento solo sus ojos, sino también los que están mucho más allá de estas paredes.

La tensión se me acumula en la mandíbula, en los puños. Por alguna razón, el comentario me lleva más al límite que de costumbre. Me alegro de que mi prueba solo tenga que ver con ayudarla durante el juego, porque pienso hacer el resto de su semana tan insoportable como pueda.

—No te preocupes, Bianca: este año solo hay una Icono a la que me interesa apuñalar.

Una pena no poder cumplir mi amenaza. Al menos todavía.

—No me asustas, Walker.

—No parecías tan convencida la otra noche, mientras te estaba apuntando con la pistola en el último juego.

—Lo siento, lo único que recuerdo del último juego es la cara de idiota que se te quedó cuando Dana Shifter te dejó fuera de combate.

Ayudarla va a ser todo un ejercicio de buena voluntad por mi parte, está claro. Aun así, resoplo y permito que gane esta ronda cuando voy a sentarme en la mesa de mi grupo. Después de la última noche de eliminaciones, solo hemos perdido a Elodie Zamora, lo que deja claro que somos un grupo potente.

—No entiendo cómo Bianca ha llegado tan lejos —refunfuña Liv en cuanto tomo asiento a su lado—. No la aguanto.

—Ya somos dos —concuerdo.

Me concentro en pedir mi desayuno, aunque se me ha quitado el hambre.

—¿Así que para eso te han llamado los Imperiales, Walker? ¿Para decirte cuál es tu reto personal? —pregunta Cooper.

Siento las miradas de mis acompañantes sobre mí, pero yo me encojo de hombros. Es mejor que nadie sepa qué tengo que hacer. No puedo permitir que intenten sabotearme. O que intenten sabotear a Bianca.

—O para decirme lo bien que lo estoy haciendo y la de Testigos que están mirando en mi dirección, ¿quién sabe?

—Eso deberían decírselo a Blake, en todo caso: es la que está en el último piso esta semana.

Mis ojos se encuentran con los de Dana Shifter, pero está claro que es mucho más valiente cuando tiene un arma en la mano, porque carraspea y aparta la mirada casi de forma inmediata. También tengo una cuenta pendiente con ella ahora, después de su jugarreta del otro día. O quizá esa venganza ni siquiera merezca la pena: está claro que se va a ir esta semana. Liv y ella no lo han hecho mal hasta ahora, cada una a su manera, pero a estas alturas de concurso ya no es suficiente con eso.

Cuanto más lo pienso, más convencido estoy de que Fiore y Cooper van a ser las otras dos finalistas. Aunque el número de personas que llega a la quinta semana siempre es una sorpresa hasta el último día, casi todos los años han sido siempre tres, así que quiero pensar que en esta edición será igual.

—El éxito de Cooper puede ser pasajero, mientras que yo me he mantenido entre los primeros puestos durante dos competiciones seguidas. Sin ofender, cerebrito.

—No me ofendes —responde ella como si, de hecho, le hiciera gracia.

—Yo no me lo tendría tan creído, Walker —puntualiza Amy mientras juega con el borde de su hiyab azul—. La base de este juego es que todo puede cambiar cuando menos te lo esperas, ¿no?

—Torres más altas han caído —apoya Deborah.

—Está claro que Evan va a llegar a la final —salta Liv. No sé qué pensar de que una niña de doce años sea quien más cree en mí, pero espero que a los Testigos les resulte entretenido.

—En realidad, Amy tiene razón: todo puede pasar, es imposible saber quién va a clasificarse para la final —digo, porque tampoco quiero que nadie piense que doy por hecho mi victoria—. Teniendo en cuenta la cantidad de gente que ya se ha retirado este año, todavía puede haber alguien más que se rinda por no aguantar la presión.

Liv se fija en mí y después lanza un rápido vistazo a su hermana.

—Sí, yo creo que hay gente que no está hecha para esto.

Dana frunce el ceño al darse cuenta del ataque y yo enarco las cejas, entretenido. Parece que la crisis de las hermanas no ha dejado de crecer, aunque yo también estaría molesto si me hubieran arrebatado una oportunidad de brillar como la que Cooper le arrebató a Liv en la última prueba.

—Voy a los recreativos —me suelta entonces la pequeña de las Shifter—. ¿Quieres continuar la partida que dejamos el otro día a medias?

Tengo la impresión de que la niña sabe que a su hermana mayor no le hace ninguna gracia que pase tiempo conmigo y, precisamente por eso, quiere dejarle claro que aquí dentro puede hacer lo que quiera. O quizá solo desee demostrarle que ella también tiene sus propios aliados, que no la necesita para nada. Yo miro de reojo a Dana, que no me quita ojo de encima, con los labios apretados. No puedo evitar pensar en su amenaza del otro día.

—Claro, enana.

Pero hace falta algo más que una amenaza para meterme miedo en el cuerpo.

Liv

—¿Cómo van las cosas con tu hermana?

La pregunta de Evan consigue que dispare con muchas más ganas a los monstruos que hay en la realidad virtual. Y es justo eso, también, lo que provoca que me maten: que no me paro a pensar, que solo veo lo que tengo delante y quiero acabar con esto rápido. Así que no me espero a la criatura que viene por detrás y termina conmigo. El cartel de «fin del juego» nos rodea y yo me saco las gafas con un gruñido. Evan tiene cara de estar pasándoselo bien mientras se echa hacia atrás en su sillón, aunque a mí esto no me hace nada de gracia.

—Ya lo has visto: Blake esto, Blake lo otro. Nos quitó visualizaciones en el juego de la boda y ahí está, defendiéndola. ¿Cómo no se da cuenta de que la está usando? ¿Es tonta?

—Probablemente Cooper sabe cómo conquistarla y lograr que se crea todo lo que le diga. Es una jugadora muy lista, está claro. Pero...

No sé si quiero saber lo que piensa y, al mismo tiempo, está claro que Evan es el único que me está haciendo caso de verdad, el único que se preocupa por nosotras y nuestro ascenso en este sitio. Parece que a mi hermana le da lo mismo mantenerse en el Edificio, incluso cuando estamos tan cerca del final. Solo un poco más y...

—Tal vez no lleguéis a la final por su culpa, Liv —termina diciendo Evan, como si pudiera leerme el pensamiento—. Sobre todo, si Dana sigue pensando en una desconocida antes que en ti.

Esto nunca había pasado. Dana nunca había pensado en nadie más que en mí, pero ahora está dispuesta a tirarlo todo por la borda. Ahora ni siquiera le importa que esa chica me dispare por la espalda, a traición. El juego apenas acababa de empezar cuando sentí el pinchazo. Lo último que noté antes de dormirme fue un brazo demasiado duro alrededor de mi cuerpo. Lo último que vi: a Blake Cooper dedicándome una disculpa que no me creí.

La odio. Me ha hecho quedar ante todo el mundo como una niña indefensa y, además, me está robando a mi hermana. Está convenciéndola de que está bien quedarse a su lado cuando está claro que ella solo juega por sí misma.

—Quiero separarlas —gruño.

Evan levanta las cejas y se echa hacia delante, interesado. Él es el único que desde el primer día me ha tratado como a una adulta, como a una rival digna.

—¿Y cómo piensas hacer eso? ¿Vas a seguir discutiendo con tu hermana? No creo que hasta ahora haya servido de mucho.

Tiene razón: ya ha quedado claro que eso no funciona. Dana está escuchando y viendo solo lo que le interesa, y no es a mí. No me hace caso. Además, nos hacen falta visualizaciones para llegar a la final y, aunque estoy segura de que habrá Testigos que quieran ver cómo nos peleamos, a lo mejor ya se están cansando. Necesito otra cosa. Necesito demostrarle a mi hermana que Blake Cooper no es tan buena como ella piensa. Dana puede no hacerme caso a mí, pero si le doy pruebas de que está equivocada, me dará las gracias, ¿verdad? Admitirá que cometió un error. Volverá conmigo.

—Hay que dejarle claro que esa chica no es el amor de su vida ni nada parecido.

Evan se ríe.

—No, claro que no lo es. Nadie va a encontrar el amor de su vida en Imperio. Y si lo encuentras, acabará mal, créeme.

Me distraigo un poco con eso. Él sabe de relaciones en este lugar más que nadie. Yo no entiendo por qué la gente perdería el tiempo así aquí, pero él enamoró a dos chicas la edición pasada...

—¿Lo dices por Silena o por Cara? ¿A cuál de las dos querías tú?

Evan parpadea, sorprendido. Nunca había mencionado el nombre de Cara ante él porque creo que le duele de verdad. Creo que sufrió cuando la mano de esa chica se escurrió de la suya y cayó. Mamá me tapó los ojos en ese momento, pero dio igual. Después, encerrada en mi habitación, busqué el clip y lo reproduje varias veces, en bucle.

Cara Volkov y su rostro pálido. Su súplica, su miedo, aunque Cara no era una concursante que mostrase miedo muy a menudo. Pero debió de tenerlo cuando se dio cuenta de que estaba a punto de morir.

Y después, el charco de sangre alrededor de su cabeza. Las cámaras lo enseñaron y yo no podía dejar de mirar. Mucha gente dijo que había sido culpa de él, la propia Silena le acusó de ello, pero está claro que no fue así: Evan era amigo de Cara.

Y luego fue más que eso. Luego se vio lo destrozado que se quedó por el accidente.

Parece destrozado ahora, un año más tarde, cuando sonríe un poco con tristeza:

—Las quería a las dos, enana. De maneras distintas, quizá. Pero a las dos.

Yo creo que quería más a Cara. Creo que fue ella la que le enamoró de verdad, y que Silena era solo el camino seguro hacia un montón de visualizaciones...

De pronto tengo una idea, aunque titubeo. Él sabe cómo hacer esas cosas, ¿no? Conquistar a la gente. Ponerse de acuerdo con alguien para ganar más visualizaciones. Si lo hizo con Silena, ¿por qué no podría hacerlo con otra persona? Sobre todo, otra persona que también parece dispuesta a jugar a lo que haga falta y con quien haga falta.

—Tengo una idea para ayudar a mi hermana a darse cuenta de que Blake no es como ella piensa, pero... necesito que me ayudes.

Evan parece intrigado, pero asiente sin dudar.

—Lo que necesites, enana. Para eso están los amigos.

Blake

La semana de la semifinal suele ser un periodo de inflexión y de traiciones. Cuando quedan tan pocos competidores, la gente decide que los grupos ya no son algo tan relevante, porque ha llegado la hora de diferenciarte por separado. Así que, para cuando llega el miércoles, han pasado varias cosas: Evan y Bianca protagonizan varias discusiones más, explotando al máximo su papel de enemigos; Lily Brown y Lucian Morton tienen un lío, pero no sé si es de verdad o es solo una manera desesperada de intentar llegar juntos a la final; Amy y Deborah empiezan a retarse la una a la otra a pequeños juegos a lo largo de todo el Edificio; Annika se la tiene jurada a Deborah y aprovecha cada momento para destapar cosas de su pasada relación...

Y Evan Walker me cita a solas.

El mensaje por el chat privado («ven a la biblioteca, tenemos que hablar») me sorprende y, al mismo tiempo, me hace sonreír. Por supuesto que Evan haría eso. Por supuesto que a estas alturas intentaría aliarse con otra persona que esté en lo más alto. Va a convencerme de que somos los más fuertes, los únicos que merecen estar en la final y enfrentarse el uno al otro hasta el último momento. Va a proponerme hundir a Bianca desde esta semana, o cualquier otra cosa que le asegure llegar, como mínimo, hasta el último día.

Y la semana que viene, acabará conmigo y me dirá que he sido una gran rival.

Por suerte para Walker, a mí ese me parece un plan magnífico. Solo que voy a ser yo quien acabe con él, no al revés. Le dejaré pensar que puede ganar. Le dejaré pensar que al fin puede tener todo lo que siempre ha querido, que es el gran jugador que él piensa que es. Y después, simplemente...

Evan me espera apoyado en una de las mesas de la biblioteca. De todas las zonas comunes, es la que menos visita la gente: la lectura no es la actividad que más visualizaciones vaya a darte, así que este lugar sirve más de decoración y punto de encuentro que de otra cosa. Supongo que por eso precisamente ha elegido este sitio, aunque, si quería algo privado, también podía haber venido a buscarme a mi apartamento o haberme citado en el suyo.

La sonrisa le aparece en la boca en cuanto me ve. Tiene un libro en la mano que cierra mientras me acerco.

—Walker.

—Cooper. —Evan deja el libro en la mesa y apoya sus manos allí—. ¿Qué tal las vistas desde el último piso? Especiales, ¿eh?

—¿Me has citado porque las echas de menos? Si me lo hubieras dicho, te habría abierto la puerta del piso para que te pudieras despedir de ellas apropiadamente.

—¿Solo me abrirías la puerta de tu piso para eso? Me rompes el corazón; pensé que éramos aliados. Yo te dejaría entrar en mi piso siempre que quisieras. Y para lo que quisieras.

Dejo escapar un resoplido que finge ser divertido mientras me apoyo en una de las estanterías frente a él, con las manos en los bolsillos de mi chaqueta.

—¿Por eso me has citado a solas? ¿Porque somos aliados?

—Los dos aliados que es más previsible que pasen a la ronda final. Confío en que todo quede entre nosotros dos y Bianca.

Supongo que quiere que Bianca llegue a la final para poder acabar con ella en el último momento, de la manera más espectacular posible, y que nadie tenga ninguna duda de quién es mejor de los dos. No puedo culparle: yo deseo hacer lo mismo con él.

—Estás dando por hecho que solo habrá tres finalistas, y no siempre ha sido así.

—Creo que hay mucha diferencia entre nosotros tres y todo lo que hemos hecho durante estas semanas y lo que han hecho los demás.

Por supuesto que se cree mejor que cualquiera, pese a que sus juegos tampoco han sido para tanto. Yo esperaba más de él, pero lo que ha hecho, sobre todo, ha sido quedarse cerca de Liv para dárselas de gran hermano mayor y alimentar toda la tensión y la enemistad con Bianca Fiore. Pero supongo que Evan Walker se cuenta sus propias historias en su cabeza. Historias donde es el héroe, donde es el más inteligente, donde lo tiene todo controlado, en vez del tipo mediocre y narcisista que en realidad es.

Quizá sea eso lo que más me enerva: que ni siquiera es tan bueno como él piensa. Todo lo que ha tenido siempre lo ha conseguido alimentándose de otras personas. En esta edición se ha convertido en la garrapata de Liv y de Bianca. El año pasado...

—¿Dónde dejas a tu inseparable compañera en tus apuestas? —le pregunto—. No creo que a Liv le guste saber que no esperas que esté en la final.

—Bueno, sé que echarás de menos a tu novia, pero todos sabemos que las Shifter no tienen lo que hay que tener para llegar a Imperiales. Si Liv participara sola, puede ser que contara con alguna oportunidad, pero...

—Creo que no deberías infravalorarlas, a ninguna de las dos. Hasta donde yo recuerdo, la semana pasada eso te jugó una mala pasada, ¿no? ¿Disfrutaste de la siesta, al menos?

Su media sonrisa me coge desprevenida.

—¿Entonces es cierto? ¿Es tu novia?

Parpadeo, un poco perdida. Tardo en comprender lo que me está preguntando y, cuando lo entiendo, solo se me escapa una risa. ¿Para esto me ha citado? ¿Para saber si hay algo entre Dana y yo? ¿Qué está pensando: que voy a hacer como él o como Lucian y Lily y jugar a los romances? ¿Quiere saber si voy a alimentar así mis visualizaciones? ¿Le preocupa que las Shifter lleguen a la final si una de ellas tiene una relación conmigo?

O quizá ni siquiera sea eso. Quizá esto tiene que ver con Liv, que lleva días mirándome como si deseara ponerme sus pequeñas manos alrededor del cuello, y está claro que considera que no soy una buena influencia para su hermana. Probablemente tiene razón, aunque en realidad creo que solo está un poco celosa. Me parece ridículo, claro: Dana piensa en Liv en todo momento. Me traicionaría sin dudar por ella, lo sé. Por mucho que nos hayamos acercado estas semanas, si en algún juego tuviera que elegir entre nosotras, yo ni siquiera sería una opción.

—No hay nada entre Dana y yo —respondo de todos modos—. ¿Por qué lo preguntas? ¿Liv te ha pedido que me hagas confesar?

—No, aunque, ya que lo mencionas, Liv está bastante convencida de que estáis juntas. —Evan se aparta de la mesa y comienza a acercarse a mí con calma, con las manos en los bolsillos de su pantalón—. De hecho, diría que incluso Dana Shifter lo piensa. Pero yo suponía que... no era tu tipo.

En realidad, eso no es cierto, aunque tacho el pensamiento en cuanto se me pasa por la cabeza, un poco alarmada. No quiero pensar en su sonrisa, en nuestras conversaciones llenas de preguntas, en la manera en la que hace todo por alguien que le importa, en la piel de su mejilla bajo mi boca o en su voz canturreando por lo bajo mientras yo trabajo en mi apartamento.

Soy consciente de cómo me mira a veces Dana; soy consciente de que se siente atraída por mí, pero estoy segura de que es solo curiosidad, que lo que ocurre es que le parezco algo que descifrar, algo distinto a lo que está acostumbrada, o quizá tan solo le gusta la persona que se permite ser cuando estamos juntas. En última instancia, soy una vía de escape en un lugar que no le gusta. No creo que yo le interese de verdad.

Y a mí ella tampoco. Solo me recuerda a alguien que ya no está. Solo es una persona bastante aceptable en medio de una competición donde todo el mundo puede ser cruel. No es... No me importa de verdad. No me disgusta estar con ella, pero eso es todo. Igual que ella siempre elegirá a su hermana, yo tengo otras cosas más importantes en las que pensar.

Céntrate, Blake.

—¿Y cuál es mi tipo, según tú?

La sonrisa de Evan se tuerce un poco. Sus pies casi tocan los míos cuando se acerca.

—Espero que no alguien que ha venido como canguro de su hermana y que apenas sabe cómo gestionar la presión. —Me muerdo la lengua para no responderle que Dana maneja bastante bien la presión, aunque no sé por qué me molesta tanto que hable así de ella. No es mi problema—. ¿No prefieres a alguien que sepa lo que hace? Alguien que... siempre tenga las cosas bajo control y no tema jugar de verdad.

Tardo un segundo más en entender lo que está pasando aquí. Y, cuando lo entiendo, siento ganas de reírme otra vez, aunque no tantas como de vomitar.

Convierto todo eso en una sonrisa burlona.

—Hablas de Deborah Decker, ¿no? O quizá de Bianca, que parece más que dispuesta a jugar.

—¿Es que no te gustan los chicos?

Es fascinante que se crea tan irresistible como para pensar que la única razón por la que pueda no sentirme atraída por él sea que no me gusten los hombres.

—Cuando están a mi altura, sí.

Evan deja escapar una risita y una de sus manos se alza para apoyarse en la estantería, justo encima de mi hombro. Yo lanzo un vistazo de soslayo al movimiento, pero vuelvo la vista casi de inmediato a sus ojos, que parecen analizarme de arriba abajo. No me muevo.

¿Este es su plan, entonces? ¿Convertirse también en mi garrapata? ¿Darle a los Testigos una relación conmigo?

—No hace falta que te sientas amenazada por mi estatus, Cooper. Puede que no seas Icono desde hace mucho, pero tienes otras virtudes.

La paciencia es una de ellas, supongo, porque solo eso explica que no lo mate en este mismo momento. En su lugar, mantengo la sonrisa, como si este juego me estuviera divirtiendo en vez de darme solo más ganas de hundirlo.

—¿Tanto echas de menos el piso treinta que esto es lo que se te ocurre para volver a dormir en él durante esta semana, Walker?

—Si lo prefieres, podemos dormir en el veintinueve, no me importa.

Su cuerpo se acerca un poco más, al ver que no lo estoy rechazando. Mantengo mi mirada en la suya y ladeo la cabeza.

—¿De verdad crees que no sé que estás haciendo esto solo para que la gente te mire?

Él entrecierra suavemente los ojos, casi como si estuviera ofendido, pero no retrocede. Siento su respiración casi encima de mi boca.

—No necesito ganar visitas así, Cooper —susurra—. Aunque te sorprenda, me llamaste la atención desde el primer día, cuando me la jugaste en la piscina. Quizá no te des cuenta, pero eres atractiva, inteligente y una de las mejores jugadoras... Es imposible dejar de mirarte.

No tengo ninguna duda de que una parte de lo que dice es cierto. Evan Walker es el tipo de idiota al que le gustas todavía más cuando pareces un reto. Pero también sé lo que está haciendo. Sé que es justo así como lo consigue todo: escogiendo las palabras adecuadas en el momento adecuado. Así fue como llegó tan lejos el año pasado, y el pensamiento hace que apriete los puños dentro de los bolsillos de mi chaqueta, aunque tengo que esforzarme para que no se refleje en mi expresión.

—Piensa en lo poderosos que seríamos juntos, Blake —susurra cerca de mi oído.

Se separa lo justo y necesario para volver a mirarme, para lanzar un vistazo a mis labios. Podría rechazarlo. Podría humillarlo, dejar su orgullo reducido a cenizas solo con unas pocas palabras. Por otra parte... quizá a los Testigos les guste ver esto mismo, ¿no? La unión de dos competidores fuertes justo antes de llegar a la final. Eso serían muchas visualizaciones, pero, sobre todo, él se confiaría por completo. Podría dejar que pensara que me tiene incluso a mí, podría dejar que pensara que soy una chica más a la que manipular, y después disfrutar de su sorpresa cuando se dé cuenta de que jamás ha tenido el poder, ni por un solo segundo. Eso sería... satisfactorio.

Podría hacerle probar un poco de su propia medicina. Podría hacerle entender qué es lo que se siente cuando eres tú el engatusado y el traicionado a la vez.

Me humedezco los labios, muy consciente de cómo su mirada sigue el gesto.

—¿Por qué crees que yo podría sentirme atraída por ti? —le pregunto con suavidad.

Uno de sus pies se mete entre los míos. Una de sus manos roza mi mentón y alza mi rostro hacia él. Yo permito que lo haga, aunque el tacto de su piel contra la mía me resulta desagradable. No quiero que esos dedos me toquen para nada.

—Porque estamos a la misma altura, Blake. Porque quizá tú también te hayas dado cuenta de que somos muy parecidos. —Se inclina y sus palabras suenan encima de mi boca, casi rozándola al hablar—. Ambos somos capaces de hacer cualquier cosa por lograr nuestros objetivos, ¿verdad?

Sí, en eso tiene razón; por eso estoy dispuesta a hacer incluso esto. Puede que me haya convertido en algo tan horrible o más que él, después de todo. Y ni siquiera siento remordimientos al respecto.

Mi mirada desciende hasta su boca, mis labios se entreabren.

Evan no necesita más señales que esa para besarme.

Dejo caer los párpados no porque quiera concentrarme en su boca, sino porque así es más fácil no pensar en quién me está besando. Al menos me queda el consuelo de que esto debe de estar siendo un gran contenido, porque dudo que nadie se lo viera venir: estoy segura de que si los Testigos han creído alguna vez que yo podía terminar enredada con alguien, habrán pensado en Dana. Pero Dana no me besaría así, furiosa y descontrolada. Seguro que Dana besa de otra manera. Más dulce, más suave. O quizá no. Quizá me besase con ganas, dejando ver todas esas cosas que me parece que tiene dentro esperando ser liberadas... Me imagino que este beso es suyo. Que se apretaría contra mí de esta manera, buscando más. Que, cuando alzo las manos, lo que encuentro es su cuerpo, aunque este no tiene su forma, aunque ella nunca lleva camisas, aunque estoy segura de que sus manos son más pequeñas que las mías.

Se me hace un nudo en el estómago al ser consciente de lo que estoy haciendo.

Me estremezco, pero no tiene nada que ver con la manera en la que Evan me besa o cuela sus dedos por debajo de mi camiseta mientras se acerca más. Me estremezco porque pienso en otra boca cuando sus labios tocan mi cuello. Porque me imagino otro rostro, y ni siquiera es el rostro que siempre pasaba por mi cabeza hasta hace unas semanas.

No. Esto no tenía que pasar. Ella no me atrae. No me importa. No...

Un golpe seco acaba con la fantasía de golpe. Abro los ojos de sopetón, con la boca de Evan todavía enterrada en mi cuello, aunque él también se detiene.

Dana está en la puerta de la biblioteca, con un libro caído a sus pies. Dana, la de verdad, no la que mi cabeza ha decidido imaginarse. Dana, con el rostro pálido y la expresión desencajada. Cuando nuestras miradas chocan, a mí se me cae el corazón al estómago y ella se apresura a apartar la vista.

—Lo... Lo siento... Yo... No quería... —susurra con la voz ahogada.

Ni siquiera termina la frase. Solo sacude la cabeza y se da la vuelta para salir corriendo. Yo me quedo clavada en el sitio, con una angustia nueva trepando por mi espalda como una araña. Solo entonces me doy cuenta de que en la entrada también está Liv, que nos mira con la misma sonrisilla infantil que mostró el primer día tras ponerle las esposas a Lucian.

Siento que es a mí a quien le acaban de poner unos grilletes. En las manos, pero también en el pecho.

—¡Dana! —exclama Liv, antes de seguirla.

La risa de Evan me trae de vuelta a la realidad. La siento contra mi cuello, de donde su boca apenas se ha movido.

Walker deja otro beso sobre mi piel que está a punto de provocarme una arcada.

—Supongo que ella sí pensaba que erais novias, después de todo. Pero no está a tu altura, ¿verdad?

Tardo un instante más en reaccionar, así que le da tiempo a volver a besarme, a volver a acercarse a mí, a pegar su cuerpo al mío. La cabeza me da vueltas, pero me esfuerzo por centrarme. Evan. Liv. Dana. No puede haber sido una casualidad, ¿verdad? Me la han jugado. Esto... Esto no era un intento de conseguir una alianza más fuerte conmigo. Esto era para que Dana lo viera. Para que Dana pensara... ¿Qué? ¿Que la estoy usando? ¿Que la estoy traicionando? No tenemos nada, no se supone que unos besos con otra persona puedan considerarse una traición.

No tenemos nada, y aun así...

Aprieto los dientes, molesta, y decido que ni siquiera me importa si no puedo mantener a Evan Walker como un aparente aliado hasta el final.

Se acabó. He aguantado lo suficiente.

Con seguridad, levanto mi rodilla para golpearlo en la entrepierna y su beso se corta cuando se dobla sobre sí mismo con un gemido de dolor. La satisfacción que esperaba sentir no es suficiente para aplacar la ansiedad que me oprime el pecho, pero al menos es un consuelo. Soy yo la que se inclina hacia su oído entonces.

—Tienes suerte de que no lo haya hecho con la de metal, Walker.

Lo empujo con la fuerza suficiente para tirarlo al suelo, pero ni siquiera me quedo a disfrutar de su humillación. Tengo cosas más importantes de las que preocuparme ahora mismo, aunque, cuando llegué aquí, uno de mis principales objetivos era simplemente hacer sufrir a Evan Walker tanto como pudiera.

Pero ya habrá tiempo de eso. Cuando salgo corriendo de la biblioteca, solo tengo un pensamiento en la cabeza.

Dana.

Dana

Escucho la voz de mi hermana llamándome, pero no puedo prestar atención. No puedo hacer nada más que salir corriendo, aunque sepa que eso no va a arreglar nada. Que mis pasos pueden alejarme de la biblioteca, pero no de la imagen que ahora tengo en la cabeza: Evan inclinado sobre Blake, Evan besando a Blake y Blake... Blake correspondiendo a ese beso, con los dedos enredados en la camisa de él.

Me siento idiota. Por haber pensado en algún momento que eso podría pasar entre nosotras. Por todas las veces en las que el corazón se me ha acelerado al creer que me iba a besar. Por todas las veces en las que no ocurrió y por todas las veces en las que luego, a solas en mi cuarto, llegué a imaginarme cómo sería.

Pero también me siento idiota por molestarme. Por huir, aunque no había nada de lo que escapar. Blake y Evan son adultos, pueden besarse si quieren, para las cámaras o simplemente porque les apetece. Como parte de una estrategia o porque...

No, no voy a pensar eso.

He tomado las escaleras porque no quería detenerme para esperar el ascensor, pero apenas consigo bajar dos pisos enteros antes de resbalar y caer sentada en medio de los escalones. Me golpeo y el dolor me sube como un latigazo por la columna y trae lágrimas a mis ojos. O quizá las lágrimas ya estaban ahí de antes. Me cuesta respirar y no estoy segura de que haya sido por la carrera. Soy estúpida. Soy muy estúpida. Esto no es para tanto. No debería estar sintiéndome así, no tengo ninguna justificación para sentirme así.

El corazón me late dolorosamente contra las costillas y yo solo quiero que pare, quiero dejar de escucharlo, quiero que deje de hacerme daño.

—¿Dana?

Escucho la voz de Liv, jadeante detrás de mí. Yo oculto la cara entre las manos porque no quiero que me vea así, no quiero que sepa que me he desbordado. No quiero que descubra las lágrimas que intento contener, que sea consciente de lo mucho que me ha afectado, quizá porque yo misma prefiero no pensar en ello.

Mi hermana se sienta a mi lado y me pone la mano en el hombro.

—Venga, Dana, solo es una chica... —murmura—. No la conoces de nada...

Tiene razón. Solo es una chica. Y es cierto que no la conozco de nada. Si la conociera, me habría visto venir esto. Si la conociese, habría sabido lo que planeaba; pero nunca me he podido adelantar a nada de lo que ha hecho en estas semanas. Y, de todas formas, ¿qué sé de Blake, aparte de su nombre? Que hubo una persona en su pasado a la que debió de querer mucho, pero murió. Que yo le recuerdo a ella. Que puede hacer casi cualquier cosa con sus máquinas y sus prótesis y que está muy guapa bajo los neones mientras trabaja. Que es sorprendentemente amable. Que piensa en los demás cuando nadie más aquí dentro lo hace, pero prefiere que nadie se dé cuenta de ello. Al parecer, es la clase de persona que no quiere que le des las gracias, la clase de persona que prefiere hacer como que tiene una coraza alrededor del corazón para evitar que descubras sus sentimientos.

Solo sé que me hace sentir libre, que me escucha, que me sonríe, que me fastidia con sus bromas, pero también me hace reír. Solo sé que me hizo muy feliz cuando dijo que le había conquistado mi corazón, que le recordaba a esa persona de su pasado, porque pensé que significaba algo. Pensé que era especial. Que le había llamado la atención simplemente siendo yo misma, sin guiones, porque nunca los necesito cuando estamos juntas.

Pero es obvio que lo he entendido todo mal.

—Tienes razón. —Cuando aparto las manos de mi rostro, trato de secarme las lágrimas lo más discretamente posible. Esto es ridículo. Soy ridícula. Tengo que recomponerme, no puedo dejar que Liv me vea así. Por eso sacudo la cabeza y tomo aire—. Tienes razón, lo siento. Al final, a la única que conozco aquí dentro es a ti, ¿verdad?

Liv se mueve incómoda en su sitio, como si algo en mis palabras no le gustara, pero pasa su brazo por mi cintura y se pega un poco más a mí.

—Bueno... Está claro que esa chica juega solo por sí misma, ¿no? No va a preocuparse por ti... ni por nosotras... Ves lo que hacía, ¿no? Contigo, y ahora con Walker... Solo está pensando en las visualizaciones...

En realidad, que Blake pensaba todo el tiempo en los Testigos era algo que yo ya sabía. Nunca lo ha disfrazado. Siempre ha hablado del factor sorpresa, siempre ha demostrado tenerlos muy presentes en cada cosa que hace.

¿Todo lo que ha habido entre nosotras era eso, entonces, como dice mi hermana? Soy consciente de lo que nuestro acercamiento puede haber hecho pensar a la gente. Soy consciente de cómo se tuvieron que ver desde fuera esas ocasiones en las que nos acercamos más de la cuenta o ese beso en la mejilla, la semana pasada, que a veces todavía me cosquillea bajo la piel.

—Dana.

Me tenso. La voz, jadeante y sorprendentemente ansiosa, viene de algún lugar detrás de mí, unos escalones por encima. Quiero darme la vuelta y, al mismo tiempo, algo dentro de mí se niega a hacerlo. El corazón se me acelera de nuevo, y yo desearía poder quitármelo del pecho para que deje de traicionarme.

A mi lado, Liv se mueve antes que yo: se levanta de inmediato y se da la vuelta para encarar a la recién llegada.

—¿Qué pasa, Blake? ¿Quieres seguir utilizando a mi hermana? ¿No te basta con las visualizaciones que acabas de ganar con Walker?

—Yo no... —empieza Blake. Pero, a media frase, cambia de opinión, decidiendo que no va a discutir con Liv—. Dana, escucha, no sé qué crees que ha pasado con Walker, pero...

¿Por qué me ha seguido? ¿Por qué quiere explicarme nada? Que no lo haga, o volveré a tener esperanzas de nuevo. Volveré a pensar que le importa lo que piense, que sigue habiendo una alianza entre nosotras, aunque supongo que la final se acerca y solo hay sitio para un aliado y por eso ha elegido a Walker, ¿no? Por eso se besa con él. Ha elegido el nuevo espectáculo que quiere dar y con quién.

—No me debes explicaciones, Blake —murmuro, con la vista clavada en mis pies—. Ya está.

—Dana, mírame, no es lo que piensas, no...

—Ya la has escuchado, Cooper.

Hago una mueca porque Liv ha hablado como si fuera Evan, con el mismo tono. No puedo evitar girarme hacia ella para ver su rostro lleno de rabia y, al mismo tiempo, un poco satisfecho, como si hubiera ganado algo.

Una idea cruza de manera fugaz por mi cabeza. Si yo he terminado yendo a la biblioteca ha sido por mi hermana, porque me pidió que la acompañase a devolver un libro que había tomado prestado y la ayudase a elegir una nueva lectura... Pero ella no podía saber lo que nos íbamos a encontrar allí, ¿verdad? No. Esto ha sido una casualidad. Mi hermana y Walker no pueden haberse puesto de acuerdo para...

—¿Esto ha sido idea tuya? —gruñe Blake—. ¿Le diste tú la idea a Walker, o te la dio él a ti? Porque, sea como sea, estás en el bando equivocado, Liv. A él le dais igual las dos. —Y luego, tras una respiración honda, más bajo, más suave, añade—: Dana, mírame, está claro que esto es una trampa. Es...

—¿Ahora intentas poner a mi hermana en mi contra? —replica Liv, un poco más alto. La satisfacción ha desaparecido por completo de su voz.

—¿Qué? ¡No! ¡Solo...!

—¡Basta!

En el hueco vacío de la escalera, mi voz parece reverberar. Al menos eso las hace callar a ambas. Cuando al fin me levanto y me doy la vuelta, espero tener mejor aspecto del que creo.

Mi hermana me mira con los labios apretados. Blake, varios escalones por encima de nosotras, cuadra la espalda.

—Liv, vete, por favor. Ahora te alcanzo.

Mi hermana abre mucho los ojos, incrédula. Por su expresión, parece que sea ella quien acaba de sufrir una terrible traición.

—¿Es en serio, Dana? ¿Vas a volver a elegirla a ella?

—No estoy eligiendo a nadie —suspiro. No sé si tengo fuerzas para esto ahora—. Solo... Solo quiero hablar un momento con Blake. Sin discusiones, Liv.

—¡No! ¿Por qué? —Da un pisotón en el suelo, frustrada—. ¿No ha quedado claro ya qué es lo único que le importa? ¡Se supone que estás aquí por mí, no por ella!

—Liv, claro que...

—Tu hermana nunca ha dejado de pensar en nada más que en ti, Liv.

Tanto ella como yo alzamos los ojos hacia Blake, que sigue varios escalones por encima de nosotras. Me tenso cuando da un paso hacia delante, con expresión seria, los puños apretados a la vista. No tiene la postura relajada de siempre, sino que parece alerta, y es extraño, porque Blake siempre luce la misma actitud de tenerlo todo bajo control. Ahora, sin embargo, su confianza y su despreocupación no están por ninguna parte.

—Eres lo único que le importa de verdad —continúa, con los ojos grises fijos en Liv—. Eres de lo que más habla todo el tiempo. Eres la única persona por la que hace planes. En la cárcel quería huir para poder protegerte como carcelera. Después, cuando fue a por Félix y me pidió ayuda, lo hizo porque Félix te había hecho daño. En la boda disparó para advertirle a Evan que te dejara en paz, no por las visualizaciones que podía ganar. —Nuestros ojos se encuentran entonces, y ahí está de nuevo: mi corazón a punto de hacer un triple mortal—. Dana es la única Icono que no está aquí pensando en sí misma, sino que ha decidido hacerlo todo por amor a alguien. A ti. Y por eso me gusta estar con ella.

Es como si el Edificio estuviera a punto de cambiar otra vez. Lo siento todo igual de inestable, pero quizá sea solo que me tiemblan las piernas porque esa chica no deja de mirarme. Porque ha dicho que le gusta estar conmigo y es ridículo que, sintiéndome tan mal, pueda llegar a sentirme tan bien.

Trato de centrarme en mi hermana, que tiene el ceño fruncido, pero se gira hacia mí como si no estuviera segura de creer a Blake.

—Tiene razón, Liv —le digo, tras tomar aire—. Ni siquiera habría aceptado la invitación para entrar en Imperio de no haber sido por ti. Y no pongas esa cara, porque no se trata de que... de que piense que no eres capaz de hacer grandes cosas o de defenderte tú sola. Sé que lo eres. Sé que eres fuerte, lista y valiente, probablemente más que yo. Pero también eres mi hermana pequeña, Livie. Y creo que hay cosas a las que no deberías estar enfrentándote. Cosas a las que nadie a tu edad debería enfrentarse, como esta presión para jugar a un juego de adultos cuando no lo eres. ¡Y es perfecto que no lo seas! Solo tienes doce años y deberías... deberías tener la oportunidad de ser simplemente eso: una chica de doce años. A lo mejor solo... solo intento cuidarte como habría querido que alguien me cuidase cuando yo tenía tu edad.

A lo mejor solo intento que no llegue a tener los mismos miedos que tengo yo, las mismas dudas. Las mismas obsesiones.

A lo mejor es que no quiero que se convierta en alguien como Evan Walker o Bianca Fiore, capaces de hacer cualquier cosa por conseguir que los sigan mirando. O puede que lo que ocurre es que alguna vez he fantaseado con cómo habría sido vivir y crecer en otro lugar, en otra familia. Una que no estuviese siempre preparada para grabarlo todo, para convertir cada momento importante en una huella indeleble.

Mi hermana traga saliva. Su expresión dura se cae y los ojos le brillan. Creo que por fin me entiende, porque aprieta los labios y baja la vista y después... Después me abraza. El gesto me desarma por completo y, al mismo tiempo, me doy cuenta de cómo lo necesitaba. He odiado cada uno de los días en los que hemos estado enfadadas. Por eso, yo también la estrecho entre mis brazos y dejo un beso en lo alto de su cabeza.

Hay unos segundos de paz. Después, un suspiro y un par de pasos que descienden por las escaleras. Alzo la vista para comprobar cómo Blake se relaja un poco: lo sé por cómo mete las manos en los bolsillos de su chaqueta, en esa postura habitual en ella. Su expresión también es más tranquila, creo que conmovida, y cuando su voz suena, vuelve a ser mucho más suave:

—Liv, lo que ha pasado en la biblioteca... ¿Lo planeaste con Walker? ¿Porque pensabas que yo te estaba quitando a tu hermana, quizá?

Liv se remueve con cierta incomodidad, pero cuando yo también la miro, resopla orgullosa y me abraza un poco más fuerte.

—Por mucho que nosotros lo planeásemos, la decisión de besarlo o no era tuya —replica—. Nadie te ha obligado, ¿no?

Blake hace un mohín, como si mi hermana le hubiera dado un puñetazo directamente en el estómago, pero no responde y yo ya no creo tener ni la menor idea de lo que se esconde detrás de su expresión. Por otra parte, si cree que mi hermana se va a disculpar, tendrá que esperar sentada: Liv no es de las que piden perdón. Probablemente sepa que ha hecho algo mal, y puede que incluso llegue a sentir arrepentimiento en algún momento, pero es demasiado orgullosa. Y celosa, al parecer. Pero tiene doce años. Si no se permite que cometa errores ahora, ¿cómo va a aprender que los celos no son algo de lo que fiarse o que son algo que puede hacer daño a las personas que quiere?

Estoy segura de que ha aprendido la lección, aunque de momento se niegue a darle una oportunidad a Blake. Por suerte o por desgracia, supongo que yo sí voy a dársela, así que acudo en su ayuda:

—Liv, Blake es adulta y tiene derecho a hacer lo que quiera con quien quiera.

—Pero a ti te gusta, y detesto que se aproveche de eso.

Al parecer, Liv también puede avergonzarme de la peor manera posible.

—No me... —Callo y decido no ponerme todavía más en evidencia—. No se está aprovechando. No tenemos nada, Liv. No sé qué cosas te ha metido en la cabeza Walker, pero solo somos amigas.

Mi hermana se separa un poco de mí y me mira de esa manera en la que lo hace cuando cree que le estoy mintiendo, como si yo fuera tonta y ella muy lista.

—No hace falta que Evan me diga nada: eres muy obvia, está claro que...

El resto de la frase queda ahogado cuando le cubro la cabeza con los brazos y la aprieto contra mí en un abrazo, ante lo que ella farfulla contra mi jersey. Me da un par de golpes en los costados para exigir que la suelte.

—¿Qué te pasa ahora? —protesta cuando la dejo ir, tras coger una gran bocanada de aire.

—Nada si te vas a nuestro piso ahora. Te prometo que iré en un momento.

Liv parece dudar. Mira por encima del hombro a Blake, que ha clavado la vista en el suelo en un pobre intento de fingir que no ha visto ni escuchado nada de nuestro último minuto de conversación, y luego se fija de nuevo en mí.

—Vale, pero si vais a hacer estrategias raras, luego me las cuentas.

Pongo los ojos en blanco, pero mi hermana no añade nada más antes de alejarse escaleras abajo. La sigo con la vista hasta que su figura se pierde en el descansillo y escuchamos la puerta de emergencia del siguiente piso cerrándose.

El silencio que llega entonces es ensordecedor.

Blake y yo nos quedamos solas, pero en realidad no sé qué hacer con esta situación. Ya me estoy arrepintiendo de ello. Tomo aire y levanto la vista para enfrentarla. Ella espera unos escalones más arriba y a mí se me antoja... nerviosa. Pero no puede ser, ¿no? Blake Cooper no se pone nerviosa por nada ni por nadie, no va a hacerlo por mí.

—No tienes que explicarme nada —le repito, sintiéndome torpe y estúpida—. Lo digo completamente en serio. Si acaso, la que tiene que decir algo al respecto soy yo, y solo para disculparme por haber interrumpido y montar este número ridículo y... Por Dios, ignórame. Solo... —Callo. El nudo en la garganta no se va, por mucho que trague saliva—. Ten cuidado con él, ¿vale? Le ha tocado el reto semanal. Sus antecedentes dicen que la lealtad no es algo que conozca y...

—Dana, Walker no me interesa lo más mínimo —me interrumpe ella.

Yo trago saliva, porque no es exactamente eso lo que parecía. Si era actuación, al menos estaba muy implicada en ella. Me repito que no es mi problema, mientras observo cómo Blake desciende un escalón más. Parece... frustrada.

Yo no me muevo de mi sitio.

—Puedo entender también que hayáis creado una estrategia juntos y... —murmuro.

—Le he dado un rodillazo en la entrepierna, así que tampoco creo que le queden muchas ganas de seguir con estrategias.

—¿Qué? —pregunto, sin estar segura de haber escuchado bien.

Otro paso, otro escalón. Mientras se acerca, Blake clava los ojos en los míos y yo no encuentro las fuerzas para apartar la vista.

—No me gusta que me la jueguen —me explica—. Puedo perdonar a tu hermana, porque es una niña y estaba rabiosa por lo que hice en la boda, además de celosa y probablemente preocupada por ti, pero Walker solo se estaba aprovechando de la situación. Además, puestos a ganar visualizaciones, estoy segura de que la gente va a reproducir en bucle la patada muchísimo más que el beso. Yo lo haría.

Un último paso. Blake se detiene un peldaño por encima de mí y yo tengo que alzar la cabeza para poder mirarla bien. Mi pulso decide acelerarse de nuevo al tenerla tan cerca, al ver el principio de esa sonrisa que reconozco y que ya estaba echando de menos.

—¿No crees que acabas de estropear una buena alianza? —pregunto—. Si no te atrae y tampoco pretendías ganar más visualizaciones, ¿por qué le has besado...?

Un silencio breve. La sonrisa se cae y yo lo odio. La quiero de vuelta.

—Es complicado.

«Explícamelo, entonces. Déjame que te comprenda un poco mejor», pienso.

—Escucha... No me debes nada, ¿de acuerdo? No tenías por qué echar por tierra los planes que tuvieras con Walker solo porque yo... os haya visto. Si crees que no entiendo que, llegado este punto, prefieras ir con alguien más fuerte que nosotras, estás equivocada. Sé que es la mejor estrategia y...

—Tú eres más que una estrategia para mí.

Su voz interrumpe mi monólogo, pero también mis pensamientos. Apenas me atrevo a respirar, consciente de lo que ha dicho. Y de todo lo que podría llegar a decir, incluso. El corazón acalla un poco sus latidos. Es fácil imaginármelo muy apretado, como un puño, con demasiado miedo a emocionarse más de la cuenta otra vez.

Blake traga saliva, como si pudiera tragarse así también sus palabras. Pero no puede. Las he escuchado perfectamente, aunque no sea capaz de comprenderlas.

—¿Y qué soy?

Ella no responde de inmediato. La veo dudar, pese a que Blake nunca duda. Todavía no había visto esta expresión en su rostro, como si estuviera ante un problema muy complicado y no tuviera ni idea de por dónde empezar a resolverlo.

—Eres... No sé. Supongo que simplemente eres Dana.

Mi nombre es solo un susurro en sus labios, pero creo que nadie lo había dicho con tanta claridad nunca. Nunca nadie lo había pronunciado así, como si significara muchas cosas, como si pudiera definir todo lo que soy, como si me diese forma mucho más allá de lo que la gente ve en mí a simple vista. Más que un Icono, más que la chica que creció frente a las cámaras, más que un papel. Más que alguien a quien utilizar, pese a que, desde mi nacimiento, siempre he creído que solo era eso: al fin y al cabo, mis padres nos tuvieron a mi hermana y a mí para mantener la atención sobre ellos. Nunca he sido más que contenido. Nunca he sido más que una herramienta.

Pero con Blake no me siento así.

—¿Y que sea simplemente Dana es suficiente para ti?

Otra vez silencio. Otra vez esa tensión y esa expresión tan rara en ella. Odio que no sea la de siempre. Odio que no me responda con su rapidez o burla habituales. Odio que mis preguntas le parezcan tan difíciles cuando para mí no lo son.

—Sería suficiente si no estuviéramos aquí.

No sé qué quiere decir, y me frustra. Quizá por eso, mis manos se alzan antes incluso de que pueda pensarlo. Cuando tiro de su chaqueta, Blake no opone resistencia, aunque soy consciente de cómo sus ojos se abren un poco más por la sorpresa mientras se inclina hacia delante, hacia mí. Supongo que no se esperaba que fuera a ser yo, precisamente, quien hiciera algo como esto. Yo, que siempre mantengo las distancias, que nunca la toco, que nunca soy lo suficientemente valiente...

Pero ella tampoco está actuando como de costumbre, y no aguanto más.

—Ayúdame a entenderte un poco, Blake. Dime qué quieres de mí...

Escucho cómo toma aire. No creo imaginarme cómo su mirada se posa momentáneamente en mis labios, aunque se corrige de inmediato y vuelve a fijarse en mis ojos.

—No debería querer nada. No he venido aquí para esto...

—Entonces, ¿prefieres que me aparte? ¿Prefieres que te deje en paz, que no vuelva a tu piso? Solo tienes que decirlo.

Su mandíbula se tensa.

—Quizá sería lo mejor.

Mis dedos se aferran con más fuerza a su chaqueta. Debería separarme ahora, lo sé, pero ese corazón que no deja de latir, que nunca se había sentido tan sacudido por nadie, se agarra a que en realidad no está respondiendo a mis preguntas. Lo que deseamos no siempre tiene por qué ser lo mejor para nosotros, ¿verdad? Por ejemplo, yo estoy segura de que estar cerca de esta chica y todos sus misterios, todos sus trucos, todo su caos, no es lo mejor para mí.

Pero no quiero otra cosa.

Aunque noto el vértigo, aunque tengo la sensación de que me caeré, me alzo sobre las puntas de mis pies. Nuestros rostros están ahora tan próximos que su aliento y el mío se mezclan. Escucho su respiración entrecortarse, afectada. Es muy estúpido, pero me hace sentir muy satisfecha tener ese poder sobre ella, quizá porque sé lo imperturbable que puede llegar a ser.

—Dilo. Pídeme que me aparte, Blake.

Nunca habíamos estado tan cerca. Ni siquiera aquel día en su piso, cuando me acorraló contra su mesa. En aquel momento, yo solo dejé que ella hiciera lo que quisiera conmigo: cerré los ojos y esperé. Hoy, ahora, estoy aquí, desafiándola a que acabe con todo o se atreva a jugar de verdad. De alguna manera, siento que a Blake le atrae esta parte de mí que ni siquiera yo sabía que existía. Su mirada resbala de nuevo a mis labios y esta vez se queda ahí.

—No sabes nada de mí —susurra.

—Sé que quieres besarme —replico, y tan solo espero no equivocarme.

Ella respira hondo y yo me acerco un poco más. Porque no lo niega. No lo niega ni se aleja ni se convierte en humo bajo mis dedos. Su boca se mueve entonces, lo sé porque no dejo de mirarla. Se abre y yo solo puedo pensar en cómo debe de ser sentirla sobre la mía.

—Pensaba en ti. —No sé de dónde vienen esas palabras, pero suenan a confesión y a rendición al mismo tiempo—. Mientras lo besaba a él, pensaba en ti.

Es más de lo que puedo soportar.

No sé si es ella la que acepta inclinarse cuando vuelvo a tirar de su ropa o soy yo la que se alza todavía más sobre las puntas de mis pies. No importa. Lo único que sé es que dejo de imaginarme lo que sería besarla, porque de pronto lo estoy haciendo. No me imagino sus manos ni su cuerpo, porque siento sus dedos en mi cintura mientras sus labios se mueven sobre los míos. Nunca había besado a nadie, nunca había sentido que tuviera la libertad para ello, nunca había tenido el valor de acercarme a una chica que me gustara, pero ni siquiera puedo preocuparme de si parezco demasiado torpe o inexperta, si notará que su boca es la primera que toca la mía.

La estoy besando, realmente la estoy besando, y ella me está besando a mí.

Nos movemos por las escaleras en medio de ese beso que es demasiado ansioso, demasiado apresurado, demasiado profundo. Blake me besa justo como pensé que podría besar y al mismo tiempo de mil maneras diferentes, pero sobre todo me besa como si ella también hubiera pensado en esto antes, y eso solo hace que quiera que se acerque más.

Mi espalda chocando contra la barandilla de metal consigue traerme un poco de vuelta, más allá de esa realidad en la que solo existen sus labios. Me recuerda dónde nos encontramos. Me recuerda que no estamos solas, que hay mucha gente mirando, como siempre. Odio eso. Odio que esto no me pertenezca solo a mí. Estoy dispuesta a pedir un tiempo de desconexión y perder visualizaciones antes de la final solo para apropiarme de este momento, de estos besos. Soy consciente de que Liv me odiará si se entera. Soy consciente de que mis padres se sentirán muy decepcionados conmigo, pero ahora mismo no podría importarme menos.

Es mi vida. Es mi maldita vida.

Los labios de Blake me siguen cuando me separo un poco, como si los atrajera un imán, y a mí me recorre un estremecimiento desde la cabeza hasta los dedos de los pies al darme cuenta. Parece indefensa, y yo jamás pensé que algún día vería a Blake Cooper así. Y, desde luego, no por mí. Me hace sentir... deseada. Y es emocionante. Es abrumador. Es perfecto.

Separo los labios, pero antes de que pueda pedirle a los Imperiales que nos dejen a solas, los ojos de Blake se abren para mirarme...

Y todo se rompe.

Soy perfectamente consciente del momento en el que ella despierta y decide que esta ha sido una terrible idea. Lo veo en su expresión. Lo escucho cuando dice:

—No.

Es como una sentencia. Me hiela el pecho de golpe, pese a que hasta ahora solo sentía calor. Sus manos se alejan de mi cuerpo y me estremezco cuando se aparta de manera tan precipitada que casi tropieza en uno de los escalones.

Blake no ha tropezado ni una sola vez en todo el tiempo que llevamos aquí.

—Blake...

Ella niega con la cabeza.

—No puedo —dice de manera atropellada—. Lo siento.

La veo darse media vuelta. La veo subir las escaleras a la carrera y, de alguna forma, entiendo que es ella la que está huyendo ahora. De esta situación. De mí.

Blake Cooper ha enfrentado todas las pruebas de Imperio sin pestañear, pero se retira de este juego antes de darle la oportunidad de empezar.

Liv

—¿Dónde os metisteis anoche?

Amy hace la inevitable pregunta en cuanto Dana y yo nos sentamos a la mesa. Ayer no bajamos a cenar, y yo solo puedo pensar que tengo la culpa: aunque cuando dejé a mi hermana en las escaleras con Blake Cooper creí que todo estaba bien, que la entendía un poco mejor, que a lo mejor me había pasado, llegó poco después al apartamento con cara de estar muy triste y frustrada y se encerró en su cuarto. Y ahí ha estado hasta esta mañana.

Le he preguntado si se encontraba bien y ha dicho que sí, pero está claro que no es verdad. Está claro que mi pequeño plan ha roto algo y, aunque estoy segura de que todo esto nos está dando muchas visualizaciones, la verdad es que no me siento tan feliz ni satisfecha como debería. Mi plan nunca fue hacer daño a Dana (como mucho, darle una lección), pero esta mañana ha aparecido con aspecto de no haber dormido nada, y sé que en parte es culpa mía.

Ahora, sin embargo, fuerza una sonrisa mientras se concentra en el menú electrónico de la mesa.

—Me sentía un poco enferma. Liv se quedó haciéndome compañía.

—¿Y Blake? —pregunta Deborah—. ¿Sabéis algo de ella?

¿Blake Cooper tampoco se ha dejado ver desde ayer? Uf. Adultos. Qué complicados son.

—No —responde Dana de manera demasiado tajante.

Creo que nuestras compañeras se dan cuenta de inmediato de que es una mentira y de que algo ha pasado entre ellas.

—¿Está todo...? —comienza Amy.

Pero se interrumpe cuando la mirada de mi hermana va mucho más allá de ella. Evan entra en el restaurante y viene hacia nosotras con calma. Yo le sonrío un poco y abro la boca, porque, con todo lo que ha pasado, ni siquiera he podido hablar con él todavía.

No me espero la voz helada de mi hermana:

—Walker.

—Shifter —la saluda él, mientras aparta una de las sillas con calma—. Tienes un aspecto horrible. ¿Has pasado mala noche?

—En absoluto. ¿Y tú cómo te sientes? ¿Dolorido?

La sonrisa le cambia y yo me fijo en mi hermana, sin saber a qué viene eso.

—Para nada.

—Es una pena. Esfúmate.

La frialdad de Dana coge a toda la mesa por sorpresa. Veo cómo Amy parpadea y cómo Deborah se queda con la cuchara a medio camino de la boca, probablemente alucinando tanto como yo. Incluso Evan parece quedarse un momento quieto de pura incredulidad, antes de que se le escape una risa.

—Es una broma, ¿no?

—¿Tengo cara de estar bromeando?

No, no la tiene. De hecho, tiene cara de estar muy pero que muy enfadada, con los ojos clavados en él. Dejo escapar una risa un poco nerviosa y apoyo la mano en su brazo, inquieta. Sé que le molestó lo que hizo ayer con Blake, pero la idea fue mía y Evan sigue siendo nuestro aliado, ¿no? Sobre todo ahora, tan cerca de la final...

—Dana...

—Se lo advertí —me dice, pero no deja de mirarlo a él—. Le dije que se alejara de ti. Le dije que era mi último aviso.

Evan resopla como si le pareciera que mi hermana está siendo ridícula. Amy y Deborah, por su parte, se miran entre sí, cada vez más confundidas.

—¿Tú entiendes algo de lo que está pasando? —murmura Deb.

—No, pero no pienso quejarme —responde Amy.

Evan se apoya en el respaldo de su asiento, en una pose relajada.

—Mira, Shifter, si estás dolida porque tu novia...

Dana golpea la mesa con las manos al ponerse en pie, sobresaltándonos a todos.

—No es mi novia —masculla.

—No, supongo que no: lo dejó muy claro mientras me besaba.

Hago una mueca porque estoy segura de que ese golpe tan bajo no era necesario. Amy y Deborah se miran entre sí, incrédulas.

—¿Blake? ¿A ti? —pregunta Amy como si le pareciera ridículo.

Dana enrojece, pero parece que es de pura rabia.

—Sabes que lo hizo solo porque se la jugaste.

—Yo no lo recuerdo así: lo que pasó fue que me acerqué y ella no se alejó, y creo que habríamos llegado mucho más lejos si no hubiéramos tenido una lamentable interrupción. ¿Quieres más detalles de cómo fue?

—No hace falta, porque después vino a besarme a mí. A lo mejor quería quitarse el mal sabor de boca.

Todo el restaurante se queda repentinamente en silencio. Y no soy la única que se gira hacia mi hermana con la boca abierta. De hecho, creo que ni siquiera ella es consciente de lo que ha dicho, porque, tras los primeros dos segundos, de pronto sus mejillas enrojecen, aunque no le aparta la mirada a Evan. Él ha fruncido el ceño, y me pregunto si le importa de verdad lo que haga Blake Cooper o solo le molesta quedarse sin respuesta.

La risita que rompe el silencio, de todos modos, nos distrae a todos.

—Vaya, Walker. Parece que te has vuelto a meter en líos entre dos chicas, aunque esta vez va a resultar que el engañado eres tú. Lo que es el karma, ¿eh?

Bianca Fiore está sentada en otra de las mesas, junto con el resto de su grupo, y todos están mirando hacia aquí. Ella, apoyada en el respaldo de su silla, tiene expresión de estar pasando el mejor momento de su vida. Creo que mi hermana y Walker son conscientes solo entonces de hasta qué punto están llamando la atención. Evan resopla y se gira hacia ella.

—No voy a tener la suerte de que hoy sea el día en el que te metas en tus propios asuntos, ¿verdad, florecilla?

—Considero que a estas alturas somos demasiado pocos como para que los asuntos de uno no sean los de todos —responde Bianca con su sonrisa encantadora y la cara apoyada en una mano.

—¿Este año también te vas a cargar a una parte de este inesperado triángulo amoroso, Walker? —interviene Lily Brown.

Annika se ríe por lo bajo.

—¿No le estás dando demasiado crédito a Walker?

—No sé. Considerando que no vemos a Cooper desde anoche y que Walker tiene el reto semanal, a lo mejor ya se ha encargado —continúa Lucian, con un brazo alrededor de los hombros de Lily.

—Un idiota como Walker no podría poner ni una mano encima de alguien como Blake antes de perderla —replica Dana.

—Oh, créeme, sí que puedo: de hecho, le puse las dos ayer —se burla Evan.

—Pues no debiste de ponerlas en los sitios adecuados, porque después se fue a buscar a otra —señala Bianca, y su mesa estalla en carcajadas.

Trago saliva, incómoda. Todo esto es mi culpa, ¿no? Fue mía la idea de que Evan se acercase a Blake... Pero no esperaba que fuera a pasar todo esto. No pensaba que fuera a tener tanta importancia para nadie. Quizá para mi hermana, pero... Pero no así. No pretendía... No sabía...

Me siento como en la cárcel cuando Eliza renunció.

No contaba con que las cosas pudieran hacerse tan grandes.

Evan sacude la cabeza, mira a mi hermana y esboza una de esas sonrisas que pone cuando se enfrenta a un buen enemigo en un videojuego: sé que va a disparar a matar.

—¿Y dónde está hoy Cooper, Shifter? ¿Por qué no está aquí contigo? A lo mejor es exactamente como Liv decía. A lo mejor solo está ganando visualizaciones. A lo mejor es cierto que es la más lista de todos y nos ha utilizado a los dos.

Justo en la diana, por la cara que pone mi hermana. Aunque yo, en realidad, me pregunto lo mismo. ¿Dónde está Blake? ¿Por qué se dedica a besar a Walker y luego a mi hermana y después desaparece del mapa?

Sea como sea, Dana no responde. Harta de la situación, suelta una palabrota, se da media vuelta y sale del restaurante. Yo me quedo un segundo sin saber qué hacer mientras Evan toma asiento con calma a mi lado, como otros días. Supongo que a él no le importa en absoluto Cooper: le da igual si besó a mi hermana o no, le da igual dónde esté o lo que haga ahora mismo.

Pero a Dana no. Creo que Evan me llama cuando me pongo en pie y me apresuro a seguir a mi hermana, pero, por una vez, decido no pararme a escucharlo.

—¡Dana! —la llamo mientras ella se acerca a toda prisa al ascensor.

—Ahora no, Liv. Ya he hecho el ridículo suficiente por hoy —murmura, presionando el botón varias veces, ansiosa.

—¿Es verdad que os besasteis?

Ella se detiene de golpe. Tiene la vista fija en sus pies.

—Olvida lo que has escuchado, ¿de acuerdo? He perdido los nervios.

—Pero ¿es verdad? Dímelo, Dana. Venga, demuéstrame que puedes tratarme como una adulta por una vez y dime si esa chica te ha hecho daño.

Mi hermana se gira hacia mí, un poco sorprendida. Yo aprieto los labios, inquieta. Vamos, Dana, demuéstrame que puedes confiar en mí. Demuéstrame que soy algo más que una responsabilidad que cuidar. Deja que intente arreglar esto, porque temo que mis celos y yo hemos destruido cosas que no merecían ser destruidas y me siento mal. No me gusta sentirme mal.

El ascensor llega y ella sacude la cabeza.

—Fue solo un beso, Liv. Nada más.

No me lo creo. Si hubiera sido solo un beso, no estaría así. Tan furiosa, tan dolida, tan... triste. No quería que mi hermana terminase estando triste. No quería a mi hermana encerrada en su cuarto, sola... A lo mejor puedo evitar al menos eso, ¿no? Por ese motivo, aunque dudo, aunque tiene que ver que no sé cómo actuar, pienso en las cosas que hacemos en casa cuando yo estoy enfadada o tengo un mal día, y extiendo la mano hacia ella.

—¿Pedimos pizza en nuestra habitación y nos hacemos una maratón de dibujos?

No recuerdo que nunca hayamos hecho ningún día de pizza y dibujos por ella en vez de por mí, y darme cuenta hace que me sienta incluso peor. A lo mejor ni siquiera es algo que ella quiera, que pueda animarla.

A lo mejor Dana sabe perfectamente cómo cuidar de mí, pero yo no tengo ni idea de cómo cuidar de ella.

Mi hermana observa mi mano y luego a mí. Creo que va a llorar, pero, como siempre, se esfuerza en dedicarme una sonrisa. He sido muy injusta con ella. Estoy tan acostumbrada a tenerla siempre cerca, a que lo dé todo por mí, que no he estado a la altura.

Me he comportado como la niña pequeña que todo el mundo dice que soy.

—Eso suena genial.

Sonrío un poco, insegura pero feliz de al menos intentar hacer algo. Aprieto su mano y tiro de mi hermana hacia el ascensor. Siento que he estropeado muchas cosas, pero a lo mejor todavía puedo reparar algunas.

Por primera vez, voy a cuidar yo de Dana.

Blake

Me encierro en mi cuarto toda la mañana e intento que eso no afecte a mis visualizaciones contándoles mentiras a los Testigos, hablando con ellos mientras juego con la tecnología que hay en mi habitación. Mentiras sobre estar arrepentida de dos besos que no tenían que haber sucedido, aunque solo me arrepiento de verdad de uno. Mentiras sobre ser una cobarde, aunque supongo que eso es verdad en parte. Mentiras sobre echar de menos el lugar del que vengo y estar perdiendo un poco la cabeza aquí dentro, y eso puede que también sea cierto. Siento que me estoy volviendo loca. Siento que me estoy olvidando de lo que venía a hacer, que ya no juego solo por lo que venía a jugar, que me importa más gente de la que debería importarme.

Hablo durante mucho rato, para nadie y para todo el mundo. Me invento historias y cuento medias verdades. Les hablo del accidente. De la chica que me gustó hace un tiempo y que murió. Les hablo del miedo que me da perder a alguien más que me importe tanto como me importó ella.

Les hablo de mí y, al mismo tiempo, no les dejo ver nada en absoluto.

Igual que he hecho con Dana, aunque a ella me gustaría decirle la verdad. Me gustaría que entendiera, porque me temo que no entiende nada. Probablemente esté furiosa conmigo, por besarla y después desaparecer durante un día entero. Pero no puedo contarle todo, porque incluso si pidiera una hora de desconexión para ello, no estoy segura de que los Imperiales no estuvieran ahí, en alguna parte, escuchando.

Cuando alguien toca a mi puerta, me tenso, porque durante estas semanas solo ha habido una persona que haya venido a visitarme. Es ella, ¿verdad? Viene a pedirme explicaciones o a partirme la cara por jugar con ella, aunque no lo pretendía. ¿No lo pretendía? Al principio estaba dispuesta a jugar como y con quien hiciera falta. Si me acusara de haberla utilizado, entonces, ¿realmente podría defenderme? Sí que lo hacía a veces, supongo. Era consciente de cómo podían verse desde fuera nuestros acercamientos. Y al mismo tiempo...

De nuevo tocan a la puerta, con más insistencia. Respiro hondo y me acerco a la entrada para abrirla yo misma y enfrentarla y...

—¿De qué vas, Cooper?

Abro la boca, incrédula ante el ceño fruncido de Liv Shifter. Pese a que apenas debe de medir metro cuarenta, resulta casi amenazadora mientras me observa con una expresión de verdadero cabreo y los brazos cruzados sobre el pecho. Miro más allá de ella, en un intento de encontrar a quien realmente esperaba ver, pero viene sola.

—Ni sueñes con que encima va a subir a buscarte —suelta Liv Shifter volviendo a llamar mi atención—. ¿Te besas con Walker, te besas luego con ella, desapareces, y encima esperas que sea mi hermana quien se arrastre hasta tu puerta? Tú vas de lista, pero no lo eres mucho, ¿no?

—¿Qué? No, solo... pensé...

—¿Qué? ¿Que mi hermana iba a venir para pedirte explicaciones? Deberías bajar a dárselas tú, si es que te importa algo más que la gente que os esté viendo.

Bien, de todas las cosas que esperaba de Imperio, una de ellas no era que una niña de doce años me fuese a poner la cara colorada por mi comportamiento con una chica. Supongo que esta competición todavía puede sorprenderme de muchas maneras.

Carraspeo y meto las manos en los bolsillos de mi chaqueta.

—¿Querías algo, Liv?

—Decirte que eres idiota. Y que eres una cobarde y que espero que no llegues a la final, porque alguien que se encierra en su cuarto en vez de enfrentar los problemas que ha provocado...

—¿Los problemas que *yo* he provocado? —replico, irónica. Lo que me faltaba. Como si esta situación no la hubiera desencadenado ella.

—... es una persona que no se merece ser Imperial. Y pensé que tú podías ser una gran Imperial, pero está claro que me equivocaba.

—Gracias, capto el mensaje.

—Vale, pues capta esto también: no te mereces a mi hermana.

A eso no se me ocurre llevarle la contraria. Es muy probable que sea cierto.

—¿Algo más?

—¿Te gusta?

Vuelvo a abrir la boca, demasiado sorprendida. Liv enarca las cejas, sin moverse ni un ápice de su sitio.

—Es una pregunta muy fácil, Cooper: sí o no.

—No es tan sencillo como...

—Sí o no.

—Mira, Liv...

—Sí o no.

—Las cosas no funcionan así...

—Sí o no.

—En este sitio, no...

—Sí o no.

—¡Sí! —replico exasperada. Y solo un segundo después me doy cuenta de lo que he dicho y de que eso provoca su sonrisa maliciosa, satisfecha. Trago saliva. Para colmo, siento que me he ruborizado—. Pero...

—A mis padres no les vas a gustar nada, que lo sepas.

Esto es ridículo. No me puedo creer que mi némesis en este lugar no vaya a ser Evan Walker o cualquiera de los Imperiales, sino una niñata de doce años con complejo de guardiana de su hermana mayor. De todos los problemas que esperaba encontrarme cuando decidí entrar aquí, este ni siquiera se me había pasado por la cabeza. Resoplo avergonzada.

—No tengo ninguna intención de conocer a vuestros padres.

—Desde luego, no vas a hacerlo si no bajas a disculparte por desaparecer todo el día y decirle que te gusta y... no sé. Daros más besos, si tenéis que hacerlo. Yo eso prefiero no verlo. Intercambiar saliva es asqueroso, no entiendo qué le veis.

A mi pesar, casi se me escapa una carcajada, porque Liv Shifter es un pequeño monstruito egoísta e impertinente, pero es obvio que adora a su hermana y supongo que esta situación tiene cierta gracia.

Si tan solo las cosas fueran de otra manera...

Dejo escapar un suspiro hondo y me apoyo contra el marco de la puerta. De pronto me siento muy cansada, como si todo estuviera empezando a pesar demasiado. Creo que es así. Creo que siento los músculos y los huesos resentidos por todas las cosas que estoy sosteniendo. Pero solo tengo que aguantar un poco más y todo merecerá la pena.

—Escucha, Liv —le digo a esa niña que espera ante mi puerta, que todavía piensa que el mundo es muy sencillo, incluso cuando está metida en una competición en la que nada lo es—. A veces quieres hacer cosas y, simplemente, no puedes, ¿entiendes? Por ejemplo, tú querrías haber venido sola a este lugar, pero no podías porque las reglas marcaban que tenías que venir acompañada de un mayor de edad. Pues eso es un poco lo que me ocurre con tu hermana: por mucho que yo quiera algo, hay cosas que no puedo hacer. Y aunque pudiera... no tendría sentido. No funcionaría.

Espero que la explicación sea suficiente para que se rinda o, por lo menos, para que sienta un poco de piedad por mí y deje de intentar animarme a acercarme a una persona con la que ya he traspasado muchos más límites de los que debería, pero Liv Shifter solo enarca las cejas como si quisiera volver a llamarme idiota con ese gesto.

—Qué decepcionante —dice.

—¿Decepcionante?

—Pensé que tú eras la chica capaz de hacerlo todo.

La pequeña de las Shifter no dice nada más. Me vuelve a lanzar una mirada cargada de esa decepción de la que habla, se encoge de hombros y empieza a alejarse, dejándome con la sensación de ser una persona todavía más miserable de lo que llevaba todo el día sintiéndome.

Aprieto las manos dentro de mis bolsillos mientras la observo caminar por el pasillo con calma. Se para en el ascensor, toca el botón de llamada y se gira de nuevo hacia mí.

—¿Sabes una cosa que me gustaba de ti, Cooper? Que te dedicabas a hacer funcionar cosas gracias a esa nanotecnología tuya. No entiendo por qué no podrías hacer funcionar también esto. Pero supongo que es más fácil no intentarlo, ¿no?

No me da tiempo a responder. Antes de que piense en algo y antes de que Liv Shifter se marche, esa voz que lleva más de un año apareciendo en mis pesadillas suena por los altavoces del Edificio:

—Iconos, poneos los trajes de baño y subid a la piscina. Está a punto de empezar un nuevo juego.

TESTIGO

Nos acercamos a la recta final. A estas alturas, seguro que ya tienes claro quién quieres que termine haciéndose con la victoria, pero no deberías darlo todo por sentado todavía: en la semifinal suele haber alguien que sorprende, alguien que se desmarca por completo.

De igual modo, hay quien no soporta la presión y se hunde.

En el juego de esta semana, tal vez eso ocurra de manera literal, sobre todo si la gente empieza a pensar demasiado en sí misma. A estas alturas de la competición suele ocurrir: el final está tan cerca que únicamente te centras en la corona, casi al alcance de tu mano. Los aliados cambian o se olvidan. El objetivo es llegar a lo más alto, pero hay carreras que son de fondo y metas que uno no puede alcanzar completamente solo.

Nosotros no vamos a dejar que los Iconos olviden quiénes han estado con ellos durante estas semanas. Van a tener que colaborar mano a mano para llegar al final del siguiente juego.

Así que, si la semifinal dependiera de una carrera de relevos, ¿a quiénes obligarías a colaborar para que pudieran asegurarse un lugar en la última semana de competición? ¿Quiénes crees que son más fuertes juntos?

Has visto muchas alianzas en lo que llevamos de competición, así que dinos cuáles son tus favoritas, porque vamos a ponerlas a prueba.

Dana

Amy Kaur - Deborah Decker
Lucian Morton - Annika Fuller
Lily Brown - Bianca Fiore
Evan Walker - Liv Shifter
Blake Cooper - Dana Shifter

Los nombres de las parejas brillan en una pantalla enorme que cuelga sobre la piscina, y yo no puedo creer mi mala suerte. Ni siquiera han explicado el juego y ya lo estoy odiando, porque aunque trabajar con Blake en los juegos hasta ahora había sido fácil, dudo que hoy vaya a ser el caso.

Resoplo frustrada. Mi hermana me da un suave codazo y yo bajo la vista hacia ella. Desearía que alguien se hubiera apiadado y nos hubiera puesto juntas. Que a ella le haya tocado con Walker me gusta incluso menos que el hecho de que a mí me hayan puesto con Blake.

—Ahora puedes hablar con ella —me susurra.

—No quiero hablar con nadie.

Odio la idea de tener que mirarla siquiera. Pero más odio que algo dentro de mí desee buscarla entre el resto de Iconos, simplemente para asegurarme que ha venido, aunque sé que no tiene ninguna otra opción, porque nadie puede escapar de los juegos. Odio también que los labios todavía me cosquilleen con el recuerdo de su beso.

Estoy enfadada. Me lo repito para que no se me olvide.

—No seas orgullosa.

Dejo escapar una carcajada irónica. Me parece increíble que mi hermana menor, la misma que ni siquiera va a pedir perdón por todo lo que ha hecho mal desde que estamos aquí, me esté dando lecciones.

—Y tú no confíes en Walker, por si acaso.

Liv pone los ojos en blanco, harta de mi sobreprotección, pero me obliga a inclinarme para dejar un beso en mi mejilla y yo la sigo con la vista mientras se reúne con Evan, que la llama «enana», como siempre, y choca los cinco con ella. No me hace gracia dejarlos juntos, pero al menos sé que, si se trata de ganar, Evan irá a por todas, ¿no?

Trato de respirar hondo. Pronto todo esto habrá acabado. Al contrario que Liv, yo ni siquiera me planteo que haya posibilidades de que nos clasifiquemos para la final, aunque estoy segura de que ha habido mucha gente mirándonos esta semana. Para mi desgracia, porque es obvio que estos días lo he estado haciendo todo mal.

—Parece que nos ha tocado juntas.

Odio que su voz sea suficiente para desestabilizarme, pero no le voy a dar el gusto de que lo note, no esta vez. Me lleno el pecho con una bocanada de aire y me giro para encararla. Incluso en la humedad de la habitación, Blake sigue llevando su chaqueta de deporte y tiene las manos metidas en los bolsillos, en su pose de siempre. Tengo un atisbo del bañador negro que lleva por debajo, con los pantalones que le llegan a la mitad del muslo. Creo que nunca había visto su pierna biónica al descubierto.

—No te preocupes: seguro que acabamos rápido y puedes volver a desaparecer después.

Blake hace una mueca al encontrarse de frente con mi frialdad.

—Del uno al diez, ¿cuánto quieres ahogarme en la piscina ahora mismo?

Cruzo los brazos sobre el pecho. Y aunque me planteo no responderle, al final decido hacer un esfuerzo, aunque solo sea porque tendremos que trabajar juntas hoy.

—Nueve. Walker sigue teniendo preferencia.

Blake titubea y parece decidir que todavía puede tentar a mi paciencia un poco más:

—Y si te ayudo a ganar este juego, ¿crees que las ganas bajarán?

—Vuelve a preguntármelo cuando ocurra.

Me giro, dispuesta a darle la espalda e ignorarla hasta que empiece el juego, igual que ella ha decidido ignorarme a mí hasta este momento en el que otros nos han juntado irremediablemente. Lo que no me espero es su mano en mi muñeca, apenas un roce de sus cálidos dedos que intentan conseguir que me vuelva hacia ella. El gesto lanza un estremecimiento por mi cuerpo de inmediato, y sumo a la lista de cosas que odio el hecho de que le sea tan sencillo hacerme reaccionar de esta manera.

No quiero que se dé cuenta, no quiero ponerme más en ridículo; por eso me aparto de inmediato, aunque le concedo el mirarla de nuevo. Blake aprieta los labios y a mí me gustaría poder disfrutar un poco más de su expresión dubitativa, un poco martirizada.

—Siento haber desaparecido, Dana —susurra—. No estuvo bien.

No, no lo estuvo. Y al mismo tiempo... estaba en su derecho de apartarse, incluso de salir corriendo, aunque al menos podría haberme dado una explicación. Como mínimo me merecía eso, ¿no? Más allá de un simple «no puedo», más allá de un simple «lo siento». Aunque admito que se ha disculpado. En aquel momento y ahora...

Lo que más odio de todo esto es que siento que es mi culpa por haberla besado. A lo mejor debería ser yo la que pidiera perdón. Pero ella correspondió, ¿no? Ella fue la que me dijo que había estado pensando en mí mientras besaba a otro...

—Está bien —suspiro—. Es solo que... no tendrías por qué haber salido corriendo. Desearía que no lo hubieras hecho. ¿Tan... horrible fue?

Ella resopla, como si hubiera dicho algo ridículo. Su sonrisa aparece, pero es la rara, la que tiene dudas.

—No. El problema es que no fue horrible en absoluto.

No puede decirme algo así y esperar que me quede tranquila. Cojo aire, pero antes de que me plantee qué responder, me doy cuenta de que el resto de Iconos está mirando hacia la pantalla que hay encima de la piscina. Los nombres de las parejas han sido sustituidos por la imagen de los Imperiales. Sadie Craft esboza su sonrisa brillante y abre los brazos, como si nos estuviera recibiendo.

—¡Bienvenidos, Iconos! ¿Preparados para el penúltimo juego?

Nadie responde. Todos estamos nerviosos y nos miramos con algo de recelo. Muchos estudian a Blake, que ya se ha coronado dos veces como una de las mejores contrincantes o, al menos, una de las más peligrosas. No creo que a nadie se le olvide que en el primer juego disparó a una persona sin dudar o que la semana pasada consiguió la renuncia de dos Iconos, a falta de uno.

—El juego de hoy, como habéis visto, va a estar pasado por agua —nos explica Sadie—. La prueba es muy simple y puede ser también muy rápida: vais a participar en una carrera de relevos, por eso os hemos dividido por parejas. Fácil, ¿no? Pero hay una pequeña dificultad: todos vais a empezar el juego encadenados al fondo. No os preocupéis: las cadenas darán de sí lo suficiente como para que podáis manteneros a flote.

Vuelvo la mirada hacia la piscina. La isla artificial que ha estado en medio desde que visitamos este lugar la primera noche ha desaparecido; en su lugar, la extensión de agua está dividida en calles gracias a mamparas transparentes que llegan hasta el techo.

—La disposición es la siguiente: cada pareja ocupará una calle de la piscina. Uno de los miembros deberá situarse al borde de la piscina, y el otro, en el centro. —En cuanto lo menciona, focos rojos se encienden para iluminar la piscina y sus diez posibles posiciones—. Cuando estéis colocados en vuestros lugares, las personas situadas en el centro de la piscina veréis una pregunta en la pantalla: la respuesta a esa pregunta será la contraseña para liberar a vuestro aliado. Vuestra misión es hacerle llegar esa contraseña para que puedan sumergirse y liberarse de sus grilletes. Eso sí: no podéis repetir la pregunta en voz alta. Quien lo haga quedará automáticamente descalificado.

—¿Y si no sabemos la respuesta? —pregunta Deborah, a mi izquierda.

—Entonces demostraréis que no sois una pareja de aliados lo suficientemente fuerte —declara Sadie Craft con sencillez—. Una vez los primeros os hayáis liberado, descubriréis la pregunta que deberéis saber responder para nadar hasta vuestro aliado situado en el centro de la calle, abrir su grillete y que pueda llegar a la meta. El juego acabará cuando tres de los participantes del centro lleguen a la meta.

La meta, es por supuesto, el otro lado de la piscina. Los focos rojos parpadean para marcarla. La piscina del Edificio es grande, así que es un trecho importante, pero no imposible.

—Como veis, es muy sencillo —concluye la Emperatriz.

Hay un silencio mientras todos repasamos lo que acaba de decir: conseguir liberarme, nadar hasta mi compañera, liberarla a ella y dejar que gane la carrera. O al revés, si es que a mí me toca la posición del centro. Sí que es parecido a una carrera de relevos. Sí que parece sencillo.

Y eso, quizá, es lo más difícil de creer. ¿Dónde está la trampa?

—¿Y el premio en esta ocasión? —pregunta Evan Walker.

—Cada persona del equipo ganador sumará un 15% de visualizaciones extra; el segundo equipo se llevará un 10%, y el tercero, un 5%. Los dos últimos equipos, por el contrario, perderán un 5%, así que será mejor que mantengáis la vista en el objetivo.

Un 15% es mucho en esta semana en la que absolutamente todas las visualizaciones son importantes. Ya no hay margen de error, como ocurría en los otros juegos: o ganas, o es posible que estés fuera. Quien quiera realmente convertirse en Imperial no puede permitirse perder.

—Bianca Fiore, Lucian Morton, Deborah Decker y las hermanas Shifter, al centro de la piscina.

Respiro hondo, con la incómoda sensación que siempre tengo antes de empezar un juego. La expectación y, al mismo tiempo, el rechazo. Blake y yo compartimos una mirada y ella me dedica un asentimiento. Aunque aún no es su turno, veo cómo desliza su chaqueta fuera de sus hombros.

—Terminaremos nuestra conversación cuando te ayude a ganar —me asegura—. Con suerte, tus ganas de ahogarme habrán bajado al seis para entonces.

Pongo los ojos en blanco, solo para evitar sonreír y que no piense que mi enfado está olvidado. Quiero hacerme de rogar un poco más, considero que me lo he ganado, sobre todo mientras ella no me dé respuestas claras sobre qué es esto que está ocurriendo entre nosotras o, al menos, qué se le pasa a ella por la cabeza.

Y ahora debemos concentrarnos en el juego, así que me acerco al borde del carril que se nos asigna a Blake y a mí y busco a mi hermana con la vista una última vez. La encuentro dos carriles a la izquierda, ya sentada en el borde de la piscina. De hecho, está levantando un brazo para llamar mi atención.

—¡Vas a perder, Dana! ¡Soy mejor nadadora que tú!

Y, dicho eso, se tira al agua y yo, pese a que siento un poco de inquietud por tener que dejarla completamente sola, sonrío un poco, porque es insoportable pero parece feliz. Seguro que está disfrutando del mejor momento de su vida pensando que en esta prueba no puedo detenerla ni vigilarla demasiado. Trato de convencerme de que estará bien y decido que no puedo quedarme atrás.

Si van a eliminarnos esta semana, si este es nuestro último juego en Imperio, al menos las dos lo daremos todo hasta el final.

Me sumerjo.

Evan

La cadena en mi pie es más pesada de lo que esperaba, pero todavía puedo mantenerme a flote. Está claro que está hecha para que te canses, para que, en el momento en que te sueltes o te suelten, te cueste nadar. Meterme en el agua sabiendo que un grillete iba a ponerse automáticamente alrededor de mi tobillo ha parecido un acto casi masoquista, como si quisiera hacerme daño a propósito.

Estar en el Edificio es un poco eso.

Pero yo soy el chico que ha venido una segunda vez. Supongo que me pega que me guste hacerme la vida complicada. O puede que simplemente esté demostrando lo que quieren los Testigos: que soy la clase de persona dispuesta a cualquier cosa por sentarme junto a los Imperiales. Todos aquí lo estamos. Incluso esa niña que veo en mi calle de la piscina, esperando mientras patalea con fuerza y mueve los brazos. La veo subir y bajar con cada patada, pero no parece estar pasándolo especialmente mal. Tiene el pelo negro mojado recogido en una coleta y una sonrisa que me deja claro que va a hacer lo que sea necesario para que salgamos victoriosos de este juego, quizá precisamente por ser uno en el que es materialmente imposible que su hermana intervenga de ninguna manera. Sobre todo, después de lo que hicieron con ella en la prueba de la semana pasada.

—¿Preparados, Iconos? —pregunta la Emperatriz desde las pantallas que cuelgan sobre la piscina: una enfocada hacia quienes están en el medio, la otra enfocada hacia el lado de la piscina en el que estoy yo.

Nadie responde, aunque no hace falta. A mi izquierda oigo el chapoteo calmado de Amy Kaur, vestida con ese bañador que le cubre todo el cuerpo. Lily Brown flota en algún lugar a mi derecha, más allá de la mampara que nos separa. Inevitablemente, busco a Bianca con los ojos, preguntándome si será tan buena nadadora como para llegar a la meta la primera. Estos días, en la piscina, la veía más preocupada por no repetir bikini o bañador que por practicar su natación, pese a que era obvio que la prueba de esta semana nos iba a obligar a mojarnos, por la lista de juegos que tuvimos que pasar la primera noche.

Honestamente, no sé cómo voy a cumplir mi reto y hacer que gane. Ni siquiera sé si debería ser mi prioridad. Si consigo que Liv llegue la primera a la meta, ganaríamos las suficientes visualizaciones extra como para que yo pueda encajar sin problema el castigo por perder el reto...

—El juego empieza en tres, dos, uno...

Una sirena anuncia el comienzo del juego y yo aparto los ojos de la florecilla. La pantalla ante mí se queda en negro, pero en la otra, la que no puedo ver desde mi posición, debe de haber aparecido la pregunta, porque Liv mira hacia arriba.

A los nervios que me provoca mi propio reto personal hay que añadirle los de no tener ni idea de cuál es la clave. No me gusta quedarme a ciegas, y saber que tengo que confiar en Liv Shifter se siente un poco así. Puede que la haya tenido en cuenta estas semanas, puede que me caiga bien, pero no deja de ser solo una niña. ¿Y si no sabe la respuesta a la pregunta? No me gusta depender tanto de ella.

Una parte de mí se pregunta si no habría sido mejor que me hubieran emparejado con Bianca hoy. Así habría matado dos pájaros de un tiro.

Pero, por supuesto, ni los Testigos ni los Imperiales iban a ponerme esto fácil.

—¡Evan!

La piscina se llena de gritos al mismo tiempo que Liv me llama por mi nombre. Mientras el resto de los equipos tratan de comunicarse, yo intento centrarme en la pequeña de las Shifter y no pensar en lo que está pasando a mi lado. Lo que necesito es liberarme del grillete antes de decidir mi siguiente paso. Aun así, es difícil que se entienda a mi compañera, con el eco de las demás voces, y no es que pueda hacerme muchos gestos cuando tiene que esforzarse por mantenerse por encima de la superficie.

—¡... seis! ¡Veintiséis!

¿Veintiséis? Parece una respuesta muy corta, demasiado fácil. Pero, cuando vuelve a gritármelo, no hay mucho más que pueda hacer, aparte de confiar en ella, coger aire y hundirme. Al final de la cadena, en el suelo de la piscina, hay un teclado numérico semejante al que ya hubo la primera noche en la que estuvimos aquí, pero nada ocurre cuando introduzco el número que Liv me ha dicho: las rayas libres en la pequeña pantalla digital indican que la cifra es más alta.

Salgo a la superficie.

—¡Tienen que ser más números! —le grito.

—¡Sí! ¡Veintiséis! ¡Veintinueve!

El caos a mi alrededor dificulta que escuche el siguiente número. Al parecer, ha decidido decirlos en cifras de dos, quizá porque así es más sencillo.

—¡No te he oído! ¡Otra vez!

—¡Veintiséis! ¡Veintinueve! ¡Treinta! ¡Veintinueve!

Ocho números. Sí, eso puede valer. Repito la cifra en mi cabeza una y otra vez. Veintiséis, veintinueve, treinta, veintinueve; veintiséis, veintinueve, treinta, veintinueve. Así hasta que vuelvo a tocar el suelo de la piscina e introduzco los números a toda velocidad.

La cerradura electrónica vibra y yo observo, sorprendido, cómo el grillete en mi pie se abre. En la pantalla del teclado numérico aparece la pregunta cuya respuesta abrirá el grillete de Liv, muy simple pero efectiva:

¿En qué pisos ha estado tu aliado?

Veintiséis, veintinueve, treinta y veintinueve. Claro. Esos han sido mis pisos. Liv se los sabía a la perfección, porque me admira lo suficiente, porque es lo suficientemente curiosa. Yo, en cambio... La verdad es que no empecé a mirarlas a ella y a su hermana hasta la celda durante la primera noche. No recuerdo en qué piso estaban esa noche, antes del primer cambio. Supongo que era bajo. ¿Cómo voy a saberlo?

Me digo que puedo preguntárselo de manera indirecta. Las reglas no decían nada en contra de eso. Y solo necesito ese dato. El resto del código lo sacaré sin problemas, estoy convencido.

Emerjo. Mis ojos vuelan a Liv y luego a Bianca contra mi voluntad. De ella sí sé todos los pisos en los que ha estado. Si tuviera que liberarla a ella, sería fácil, sería...

Mis pensamientos se ven interrumpidos por una fuerza inesperada que lanza mi cuerpo hacia atrás y hace que me golpee contra el muro a mi espalda.

Una ola. Casi me había olvidado de lo que podía hacer este lugar, y juraría que no soy el único sorprendido, porque la piscina se llena de gritos distintos a los que había hasta ahora, tanto de sorpresa como de protesta. Yo ni siquiera hago eso, demasiado ocupado en toser tras tragar un poco de agua.

Liv, en su sitio, se hunde durante un segundo antes de volver a aparecer.

—Ah, casi se me olvida. —La voz de Sadie se hace escuchar incluso por encima del latido desbocado de mi corazón y del sonido de las ondas al chocar contra la pared y las mamparas—. Para darle un poco más de emoción, por cada persona que se libere de sus cadenas, las olas de la piscina se harán un poco más fuertes. Así que nuestra recomendación es que seáis rápidos.

Supongo que he sido el primero en liberarme, porque las olas no estaban ahí hasta que yo he metido mi código. Eso es una buena noticia para mí... y una mala para la pareja a mi lado.

—¡No se abre!

La voz de Lily Brown me llega amortiguada por los cristales, pero parece frustrada. No se puede decir que Bianca tenga mejor aspecto: mucho más allá, la veo subir y bajar entre las olas, mientras trata de quitarse un par de mechones de la cara. En cualquier otro momento, disfrutaría de verla así. Disfrutaría de que lo esté pasando mal o de que no tenga la unión que cree tener con sus aliados. En cualquier otro momento...

Las olas me zarandean de nuevo y yo me agarro al borde de la piscina un segundo antes de que me lancen contra la mampara. Alguien más se ha soltado. A uno de mis lados, sin embargo, Amy está todavía en proceso de liberarse. Y al otro...

—¡Evan! ¿Qué haces? ¡Rápido!

Liv me está llamando y sé que tengo que avanzar, pero al mismo tiempo soy consciente de que Brown no está ayudando en absoluto a Bianca y que, de hecho, solo parece estar poniéndose más y más nerviosa. Fiore tiene pinta de estar desesperada y, por su expresión, diría que está diciendo números al azar.

A este paso, no llegará la primera. Ni la segunda. Y ahora que hay alguien más que se ha soltado, ¿quién me asegura que Liv pueda ganar la carrera y darme las visualizaciones necesarias? Por muy rápida que sea, parece diminuta entre las olas. La marea la empujará y se lo pondrá muy difícil. Incluso si la suelto ahora, cabe la posibilidad de que no llegue al otro lado a tiempo de que me compense ignorar mi reto. Si llegamos los terceros, ya no será suficiente.

Mierda.

Se me acaba el tiempo. Miro hacia Liv, que tiene cara de no entender, completamente blanca, con los ojos muy abiertos, supongo que preguntándose por qué estoy tardando tanto.

No puedo permitirme dudar más, así que no lo hago. Si pierdo esta prueba, las Shifter no sumarán visualizaciones, mientras que yo seguiré ganando el 10% de Bianca por cumplir mi reto personal. Sí, puede que Liv me odie al principio, pero arreglaré la situación. Si consigo el reto y vuelvo lo suficientemente rápido como para liberarla y que llegue a la meta antes de que la carrera acabe, me acabará perdonando. Le diré que no tenía más opción, porque de alguna manera es así. Me han retado, al fin y al cabo. Seguro que entiende que no puedo decepcionar a la gente que está esperando ciertas cosas de mí.

—¡Evan!

No me atrevo a mirar hacia Liv cuando me llama. Está bien, solo será un momento. Le demostraré a todo el mundo que puedo ayudar hasta a mi peor enemiga y después regresar para seguir colaborando con mis aliados. Soy capaz de hacer todo lo que me pidan.

—¡¡Evan!! ¡¿Qué estás haciendo?!

Una vez me aúpo fuera del agua, apenas necesito un segundo para tirarme a la calle de al lado. Lily me grita algo, pero la voz de la pequeña de las Shifter suena todavía más alto cuando chilla mi nombre y me pide que vuelva. Soy el primero que odia estar haciendo esto. Soy el primero que desearía despreocuparme de los demás jugadores y simplemente nadar junto a mi compañera para ganar el juego, pero los Testigos quieren ver otra cosa.

Y es por ellos que estamos todos aquí, ¿no?

Bianca

Las olas me sacuden con fuerza mientras la cadena tira de mí. Empiezo a estar cansada de los juegos de los Imperiales. ¿Los del año pasado fueron tan peligrosos? Silena pasó casi todas las pruebas sin problema, pero es obvio que yo no voy a tener tanta suerte, porque Lily Brown no se entera de nada. O puede que sea culpa mía, porque la pregunta es muy sencilla, pero no consigo recordar la respuesta: ¿en qué pisos ha estado ella desde el principio del concurso? Empezó por debajo de mí, cerca del último piso. ¿Y después? No lo sé. Estuvo por encima la semana siguiente, porque me puso aquella maldita zancadilla la primera noche, pero no sé en qué lugar. Tampoco recuerdo las semanas siguientes, aunque la ubico más o menos por zonas del *ranking*. ¿Y quién puede culparme? Lily me da igual, del mismo modo que yo le he dado igual desde el primer momento. Me la jugó la primera noche, pero en el Edificio es mejor estar mal acompañada que sola. Y ella parecía una persona dispuesta a todo, como Lucian. Es la única razón por la que me he juntado con ellos. Por eso y porque Sasha y yo nos enfadamos en cuanto esto empezó.

Y ahora él y Asher están fuera. A veces me pregunto si nos siguen viendo, como Testigos, o han decidido que ya no quieren saber nada de esto. Me pregunto si son felices o ya se han arrepentido.

La que sí debe de estar viéndome es Silena. ¿Le pareceré ridícula, incapaz de hacerme entender con una aliada que en realidad nunca lo ha sido? Miro hacia arriba, como si ella fuera a estar en alguna parte, mientras otra ola me arrastra un poco. La cadena me mantiene estable, pero me duele el tobillo. Vuelvo a levantar la vista, decidida a intentarlo otra vez. Necesito averiguar esa clave o vamos a perder.

Me quedo muda cuando veo a alguien más al final de la piscina.

Evan Walker no debería estar fuera del agua, pero sobre todo no debería saltar de cabeza en nuestra calle como lo hace. Evan Walker tendría que estar ayudando a Liv Shifter y preocupándose de sus propios asuntos, no acercándose a toda la velocidad que puede hacia mí. Siento que el pánico me llena los pulmones, junto con el agua que trago y que me hace toser. Recuerdo a Cara Volkov. Recuerdo sus últimos momentos, de la mano de ese chico que ahora avanza con brazadas potentes hacia donde estoy. Quiero alejarme. Quiero gritar, porque estoy demasiado indefensa y soy demasiado consciente de que ese psicópata está cabreado conmigo. Viene a por mí. Juró vengarse y, de pronto, ha visto la oportunidad y...

No. No lo haría. Siempre ha sostenido que él no mató a Cara. Siempre se ha hecho la víctima, siempre ha dicho que sufrió como el que más cuando esa chica murió. Siempre ha declarado que fue un accidente.

Si Evan Walker me ahoga ahora, todo el mundo lo verá. No va a hacerse eso.

¿Verdad?

No puedo evitar dejarme llevar por el pánico y, por eso, a medida que se aproxima, pataleo para alejarme de él, pero la cadena me mantiene en el mismo sitio.

Sin embargo, lo único que pasa es que, cuando está muy cerca, dice:

—Espero que luego me beses los pies por esto.

Y se hunde, dejándome todavía más confundida de lo que ya estaba. Siento el corazón latiéndome en las sienes, pero lo único que puedo hacer es mirar a mi alrededor. Al otro lado de mi mampara busco a Liv Shifter, pero no la veo. ¿Le ha dado tiempo a liberarla y luego venir hasta mí? ¿Y por qué haría eso? Parece mucho trabajo, sobre todo contra las olas, que crecen más y más, dificultando el nadar contracorriente.

De pronto, hay un tirón de mi cadena hacia abajo y yo me hundo. Dejo escapar un grito antes de que la boca se me llene de agua y pienso que realmente va a matarme. Fingirá que fue un accidente, que hubo un problema con las cadenas, que quería ayudarme y las cosas salieron mal.

Pero, de repente, mi tobillo está libre.

Vuelvo a patear hacia arriba y, casi al mismo tiempo, emerge él. Yo toso, Evan jadea. Lo miro con los ojos muy abiertos, incrédula. Esto sigue sin tener ninguna lógica. Sé que preferiría morirse antes que concederme la victoria o el pase a la final. ¿Es un truco para obligarme a quedar en deuda con él? ¿Qué...?

—¡Date prisa! —me grita.

No tengo tiempo de seguir pensando. Si desaprovecho esta oportunidad, quedaré ante todo el mundo como una estúpida, así que le doy la espalda y echo a nadar con todas mis fuerzas. Ya pensaré después qué gana él con todo esto.

Porque si algo sé de Evan Walker, es que él nunca hace nada si no puede ganar.

Liv

Odio darle la razón a mi hermana, pero supongo que la tenía todas las veces que me ha advertido que Evan Walker no era de fiar. Pensé que éramos aliados. No: pensé que éramos amigos. Pensé que me trataba como una adulta, que podíamos ayudarnos, que formábamos un buen equipo. Siento las lágrimas llegando a mis ojos en cuanto lo veo salir a toda prisa de la piscina. Aunque grito, él no se gira. Me deja aquí, con las olas golpeándome, siendo más consciente que nunca de que estoy sola.

Justo como quería, supongo. Justo como llevo pidiendo desde el principio.

Y no es agradable, porque las olas son más grandes que yo y tengo miedo cuando me lanzan hacia abajo. Pataleo ansiosa para volver a salir a flote. El pecho se me llena de terror, uno que casi me paraliza y que me ahoga más que la marea artificial. No quiero estar aquí. Por un segundo, echo de menos a Dana. Por un segundo, la busco y pienso en llamarla. ¿Me escucharía si lo hiciera? ¿Vendría a por mí? ¿Lo haría Blake? ¿Lo haría cualquier otra persona?

Y después... después me obligo a respirar, igual que cuando quería llorar, pero sabía que papá y mamá estaban grabando.

No, no voy a permitir que me pueda el miedo. No voy a permitir que Evan Walker me deje en ridículo. Respiro hondo e intento tranquilizarme. Está bien. Puedo con esto. No necesito a Evan. Si llego a la meta sin él, ¿no me querrá todo el mundo? ¿No se sentirá orgullosa Dana también? Los Testigos aplaudirán, estoy segura. Mi hermana y yo llegaremos a la final. Y yo seré la Icono que hizo lo más difícil; la que no se rindió aunque la dejaron sola; la que, pese a ser la más pequeña, resultó ser también la más valiente.

Demostraré por fin que la gente debería tomarme en serio.

Está bien, todo está bien. Si los primeros son capaces de liberarse a sí mismos, quizá nosotros también podamos, ¿verdad? Aunque no tengo ni idea de cuál es la pregunta que abre mi grillete, puedo arriesgarme. Esta es una prueba de confianza y de conocimiento de tus aliados. Eso ha dicho, más o menos, la Emperatriz. Así que si yo tenía que saber en qué pisos ha estado Evan... ¿no tendría sentido que a él le hubieran preguntado por los míos? Sí, ¿verdad? Puede ser eso. Estoy segura de que es eso.

Solo necesito hundirme. Solo necesito llegar al fondo de la piscina y meter el número adecuado. Si lo consigo... Si lo consigo...

Tomo aire, con el corazón latiéndome contra las costillas. Todo el ruido a mi alrededor se disipa cuando me sumerjo.

Voy a conseguir salir de aquí.

Sola.

Y todo el mundo lo verá.

Dana

Supongo que, pese a todo, Blake y yo sí que hacemos un buen equipo, tal y como la gente quiere creer.

A decir verdad, cuando vi la pregunta en la pantalla, estuve a punto de echarme a reír. Puede que me emocionara, que sintiera ese golpe de adrenalina que te da conocer la respuesta correcta. Llevo mirando a Blake desde la primera noche, por supuesto que sé en qué pisos ha estado. He estado en su apartamento, he contemplado las vistas desde allí. No en el piso uno, nunca he estado tan abajo, pero fui a verla al veintiséis, fui a verla al veintinueve y, esta semana, al treinta.

Así se lo hago saber. Le grito los números, uno por uno, y levanto los dedos cuando no me oye. Empiezan las olas, y a las dos nos pillan por sorpresa. De hecho, Blake está sumergida para entonces y tarda un poco más en abrirse paso hasta la superficie, pero finalmente lo consigue.

En el momento en que le digo el último número, yo ya estoy preparada para ser zarandeada por la corriente, aunque una parte de mí no puede evitar pensar en Liv, en si estará bien. Me obligo a pensar que sí, sobre todo cuando no soy capaz de ver mucho más allá de mi propia mampara. Liv es una buena nadadora, probablemente es el único deporte que disfruta, y tengo la esperanza de que Walker haya sido el primero en soltarse y ya la esté liberando y ayudando a llegar a la línea de meta. Una parte de mí quiere que Liv gane, no por lo que eso pudiera suponer para nosotras, sino porque sé que se lo merece, que se esfuerza. Sé que la haría feliz ganar al menos un juego antes de volver a casa.

Delante de mí, Blake avanza entre las olas. Cuando finalmente llega hasta donde estoy yo, tiene la respiración acelerada y necesita un momento para recuperar el aliento. A mí me arden los muslos por el esfuerzo y empiezan a cansárseme los brazos.

—¿En qué número están ahora las ganas de ahogarme? —me pregunta.

Es estúpida y supongo que yo un poco también, porque siento la tentación de sonreír en medio de todo esto.

—Siguen igual porque todavía no me has liberado. ¿Sabes cuál es mi clave?

—Por si no ha quedado claro, estoy más pendiente de ti de lo que piensas.

No me dice nada más. La veo hundirse delante de mí, y yo pienso que es cruel que me diga estas cosas y, luego, que no puede pasar nada entre nosotras. Si me mira tanto como yo a ella, ¿por qué no intentarlo? ¿Solo porque ella está decidida a ser Imperial? No me parece un motivo suficiente para poner distancia mientras las dos estemos aquí.

Trato de mirar hacia abajo, de distinguir algo de lo que está ocurriendo, pero solo siento el tirón de la corriente, a la vez que el de la cadena, zarandeándome en direcciones muy diferentes y, al mismo tiempo, anclándome en mi sitio.

Hasta que el grillete se suelta.

No esperaba que lo hiciera tan repentinamente. No estaba preparada y por eso me hundo, arrastrada por la corriente. La boca se me llena de agua cuando la abro para dejar escapar una exclamación. En el momento en que eso pasa, una mano encuentra mi brazo. Blake me sujeta y me saca a la superficie, no sin cierto esfuerzo. Nos quedamos un momento muy juntas, apoyándonos la una en la otra para mantenernos a flote. Siento la forma en la que se arremolina el agua a nuestro alrededor cuando mueve las piernas, la cercanía que se hace tan extraña después de lo de ayer.

El agua de la piscina le corre por el rostro y yo me fijo en su boca mojada, aunque sé que no tiene sentido detenerme en algo así en este momento.

—¿Qué tal las ganas de ahogarme ahora?

Esa maldita comisura levantada. Otra cosa más que odio.

—Seis.

—Genial. Quizá para cuando ganes lleguen a cero.

Me empuja para impulsarme hacia delante y de pronto yo estoy nadando con todas mis fuerzas, intentando abrirme paso entre las olas que me vienen de cara. Cada vez que alguien se suelta, las olas aumentan de tamaño y parece que retrocedo en vez de avanzar. Es frustrante. Es como nadar en un mar picado, como luchar contra una tormenta. Es la clase de cosa que haría que cualquiera decidiese rendirse. Y una parte de mí solo piensa en que, efectivamente, podría hacerlo. Podría gritar que no quiero seguir jugando, como llevo pensando cada día desde que entré aquí. Pero entonces Liv se quedaría sola. Y yo me quedaría sin saber muchas cosas.

Me quedaría sin saber si podríamos haber llegado a la final.

Me quedaría sin saber si puede haber un hueco para mí en algún otro lugar que no sea mi casa.

Algún lugar, quizá, en el que ser Dana y nada más.

Liv

Ocho. Los nervios cuando empezamos.

Treinta. Las dos llegando al final de los primeros juegos, juntas, de la mano, riendo.

Diecinueve. La traición y el principio de una distancia que no entendía.

Veinticinco. Una discusión y una reconciliación con sabor a nuestra pizza favorita.

Libertad.

La emoción me sacude cuando consigo poner el último de los números en el teclado en lo más profundo de la piscina y, de pronto, mi grillete se suelta. Si estuviera en la superficie, gritaría. ¿Lo ves, Dana? Lo he hecho sola. *Sola*. He adivinado mi clave y me he soltado sin ayuda de nadie.

¿Lo veis, Testigos? ¿Veis de lo que soy capaz? ¿Lo veis, papá, mamá? ¿Lo veis?

Pataleo con fuerza, en un intento de salir de nuevo a la superficie.

Pero la superficie está lejos y las olas son fuertes y me lanzan hacia abajo.

Mis pulmones empiezan a llenarse de cosas, pero no son solo recuerdos o imágenes de mi victoria. También está el terror, de pronto, ante este falso mar que es mucho más grande que yo y cuyas sacudidas me quitan la respiración. No, no puedo rendirme ahora. Estoy muy cerca, estoy demasiado cerca. Un poco más. Solo necesito nadar un poco más. Solo necesito tener un poco más de fuerza.

Soy capaz. Voy a conseguirlo.

Emerjo. Cojo aire. Pataleo.

Yo puedo, yo puedo, *yo puedo*.

No me espero la siguiente ola. No me espero la fuerza con la que me lanza contra la mampara. De pronto, vuelvo a estar bajo el agua y no escucho más que sonidos amortiguados. El mundo se nubla. Siento un dolor sordo en mi cabeza y el agua atrapando mi cuerpo y tirando de él. Lejos. Lejos. Cada vez más lejos.

Ocho. Dana me pregunta si estoy preparada.

Treinta. Dana y yo nos reímos al contemplar las vistas desde el último piso.

Diecinueve. Dana me pregunta qué estoy haciendo.

Veinticinco. Dana me abraza con fuerza.

Oscuridad.

Evan

Cuando la mano de Cara se escurrió de la mía el año pasado, el frío que dejó en mis dedos se me instaló en el pecho. Era un hueco enorme, la clase de agujero negro que se traga la felicidad y escupe solo remordimientos y culpabilidad. La clase de vacío que puede hacerte parecer insensible o que te vean como culpable. Pero yo sé bien que era otra cosa. Era la certeza de que podría haber hecho más. O de que me merecía caer al vacío con ella.

Hoy, contra todo pronóstico, vuelvo a sentir esa desesperación. Vuelve a colgárseme del corazón cuando, tras soltar a Bianca y verla marchar, miro a mi izquierda y no encuentro a Liv entre las olas. El agujero negro comienza con una duda, como un picor en la garganta que me acompaña todo el rato de vuelta hasta el principio de la piscina, arrastrado por un oleaje que me empuja y casi me hunde.

Si eso le hace a mi cuerpo de adulto, ¿qué no podría estar haciendo con el de Liv?

Apenas si puedo con los brazos, pero me arrastro fuera del agua de todas formas y, durante un momento, desde la superficie, observo y busco, aunque hay una voz en mi cabeza que me recuerda que no tengo tiempo que perder. Me parece ver la mancha negra de su cabello bajo el agua, pero está más cerca de mí que del final de la piscina, y eso no tiene sentido, porque se suponía que tenía el grillete en el tobillo. No ha podido soltarse, ¿verdad?

Ni siquiera he terminado de plantearme ese escenario cuando me tiro al agua. Lucho contra las olas, como luché contrarreloj en su momento para coger aquella mano. Hoy, la angustia es mayor porque sé lo que podría pasar. Porque ya he perdido y ese se ha vuelto mi mayor temor. Porque lucharía contra cualquier tormenta, incluso sin posibilidades de ganar, por traer de vuelta a Cara y demostrarle a todo el mundo que no quería perderla, que el juego fue más grande que cualquiera de los que estábamos allí. La gente cae. La gente, lamentablemente, tiene cuerpos frágiles que se rompen con demasiada facilidad...

Hoy también sería un accidente. Si le pasara algo a Liv, sería un accidente. Un error de cálculo. La culpa la tendría el diseño del juego, no yo. La culpa sería de los Testigos, que votaron para que ayudase a Bianca en medio de la prueba.

Pero no creo que todo el mundo vaya a verlo así. Aunque fuera una víctima de lo que ocurrió el año pasado y vaya a ser una víctima de esto.

Por alguna razón, siempre acabo siendo el malo a los ojos de la gente.

La fuerza de las olas me empuja contra la mampara de cristal, pero yo sigo avanzando, por duro que sea, porque estoy cerca, lo sé. Tiene que ser por aquí. Tiene que...

Me hundo. Bajo el agua la veo, zarandeada como si fuera una muñeca. Hay algo rojo en el agua al lado de su cabeza, entre sus cabellos.

Estiro la mano, pero no la alcanzo. Pataleo contra la corriente, pero se me van las fuerzas. Un poco más. Solo un poco más.

Aquel día perdí aquellos dedos que estaba aprendiendo a conocer entre los míos, pero hoy cazo los de Liv y me aferro a su pequeña mano como si nunca más fuera a soltarla.

Solo puedo desear que, esta vez, coger esa mano sí sea suficiente.

Dana

Cuando toco el borde de la piscina, apenas puedo creérmelo. La he atravesado por entero, he llegado al otro lado pese a la tempestad en miniatura que se ha desencadenado aquí dentro. Reiría, pero me falta el aliento. Mis brazos, agotados, apenas son capaces de alzarme. De hecho, en cuanto pongo un pie fuera de la piscina, simplemente me derrumbo en el suelo. Parece que mi pecho no se puede abrir lo suficiente como para absorber todo el aire que necesito, y recuperar el aliento se convierte en una tarea demasiado complicada. Blake llega al borde e incluso sale de la piscina antes de que yo haya conseguido reunir las fuerzas para levantarme.

—¿Y ahora? —me pregunta.

Yo sacudo la cabeza y dejo escapar un jadeo que se supone que tendría que haber sido una risa. Sé perfectamente qué me está preguntando.

—Uno, pero porque no tengo fuerzas.

La sonrisa está en su comisura. Parece un poco aliviada. Me tiende la mano y dudo si aceptarla, pero al final la agarro con fuerza y ella tira de mí para ponerme de pie. Nos quedamos muy cerca, casi tanto como en nuestra conversación en las escaleras, y yo me apresuro a apartarme. Aun así, un suave cosquilleo se me queda en la punta de los dedos cuando ella ya no los sostiene.

Un chapoteo que no tiene nada que ver con las olas me hace levantar la vista. Un poco más allá, Bianca Fiore se deja caer sobre las baldosas mojadas. Es solo entonces que me doy cuenta de que Blake y yo hemos sido las primeras en llegar. Bianca, que se arrastra fuera del borde de la piscina, tiene que ser la segunda clasificada.

Y todo lo que puedo pensar, de pronto, es que mi hermana todavía no está aquí.

—Liv.

Siento calambres en las piernas por el esfuerzo, pero avanzo hasta la que sé que es su calle y la busco con la mirada. Una. Dos. Tres veces. Lo único que veo, sin embargo, es la cabeza de Evan, que se mueve frenética entre las olas.

El chico desaparece bajo la superficie y a mí se me cae el corazón al suelo.

¿Qué está pasando?

—¿Dana?

La voz de Blake suena muy lejos.

—No veo a mi hermana.

Casi me atraganto con las palabras. La forma en la que jadeo no tiene ahora nada que ver con el cansancio o el ejercicio.

—Vino a soltarme.

La voz de Bianca suena justo detrás de mí y yo me giro como si estuviera en un sueño. La cabeza me da vueltas. El suelo podría desaparecer debajo de mis pies en este mismo momento y ni siquiera me daría cuenta.

—¿Qué? —Es Blake quien pregunta, porque yo estoy sin voz. Estoy en un sitio demasiado lejano, en una escena que no me corresponde.

—Walker vino a abrir mi cadena. Liv... Creo que fue a por Liv después.

Estoy temblando. Estoy mirando todo desde fuera de mi cuerpo y, al mismo tiempo, tengo todos los sentidos completamente taponados. Escucho a Blake de nuevo, un «quédate aquí» que creo que se dirige a mí. Lo próximo que sé es que ha saltado al agua, porque me salpica. El frío de las gotas que me mojan las piernas, sin embargo, empieza a subir. Me hiela las venas por dentro y me llena de esquirlas el pecho.

Liv.

Tengo que hacer algo.

Creo que doy un paso al frente, pero alguien me detiene. Bianca, creo. O puede que no sea ella. Creo que escucho la voz de Deborah cerca también, aunque no sé cuándo ha aparecido ella. Dice algo, pero todo lo que yo puedo escuchar es el rugido de mi corazón en los oídos, en las sienes, en el cuello.

Liv. Liv. Liv.

Las aguas se están apaciguando. Las olas ya no son tan altas y Evan aparece entre ellas. Arrastra algo con un brazo mientras bracea con el otro. No, no algo: a alguien.

Veo el pelo negro de mi hermana, distingo el color rojo de su bañador. No entiendo por qué no se está quejando, por qué no se suelta. Liv nada bien. Liv siempre dice que ella no es pequeña, que puede sola. Liv no querría que nadie la ayudase. Liv...

¿Por qué no está nadando?

Liv.

Doy un paso al frente.

—¡¡¡Liv!!!

El sonido vuelve de golpe a mis oídos. Me escucho desgarrarme la garganta y de pronto alguien me está sujetando por la cintura para que no me eche al agua, y ni siquiera le importa lo mucho que patalee. Bianca dice algo, de fondo. Deborah está hablando en mi oído. Amy también está aquí, lo sé, la oigo, pero no la escucho.

Me quedo muy quieta cuando Blake llega hasta Walker y mi hermana. Ella lo arreglará. Ella la despertará. Ella se encargará, ¿verdad? Ella siempre hace magia. La hizo la primera noche, cuando nos dejó ganar. La hizo en la cárcel, cuando se convirtió en guardia. La hizo en el último juego, cuando dejó a Liv entre mis brazos. Va a volver a hacerlo, ¿a que sí? Va a entregarme a mi hermana sana y salva. Lo sé porque la está trayendo hacia aquí. Porque, aunque parezca que no se mueve, Liv va a abrir los ojos. No importa lo pálida que esté. No importa lo que haya pasado.

Me vuelvo a debatir, pero Deborah no me suelta. Me dice que tengo que tranquilizarme, me dice que todo está bien, pero no puedo creerla. Y, al mismo tiempo, quiero hacerlo más que nada. Quiero agarrarme a sus palabras y no soltarlas nunca.

Pero no estoy tranquila.

Blake llega hasta el borde de la piscina y Amy la ayuda a subir a mi hermana. Veo cómo la deja en el suelo con mucho cuidado, cómo se inclina sobre ella, cómo apoya la oreja contra su pecho. Veo cómo le echa la cabeza hacia atrás. Los pulmones de mi hermana se hinchan cuando respira en su boca.

Y entonces, Blake está con las manos sobre su cuerpo, comprimiendo su torso una y otra vez.

Alguien llama a los Imperiales. Alguien pide un médico.

Me quedo muy quieta, sin atreverme a respirar, decidiendo que no voy a volver a hacerlo si mi hermana no lo hace primero. En su lugar, cuento los golpes de las manos de Blake sobre el pecho de mi hermana.

Uno.

Liv, recién nacida, en el hospital. Me dejaron cogerla y yo dije que era como una muñeca, que podía meterla en el carrito que tenía para ellas y pasearla cuando mis padres quisieran.

Dos.

Liv, llamándome «Dada» y corriendo detrás de mí, sin llorar ni una sola vez pese a que casi no sabía ni sostenerse derecha.

Tres.

Liv, fingiendo que se metía en mi cama para que le contara cuentos cuando lo que pasaba era que la aterraba la oscuridad.

Cuatro.

Liv, enfurruñada conmigo por cualquier tontería de la que se olvidaba a los diez minutos porque tenía algo emocionante que contar y quería que yo la escuchara.

Cinco.

Liv, esta misma mañana, sentada conmigo en el sofá, viendo mis dibujos favoritos, pese a que creo que nunca antes me había preguntado cuáles eran, simplemente porque quería hacerme sentir mejor.

Pierdo la cuenta de cuánto tiempo pasa. Pierdo la cuenta de cuántas veces intentan reanimarla. Amy se aparta, igual que lo hace Blake. Ninguna me mira. Ninguna dice nada. Ambas jadean y, en el caso de Amy, veo algunas lágrimas correr por su rostro y la manera en la que se lleva una mano a la boca. Pero no, yo no voy a llorar. No hay motivos para llorar, porque a mi hermana no le pasa nada. No le pasa nada.

No le pasa nada.

Deborah me suelta. Lo sé porque caigo de rodillas junto a Liv. No dejo de temblar. Los dientes me castañean. Cuando la toco, su mejilla está fría por el agua de la piscina en comparación con mis dedos. Su rostro permanece tranquilo, con los ojos cerrados, pero también estaba así la semana pasada cuando Blake me la trajo.

Esto es lo mismo, ¿verdad? Vuelve a estar dormida. Quiero decirle que despierte. Quiero decirle que esta broma no tiene gracia. Quiero decirle que está bien, que ella gana, que no voy a volver a ser tan pesada. Le dejaré su espacio. ¿Lo escuchas, Liv? Te dejaré tu espacio. Eres capaz de arreglártelas sola, lo sé. Igual que sé que no necesitas una niñera, porque llegarás tan lejos como te lo propongas. Siempre ha sido así, porque eres fuerte, eres lista. A veces también eres un poco insoportable y crees que las cosas siempre tienen que hacerse como tú digas, pero está bien. Haremos las cosas como tú digas, pero, por favor, por favor, por favor, despierta. No puedes dejarme. No puedes abandonarme en este sitio. No puedes abandonarme para lo que queda de competición, pero, sobre todo, no puedes abandonarme para lo que queda de vida. Tienes que enfadarte cuando no lleguemos a Imperiales, tienes que hacer un directo al respecto en Pandora. Voy a dejar incluso que te burles de mí y me eches la culpa y que digas que tú sola habrías llegado a la final y mucho más allá. Tienes que crecer para convertirte en la persona maravillosa que siempre pensé que serías, dispuesta a enamorar a todo el mundo, a atraerlos como solo saben hacer los Iconos que han nacido para ello.

Por favor

por favor

por favor

no me dejes aquí, Liv.

No te vayas.

Blake

El corazón de Liv Shifter ha dejado de latir. No importa cuánto intente traerla de vuelta, no importa cuánto aire quiera cederle de mis propios pulmones o cuánto le suplique su hermana.

En directo, ante un sinfín de espectadores, la vida de Liv Shifter se apaga.

Igual que lo hizo la de Cara hace justo un año.

Tengo que dar un paso hacia atrás, porque el cuerpo de la niña en el suelo me recuerda a ella. La imagen se parece demasiado a la que se emitió y que luego dio la vuelta al mundo en clips y fotos y noticias durante días.

Cara, en el suelo, muerta, con un charco de sangre alrededor de su cabeza.

Ni siquiera había cumplido los veinte.

Liv Shifter solo tenía doce.

—¿Está...?

En el silencio que se cierne a nuestro alrededor, roto por el llanto y las súplicas desesperadas de Dana, solo hay una voz que se atreva a pronunciar la pregunta que todo el mundo tiene que estar haciéndose. Levanto la vista con lentitud, casi sin ver.

Evan Walker parece mortecinamente pálido, con los ojos muy abiertos. Niega con la cabeza, como si no lo creyera.

Hizo lo mismo con Cara. Lo mismo.

Lo mismo, lo mismo, lo mismo...

Iba a esperar al final del concurso. Llevo semanas convenciéndome de que la mejor venganza es aquella que se sirve fría. Estaba esperando, porque vengarme de él solo es el principio y, si lo hacía demasiado pronto, no podría llevar a cabo todo lo que quiero hacer.

Evan Walker es un asesino, pero no es el único.

Evan Walker tiene que pagar, pero no es el único.

Ya da igual. Tenía que haberme librado de él el primer día. Si lo hubiera hecho, quizá ahora Liv Shifter seguiría viva.

—¡Blake!

No sé quién grita mi nombre, creo que Amy. Pero da lo mismo, porque yo ya me estoy lanzando hacia Evan. Lo derribo sin esfuerzo, porque él no está alerta, y los dos caemos al suelo. Deja escapar un gemido por la dura caída contra el suelo embaldosado, pero no es nada en comparación con la expresión de horror que llega a su rostro cuando mis manos van directas hacia su cuello. Y aprietan.

Si Liv ha muerto ahogada, él se merece exactamente lo mismo.

Sus manos intentan luchar contra las mías, mientras sus piernas patalean y su cuerpo se revuelve debajo de mí.

—Tenías que encargarte de ella —siseo con rabia, y presiono con más fuerza—. Tenías que cuidar de ella, pero la has dejado sola.

Evan sacude la cabeza con fuerza y aprieta los párpados. Su rostro es una amapola que empieza a florecer, todo el color que había perdido de pronto volviendo a sus mejillas por la falta de aire. Me gusta verlo así. Me gusta verlo asustado e incrédulo y consciente de que va a perder. Esta vez, de verdad y para siempre. Era justo lo que quería.

Espero que la gente esté mirando. Espero que lo vean cagarse de miedo y morir como vieron morir a Cara. Como acaban de ver morir a Liv. ¿Cuántos espectadores puede haber en este momento? ¿Cientos de miles? ¿Decenas de millones? Bien. Miradlo. Miradlo. Miradlo.

—Esto es por Liv —le digo, o quizá se lo digo a todas las personas que nos están viendo. Sí, mejor a ellas. Que todo el mundo lo sepa—. Y por Cara.

—¡Blake!

Lanzo un alarido propio de un animal herido cuando tiran de mí para alejarme. Intento revolverme, colérica, pero son varias las personas que me obligan a quitar mis manos del pescuezo de Evan Walker y se aseguran de que no me lanzo de nuevo sobre él. Yo vuelvo a gritar, con la misma furia que lleva quemándome por dentro desde que vi la imagen de Cara al caer. La misma furia que me estaba consumiendo el día del accidente. La misma furia que llevo meses conteniendo porque me dije que, si la retenía, podría hacer grandes cosas con ella. Si aguantaba el tiempo suficiente, podría vengarme.

De Evan Walker. De este maldito edificio. De los Imperiales. De los Testigos.

De cada puta persona que me quitó a la chica que quería.

Evan

Cooper ha perdido la cabeza. Esa es la única explicación que encuentro a que me haya saltado encima y me haya puesto las manos alrededor del cuello. Aún siento sus dedos apretando, aunque Deborah y Annika la están sujetando con fuerza lejos de mí y le están pidiendo que se calme.

Sabía que esto iba a pasar. Sabía que me iban a encontrar culpable sin derecho siquiera a un juicio, porque eso es lo que muchos hicieron conmigo la anterior edición. Y, al parecer, a Blake Cooper le encantaría ser mi verdugo.

Cara. Ha mencionado a Cara.

Toso, sintiendo la garganta irritada, mientras me froto el cuello. Estoy seguro de que los dedos se me van a quedar marcados. Estoy seguro de que habría seguido apretando si le hubieran dado oportunidad, hasta que sobre las baldosas hubiera quedado otro cadáver.

Pero a ella, por supuesto, nadie va a culparla de nada. Ella solo es una víctima cegada por el dolor.

—Yo no la maté. —No sé si hablo de Cara o de la niña. Puede que de las dos. Mi voz sale rasposa, apenas un hilo, y me duele la garganta al tragar saliva—. Es cierto, he llegado un poco tarde, pero es que ella se había soltado. No le habría pasado nada si no se hubiera soltado. La cadena la habría mantenido en el sitio, como a todos los demás. Tenía que haber esperado, tenía que...

—¡Tenías que haberla soltado antes de que la piscina se pusiese así, no perder el tiempo! —me grita Cooper, rabiosa como un animal salvaje.

¿Qué derecho tiene ella a decirme nada? No tiene ninguna relación con Liv. Liv, de hecho, se la jugó ayer mismo. ¿No debería estar enfadada con ella? Pero no, por supuesto que no, porque es la hermana de Dana. Era. Dana, que solloza sobre el cuerpo de su hermana, abrazada a ella mientras murmura algo contra su cabeza. Supongo que no está en condiciones de escuchar nada.

—Cooper tiene razón: nunca debiste dejarla.

Me vuelvo hacia Bianca, tan poco sorprendido de que se meta en la conversación como de que se ponga en mi contra. Ella siempre tiene una opinión de absolutamente todo, ¿verdad? Pero en este caso no está hablando en serio. No puede... Pero sí, claro que lo hace. Tiene los labios apretados, el ceño fruncido y parece a punto de echarse a llorar. Es la imagen más ridícula que he visto nunca. Está fingiendo. Claro que está fingiendo. A ella esa niña no le importaba lo más mínimo. Va a hacer lo mismo que Silena. Va a fingir que esto le afecta, cuando no es así. A Silena no le importaba Cara; a mí sí. A Bianca no le importaba Liv; a mí sí. Sus lágrimas no son de verdad, nada en ella es de verdad.

Y de pronto, con todas las acusaciones, con toda la culpa, con todo el vacío que me está comiendo vivo por dentro, me echo a reír. Una risa histérica, fuera de lugar. Una risa que no siento, que me aprieta el corazón. Una risa estrangulada por las manos que aún siento en el cuello.

—¿De verdad, Bianca? ¿Quieres saber por qué tuve que dejarla de lado? —escupo—. Por tu maldito reto. Porque los Testigos me dijeron que tenía que ayudarte a ganar esta prueba. —Otra carcajada. A lo mejor yo también estoy perdiendo la cabeza—. Así que, si vas a echarme la culpa, quizá deberías plantearte si esto no es también responsabilidad tuya.

La cara de Bianca se queda tan blanca como la de un fantasma, demasiado golpeada por la información. Bien, que lo sienta. Esto es más culpa suya que mía. Jamás habría ido a ayudarla si no me hubiera retado.

—Iconos.

Las miradas de todos vuelan a la enorme pantalla sobre la piscina. La Emperatriz y sus Imperiales parecen estatuas en sus sitios asignados. Ninguno se muestra perturbado u horrorizado. Silena, que se supone que el año pasado estaba destrozada también, ni siquiera parpadea.

—Por favor, trasladad el cuerpo hasta el ascensor. Dentro encontraréis una camilla. Alguien la recogerá en el vestíbulo. Nosotros nos haremos cargo del resto.

Creo que todos nos giramos para mirar a Dana Shifter, que está temblando y se agarra a su hermana incluso con más fuerza. Niega con la cabeza, una y otra vez.

—No. No, no, no podéis llevárosla. Va a despertar. Va a despertar.

Su voz se rompe en un sollozo y esconde el rostro contra el cabello de su hermana.

—Dejad que Dana se vaya con ella. —Es Amy quien lo dice, con los puños apretados. Su rostro está empapado de lágrimas, pero se esfuerza en no sollozar–. Es su hermana. Al menos tiene que...

–Las reglas del juego siempre han estado muy claras –la interrumpe la Emperatriz–. Una vez entras, solo puedes irte si tu piso cae lo suficiente al final de la semana o si te rindes. No hay excepciones.

–¡Pero, si se rinde, pasará a ser un Testigo más! ¡Ni siquiera podrá volver con su familia!

Deborah parece indignada. Creo que nunca le había oído alzar la voz. Lucian y Lily están mirando al suelo, lo suficientemente afectados como para olvidar que deberían estar cogidos de la mano, tal como se han mostrado en público durante los últimos días. Bianca ha empezado a llorar de manera silenciosa, las lágrimas escurriéndose de sus ojos maquillados.

–Siempre habéis sabido que la competición no estaba exenta de peligros –responde la Emperatriz.

–Esto es ridículo. –Amy deja escapar una risa nerviosa mientras tira de las mangas de su bañador, inquieta–. Es monstruoso. No podéis pedirle a Dana que siga aquí dentro cuando ha pasado esto. No podéis...

–Nadie os obliga a permanecer aquí.

Hay un silencio, porque todo el mundo protesta hasta que se le llama la atención. Todo el mundo tiene algo que decir hasta que te encuentras con que quienes están al mando no van a aguantar tus quejas. Los Testigos no desean escuchar nuestras quejas. No están interesados en alguien que vaya contra la competición.

Y nadie está dispuesto a perder la oportunidad de llegar a la final ahora que todos estamos tan cerca de alcanzarla. Sería una locura.

Solo que hay al menos una persona que sí lo está, porque Amy sacude la cabeza y dice:

—Eliza tenía razón: esto no tiene sentido.

—Amy... —comienza Deborah, extendiendo una mano hacia su brazo.

Pero ella no la deja continuar:

—Me retiro —declara. Sus palabras parecen resonar en la piscina.

—Amy Kaur, ¿quieres rendirte?

Ella no duda.

—Sí. Sí, me marcho de aquí. Esto es repugnante.

Amy mira alrededor, como si esperase que alguien más se uniese a su reivindicación, pero tiene que saber que es ridículo. Tiene que ser consciente de que el resto sí queremos estar aquí, que nadie va a apoyarla para convertirse en Testigo cuando, sobre todo, el hecho de que se retire supone una ventaja para todos los demás: una competidora menos en el camino hacia la final. Ella ni siquiera me da pena. ¿Por qué lo dejarías todo, después de lo que hemos pasado, de lo que hemos sufrido, cuando queda tan poco para terminar? Es evidente que solo quiere quedar bien, pero eso no le va a servir de nada cuando se convierta en una simple Testigo.

Liv no estaría de acuerdo con esto, estoy seguro. Liv deseaba ganar. ¿No deberíamos los demás, entonces, seguir adelante por ella? Si a mí me sucediese algo como lo que le ha pasado a ella, tengo claro que siempre querría que los demás continuaran y se esforzasen incluso más. Me sentiría honrado por ello.

—Entonces, puedes bajar en el ascensor con el cuerpo de Liv Shifter —le informa la Emperatriz a Amy.

El silencio cae sobre el resto de participantes mientras Amy comienza a despedirse de ellos como no pudo hacer Liv. Más allá de ella, solo se escucha el llanto desesperado de Dana Shifter, ahogado contra el cuerpo de su hermana.

Al final, pase lo que pase e igual que ocurrió con Cara, el juego siempre debe continuar.

Caiga quien caiga.

Dana

No pueden obligarme a dejarla ir. No pueden quitármela más de lo que ya lo han hecho. No voy a permitir que lo hagan. Eso es lo único que soy capaz de pensar mientras escucho la voz de la Emperatriz diciendo que tenemos que meter el cuerpo en el ascensor, que ellos se harán cargo. Pero ¿cómo van a hacerse cargo, si ellos han permitido que esto pasara? Deberían haber parado las olas cuando vieron que estaba herida. Deberían haber hecho muchas cosas para evitar este desenlace, pero ellos solo miran, miran y miran.

Están mirando ahora, ¿verdad? Los Testigos lo están viendo. Están observando su rostro y el mío, la forma en la que aprieto su cuerpo contra mí. Han visto cómo ocurría y, durante los próximos días, no dejarán de reproducir los clips, una y otra vez. Convertirán todo esto en un espectáculo... No. Ya lo es, ¿verdad? La muerte, la vida, el amor, el odio... Todo es para ellos una gran novela a la que quedarse enganchados, con la que dormirse por las noches y despertarse por la mañana y de la que hablar en sus descansos, cuando los tienen, y...

—Dana.

La voz de Blake suena cerca y, al mismo tiempo, jamás había sonado tan lejana. Cuando alzo mi rostro, su cara está ahí, emborronada por las lágrimas, seria y preocupada. He oído cómo se lanzaba a por Walker y una parte de mí, una parte mucho más grande de lo que me gustaría admitir, ha deseado que acabara con él. Ha querido que pagara. Esa parte me estaba susurrando que quizá su muerte pudiera devolverme a mi hermana, que en algunos cuentos siempre tienes que hacer un sacrificio para obtener algo equivalente. Quizá una vida podría compensar otra.

Quizá...

—Dana, ¿me escuchas?

Noto su mano cálida en mi mejilla y siento ganas de apoyarme en ella y dejarme llevar. Estoy muy cansada. Tengo el pecho abierto, roto, con todo al descubierto, y me duele.

—Tenemos que llevárnosla...

Mis brazos se aprietan con un poco más de fuerza alrededor del cuerpo que se parece al de mi hermana, pese a que algo en mi cabeza insiste en que no, que no puede serlo. Me está convenciendo de ello cada vez más. Esto es una trampa. Mi hermana está en otro lado, esto es parte del juego, una prueba cruel con mi nombre. Quizá sea un reto personal del que nadie me ha dicho nada todavía.

—No.

La palabra tiene bordes afilados cuando la escupo y me deja con los labios en carne viva, así que niego con la cabeza, una y otra y otra vez. No pueden llevársela. No si no voy con ella. ¿Y cómo voy a hacerlo, si no sé dónde está? Si la han alejado tanto de mí que ya no soy capaz de alcanzarla...

Nunca pensé que vería a Blake sufrir. Tiene los ojos rojos, a punto de llorar, pero ella mantiene el llanto a raya por las dos. Su mano es tierna contra mi rostro cuando lo acaricia.

—Tiene que salir de este sitio.

El llanto se me hace una bola en la garganta.

—Entonces me voy con ella —digo—. Vine aquí por ella. Yo... No puedo... No quiero...

Alguien se agacha a mi lado. La mano de Amy Kaur es muy cuidadosa cuando se apoya en mi brazo.

—Solo puedes irte del Edificio si te rindes, Dana. Pero si lo haces, también os van a separar. Si renuncias, hay muchos espacios que quedarán restringidos para ti. Ni siquiera vas a poder volver con tus padres, ¿lo entiendes?

No quiero ir con mis padres: lo único que seguía uniéndome a ellos era Liv. Ellos también harán un espectáculo de esto, lo sé. Ellos convertirán sus lágrimas en una fuente de ingresos, y los Testigos simplemente comprarán cada palabra que quieran decir. Son así. Siempre han sido así. La utilizarán hasta el final. No, peor aún: más allá del final. No sé qué es peor: si quedarme aquí o estar fuera y obligarme a ver eso.

Pero si renuncio... Si renuncio, ¿adónde voy a ir? ¿Qué voy a hacer? Son las preguntas que he estado haciéndome desde el principio, desde antes incluso de entrar aquí, y aún no he encontrado nada que se parezca a una respuesta. Si me echaran del Edificio esta semana, al menos podría regresar a casa una última vez. A lo mejor alcanzo a detener el espectáculo. A lo mejor convenzo a alguien de que no enseñen nada más, de que la dejen descansar...

—¿Qué quieres hacer, Dana? —me susurra Blake.

No lo sé. Entré aquí perdida, pero ahora lo estoy todavía más. Estoy triste y estoy aterrada. Me siento completamente sola, completamente rota.

—Es la única vida que conozco.

Es un susurro entrecortado, pero Blake lo entiende porque ya le he dicho esto antes. Aunque la única vida que conocía también tenía a Liv y ya no lo va a hacer, así que no sé si mi respuesta tiene algún sentido. Ya nada va a ser igual jamás.

Sea como sea, Blake no dice nada más porque tiene que ver todos mis miedos. Con muchísimo cuidado, aparta mis brazos y carga con Liv. Mi mano se queda enganchada a la de mi hermana. No voy a soltarla. No puedo soltarla. Ni siquiera cuando Amy me ayuda a levantar. Ni siquiera cuando Blake echa a andar. La sigo solo porque mis dedos están enlazados a otros más pequeños, más delgados, más fríos.

Nadie habla mientras nos movemos hacia el ascensor. Creo que tropiezo en algún momento, pero Amy está ahí para atraparme.

Las puertas están abiertas. La camilla es de acero, dura y brillante. Blake deja a mi hermana sobre ella con mucho cuidado y yo, todavía sin soltarla, me fijo en las gotas que se escurren de su piel y de su pelo y empiezan a formar pequeños charcos sobre la superficie metálica. Me doy cuenta de que apenas soy capaz de reconocer a esa niña, tan blanca, tan quieta. Liv nunca para. Liv es energía pura, siempre hablando, siempre poniendo caras, siempre moviéndose.

Entonces, esa persona ahí acostada no puede ser Liv.

Esa mano que aprieto por última vez no puede ser la suya.

Esa frente sobre la que aprieto mis labios en un beso silencioso no puede ser la que solía besar cuando se quedaba dormida.

—Todo va a estar bien.

Sé que Amy me miente, como se le miente a la gente que acaba de perder a alguien de mil formas distintas, pero ni siquiera me importa. Mis ojos están solo en esa carita, en los ojos cerrados que aún espero que se abran, en los labios que deberían estar sonriendo.

Ella no se merece esto.

Doy un paso atrás, por pura inercia, aunque las piernas me tiemblan tanto que no sé cómo me sostengo en pie. Choco contra algo y noto unas manos sobre mis hombros. Me sostienen. Si no fuera por eso, caería al suelo en cuanto escucho el leve zumbido de las puertas empezando a cerrarse. Estoy a punto de echarme hacia delante, de decir que he cambiado de idea, de gritar que renuncio, solo por unos segundos más al lado de ella. Solo por soñar con la absurda posibilidad de que se produzca un milagro y la vea despertar.

Pero, cuando voy a hacerlo, Blake tira de mí. Las puertas se cierran, las escucho, pero no puedo verlas porque tengo el rostro enterrado en el cuerpo de mi aliada. Sus brazos me están rodeando y, de alguna manera, lo hacen tan fuerte, de forma tan protectora, que parece que quiera mantenerme a salvo de todos los males del Edificio. De todos los ojos. De todas las cámaras.

—Te juro que lo van a pagar.

Las palabras de Blake son solo un susurro. No añade más; ella decide no contarme mentiras: solo me deja un hombro donde llorar, otro cuerpo vivo al que aferrarme.

Contra su pecho, me derrumbo y grito.

Bianca

Estoy en el piso treinta y tengo las mejores vistas de todo el Edificio. Estoy en la cima del mundo, como la noche en que llegué. Abajo, llenando todo el camino hasta la mansión de los Imperiales, la gente me aplaude y me quiere. A mis espaldas escucho los pasos de Silena acercándose. Sus brazos me rodean la cintura, su boca se aproxima a mi oído y susurra:

—Vas a ser la próxima Emperatriz.

Sus labios tocan mi cuello y yo me estremezco y cierro los ojos y disfruto. De ella, de tenerla cerca otra vez, tan cerca como siempre he soñado, aunque nunca lo dijera en alto, y del sonido de las voces coreando mi nombre. Me adoran. Y yo adoro a Silena. Vamos a ser las mejores Imperiales que ha habido. Tenemos el mundo en nuestras manos.

Justo cuando me giro para besarla, alguien llama a la puerta del piso. Al principio decido ignorar el sonido, porque Silena me apoya contra la ventana y eso es todo lo que importa, pero los golpes insisten, con fuerza. Toc, toc, Silena hunde los dedos en mi cintura; toc, toc, Silena gime suavemente contra mi boca; toc, toc, Silena empieza a levantar la falda de mi vestido.

Toc, toc; toc, toc; toc, toc.

Me aparto, aunque Silena hace una mueca.

—¿Todo bien?

Asiento y la beso. Es un beso corto, dulce, que me deja su sabor en la boca.

—Voy a ver quién es y ahora vuelvo.

Me muevo por la habitación todavía acunada por la gente que grita mi nombre y por la sensación de las manos de Silena sobre mi cuerpo. Pero los toques en la puerta empiezan a sonar más fuerte a cada paso que me acerco, ansiosos.

TOC, TOC; TOC, TOC; TOC, TOC; TOC, TOC.

Abro de manera furiosa, de golpe. Alguien está molestando. Alguien está interrumpiendo este momento en el que, por fin, *por fin*, todo mi esfuerzo se ve recompensado.

Pero fuera no hay nadie. El descansillo está desierto y, cuando me asomo para mirar a ambos lados, solo me recibe el largo pasillo con el ascensor al fondo. De pronto se hace el silencio, fuera y dentro. Nadie toca ya a la puerta, pero tampoco puedo escuchar cómo la gente corea por mí.

—Bianca.

La voz hace que un escalofrío me trepe por la espalda, porque esa no es la voz de Silena, no es el coro de gente con su devoción. Es una voz pequeña y fría; no, no fría: helada.

Húmeda.

Me giro con cuidado, pero sé de antemano lo que me voy a encontrar.

Liv Shifter tiene la piel pálida y amoratada; está empapada de arriba abajo y viste su bañador rojo. El pelo le cae por la cara, sus ojos están en blanco y, cuando abre la boca, un montón de agua se escurre por su barbilla.

—¿Ha merecido la pena?

Abro los ojos de golpe.

Estoy en mi cama, en mi apartamento vacío. Sigo en el piso veintiocho y nadie corea mi nombre; Silena no está aquí. Pese a que la temperatura en el Edificio siempre está regulada y la cama es cómoda y cálida, siento el frío calándome hasta los huesos. Tiemblo. Es como si yo también estuviera empapada y no pudiera encontrar calor, como si permaneciera congelada en el fondo de esa maldita piscina en la que todos estábamos hace horas.

El fondo de la piscina en la que Liv Shifter se ahogó.

Pero no fue mi culpa. No fue mi culpa, no pudo serlo. Fue culpa de Evan: yo ni siquiera sabía cuál era su reto. Fue culpa de la niña, por soltarse en vez de esperar. Fue culpa de los Testigos, por elegir el reto para Walker sin ser conscientes de que haría todo lo posible para cumplirlo, igual que hizo el año pasado.

No fue mi culpa. Yo no tengo nada que ver aquí, no tengo nada que ver con esto. Es horrible que Liv haya muerto, sí, pero estas cosas pasan en el Edificio. Ya ha ocurrido otras veces. El año pasado, sin ir más lejos... ¿Cómo se sintió Silena cuando Cara murió? ¿También tuvo pesadillas? ¿La recuerda alguna vez? Seguro que sí. Porque Silena es buena. Silena es mi mejor amiga, la conozco mejor que nadie y sé que es sensible, que esa muerte tuvo que afectarla. Silena... Silena podría calmarme. Podría darme las respuestas que necesito para seguir. No le he pedido ayuda ni una sola vez desde que estoy aquí, pero en este momento la necesito.

Solo me pongo las zapatillas de andar por casa y una bata antes de salir de mi piso.

Las normas de Imperio dicen que puedes visitar el Purgatorio siempre que quieras, si tienes algo que confesar o simplemente algo que comunicarle a los Imperiales. Cuando llego, la sala se enciende de inmediato para mí, con sus neones rojos. Es de madrugada, así que no sé si alguien va a escucharme, no sé si van a asistir a mi llamada. Dudo que alguien esté mirando en este momento, a estas horas...

No, no es verdad. Siempre hay alguien mirando, sea la hora que sea.

¿Cuántas personas han visto a la niña morir? ¿Cuántas de ellas piensan que de alguna manera yo he provocado esto, como dijo Walker?

—¿Puedo ver a Silena, por favor?

Nadie responde. La pantalla frente a mí se mantiene apagada y el silencio se hace eco. Sigo sintiéndome helada y por eso tengo que abrazarme el cuerpo. Me parece sentir las caricias de mi sueño y me avergüenza pensar en ellas, aunque ni siquiera es la primera vez que pasa. Intento lanzar muy abajo todo eso y me alegro de que, al menos, lo que ocurre dentro de mi cabeza sea algo que todavía está a salvo del resto del mundo.

—¿Fue mi culpa?

La pregunta se me escapa en un susurro, después de un par de minutos en los que entiendo que nadie va a venir. Nadie va a escucharme. Silena... Silena no está aquí. Silena no me está mirando, o vendría. Me sonreiría, como me sonreía antes, en casa. Me haría sentir que está aquí cerca, que vuelve a ser la chica con la que podía pasarme horas hablando, la que siempre me arrastraba a bailar en las fiestas y me diseñaba la mejor ropa y me decía lo guapa que estaba en cuanto me la probaba.

Hubo un tiempo en el que Silena me miraba sin que tuviera que hacer esfuerzos para llamar su atención. Ahora siento que tengo todos los focos del mundo puestos sobre mi cara y que, aun así, no es suficiente. A lo mejor nunca he sido suficiente.
—Bianca.

Doy un respingo y levanto la vista. El corazón me da un brinco en el pecho cuando Silena aparece de pronto en la pantalla, vestida con un camisón de satén blanco que hace que piense en nuestras noches en casa. No reconozco esa prenda de ropa, sin embargo. No es su pijama de siempre, el de los gatitos. Tampoco me mira como siempre, como cuando nos quedábamos charlando de cualquier cosa hasta las tantas. O, más bien, cuando ella hablaba y yo escuchaba, porque la mayor parte del tiempo a mí me llegaba con eso. Porque Silena siempre tenía una vida más interesante, más que decir, y a mí me encantaba oírla. Soñábamos con entrar en Imperio juntas, pero a la hora de la verdad nos invitaron a participar por separado, porque no éramos pareja ni familia.

—¿Qué haces aquí a estas horas? —me pregunta con suavidad—. Deberías estar durmiendo.

—Es... Es por la niña. Por... Por Liv Shifter...

Silena suspira mientras toma asiento en el trono que por lo general le pertenece a la Emperatriz. Se estira brevemente en él, como si lo estuviera probando, y menea la cabeza de forma pensativa.

—Ha sido trágico —dice—. Pero estas cosas ocurren en Imperio.

Asiento. Es cierto. El Edificio es peligroso y la niña lo sabía. Su hermana lo sabía. Sus padres lo sabían. Todo el mundo sabía que esto podía pasar.

Aunque sus palabras deberían solucionarlo todo, porque yo siempre he creído a Silena sin más, el frío no se me quita del cuerpo. Sigue ahí, atenazándome con tanta fuerza que tengo que cobijarme un poco más dentro de mi bata.

—Evan dice que también ha sido culpa mía. Que, si yo no lo hubiera desafiado, los Testigos no le habrían puesto ese reto y él nunca habría abandonado su lugar y...

—Fue su decisión abandonar su puesto para cumplir el reto, en vez de pensar en ganar el juego con su compañera asignada.

Asiento otra vez. De nuevo, es verdad. Totalmente verdad. Espero sentirme reconfortada, pero no, porque cuando cierro los ojos, Liv Shifter está mirándome desde todas partes y su voz acuosa me susurra al oído si merece la pena. ¿Los Imperiales se lo preguntan alguna vez? ¿Se lo preguntó Silena cuando hizo el paseo de la victoria desde el Edificio a la mansión de los Imperiales?

Y, aun así, ni siquiera es eso lo que me sale preguntar.

—¿Por qué no lo parasteis? ¿Por qué no...?

Silena enarca las cejas. Parece sorprendida por primera vez, un poco incrédula.

—¿Insinúas que es nuestra culpa, Bianca?

Me estremezco y la miro. Liv está justo a mi lado, observándome con esos ojos en blanco. La habitación está llenándose de agua y voy a ahogarme yo también.

Quiero responderle que no, que por supuesto que no. Pero a lo mejor el agua ha llegado a mis pulmones y por eso la voz no me sale.

—Fue un accidente —me recuerda Silena—. Los juegos no están diseñados para que nadie muera en ellos; eso sería horrible, y nosotros no lo somos, pero las normas dicen que nadie puede intervenir en lo que pasa en el Edificio. Esa es la gracia, ¿verdad?

Tiene razón, claro. Silena siempre tiene razón.

Pero si alguien hubiera intervenido, ¿no se habría salvado?

—La culpa no existe en Imperio, Bianca —concluye mi amiga con sencillez, antes de echarse hacia atrás en su asiento—. Así que deja de preocuparte por ella o nunca llegarás hasta donde estoy yo. Y quieres eso, ¿verdad? ¿No quieres que volvamos a vivir juntas? ¿No me echas de menos?

Claro que quiero. Claro que la echo de menos.

Y, pese a ello, me cuesta volver a asentir.

—Pues ven a por mí. Te estoy esperando, Bibi. Lo estás haciendo muy bien.

Blake

Dana se niega a volver a su piso en cuanto se lo sugiero, así que termina en el mío. Pide una hora de desconexión para desnudar toda su pena y yo hago lo mismo, para que tampoco nadie pueda espiar su dolor desde mi perfil. Sin embargo, ese es el tiempo que tenemos: las normas son claras, y una hora de desconexión es todo a lo que puedes aspirar a la semana. Ese tiempo no es suficiente para que el sufrimiento de Dana se apague, pero al menos se queda dormida, totalmente exhausta tanto por el llanto como por las pastillas que le doy para ayudarla a descansar un poco.

Yo no duermo. No puedo. Tan solo la llevo a mi cama y me encargo de velar por un sueño que, por el momento, ha sido tranquilo. Me mantengo despierta en parte por preocupación y en parte porque hay demasiadas cosas en mi cabeza. Por ejemplo, el hecho de haber perdido el control en la piscina y haber mencionado a Cara. Ahora Walker tiene que saber que la conocía. Todo el mundo tiene que haberse dado cuenta. La gente ahí fuera lo habrá escuchado y se estará haciendo preguntas.

Pienso en ella, en Cara, pero también en Liv. En la manera en la que hace tan solo unas horas vino a buscarme a mi propio piso para exigirme comportarme como una adulta en vez de como una cobarde que desaparecía sin dar explicaciones. Pienso en Walker, en su expresión descompuesta y su risa histérica y su intento de culpar a todo el mundo en lugar de aceptar su propia responsabilidad. Pienso en Dana, en cómo se le ha roto el corazón, igual que se me rompió a mí cuando vi a Cara caer desde lo alto. Como yo, no ha podido despedirse.

Dana sigue aquí, mientras el cuerpo de su hermana está fuera, y soy muy consciente de lo que le espera: noticias, un ciclo incesante de repeticiones del momento de la muerte, recopilatorios, conversación, conversación, conversación, todo con la excusa de recordarla. Sus padres, si los conozco al menos un poco por lo que ha contado Dana de ellos, la utilizarán. Los padres de Cara también usaron su muerte para convertirse en Iconos, porque ellos no lo eran hasta ese momento. O quizá el sistema los utilizase a ellos. Quizá los padres de Cara en el fondo no querían. Quizá ellos habrían dado todos los privilegios del mundo por tener a su hija de vuelta.

Mientras, quienes seguro que están disfrutando son los Imperiales. Ellos están ahí, en esa mansión que está siempre igual de lejos pero también un poco más cerca, porque la final ya está casi aquí. No puedo rendirme ahora.

El sonido de las sábanas me hace apartar la vista de la ventana. Dana se incorpora en ese momento, bañada por los neones de mi cuarto. Tiene la mirada perdida y aspecto demacrado, pero sus ojos me buscan y yo me apresuro a acercarme para que no sienta ni por un segundo que está sola. Quiero tocarla y, al mismo tiempo, no me parece adecuado, así que, en vez de extender mis manos hacia su cuerpo, las meto en los bolsillos de mi chaqueta. No le pregunto cómo está: es una pregunta estúpida, y sé muy bien cómo se siente.

—Te quedaste dormida y decidí meterte en la cama. ¿Tienes hambre, necesitas algo...?

Dana niega con la cabeza y se inclina. Su frente choca con mi estómago en un intento de esconderse del mundo, y yo lo único que puedo hacer es ofrecerle refugio al levantar mis brazos y estrecharla contra mí, sus mechas azules enredadas en mis dedos. Si no quiere que nadie la vea, nadie lo hará, incluso si tengo que abrazarla a todas horas para ello.

Miro alrededor, pero tapar las cámaras es imposible porque ni siquiera sabemos dónde están. Cuando la separo un poco, ella tiene los labios apretados y hay tanta pena en su mirada que siento como si toda su tristeza tirase de mí y me pidiera llorar también. Pero aguanto, porque eso es lo que llevo un año haciendo: aguantar. Me agarro a la furia y dejo que sea eso lo que me siga alimentando. Me agarro al cariño inesperado que siento por esta chica, al deseo de protegerla de todos los ojos que las dos sentimos a nuestro alrededor.

Por eso me subo a la cama, me arrodillo junto a ella y tiro de las sábanas para cubrirnos hasta que no queda ni un centímetro de nuestros cuerpos fuera de ellas. Es una fortaleza precaria, hecha solo de tela fina, pero es algo.

—Así nadie nos verá —susurro, y Dana parece a punto de echarse a llorar otra vez.

No dice nada, pero sus brazos me rodean y vuelve a cobijarse en mí. La abrazo con fuerza, aquí, en este rincón en el que nadie puede ver cómo mis manos acarician su espalda o las suyas se agarran a mi ropa. Supongo que escuchan sus sollozos, que esto no nos salva de los micrófonos, pero el resto del mundo no sabe que sus lágrimas me están mojando el cuello o que mi boca se aprieta contra su pelo.

Al cabo de unos minutos, cuando vuelve a estar muy cansada, o quizá solo por pensar en otra cosa, dice:

—Tú también deberías dormir...

Mis dedos están entretenidos entre sus mechas.

—Tengo muchas cosas en las que pensar.

—¿En qué piensas...?

Al principio callo, en parte porque no creo que realmente quiera escuchar las cosas que se me pasan por la cabeza y en parte porque ni siquiera sé hasta qué punto puedo hablar. Aun así, me gustaría compartirlo todo con ella, quizá porque hoy los recuerdos y los planes me pesan demasiado.

Cuando ella levanta el rostro para mirarme, yo trago saliva. Sus ojos parecen repetir las palabras que me dijo en las escaleras.

«Ayúdame a entenderte un poco, Blake».

Dejo escapar un suspiro de rendición. Supongo que puedo darle algunas respuestas, ¿no? Aunque eso signifique dárselas también a todo el mundo ahí fuera.

—Pensaba en ti, en tu hermana... En Walker... En... En Cara.

El nombre cae sobre nosotras como si fuera plomo. Dana se aleja de mí lo justo para poder mirarme de frente. Su rostro bajo la sábana está lleno de las sombras de los neones morados que nos iluminan a través de la tela. Veo perfectamente el momento en el que coge varias de las piezas que le he dado sobre mí en estas semanas y empieza a construir algo. Aunque todo su cuerpo se ha alejado, dejando el mío frío y extraño sin su abrazo, sus manos buscan las mías y las aprietan.

—La persona que murió. La persona de la que tú no te pudiste despedir. Era ella, ¿verdad? La conocías...

Me humedezco los labios, pero asiento y bajo la vista, quizá porque hablar de Cara es extraño, sobre todo después de lo que pasó.

—Éramos amigas. Nos conocimos hace años por... por casualidad, en realidad: los caminos de una chica como ella y una chica como yo no deberían haber coincidido, pero a veces Cara... A veces escapaba, ¿sabes? De la vida de Icono. A veces no le gustaban las cámaras, las expectativas sobre ella... Te dije que me recordabas a ella. Pero, por mucho que huyese de esa vida que había conseguido gracias a sus canciones, tampoco quería volver a ser una Testigo, tampoco quería perder todos los privilegios o el dinero que les servían a ella y a su familia de Testigos... Supongo que por eso entró a Imperio cuando le llegó la invitación. Por eso y porque Cara rara vez decía que no a un reto. Pensó que sería solo un juego, como lo piensan muchas personas. Pensó que no tenía nada de malo, que saldría sin problemas. Me enfadé con ella por formar parte de este circo. La última vez que la vi, discutimos por esto. Yo la... la quería, pero nunca se lo dije porque éramos... En realidad, éramos muy diferentes.

—¿Porque tú eras una Testigo y ella una Icono...?

Me permito un segundo de duda. No quiero mentirle y, al mismo tiempo, no sé hasta qué punto puedo decir la verdad. Aunque supongo que ya no importa lo que fui: importa lo que soy ahora. Por eso respiro hondo y me encojo de hombros.

—No era una Testigo, Dana. Antes de convertirme en Icono, yo era una Desconectada.

El rostro de Dana se transforma. Sus ojos se abren un poco más por la sorpresa, por la incredulidad, e imagino que por su cabeza pasan todas las historias sobre los Desconectados que conoce. Sobre sus comunidades marginales, escondidas; sobre esas personas que han renegado de la sociedad y que intentan acabar con ella al mismo tiempo. No es del todo cierto y tampoco es del todo mentira. Hay Desconectados que simplemente quieren vivir su vida en paz, al margen de los Imperiales, al margen de Pandora, al margen de cámaras y de contadores de visitas. Hay Desconectados que simplemente se niegan a convertirse en contenido o participar de él y que tan solo deciden vivir sin visores.

Y después hay otro tipo de Desconectados. Los que buscan problemas. Los que tratan de revolverse contra el sistema y se enfrentan a la policía y crean pequeñas guerrillas. Los que quieren acabar con todo.

Me pregunto si Dana puede imaginarse a cuál de los dos grupos pertenezco.

—Pero ahora eres... ¿Por qué? ¿Cómo...?

De nuevo, no puedo contarle todo, pero sí una parte.

—Mi madre tomó la decisión de convertirnos en Desconectadas cuando yo tenía trece años —le explico—. No me dejó ninguna opción: mi madre odiaba a los Iconos porque mi padre murió intentando ser uno, poco después de que Sadie subiera al poder. Mi... mi padre aspiraba a ser tan conocido como para elevar el estatus de toda la familia y darnos una vida mejor, pero... pero nada era suficiente. No conseguía las visitas que necesitaba en su perfil, así que simplemente decidió que... que si ponía su vida en riesgo, le mirarían. Si moría en directo..., ¿no hablaría todo el mundo de él y su familia?

¿No nos aseguraría eso una vida mejor? Así que... lo hizo. Se mató. En directo.

Dana se lleva una mano a la boca; la otra aprieta con más fuerza la mía. Yo trago saliva, pero intento enterrar el recuerdo de aquel hombre que siempre estaba desesperado por darnos lo mejor, que no quería el trabajo que le había tocado, que se pasaba el día enganchado a su visor admirando vidas mucho mejores que la suya. A veces me culpaba por no ser una niña tan interesante o bonita como para atraer visitas y después me pedía perdón. A veces, mi madre y él discutían durante horas y yo lo escuchaba desde la habitación mientras ellos pensaban que dormía.

El día que mi madre me quitó el visor fue como quedarme ciega. Estaba acostumbrada a verlo todo a todas horas, a recibir información constante, a estar en contacto al momento, a conocer a gente que nunca había visto en persona a través de una pantalla y hablar con ella sin parar. Y, de pronto, solo estábamos yo y un mundo muy normal y triste a mi alrededor.

Al principio no lo entendí. Al principio lo odié, igual que odié dejar nuestra casa por un refugio extraño con un montón de desconocidos con los que, de pronto, lo compartíamos todo. Era demasiado joven y estaba asustada y me habían quitado a mi padre y toda mi vida. Pero con el tiempo... Con el tiempo, fue una buena vida. Una en la que solo tenía que estar pendiente de lo que pasaba en esa pequeña comunidad, no mucho más allá. Una en la que me acostumbré a conocer solo a gente real e igual de imperfecta y poco interesante que nosotras, sin nadie que nos hiciera aspirar a vidas que no tendríamos jamás.

No le digo nada de eso. No le hablo de que me alegro de la decisión que tomó mi madre, ni de nuestra comunidad, ni de que prefiero mil veces esa vida antes que la de los Iconos. Hay demasiada gente escuchando a la que ya no le va a gustar que venga de ahí, así que necesito que piensen que prefiero esto. Necesito que piensen que mi madre fue cruel e injusta y que me arrebató mil oportunidades y que ahora estoy otra vez en el camino correcto.

—Mi madre murió hace cuatro años: enfermó y no hubo nada que hacer por ella. Cuando... Cuando estaba a punto de morir, me devolvió mi visor. Lo había guardado todo aquel tiempo y me dijo que, si quería volver a vivir como vivíamos antes, siempre estaría en mi mano hacerlo. Por las mismas fechas, conocí a Cara. Cuando me dijo que entraría en Imperio, aunque yo nunca había visto la competición, aunque estaba enfadada con ella, aunque durante años no había usado mi visor... quise verla a ella. Y la vi morir.

En realidad, no solo la vi morir. La vi jugar, cada una de las semanas que estuvo aquí dentro. Vi cómo se fijaba en Evan Walker y me sangró el corazón por ello, pero no fue ni la mitad de doloroso que darme cuenta de que Evan jugaba con ella. La usó para montar un estúpido triángulo amoroso justo la semana de la final, después de que le retasen a traicionar a Silena. Le dijo que ella era a la que realmente quería. La besó y Cara lo aceptó. Dejó que la tocase, y al menos Walker tuvo la decencia de solicitar la hora de desconexión cuando ella se lo pidió entre jadeos.

Aun así, él volvió a encender las cámaras cuando ella todavía estaba desnuda en la cama, para que nadie tuviera ninguna duda de lo que había pasado entre ellos.

Estuve a punto de volverme loca al verlo. Solo quería entrar en el juego para decirle a Cara que no le creyese nunca más. Y una parte de mí, una simplemente celosa y egoísta, también quería preguntarle por qué no podía mirarme a mí así. Nunca se lo dije, pero mi único deseo era que un día apareciera por el acantilado en el que solíamos encontrarnos para decirme que no iba a volver a marcharse, que se quedaba. Quería que tirase su visor al mar y que aceptase una vida en la que las únicas miradas que importasen fuesen las que pudiéramos compartir entre nosotras.

No soy capaz de decirle eso a Dana.

—Cuando... Cuando vi cómo su cuerpo se estrellaba contra el suelo, y todo lo que pasó después, yo... yo... perdí la razón. Solo quería venir hasta aquí, costase lo que costase, y decirle a todo el mundo que no se merecían a Cara, que dejasen de grabarla, que dejasen de repetir la caída en todas partes; quería hacer pagar a Evan Walker por lo que había pasado, porque estoy segura de que la soltó, de que su mano no resbaló. Cogí un deslizante y... no estaba mirando. No tenía ningún control. Así que... tuve el accidente.

Aunque, a veces, ni siquiera estoy segura de que fuera un accidente. Creo que, en medio de tanto dolor, me acordé de mi padre. A veces todavía creo que lo provoqué.

Dana está horrorizada. Lo veo en su rostro, en las lágrimas que vuelve a haber en sus ojos. Sus dedos se alzan hacia mi cara y me acaricia las cicatrices, las quemaduras.

—Otros Desconectados me encontraron. Cuando desperté, cuando me dijeron lo que me había pasado, al principio no reaccioné. Después, con el paso de los días, en cama, con mi visor puesto sin que nadie lo supiera y repitiendo las escenas de Cara una y otra y otra vez..., pensé en mi padre. Él había creído que la desgracia lo convertiría en Icono, así que yo decidí usar la mía para lo mismo. Si lo hacía bien, podía entrar aquí, como había entrado Cara, y llegar hasta el final. Esperaba que Evan Walker también volviese: había dejado clara su intención de regresar prácticamente desde el día en que había salido, en su perfil y en cada programa que había pisado, en cada entrevista que había dado, así que confiaba en poder ayudarle a llegar a la final y, después, arrebatársela, como él se la arrebató a Cara.

Soy consciente de cómo suena todo. Soy consciente de que es demencial, pero ¿acaso no es más demencial que haya funcionado? Que esté aquí, después de todo. Que la gente me convirtiera en Icono gracias al dolor, que haya llegado tan lejos como para estar en la semifinal de este maldito concurso. ¿Acaso no es más demencial que una niña muera en una piscina de olas que cualquiera podría haber detenido?

Dana deja escapar un jadeo. Me pregunto si, de pronto, ya no le parezco la misma chica que ha conocido en estos días o si, por el contrario, ahora por fin entiende todo lo que no le había explicado: que no esperaba que nadie me importase aquí como me importa ella, que esto es a lo que me refería cuando dije que no había venido aquí para esto, para acercarme a alguien como al final nos hemos acercado nosotras. Tengo muchas cosas que hacer todavía para cumplir con mi venganza. No solo por Cara, sino también por mi madre, que probablemente habría vivido más con un equipo médico adecuado a su servicio. Por mi padre, que perdió la cabeza intentando ser lo que todo este mundo te dice que tienes que llegar a ser.

Dana es una distracción. Es un punto débil, y se suponía que venía aquí sin ellos: no puedes tener puntos débiles en este juego, o alguien los usará contra ti.

—Blake...

No me espero su abrazo. No me espero la desesperación con la que se aferra a mí ni que, cuando empieza a llorar de nuevo, esta vez parezca hacerlo por mí. Me estremezco entre sus brazos y de nuevo siento ganas de llorar, pero aprieto los párpados. Al mismo tiempo, si ahora llorase, si echase por fin lo que no he echado en todo un año, nadie me vería, ¿verdad? Nos protege esta sábana. Solo lo sabría ella...

Aprieto mis brazos a su alrededor y escondo la cabeza en su cuello. Creo que estamos las dos igual de rotas, igual de cansadas. Creo que, en este momento, no querríamos nada más que poder vivir bajo esta tela y en este abrazo para siempre. Al menos, a mí me gustaría quedarme para siempre aquí. Es cómodo. Lo más cómodo que he tenido en mucho tiempo.

—Tu hermana... —le susurro con la voz tomada. No llores, no llores. Aguanta un poco más, Blake, solo un poco más—. Esto no va a devolvértela, igual que nada va a devolverme a mí a Cara, pero todo lo que haga a partir de ahora, también será por ella.

Dana asiente, sus sollozos contra mi oído.

—Te estaré mirando.

No le digo que ella todavía puede llegar a la final, porque no creo que esté preparada para escucharlo. Pero, después de la muerte de Liv, la gente va a prestarle incluso más atención, ¿no es cierto? La gente querrá ver todo este sufrimiento, querrá saber cuán unidas estaban y querrá tenerle pena o analizar si lleva el duelo como debería o no.

En su lugar, tomo aire y me separo para apoyar mi frente contra la suya. Para limpiarle las lágrimas que le corren por las mejillas y susurrar:

—Me habría gustado mucho conocerte en otras circunstancias, estrellita.

Me habría gustado conocerla como conocí a Cara, caminando por las antiguas vías de tren de las afueras. Me habría gustado llevarla a los acantilados cerca del refugio, desde donde solo se ve el mar y todo lo que se escucha son las olas y las gaviotas y la ciudad no existe por ninguna parte.

Dana se echa a llorar con más fuerza.

—A mí también, Blake. A mí también.

Dana

Durante los dos días que siguen al juego, Blake y yo fingimos que no estamos dentro del Edificio Imperio. Es una mentira peligrosa, la clase de mentira que solo puede traer más dolor, pero es una que ambas estamos dispuestas a creer ciegamente. La mañana siguiente a la primera noche que paso con ella, me despierto sola en la cama y, al mismo tiempo, con más caos a mi alrededor del que he visto nunca en su piso. Blake ha construido en medio de la habitación una tienda de campaña usando sábanas y mantas, y yo siento ganas de llorar cuando me dice que así podemos escondernos del mundo.

Y lo hacemos. Pasamos ahí el día, en ese improvisado refugio donde la gente puede intuir nuestras siluetas, pero no ver nuestros rostros ni la forma en la que me aferro a ella. Si hablamos lo suficientemente bajo, incluso soy capaz de convencerme de que no nos escucha nadie, de que lo que digamos se quedará entre estas frágiles paredes de tela.

Durante ese par de días, lo que Blake y yo hacemos es hablar. Ella me cuenta cualquier cosa que cree que me puede ayudar a distraerme, como que su afición por la tecnología empezó cuando era muy pequeña y que dentro de los Desconectados trabajaba en un taller; que fue allí donde consiguió todo lo necesario para sus prótesis; que estaba acostumbrada a hacer cosas como aquella. Yo, por mi parte, le hablo de las cosas que nunca le he contado a nadie, pero que no me importa que escuche la gente. Anécdotas pequeñas sobre mi vida, sobre mi hermana... Cuando la menciono, por supuesto, siempre acabo con lágrimas en los ojos. Hay momentos en los que me siento muy lejos de mí misma: me paro a pensar en lo que he dicho o en lo que estoy viviendo y no me reconozco. Hay otros momentos, en cambio, en los que la verdad cae sobre mí de pronto y me siento abrumada, y lloro y todo duele demasiado, como si tuviera una herida abierta que no deja de sangrar. Una herida tan honda que no sé cómo puedo evitar que me consuma, que acabe infectando todo lo que soy.

Finalmente, el domingo a última hora, recibo un nuevo golpe. La voz de Sadie Craft nos recuerda que, para cuando el Edificio cambie esta noche, todo el mundo tiene que estar en su apartamento; y yo sé que en realidad es un recordatorio específico para mí, aunque no diga mi nombre.

Quiero ayudar a Blake a recoger nuestro improvisado fuerte de mantas, pero ella no me lo permite. En su lugar, dice que me acompañará hasta mi piso. Después de dos días protegidas en nuestra pequeña fortaleza, sin más interacciones con el exterior que una breve visita de Deborah en la que vino a ver cómo estábamos, salir al pasillo resulta algo extraño e incómodo, casi doloroso. El sentimiento es todavía peor cuando nos detenemos delante de la puerta de mi apartamento. Levanto la mano, pero soy incapaz de dejarla sobre el lector de huellas dactilares, porque soy perfectamente consciente del vacío que me voy a encontrar al otro lado.

—¿Estás bien?

La pregunta de Blake me pone los pies en el suelo. No, no estoy bien. Pero no quiero decírselo. No quiero que siga preocupada por mí, así que simplemente hago de tripas corazón y apoyo mi mano en el escáner. La puerta se abre para mí, y ver el salón desde la entrada, con el pijama de Liv tirado de cualquier manera en el sofá y los vasos medio vacíos que siguen sobre la mesa de café, me produce un rechazo absoluto.

Me digo que no pasa nada. Me digo que puedo encerrarme en mi cuarto durante lo poco que me quede aquí dentro, que en solo media hora será la ceremonia. Hasta entonces, sobreviviré.

Me giro hacia Blake, que sé que tiene que volver al último piso.

—Lo estaré —murmuro. Dudo, pero su mano está ahí, a mi alcance, y creo que en los últimos días me he acostumbrado a aferrarme a ella, así que eso es precisamente lo que hago—. Te estaré observando desde fuera.

Ella aprieta los labios en una de esas expresiones que todavía me cuesta descifrar, pero yo no dejo que proteste. Me echo hacia delante y presiono mis labios contra su mejilla. Siento el picor familiar en los ojos, el nudo en la garganta.

Después de todo lo que ha pasado, después de todo lo que sé de ella, no puedo evitar preguntarme qué va a pasar con nosotras. ¿Voy a volver a verla, siquiera, o es aquí donde nos despedimos para siempre? Si es así, no quiero dejarme nada por decir. Nada por hacer.

—Gracias por cuidarme —susurro contra su piel, con un nudo en la garganta y el corazón en la mano.

—Dana...

Ella gira la cabeza y nuestras caras quedan muy cerca. No es la primera vez que pasa en estos días, pero yo ni siquiera podía pensar en ello. Su cercanía era, simplemente, algo que me reconfortaba. Ahora, sin embargo, demasiado consciente de que se va a terminar, no quiero dejar pasar este momento en el que podría tener un poco más de ella, solo un poco más...

Por eso suspiro antes de que mis labios se posen sobre los suyos. No se parece en nada al beso que nos dimos en las escaleras. Es dulce, es una presión sencilla, pero suficiente para recuperar su sabor. Para recuperar los nervios de la primera vez y confiar en que esta vez no salga corriendo.

No lo hace.

Su boca se mueve apenas sobre la mía para regalarme una caricia; su mano se alza hacia mi rostro y siento sus dedos de metal por todo el cuerpo a pesar de que solo tocan mi mejilla. Es un beso muy corto, demasiado. Cuando me aparto, Blake me está mirando con la misma pena con la que contaba su historia. Es la tristeza de la pérdida, de saber que esto, lo que sea que hayamos tenido, se acaba.

—Si... Si esta es la última vez que te veo... —susurra—, quiero que sepas que no voy a arrepentirme de este beso. Tampoco me arrepiento del anterior. Y voy a... pensar mucho en ellos. Voy a pensar mucho en ti, Dana Shifter.

La garganta se me cierra al escucharla, pero no sé qué responder. No puedo hacerlo. Su caricia desciende por mi rostro y su brazo cae. En el silencio, bajo la vista a nuestras manos unidas y pienso que desearía quedarme anclada a ella. Desearía tener tiempo a solas con Blake, sin cámaras, y preguntarle muchas más cosas. Quiero saber si ha pensado en volver con los Desconectados. Si, quizá, yo podría acompañarla. En este momento, daría lo que fuera por salir de aquí, de esta competición, de los juegos, de la vista de los Imperiales, y seguirla a un mundo en el que solo existiéramos ella y yo.

En lugar de eso, doy un paso atrás.

—Cuídate —susurro, con un nudo en la voz que delata cómo de cerca estoy de llorar otra vez.

El contacto entre nuestros dedos se rompe y yo le doy la espalda. Escucho sus pasos alejarse y me meto en el piso. La puerta se cierra a mis espaldas.

Y el mundo se me cae encima.

Me tengo que apoyar en la pared para evitar que las piernas me fallen mientras aprieto las palmas de las manos contra mis ojos. Es difícil respirar cuando miro a mi alrededor y echo de menos los neones, la presencia calmada de Blake. El piso que tengo delante me grita que estoy sola.

Nadie va a asomarse desde el pasillo o desde la habitación frente a la mía.

Nadie va a venir a saludarme o a echarme la bronca porque no he estado aquí.

Nadie me ha echado de menos en este lugar, pero yo jamás he añorado nada tanto como ahora añoro el mundo tal y como era hace tan solo tres días.

Con pasos cansados, casi arrastrando los pies, me voy a mi cuarto (no mires dentro del otro dormitorio, no te atrevas a hacerte daño así) y me siento en el borde de la cama. El sol ya se ha escondido, pero no enciendo las luces. Tampoco es necesario: la ciudad, que parece tan lejana más allá del complejo, pero que realmente nos rodea por entero, ilumina lo suficiente como para ahogar las sombras del cuarto y las estrellas del cielo.

Pierdo la noción del tiempo pensando en qué voy a hacer al llegar a casa, preguntándome si tiene sentido volver siquiera. Supongo que lo hago solo por Liv, por intentar parar el circo que nuestros padres puedan hacer con su nombre en los labios.

—Iconos.

Alzo la vista. La pantalla que hay en el dormitorio se ha encendido y Sadie Craft, tan perfecta como siempre, aparece con su pequeña corte vestida de blanco. La odio. Odio que me haya hecho volver aquí sola. Odio que su voz siempre parezca traer malas noticias, juegos o caos. Odio que la gente la idolatre, a ella o a los suyos, cuando solamente es una asesina. Ella podría haber salvado a Liv. Podría haber escogido que no hubiera muertes en esta competición.

Podría haber escogido no construir este Edificio, en primer lugar.

—Para la mayoría de vosotros, esta es vuestra última noche en Imperio —dice—. Habéis llegado hasta aquí, sin embargo, y deberíais estar orgullosos. Al fin y al cabo, son muchos los que han sido expulsados. También son más que otros años los que hemos perdido por el camino.

La ira me hierve en las venas, pero permanezco quieta como una estatua, con los ojos clavados en la mujer que habla a toda su nación. No quiero darles el placer de revolverme de ninguna manera.

—Y ahora conoceremos a los finalistas, al fin. Los últimos de los treinta competidores que entraron hace ya un mes en el Edificio. Buena suerte, Iconos.

La pantalla se queda en negro y yo contengo la respiración. Ya me he aprendido esta parte. Las luces se encienden sin mi permiso, solo para indicarles a los Testigos que esta planta está ocupada, y parpadean un instante. El zumbido que hace el Edificio es molesto, pero ni la mitad de lo que lo es el leve temblor bajo mis pies. Cierro los ojos para no ver la forma en que el mundo va a desdibujarse y me preparo para sentir la caída.

Estoy lista para que todo acabe de una vez.

Pero no lo hace.

En lugar de eso, el piso se lanza hacia arriba. La presión parece subir dentro de la habitación y la gravedad me empuja hacia abajo. Lo más cómodo es mantenerme sentada, pero en lugar de eso, me pongo en pie y trastabillo hasta la ventana. Mis manos chocan contra los cristales. Me quedo sin aire, pero no tiene nada que ver con la forma en que se mueve el Edificio.

Aunque, en realidad, tiene todo que ver.

—No, no, no, no...

La planta entera tiembla cuando el Edificio vuelve a ensamblarse. Siento una náusea en la boca del estómago y caigo de rodillas al suelo, porque esto no puede estar pasando. Esto tiene que ser una pesadilla. Esta no es la vista que debería estar viendo. Las luces parpadean sobre mi cabeza, pero luego se quedan encendidas, avisándome de que he pasado a la siguiente fase.

Soy una de las finalistas que van a competir para convertirse en Imperial.

Y estoy en el piso treinta.

Evan

Las luces parpadean por encima de mí, pero aunque se quedan encendidas, no siento la satisfacción que esperaba por llegar a la final. Todo lo que puedo pensar es que esta no es la vista que esperaba tener desde el salón. Esta no es la altura a la que debería estar, la altura que merezco.

El veintiocho. Estoy en el piso veintiocho, a pesar de que lo he hecho todo bien. A pesar de que conseguí que Bianca quedara segunda en el juego de la semana, a pesar de que he respondido a todas sus pullas durante días, a pesar de que incluso acepté participar en el plan de Liv y eso tuvo que atraer muchas visualizaciones. A pesar de que mis errores han sido accidentes, cosas que se me han ido de las manos. Entonces, ¿por qué merece Dana Shifter estar en el último piso, como me indica el *ranking* en mi visor, pero yo no? ¿Por qué ni mi implicación ni mi pena han satisfecho a los Testigos?

Siento que he vuelto a la competición del año pasado, después de la muerte de Cara. Siento que he vuelto a caer en desgracia, que la gente está enfadada conmigo porque no he conseguido ser el héroe, porque no he conseguido que las cosas salieran como ellos querían y me castigan dándome la espalda.

Empiezo a preguntarme si van a volver a dejarme a las puertas de la victoria. Empiezo a preguntarme si habrá una forma más sencilla de ganar la competición y sentarme, al final de la semana, en uno de los tronos de los Imperiales. Si otra mano podría escurrirse entre mis dedos...

Supongo que la única respuesta posible es seguir jugando, ¿verdad? Y ver qué han preparado los Imperiales para nosotros.

Todavía tengo tiempo de hacer que me miren un poco más.

Bianca

Mi piso cae: no demasiado, solo un poco, muy poco. Creo que desciendo un único nivel, y contengo la respiración cuando las luces parpadean sobre mi cabeza antes de apagarse por completo. Cuento los segundos hasta que se vuelvan a encender. No debería ser mucho. No deberían tardar...

Pero las luces no se encienden de nuevo. Me dejan a oscuras, y yo soy consciente de repente de que se acabó. No lo he conseguido, no he sido suficientemente interesante.

Y ese ha sido siempre mi problema: nunca fui suficiente para Silena y no soy suficiente para los Testigos.

Debería sentirme frustrada. Debería sentirme triste y desesperada.

Pero en realidad no siento nada.

Creo que hay alivio en el suspiro que se desinfla en mis labios, en todo el peso que se me cae de los hombros y que ni siquiera era consciente de llevar ahí. Puede que también haya alivio en la sonrisa que me crece por la boca, nerviosa e inquieta. O quizá no sea alivio, quizá sea solo cansancio. Quizá solo sea incredulidad. Lo he hecho todo para ganar. He intentado convertirme en lo que la gente quería, en lo que Silena quería, y ya ni siquiera consigo recordar por qué. Incluso Evan Walker ha hecho todo lo que estaba en su mano para que yo pasara esta semana, aunque solo fuera para ganar su maldito reto. Estoy segura de que esperaba que los dos nos enfrentásemos en esa condenada final dando un gran espectáculo, en el que tal vez habría sido capaz de matarme.

¿Y yo? ¿Habría estado dispuesta a matarlo a él?

Walker puso en peligro a una niña solo para robarme visualizaciones por culpa del reto que yo misma le lancé, y ha sido... para nada. Por nada.

Esta semana hemos perdido los dos. Y, por el camino, alguien ha perdido la vida.

«¿Ha merecido la pena?».

El fantasma de Liv Shifter se ríe desde el rincón de mi cuarto en el que lleva viviendo las dos últimas noches. Y yo me río con él.

Blake

Esperaba que mis temores no se cumplieran. Esperaba que, después de todo, el truco de cubrirnos con sábanas para mantener a Dana más o menos a salvo de los ojos de la gente hubiera funcionado para que los Testigos perdieran el interés en ella, al menos un poco... Pero supongo que no. Quizá tenía que haberla dejado sola estos días. Quizá, si lo hubiera hecho, la gente se habría cansado de su dolor y habrían terminado por mirar a otro lado. Sé que es un pensamiento estúpido, sé que probablemente este resultado era inevitable. Ni siquiera se trata solo de las visualizaciones que haya habido en directo sobre ella, sino de las que ha debido de haber en diferido.

No quiero pensar en cuántas veces se habrá reproducido la muerte de Liv.

Dana tiene que estar devastada, tiene que estar enfadada y triste y llena de rabia y asco, igual que llevo sintiéndome yo el último año, pero está bien. No pienso hacer que aguante esto más tiempo. Ella quería salir de este lugar, de esta maldita competición, esta noche. Y yo me voy a encargar de que lo haga. Yo también estoy cansada de jugar.

Quedamos tres, pero pronto quedaremos solo Dana y yo, porque hay alguien en este edificio que ya ha llegado lo suficientemente lejos.

—Eh, Imperiales.

Sé que me están oyendo mientras me muevo por la habitación. Sé que me ven, como tiene que estar viéndome mucha otra gente. Del último cajón de mi mesa de trabajo, saco una de las pistolas que conseguí en el juego de la cárcel y dejo que la gente la vea mientras compruebo la carga. Esta es la única razón, en realidad, por la que quise convertirme en guardia en aquella prueba. Quería una de esas pistolas, y aunque imagino que el resto de competidores las entregó de vuelta..., nadie dijo nunca que hubiera que hacerlo, ¿verdad?

Supongo que todos los Testigos se dieron cuenta de que me guardaba la mía, pero quizá solo ahora crean entender para qué.

Cierro el cargador con un golpe.

—Creo que vuestra gran final va a tener que adelantarse. Esto se acaba hoy.

QUINTA SEMANA

Evan

«Me debes un favor, ¿recuerdas? Es muy fácil: quiero que te encuentres a solas conmigo en la azotea en quince minutos».

La terraza todavía está vacía cuando llego, antes de la hora, así que me asomo y veo el mundo a mis pies mientras el viento me azota las mejillas y me revuelve el pelo. Las luces están encendidas aquí fuera, aunque palidecen en comparación con las que iluminan el paseo que va desde el Edificio hasta la mansión de los Imperiales.

Ese paseo que estaré recorriendo dentro de una semana, cuando venza a Cooper y Shifter.

Al principio me ha molestado estar en el piso veintiocho, el mismo lugar en el que estuve en la final del año pasado. Me ha molestado saber que las otras dos finalistas estaban por encima de mí, exactamente igual que lo estuvieron Cara y Silena. Pero supongo que solo necesitaba centrarme y ver las cosas desde otra perspectiva. Sería aburrido estar en el piso treinta desde el principio de la semana. De esa manera no tendría posibilidad de mejorar. A los Testigos les gusta que los sorprendan: nadie quiere ver al absoluto favorito ganando. Aunque, por otro lado, dudo que Dana Shifter sea una favorita, absoluta o no. Lo que pasa es que se ha beneficiado de las vistas que puede haber tenido el accidente de su hermana y la gente le tiene pena, nada más. A la gente le encanta el dolor, le da morbo. Aun así, debería tener cuidado: a los Testigos no les gusta el dramatismo de más. Si esa va a ser su estrategia lo que queda de juego, es probable que los acabe aburriendo. Nadie quiere ver a una persona llorando durante una semana, por trágico que haya sido lo que ha ocurrido con su hermana: la gente premia la superación.

Y yo les voy a dar eso. Yo ya he perdido a dos aliadas aquí, pero me sobrepondré y llegaré adonde todo el mundo quiere llegar.

No, Dana no es un problema. Y me he librado ya de Bianca, aunque lamento que no haya sido de una manera tan impresionante como hubiera deseado. Así que mi única rival aquí es...

—Walker.

Del mismo modo que Dana no me preocupa, Blake Cooper sí puede llegar a ser peligrosa. Me giro para verla llegar, con esa expresión ilegible que tiene a veces y las manos en los bolsillos de la chaqueta que siempre lleva. Algo dentro de mí se revuelve, pero era de esperar: la última vez que la vi, se lanzó encima de mí y estuvo a punto de matarme. Todavía puedo sentir la forma en que sus dedos me apretaron la garganta.

Ayer por la noche, de hecho, me desperté con la sensación de que me ahogaba porque algo o alguien me agarraba el cuello. No fue más que un sueño, pero parecía muy real. Lo suficiente, de hecho, como para levantarme de mi cama en medio de la madrugada y asegurarme de que la puerta del apartamento seguía cerrada. Por supuesto, nadie había entrado allí. Solo era mi cabeza, una consecuencia de todos los días de tensión acumulada.

Quizá esté empezando a imaginar cosas.

Aunque sé que no voy desencaminado al pensar que Cooper no ha venido esta noche solo para hablar.

—¿Gastar tu favor en un encuentro privado no es desaprovecharlo, cerebrito?

A Cooper nunca le ha gustado que vaya con rodeos, así que no lo hago. Ella se detiene al fin y se queda solo a unos pasos, mirándome de arriba abajo, como si me midiera.

—Depende de lo que ocurra, ¿no crees? Y yo tengo pensado aprovecharlo muy bien.

—¿Sí? ¿Cómo?

—Consiguiendo las respuestas que he venido a buscar.

Quiero reír, un poco confundido, pero lo único que pasa es que un escalofrío me sube por el cuerpo cuando Blake Cooper saca la mano del bolsillo de su chaqueta. Y no solo su mano.

El cañón de una pistola me está apuntando de pronto y yo, aunque puedo ser temerario, no me atrevo a moverme. De nuevo recuerdo sus manos en mi cuello, pero esto es mucho peor. Esto es injusto, porque yo no tengo ningún arma.

—¿De dónde has sacado...?

Pero no termino la pregunta. La cárcel. El recuerdo de Bianca con una pistola igual me deja todavía más plantado en el sitio. ¿Lleva guardándola desde la primera semana, desde que consiguió convertirse en carcelera? ¿Tenía planeado esto desde el principio, o la cogió simplemente porque pensó que podría ser un buen seguro?

Ha dicho que venía a buscar respuestas.

Cuando me atacó, en la piscina, mencionó a Cara.

Esto... ¿Esto es por ella?

—Verás, Walker —dice Blake con esa voz fría que ha decidido dejar atrás todas las bromas. Parece como si paladeara las palabras—. Esta noche, el juego no lo ponen los Imperiales, sino que te lo voy a proponer yo. Si lo aceptas, quizá puedas vivir. Si no lo aceptas...

Blake quita el seguro lentamente, con un chasquido que parece un eco. De nuevo, intento reír. Intento convencerme de que esto es algún tipo de broma, un juego mental de los Imperiales. Miro alrededor, como si las pantallas se fueran a encender en cualquier momento. Ellos no van a dejar que esto suceda, ¿verdad? Una cosa es que la gente muera en los juegos, que haya accidentes, que haya peligros inevitables y personas que caigan en ellos, pero otra muy diferente es permitir que alguien se cargue la final de esta manera, ¿no es cierto? He llegado hasta aquí. Queda una semana todavía. Seguro que en cualquier momento aparecen y detienen esta locura.

Pero, hasta entonces, supongo que tendré que seguir con el espectáculo. Doy un paso atrás, y me digo que es solo porque la gente no puede verme tan seguro de que esto no va a llegar a nada. Es mejor que teman por mí. Es mejor que la odien a ella, porque es obvio que Blake Cooper se ha vuelto completamente loca.

—Escucha, Cooper, no sé a qué viene esto, pero...

—¿Alguna vez has jugado a verdad o reto? —me interrumpe ella, avanzando hacia mí.

Yo sigo retrocediendo.

—Sí, pero...

—Fantástico: pues hoy vamos a jugar a una nueva versión.

Tenso la mandíbula cuando mi espalda encuentra el muro de la azotea. No puedo evitar lanzar un vistazo hacia atrás, sin saber en qué momento me he acorralado a mí mismo. Vuelvo a girarme hacia Blake.

—Sobre el muro, Walker —me dice ella con una fingida suavidad.

Hay un silencio incrédulo por mi parte. No pretenderá que me tire, ¿verdad? Blake ha continuado avanzando hacia mí para evitar que pueda escapar, supongo, o que pueda idear un plan para quitarle la pistola. Resulta difícil pensar con claridad cuando te están encañonando. Resulta difícil incluso mantener la expresión serena.

—¿Qué quieres de mí, Cooper? —mascullo—. ¿Vas a empujarme? ¿Vas a dispararme? ¿Así es como piensas acabar con la competición? Porque todavía te queda Shifter, ¿lo sabes? ¿A ella también vas a matarla para llegar hasta el final?

—¿Crees que sería capaz de matar a alguien a sangre fría? —pregunta ella, con una inocencia que no me creo—. Ya te he dicho que solo vamos a jugar, Walker. Míralo de este modo: mientras sigas mis reglas, vas a tener una nueva oportunidad de conseguir muchísimas visualizaciones. ¿No es eso justo lo que quieres? Seguro que te jode no estar en el piso treinta, pero si le damos emoción a las cosas, los dos podemos ganar mucho. ¿Cuántos Testigos crees que nos estarán viendo ahora?

Tenso la mandíbula. Entonces, ¿es eso? ¿Su nueva estrategia es la de ser una completa psicópata? No sé si me gusta y, al mismo tiempo, de una forma inevitable, me siento un poco atraído por su plan. Supongo que por eso los Imperiales se lo están permitiendo. Porque tiene sentido. Porque esto va a atraer muchísima atención...

Miro hacia atrás, dubitativo.

—¿Qué pasa, Walker? ¿Te está entrando el miedo? Pensé que estabas dispuesto a todo, pero quizá solo seas un fraude, al final.

Dejo escapar una risa, pero me sale ahogada. Me vuelvo de nuevo hacia ella, para encararla. Blake ladea la cabeza. Su expresión no deja ver ni un solo sentimiento.

—¿Cuáles son las reglas?

—Son muy sencillas: solo tienes que dar una vuelta entera al Edificio caminando por el muro. No es demasiado complicado, ¿verdad? Es lo suficientemente grueso como para caminar bien por él. Te prometo que yo no te voy a tocar. Tampoco te voy a disparar: eso sería muy injusto. Solo te haré preguntas, y lo único que tienes que hacer tú es contestar con sinceridad. Si consigues dar una vuelta entera, ganas. Fácil, ¿no?

Demasiado. Habla como la Emperatriz, y si algo me ha quedado claro después de dos años es que nada de lo que parece fácil lo es en realidad. Aun así, no tengo muchas alternativas: ella me sigue apuntando con la pistola y la gente está mirando.

—Tu pistola —digo con la voz estrangulada—. Si gano, me la darás.

En una semana de competición pueden pasar muchas cosas. Nunca se sabe cuándo podría utilizarla.

A Blake parece hacerle gracia mi idea, pero asiente.

—Trato hecho.

Todavía dudo un segundo más, pero finalmente me giro para auparme al muro con los brazos. Es una superficie más amplia de lo que parecía desde abajo, lo suficiente para caminar. Lo suficiente, incluso, para sentarme. Si obvias la caída libre a un lado del Edificio, ni siquiera parece del todo peligroso.

Miro a Cooper y abro los brazos como si quisiera retarla. Ella parece muy satisfecha cuando inclina un poco la cabeza, casi como si me felicitase. Supongo que esto no está tan mal, después de todo. Supongo que la gente debe de estar muy enganchada. Incluso yo me siento intrigado por esas preguntas que quiere hacerme. Pero está bien. No tengo nada que ocultar. Este juego es ridículamente sencillo, y Blake Cooper se va a llevar una decepción si cree que puede desestabilizarme.

—Muy bien. Primera pregunta, para asegurarme de que entiendes el juego: ¿cómo te llamas y cuántos años tienes?

Casi se me escapa una risa, pero en lugar de eso comienzo a caminar, centrándome en mis pies para resistir la tentación de mirar hacia la caída que me esperaría a uno de los lados si diese un paso en falso. Blake me sigue de cerca, pero ha bajado la pistola y eso hace que respire un poco mejor. Sigo sintiendo el pulso acelerado contra mi pecho, pero puedo hacer esto.

—Evan Walker, veintidós años.

—Fantástico. —No me atrevo a mirar en su dirección, pero, por su voz, juraría que está sonriendo—. ¿Ves? Eres sincero y no pasa nada. Siguiente: ¿por qué quieres ser Imperial, Walker?

Ni siquiera necesito pensármelo.

—Porque es lo más alto que puedo llegar. Porque ellos son los que tienen el poder.

—¿Y crees que Cara habría sido una buena Imperial?

Que la mencione de manera tan repentina me desestabiliza durante un segundo. Levanto la vista hacia ella, pero Blake mantiene su expresión impasible. De pronto quiero ser yo quien haga las preguntas. Quiero saber qué relación tenía con Cara, por qué se lanzó encima de mí en la piscina con su nombre en la boca y por qué ahora pregunta por ella. Aprieto los puños, consciente de que mucha gente va a analizar todas y cada una de las respuestas que dé a continuación.

Me tomo un momento, porque no sé si lo que voy a decir es lo que quiere escuchar y no tengo claro qué sucedería en ese caso. Me ha dicho que solo tengo que ser sincero, pero a veces la sinceridad no es agradable. Vuelvo la vista de nuevo a mis pies, retomo la marcha y digo:

—No.

La miro de reojo cuando deja escapar una risa. No sé qué es lo que le hace tanta gracia.

—¿Y por qué no?

—Porque... —De nuevo titubeo. De nuevo no sé si ser sincero es la mejor estrategia—. Porque confiaba demasiado rápido. Porque era demasiado emocional. Porque era... era demasiado buena para su propio bien.

Y los Imperiales no pueden permitirse serlo. Los Imperiales tienen que estar preparados para todo. Los Imperiales tienen que ser capaces de asistir a la muerte en directo de una niña de doce años y continuar con el espectáculo como si nada. Estoy seguro de que Cara no habría mantenido esa fortaleza, esa frialdad. Sus emociones siempre fueron su punto débil; por eso fue corriendo a contarle a Silena lo que había pasado entre nosotros, en vez de quedarse callada. Si sintió culpa con algo tan ridículo, ¿cómo iba a aceptar todo lo que ha ocurrido aquí?

—¿Y tú te aprovechaste de eso, Walker?

Un silencio. Sé perfectamente qué es lo que tengo que responder, lo que llevo diciendo un año cada vez que alguien me preguntaba por ella.

—Walker. La verdad.

—No, Cara me...

El disparo rompe la noche y mi estabilidad, porque me tambaleo por la sorpresa. Ha ocurrido a menos de medio metro de mis pies y es muy fácil ver la marca de la bala incrustada en el metal. Alzo la vista, pálido y paralizado de pronto, pero Blake solo me observa con impasibilidad. La mano en la que tiene la pistola no le tiembla y yo quiero pensar que es solo porque la está sosteniendo con el brazo biónico, porque tiene absoluto control sobre él.

—La verdad —repite.

Jadeo, porque estaría loco si no sintiera al menos un poco de miedo. Pero está bien. Si pensara matarme, ya lo habría hecho. Si quisiera hacerme algún daño... Ni siquiera ha disparado hacia mí. Está poniendo la situación un poco más interesante, eso es todo. Está empujándome a ser sincero, y supongo que no puedo mentir en algo tan evidente: sí, usé a Cara, por mucho que me gustara.

—Walker —advierte Blake, levantando de nuevo la pistola.

—Sí. —Trago saliva—. Sí, me aproveché.

Por un momento tengo miedo de que eso provoque otro disparo, pero Blake cumple sus propias normas y asiente, satisfecha con la respuesta. Me anima a continuar caminando y yo lo hago, pero de pronto este juego ya no me parece divertido ni seguir sus normas una buena idea. Con el corazón dándome tumbos a lo loco en el pecho, miro de reojo hacia la pantalla que normalmente se enciende con la presencia de los Imperiales. ¿Sabían ellos que ese disparo no iba a llegar a nada? ¿Son conscientes de que podría haberme sobresaltado lo suficiente como para perder pie y caer?

¿Es esto alguna clase de reto sorpresa? ¿Algo que han maquinado ellos?

—¿Te molestó cuando le dijo a Silena lo que había pasado entre vosotros?

La pregunta me coge con la guardia baja, aunque en su momento Blake ya me preguntó sobre el tema, ¿no? Aquel día en el gimnasio... ¿Cómo no me pareció raro entonces?

Esta respuesta no es complicada. Ni siquiera es una respuesta que me vaya a dejar mal delante de los Testigos, porque estoy seguro de que todo el mundo puede entenderme. No he hablado nunca de ello por respeto a Cara, porque estaba muerta y prefería quedarme con las cosas buenas. Pero sí, claro que me enfadé; sobre todo cuando Silena vino a pedirme explicaciones, a la mañana siguiente, y me di cuenta de que Cara no había tardado ni medio día en ir a contárselo.

¿Por qué no se quedó simplemente con lo perfecta que había sido la noche anterior?

¿Por qué tuvo que estropearlo todo y darle a Silena la oportunidad de quedar como una víctima y montar todo un drama alrededor de lo que hice? Mi reto solo pedía una traición, no que ella tuviera que enterarse.

—No debería haberlo hecho...

Otro disparo. Vuelvo a detenerme, helado, porque esta vez la bala se clava incluso más cerca de mis pies.

—No es lo que te he preguntado, Walker. Las respuestas tienen que ser claras y directas.

Dejo escapar una risa estrangulada.

—¿Se puede saber por qué Cara te...? —Pero vuelve a levantar la pistola y esta vez, de hecho, me apunta directamente a mí. Trago saliva—. ¡Sí! ¡Sí, me molestó! Fue estúpido por su parte. ¿Por qué tuvo que hacerlo?

Blake chasquea la lengua con fastidio.

—Porque Cara era honesta, Walker, y tú le dijiste que la querías, pero ella no pretendía hacerle daño a nadie. Mira, ahí tenemos otra buena pregunta. ¿Lo hacías? ¿La querías?

¿Amor? ¿De verdad me está preguntando por amor? La conocí durante solo un mes. Nos sentíamos atraídos, sí, pero no se puede hablar de amor entre estas cuatro paredes, y no me creo que ella fuera tan ilusa como para pensarlo. Le dije que la quería, pero solo porque era lo que Cara deseaba escuchar. No, lo que los Testigos deseaban escuchar. ¿Qué culpa tengo yo de eso?

—Sí, ella era...

Otro disparo. Lo siento retumbar en el suelo, en mis huesos, pero no me toca, como prometió. Las chispas que saltan esta vez las siento demasiado cerca, y no puedo evitar dar otro paso atrás. En un error que no debería cometer, miro hacia el otro lado, hacia la caída. El estómago me sube a la garganta.

—La verdad, Walker.

—No puedes saber lo que siento, no puedes saber si miento. Yo...

Me cubro la cara cuando escucho otra detonación, esta vez justo detrás de mí. Estoy a punto de perder el equilibrio. El talón no encuentra apoyo, pero más de la mitad de mi pie queda dentro del camino que estaba recorriendo, así que me salvo. De pronto, el muro ya no parece tan ancho ni tan resistente, sino que se estrecha ante mis ojos, se vuelve apenas una cuerda floja por la que caminar.

—¡No! —La palabra sale de mis labios sin permiso—. ¡No, no la quería!

Soy el único que pierde los papeles, porque Blake casi parece satisfecha al escuchar la respuesta.

—¿Ves como no es tan difícil ser honesto, como lo era ella?

Cooper paladea cada una de sus palabras. Sus pasos la traen hacia mí, hasta que esa pistola suya, que todavía mantiene en alto, está tan cerca que sé que no hay escapatoria. ¿Cuántas balas le quedan en el cargador? ¿De cuántas maneras planea torturarme? No he llegado ni a la mitad del camino, pero quiero acabar este juego ya.

—Última pregunta. Y es fácil, Walker. Seguro que ya sabes cuál es.

Por supuesto que lo sé. La he sospechado desde que hizo la primera sobre Cara, pero he repetido lo mismo las veces suficientes como para poder respirar hondo, mirarla a los ojos y decir:

—Yo. No. La. Maté.

No es lo que quiere escuchar. Su rostro se contorsiona en una mueca de asco y yo me preparo para el ruido, para que otra bala se clave en el metal. Lo que no espero es que la bala me pase rozando. La siento tirar de la manga de mi camisa, romperla. No siento dolor, pero la sorpresa es suficiente para que dé un paso atrás.

Mi pie no encuentra nada más que aire.

El vértigo que siento al caer no es nada en comparación con el terror absoluto y, durante ese medio segundo, pienso que prefiero que me mate Cooper, que me dispare a quemarropa, que apriete el cañón contra mi frente, a acabar así.

No sé cómo consigo agarrarme, pero lo hago. Mis dedos encuentran el borde y se aferran a él. Mi cuerpo choca contra la pared exterior del Edificio y el golpe me resuena por dentro, en cada hueso, en cada pensamiento. Me arrebata el aire y, durante un momento, todo lo que puedo hacer es quedarme muy quieto, tratando de respirar, tratando de pensar, incluso cuando siento la mente completamente en blanco.

No, no, esto no está ocurriendo. Los Imperiales van a hacer que esto se detenga de inmediato. Cooper se ha pasado, pero van a salvarme. Queda todavía mucho concurso, queda una semana; ya no me cabe la menor duda de que este ni siquiera es uno de sus juegos...

No van a dejar que acabe así. No pueden dejar que acabe así.

Un sonido por encima de mí me hace levantar la cabeza. El aire que me silba en los oídos me saca lágrimas de los ojos.

El rostro de Cooper no refleja ni pena ni compasión. Hinca una rodilla en el muro y me observa, solo me observa. No se inmuta mientras yo trato de hacer fuerza con los brazos y empujarme con los pies para alzarme.

—Cooper. Por favor...

«Evan. Evan, por favor...».

—¿La mataste, Walker? Sé sincero. Contigo mismo y con los demás.

—¡Cooper!

—Tu respuesta.

Yo no quería hacerle daño. Si hubiera querido hacerlo, simplemente habría tardado más en reaccionar: ella se hubiera escurrido y la gravedad habría hecho el resto. Pero no dudé.

En cuanto me pidió ayuda, me detuve. Me lo pensé, sí, me lo pensé porque mi meta estaba muy cerca, demasiado cerca. Pero nadie me lo habría perdonado. Si simplemente hubiera seguido adelante y hubiera dejado que lo inevitable pasara, todo el mundo me lo habría recordado. Así que me acerqué lo más rápido que pude. La miré desde arriba, consciente de lo abiertos que tenía aquellos ojos azules, tan claros que ni siquiera parecían de verdad.

Era preciosa a pesar de su expresión de terror.

Recuerdo pensar: «Los Testigos van a mirar esa cara una y otra vez». Supe que ella podía ganar, porque esa semana había quedado la primera, porque había demostrado ser humana y sensible tanto al dejarse llevar conmigo como al arrepentirse e ir a confesarse con Silena. Y, además, iba a sobrevivir a algo traumático. Había empezado desde un puesto bajo; lo había hecho todo muy bien. Tenía carisma, tenía lo necesario para llamar la atención de todo el mundo: la de los Testigos y la de los Imperiales, pero también la mía. Incluso la de Silena, a la que vi avanzar pese a que hasta ese momento había sido la más aterrorizada por las alturas. La escuché gritar su nombre.

Pero podía haber sido una trampa. Silena jura que iba a ayudarla también, pero ¿fue así? ¿O solo quería aprovechar el momento de debilidad de ambos para adelantarse y ganar?

Recuerdo coger a Cara del brazo, sentir sus dedos alrededor de mi muñeca, tratar de aupar su peso. Recuerdo que pesaba. Recuerdo que sudaba y que pensé que era muy fácil que pudiera escapárseme entre los dedos. Demasiado fácil.

Solo quería hacer la prueba. Solo quería saber si de verdad era tan sencillo. Solo quería comprobar si el juego, realmente, podía a llegar a ser tan cruel.

Solo aflojé un poco el agarre.

A veces todavía sueño con la forma en la que me miró en cuanto pasó. Cuando se dio cuenta de que a ella también la iba a traicionar.

Cooper también va a traicionarme a mí. Los Imperiales están traicionándome. Los Testigos. Este no era el trato. Esto no puede terminar así para mí.

—Walker —repite ella.

—¡Solo fue un segundo! ¡Solo aflojé un segundo! —confieso, con los dientes apretados por el esfuerzo—. Por favor, ayúdame. Fue un error. Se me nubló la mente. Y se iba a caer de todos modos; habría muerto de todos modos...

—Dilo: «La maté. Yo, Evan Walker, maté a Cara Volkov». Confiesa de una vez, para que a nadie que esté mirando le quede ninguna duda. Te lo he dicho: la sinceridad tiene premio.

—¡Sí! ¡Sí, la maté! ¡Yo, Evan Walker, maté a Cara Volkov!

Si no lo hubiera hecho, habría perdido. ¿Y de qué me habría servido? Lo hubiera perdido todo, incluso a ella, que habría acabado siendo Imperial.

Si iba a perderla, mejor que fuese mi decisión.

Blake se echa hacia delante y me coge del brazo. El alivio es tan grande que ya no estoy seguro de que las lágrimas en mis ojos sean por el viento. Intento ayudarme con los pies para subir, pero las deportivas se me resbalan en esta pared sin ningún agarre. No importa: el brazo biónico de Cooper es fuerte, aunque mis dedos también tienen problemas para sujetarse a la carcasa. Sus dedos parecen unas esposas alrededor de mi muñeca. Espero a que tire más de mí y ella lo hace y yo respiro...

Hasta que siento cómo me escurro lentamente de su mano.

Miro hacia arriba a tiempo de ver la comisura de su boca alzarse.

Como Cara, entiendo lo que va a hacer un segundo antes de que lo haga.

—No. No, no. Cooper, lo prometiste, lo...

—No te he disparado. No te he tocado mientras estabas sobre el muro —me explica—. He cumplido mi palabra. Pero el juego ha acabado.

—No, no. Quedan días, quedan muchos días. ¡Imperiales! ¡Socorro! Vamos, Cooper, por favor. ¡Por favor! ¡Sabes que la culpa ni siquiera es mía! La culpa es de los Imperiales, ¿no lo ves? Y de los Testigos... Todos los que están mirando tienen la culpa. Ellos hacen que nos comportemos así, ¿no lo ves? Cara... Cara sabía a lo que se atenía cuando accedió a participar. Escucha, yo no quería...

—Suficiente, Walker —me corta ella—. No te preocupes: yo no fingiré. ¿Quieres escuchar mi confesión y soñar que la gente te tiene lástima una última vez? Ahí va: yo, Blake Cooper, tiré a Evan Walker desde lo alto del Edificio Imperio. Disfruta de la atención.

Abro la boca para volver a llamar a los Imperiales, para pedirle a quien sea que detenga esto, porque pueden hacerlo, estoy seguro de que pueden hacerlo: pueden pararlo, pueden salvarme, pueden...

Pero, antes de que diga nada, siento el agarre desaparecer de mi brazo.

Blake Cooper me suelta.

La caída se encarga de ahogar mis gritos.

TESTIGO

Imperio a veces da sorpresas y ocurre lo que nadie espera. El factor humano, al fin y al cabo, siempre es el más imprevisible. Nunca podemos estar totalmente seguros de qué van a hacer los concursantes, por mucho que intentemos predecirlo, porque el único lugar en el que están a salvo de que lo sepamos todo de ellos es en sus propios pensamientos. Nunca sabemos quién tiene planes que podrían desbaratarlo todo, quién miente, quién no, quién quiere vengarse o quién jamás pensaría en ello.

Y eso es lo apasionante, ¿verdad? Por eso cada año este lugar es distinto, porque los pisos cambian y se mueven, pero lo más importante es que sus habitantes también.

Pero, del mismo modo, nosotros también tenemos la oportunidad de sorprender a los Iconos. Tú tienes oportunidad de hacerlo. Parece que, después de todo, este año Imperio está a punto de terminar de forma prematura; pero estamos seguros de que todavía podemos hacer algo inesperado, ¿no crees?

Solo quedan dos competidoras, piensa bien en ellas. Blake Cooper ha pedido que todo acabe esta noche, y quizá debería aprender que hay que tener mucho cuidado con lo que se desea, sobre todo en este lugar.

Está bien, terminemos esta noche. Última encuesta, Testigos. Vais a tener que ser rápidos al votar, porque el tiempo corre y no hay ni un segundo que perder. Esta noche quizá no queráis dormir, porque vamos a tener nuestra gran final y promete ser fascinante.

La pregunta es sencilla: «¿Dolor o muerte?».

Blake

Todo este plan se puso en marcha en el mismo momento en el que escuché a Evan Walker decir en un directo que quería volver a Imperio. Pese a lo que había pasado, deseaba volver al lugar en el que murió Cara (el lugar en el que mató a Cara) y, cuando le preguntaban por ello, solo fingía sentirlo y pretender hacerlo por ella también. Porque a ella le habría gustado que cumpliera el sueño de ambos. Porque ella no habría querido que todo acabase para él con su caída.

La realidad es que ninguno de los dos sabemos qué habría querido Cara, porque ya no está aquí. Pero yo pensé que consideraría justo que, si él la había matado, al menos todo el mundo lo supiera; que nadie pudiera defenderlo por mucho que él se pasase por mil canales de debate y entrevistas para hablar de su paso por Imperio, de su romance, de su muerte, de cuánto lo sentía él todo y cuánto habría deseado que las cosas fueran diferentes. Pensé que desearía vengarse. O quizá, como Evan, eso era solo algo de lo que yo me quería convencer. Por ella. Por mis padres. Por cada día en la sombra. Y ahora, por Liv. A lo mejor también la estoy usando a ella para excusar toda la rabia, porque, en realidad, estoy segura de que Liv no habría deseado nunca que matase a Evan Walker.

Esperaba sentirme más satisfecha con esto, pero el grito de Evan no borra el de Cara. Su expresión de horror no hace que olvide la de ella antes de caer. Todo sigue ahí. El mundo no cambia en absoluto y yo ni siquiera tengo la sensación de haber cumplido con algo importante. Tampoco siento remordimientos. Espero que todo el mundo lo haya visto.

Odio este mundo, odio a la gente atrapada en sus visores y, pese a ello, por primera vez, espero que la gente mire algo sin parar. Que lo vean caer mil veces. Que escuchen su confesión millones.

Alzo la mirada hacia la mansión de los Imperiales. Me pregunto si estarán enfadados por haberles quitado a un finalista de esta manera, pero podrían haberlo detenido si hubieran querido. Ni siquiera ha sido rápido, porque también pretendía comprobar si realmente no iban a intervenir en nada. Me han visto coger la pistola, me han visto jugar con él, les he dado tiempo para detenerlo todo al sostenerlo en el aire.

Y nadie ha hecho nada.

Si un asesinato ocurre delante de tus ojos y no haces nada por evitarlo, ¿no eres cómplice?

Aprieto la mano alrededor de la pistola. Todo esto empezó por la muerte de Cara, pero Evan Walker tenía razón en algo: su muerte no fue solo culpa suya. Esto todavía no se ha terminado. No se va a terminar hasta que cada persona responsable pague. Después sentiré la satisfacción, estoy segura. Después...

—¿Blake?

Me giro de golpe, sorprendida. Dana está en la entrada de la azotea, pálida, y su voz ha temblado al pronunciar mi nombre.

Vuelvo a mirar hacia abajo, hacia el lugar por el que ha caído Evan, y luego de nuevo a ella. Lo ha visto, ¿verdad? Ha visto lo que hacía con él. Ha visto hasta dónde puedo llegar.

Aún tengo la pistola entre los dedos, pero cuando me pongo en pie la escondo a mi espalda, sujeta en la cinturilla de mis pantalones, y levanto las manos para que vea que no tiene nada que temer. No la culparía si pensara que mi plan para ganar es simplemente matar a todos los finalistas, que me he cansado y así es como va a terminar todo. Podría haberlo sido, aunque esperaba no tener que llegar tan lejos. La única víctima prevista aquí dentro era Walker. Confiaba en ser capaz de hacer renunciar al resto si era necesario, igual que hice renunciar a Sasha y Asher. Estoy segura de que Bianca se habría roto bajo la presión adecuada, por ejemplo. Estoy segura de que, por mucho que odiase a Walker o pudiera disparar contra alguien, no habría soportado ver un asesinato a sangre fría.

Bianca solo pretendía ser un monstruo para adaptarse a un lugar monstruoso: yo realmente lo soy. Y Dana lo ha visto.

Estoy segura de que me odia. Le dije que todo lo que hiciera sería también por su hermana, pero supongo que una persona como ella no cree que una muerte se compense con otra. No creo que se sienta satisfecha, si ni siquiera yo lo hago. Debe de estar asustada. Debe de querer salir corriendo de este lugar. Se ha dado cuenta de que, en realidad, no sabe nada de mí, como le advertí cuando nos besamos por primera vez. Debe de...

—¿Estás bien?

Su voz sigue sonando trémula, pero es suficiente para que levante la vista hacia ella con un parpadeo lleno de confusión.

Dana se acerca un paso y luego otro, aunque yo me quedo justo donde estoy, conteniendo la respiración.

—He... He escuchado su confesión —continúa ella, con la voz ahogada—. Lo he... Lo he escuchado todo. Lo siento, no ha tenido que ser... Lo siento, Blake. Lo siento.

¿Lo siente? ¿Por mí? He sido yo quien acaba de matar a alguien. No soy mucho mejor que Walker: yo también me he contado las mentiras necesarias para ser capaz de acabar con una vida. Estoy armada y podría contarme alguna mentira más para matarla a ella, ¿no se da cuenta? ¿No es consciente de que he dicho desde el principio que yo llegaría al final, que yo sería Imperial, y que ella es ahora lo único que me impide llegar tan alto?

—¿No estás asustada?

Dana se queda quieta, a muy pocos pasos de mí y, al mismo tiempo, a mil años de distancia. Creo que lo piensa. Creo que valora todo lo que sabe de mí, de nosotras, todo lo que ha visto, y lo pone en una balanza para decidir si debe tenerme miedo o no.

Cuando da un paso más hacia mí, ahí están de nuevo mis ganas de llorar, las mismas que cuando escuchó mi historia y, aun así, se quedó a mi lado.

—Te dije que te escucharía antes de condenarte incluso por el delito más horrible.

Me estremezco. No sé qué ve Dana entonces en mí, pero su rostro se llena de pena y de pronto ya no se acerca con cuidado: se apresura a correr hasta mí y, en un parpadeo, me está abrazando. Yo creo que nunca me había merecido menos este abrazo, pero como soy egoísta e injusta, lo acepto y la estrecho contra mi cuerpo. Me refugio en ella como si me la mereciera.

Como si mereciera también sus palabras de calma, que me dicen que ya ha terminado, que todo está bien, que no pasa nada, aunque sé que son un montón de mentiras. No está bien. No puede estar bien. Nada va a estar bien mientras exista este edificio, mientras existan los Imperiales, mientras existan los Iconos, mientras existan los Testigos. Todos tienen la culpa. Todos...

—Iconos.

La voz de la Emperatriz cae sobre nosotras como un cuchillo. Siento a Dana tensarse entre mis brazos antes de que las dos levantemos la vista, todavía abrazadas. Sadie Craft aparece acompañada del resto de Imperiales en la pantalla. Está sonriendo como siempre, así que imagino que la muerte de Walker no le importa demasiado. ¿Cómo va a hacerlo, si todo esto debe de estar dándole más visitas que nunca? ¿Cuánta gente está mirando?

—Parece que ha habido otra baja —comenta la Emperatriz, como si Evan Walker fuera solo una nota a pie de página—. Silena, querida, ¿cómo te sientes? Tu amiga no pasa a la final, tu antiguo amante ha muerto...

—Lo siento más por Bianca que por Walker —responde Silena con tranquilidad—. Aunque quizá deba alegrarme por Bibi: ¿también la habrías matado a ella, Cooper, si solo hubierais quedado vosotras dos?

Trago saliva y Dana me abraza un poco más fuerte. Decido no responder a la pregunta, quizá porque no puedo estar completamente segura. Si ella se hubiera clasificado y se hubiera negado a rendirse, ¿qué habría hecho yo? Nunca me había planteado nada que no fuera salir de aquí ganando para alcanzar esa maldita mansión desde la que ahora nos miran los Imperiales. Me prometí que haría todo lo que fuese necesario...

El único momento en el que estuve a punto de dejarlo todo fue cuando Dana me besó. Los únicos instantes en los que he querido descansar de una vez, rendirme, dejar de alimentarme de la rabia, han sido con ella. Estos días, bajo nuestro refugio de mantas, podía imaginarme que existía un sitio para mí donde encontrar la paz, ajena al mundo. Es un sitio muy concreto, justo entre su pecho y su cuello, donde ese corazón que me gusta tanto se escucha con fuerza incluso cuando está sangrando.

Dana me hace pensar en volver a la tranquilidad. Me hace recordar esa vida que ya no recuerdo en la que cada día no era solo algo más que tachar en el calendario mientras pensaba cómo vengarme de todo y todos.

—Hay silencios que hablan más que cualquier palabra —se ríe Sadie Craft—. ¿Estarías dispuesta a matar también a tu última contrincante?

Se me seca la boca cuando miro a la Emperatriz. Hay Imperiales a su alrededor que observan desde sus puestos, solo observan, pero también los hay que ni siquiera me miran. Solo unos pocos sonríen.

Al menos sé que ese es mi límite. Supongo que es bueno saber que tengo uno.

—No.

—¿No? ¿Y qué pasaría si te dijéramos que esa es la única forma en la que podrás convertirte en Imperial?

Las palabras nos golpean como si fueran balas. El escalofrío baja por mi espalda y, por un momento, la expresión de horror que recuerdo en Cara se convierte en la de Dana, en mi mente. Veo su cuerpo caer. No, no voy a permitirlo. Otra vez no.

Entre mis brazos, Dana tiembla y yo la estrecho con más fuerza por inercia, o quizá por desesperación. Voy a protegerla, precisamente porque no fui capaz de proteger a Cara. Voy a sacarla de aquí de una vez. Voy a hacer que todo esto se acabe para ella, porque sé que no puede más, que ella también está muy cansada.

—No voy a hacerle nada. A ella no.

—También puedes hacértelo a ti misma, entonces, y darle la victoria.

Me estremezco. Una vez más pienso en mi padre, pero, como con el pensamiento de Cara, entierro su recuerdo. Convertir a Dana en Imperial también sería condenarla. Ella no quiere esa vida, nunca la ha querido. Lo ha dicho muchas veces: solo vino aquí por su hermana. Y su hermana ha muerto. ¿Cómo de cruel sería para ella vivir en un lugar que se lo recordaría cada día?

—Ponednos un último juego y acabemos con esto —replico, en cambio—. ¿No es eso interesante? Un último juego y la que gane llegará hasta vosotros. No tiene sentido alargar...

—No lo estás entendiendo, Blake: te acabamos de explicar el último juego.

Me quedo helada. Sadie Craft sonríe todavía más si cabe.

—Nos has pedido que preparásemos una gran final, pero tememos que nada esté a la altura de lo que has hecho con Walker —continúa la Emperatriz—. Has elegido matar a alguien, y ahora los Testigos se preguntan si serías capaz de volver a hacerlo, ¿no te parece lógico?

No, claro que no es lógico. Es demencial. No pueden obligarme a hacer eso. No pueden... No lo haré. Mucho menos por participar en su juego, por seguir sus normas. He aceptado ya que soy una asesina, que soy un monstruo, pero no voy a ser nada de eso *para ellos*. Ya les he dado suficiente espectáculo, y no quiero ni pensar en que Dana forme parte de él. Ella se encoge todavía más contra mí y yo niego con la cabeza. Creo que estoy sonriendo, pero es solo porque siento que voy a perderme completamente.

—No podéis obligarnos.

—¿No? —Sadie me sonríe y su gesto me recuerda que esta es su competición. Que, aunque he creído jugar con sus reglas, ser más lista que ella, ser más lista que todos, al final los Imperiales siempre son quienes tienen el poder, justo como dijo Walker—. Yo creo que sí.

Del mismo modo que durante la falsa boda de Sasha y Asher un pastel apareció en el centro de la azotea, ahora la azotea se abre para dejar ver un trono como ese en el que se sienta Sadie Craft. Yo retrocedo por instinto, llevándome a Dana conmigo. Ella deja escapar de su garganta un sonido estrangulado lleno de ansiedad.

—¿Lo reconoces, Dana, querida? Es el mismo trono en el que tu hermana se sentó la primera noche. Parecía muy feliz de estar ahí, ¿verdad?

Dana sigue sin hablar, pero no es la única que se queda muda cuando, de pronto, el trono emite el eco de una descarga que nos hace retroceder a las dos. A la Emperatriz, sin embargo, ni siquiera parece importarle. Apoya la cara en una mano y ladea la cabeza.

—En un principio, nuestro trono iba a ser una prueba de dolor, ¿sabéis? Quien aguantara más ganaba. Fácil, sencillo... Pero, al parecer, los Testigos también se han quedado muy impresionados con tu... capacidad de ejecución, Blake.

Una votación aparece en la pantalla. Una pregunta y solo dos opciones.

Dolor o muerte.

Y, con un 64% de los votos, los Testigos han votado muerte. Siento ganas de vomitar.

—Alguien va a tener que sentarse en ese trono esta noche, chicas: podéis decidir entre vosotras quién lo hace y recibe la descarga. Al menos, se sentirá como uno de los nuestros antes de morir. Pero si vosotras no os ponéis de acuerdo..., decidirán ellos.

No. Esto es ridículo. Esto no tenía que acabar así, no puede acabar así. Quiero reírme, quiero convencerme de que es solo una broma de mal gusto, pero entonces la pregunta de la pantalla cambia con una nueva encuesta:

¿Quién debería ser la próxima Imperial?

—Tenéis toda la noche para elegir —continúa la Emperatriz, y creo que nos lo dice tanto a nosotros como a los Testigos—. Y, por cierto, antes de que sintáis la tentación... Nadie puede rendirse. Nadie va a salir de este edificio hasta que tengamos una justa ganadora. Si cuando llegue la mañana no habéis tomado vuestra decisión, el voto de los Testigos lo decidirá todo. La persona que no salga elegida como Imperial morirá.

Mi foto y la de Dana me devuelven la mirada mientras la encuesta se mueve y cambia a toda velocidad. Los Testigos, ahí fuera, votan y votan y votan y votan.

Y yo voy ganando.

Dana

Todas las salidas están bloqueadas. Ni siquiera las ventanas se abren en los apartamentos. La puerta del recibidor, por supuesto, tampoco cede. Blake ha intentado romperle los cristales con su brazo biónico sin ningún resultado. Estamos completamente encerradas, completamente solas.

Y, al mismo tiempo, todo el mundo está aquí, con los ojos puestos sobre nosotras.

Por si no fuera suficiente con la sensación de encierro, hay mil pantallas encendidas a nuestro alrededor. En los pasillos, en los apartamentos, en las zonas comunes... Los Imperiales no nos dejan olvidar la cuenta atrás que han puesto en marcha, igual que no nos dejan olvidar que hay una votación en curso donde cada minuto se reciben miles de votos. Aunque no quiera, la vista se me engancha a las barras junto a nuestros nombres que no se quedan nunca estáticas, a los porcentajes que cambian continuamente; incluso a la cajita que aparece en una esquina de la pantalla, de la que salen corazones, calaveras, rayos y besos.

—No mires.

La advertencia de Blake es un susurro, mientras su mano se aprieta en torno a la mía y me guía por el Edificio, aunque no sé adónde quiere ir exactamente, teniendo en cuenta que no hay escapatoria. Sus dedos me dan un poco de fuerza, aunque estoy segura de que todo el mundo puede notar la ironía que supone que las chicas que tienen que matarse la una a la otra estén intentando cuidarse cuando todo está decidido para ellas.

Lo están disfrutando, ¿verdad?

El piso de Blake está tal y como lo dejamos cuando me marché, hace ya cerca de tres horas. De hecho, el refugio de mantas sigue ahí, aunque Blake se separa en ese momento de mí y va hasta él. Coge una de las sábanas que ha usado para construirlo y la lanza sobre la enorme pantalla donde los resultados siguen transmitiéndose en directo. Eso es suficiente para que podamos descansar de ellos, para que no veamos lo que está ocurriendo.

Una vez cubierta la pantalla, Blake se deja caer en una silla y se pasa las manos por la cara, por el pelo, llena de una desesperación que no le había visto hasta ahora. Está medio de espaldas a mí y eso es suficiente para que yo distinga bajo su chaqueta, contra su espalda, la forma de la pistola con la que ha disparado a Walker en varias ocasiones esta noche. Quizá debería cogerla yo: eso sería mucho más rápido que el sufrimiento que promete el trono. Simplemente tendría que agarrar el arma y ponérmela en la boca. Acabaría con todo; con esta angustia, pero también con el dolor por Liv. Se lo pondría fácil a Blake, después de que ella me haya ayudado tanto estos días. Y sería mi decisión, por fin. Moriría, pero al menos lo haría en mis términos. Por una vez, una cosa en mi vida sería tal y como yo quisiera y no como otros han marcado.

Pero no es cierto. Yo no quiero morir. No me parece justo tener que hacerlo, pero tampoco quiero seguir viviendo con el peso de la muerte de Blake sobre mis hombros. No sé cómo podría hacerlo. En realidad, lo que desearía hacer, si de verdad tuviera libertad para hacer algo...

—Si pudiera, si lo aceptasen, renunciaría.

Las palabras salen de mis labios sin pensar. No sé por qué las digo, cuando no hay nada que pueda hacer al respecto, pero son suficiente para que Blake alce la cabeza y me mire con el rostro descompuesto.

—¿Eres consciente de lo que eso significa? Perderías tu vida, perderías... todo. Si no lo hiciste la semana pasada fue por Liv, ¿no? Para... proteger lo que queda de ella.

Sí. ¿Y para qué ha servido? ¿Para pasarlo mal en directo y que otros disfrutasen de mi dolor? ¿Para formar parte de un espectáculo en el que nunca quise participar?

—Ya he perdido mi vida —murmuro—. Lo he... visto muy claro en cuanto los Testigos me han llevado al último piso. Mientras yo lloraba por mi hermana, mientras deseaba con todas mis fuerzas que no convirtieran su muerte en una función, otros han decidido por mí. ¿Qué haría si volviese a casa? ¿Hacer un directo hablando de cómo fue perderla? ¿Seguir siendo la misma que si ella estuviera? No quiero eso. No quiero...

Se me escapa un sollozo, aunque noto los ojos secos después de tanto llorar. No quiero seguir más guiones. No quiero más cámaras, no quiero más ojos sobre mí. No quiero más juegos, no quiero seguir demostrando que me merezco las cosas que me pasan. No quiero que otros conviertan en suyo cada minuto de mi vida, cada instante importante. No quiero seguir siendo un juguete, un rumor, algo sobre lo que opinar.

He tenido que perder todo lo que realmente me importaba para darme cuenta de que prefiero cualquier otra vida antes que esta.

—No quiero ser Imperial —digo en voz alta, aunque hasta ahora no me atrevía. Ya no me importa si eso hace que gane Blake. Si estoy condenada, al menos que todo el mundo sepa quién soy de verdad. Al menos que ella sí alcance su objetivo—. Nunca lo he querido. Si pudiera volver a empezar, si alguien me hubiera dado la oportunidad de elegir, quizá jamás habría escogido la vida de Icono.

Sé que es fácil decirlo por la desesperación. Sé que es fácil creer que no caería en el juego de clases; que si hubiera nacido como Testigo, nunca habría deseado ser otra cosa. Sé que no funciona así, pero ahora es lo único en lo que puedo pensar: que si fuera Testigo, intentaría que no me importase nada más que mi propia vida. Nunca vería Imperio, porque es una abominación. Todo lo que pasa en este lugar es terrible, y no sé cómo tardé tanto en darme cuenta. Cómo en algún momento pude estar enganchada. Cómo en algún momento pude soñar con entrar aquí. Cómo pudo parecerme atrayente o lógico que los Testigos decidieran qué hacer conmigo.

Incluido si vivo... o muero.

De nuevo pienso que deberíamos decidir nosotras, antes de que nadie escoja qué va a pasarnos. Si me han encumbrado hasta la cima sin merecerlo, ¿quién dice que no puedan seguir haciéndolo ahora, incluso si es en contra de mi voluntad? ¿Quién dice que no puedan lanzarme a una vida que no he pedido, que me hagan desgraciada durante el resto de mi existencia al darme una responsabilidad que no deseo y dejarme con los fantasmas de Liv y Blake respirando en mi nuca?

Blake sufre mientras me mira. La veo más inquieta y angustiada que nunca. Ella, que siempre parece tenerlo todo bajo control y guardarse un as bajo la manga, de pronto se tropieza de bruces con la realidad: los Imperiales siguen siendo los que mandan. Y los Testigos, nuestros verdugos. Hoy más que nunca.

Sus ojos van hacia la pantalla que ella misma ha tapado, pero sacude la cabeza como si quisiera quitarse de encima el pensamiento incómodo de las votaciones. Creo que teme que mis palabras alimenten más a la gente que vota en mi contra. Y supongo que eso es, precisamente, lo que debe de estar pasando. Pero no me importa. No me importa que haya gente que considere que soy una desagradecida, que no sé valorar la suerte que tengo. Quizá sea cierto. Blake al menos ha hecho algo para ser Imperial: no tengo ninguna duda de que mucha gente tiene que estar odiándola por dejar caer a Walker, pero estoy segura de que ha dado más espectáculo del que nadie ha soñado jamás.

—¿Por qué no lo haces, Blake? —susurro—. ¿Por qué no simplemente me...?

—No. Ni lo pienses.

—Pero tenemos que tomar una decisión, y sabes cuál es la lógica. Sabes que ahora soy yo lo único que se interpone en tu camino.

Aunque ni siquiera sé qué camino es ese. No sé por qué quiere ser Imperial, no lo entiendo. ¿Porque Cara estuvo a punto de serlo y se lo arrebataron? No parece suficiente. No cuando Blake era una Desconectada hasta hace poco, y los Desconectados no creen en el sistema. En realidad odia esto, ¿verdad? Ella me lo dijo. Que se enfadó con Cara por querer participar. Entonces, ¿por qué está tan dispuesta a llegar al final...?

Blake se pone en pie, ansiosa, y lanza un vistazo alrededor, a todas esas máquinas con las que ha estado trabajando estas semanas. Nunca me decía qué hacía en realidad cuando no se dedicaba simplemente a mejorar sus prótesis. Siempre decía que podía ser cualquier cosa. Desde un juguete... hasta una bomba.

Trago saliva. Blake siempre me ha dicho que no sé nada de ella, pero de pronto no tengo la impresión de que sea así. Sé lo suficiente. Sé que es alguien dispuesta a todo. Incluso a meterse en el lugar en el que murió la persona que quería. Incluso a besar a una persona que en realidad quiere matar solo para que se confíe.

Cuanto más cerca estás, más daño puedes hacer.

De pronto lo entiendo: Blake no quiere ser Imperial. Blake Cooper, en realidad, quiere destruirlo todo, y cree que la única manera de hacerlo es desde dentro.

Solo que ahora, para llegar justo adonde ella quiere, tiene que pasar por encima de mí. Creo que es consciente cuando vuelve a mirarme. Veo la duda en sus ojos. Veo cómo aprieta los labios y los puños. Y después, tras respirar hondo, se acerca a mí y toma mi rostro entre las manos.

—No voy a perder a nadie más.

Por un momento siento pánico, porque no sé qué significa eso exactamente. No voy a dejar que sea ella la que se rinda, si es lo que está sugiriendo.

—Eres tú o soy yo, Blake.

Pongo mis manos sobre las suyas y entonces, de la manera más inesperada, su expresión cambia. De pronto, la Blake que conozco regresa, más estable, más calmada, más concentrada. Sé qué Blake es esta. La que ha tomado una decisión, aunque ni siquiera puedo imaginar cuál puede ser.

—Todavía nos quedan unas horas.

Quiero preguntarle qué quiere decir, pero sus ojos destellan un momento con alguna emoción contenida que no reconozco cuando se inclina hacia mí. Todas mis palabras mueren en el momento en el que nuestros labios se encuentran. Su boca me pilla desprevenida, igual que lo hace lo voraz que resulta su beso, la desesperación que parece verterse en él.

El estómago se me encoge como si cayera desde lo más alto del Edificio.

Soy yo la que se separa y, como aquella vez en las escaleras, durante un momento, sus labios me siguen de forma instintiva.

—Blake...

Quiero decirle que no es buena idea, que esto no va a ayudarnos de ninguna manera. Que no podemos buscar consuelo en los brazos de la otra por pura desesperación. Me niego a que lo que tenemos, si es que alguna vez hemos tenido algo, se convierta en eso: solo algo a lo que aferrarnos en medio de la tormenta. Me niego a que nos agarremos así, la una a la otra, solo porque no nos queda nada más, porque la situación que vivimos es injusta y estamos frustradas.

Pero ella roza su nariz contra la mía, todavía muy cerca.

—Por favor...

Me estremezco de arriba abajo, porque su súplica es contra mis labios y yo siento cada sílaba como un suspiro que me acaricia la boca. Apenas recuerdo cómo se respiraba mientras sus dedos se cuelan bajo el borde de mi jersey y acarician el hueco de mi espalda. No sé qué me está pidiendo exactamente, no sé qué está pensando, pero sus ojos grises están fijos en los míos y me parece que en ellos hay algo más que desesperación y también hay algo más que anhelo.

He visto esta mirada antes. Hay una idea tras ella, solo que yo no sé cuál es.

Pero sí sé qué pasa por volver a besarme y, cuando lo hace, yo no soy capaz de resistirme otra vez. Sus labios vuelven a los míos y esta vez correspondo sin dudar. Quizá esta ni siquiera sea una forma tan horrible de pasar las últimas horas, después de todo. Quizá tiene sentido que lo último que vaya a hacer en mi vida sea dejarme llevar como no me he dejado llevar hasta ahora, con la chica que me hace sentir libre incluso cuando estamos encerradas en este lugar.

El beso de Blake se convierte en algo todavía más urgente y me arrastra con ella: su mano se aprieta contra mi cintura, yo me abrazo a su cuello. Apenas soy consciente de que nos estamos moviendo por la habitación, porque mis sentidos están al borde del colapso. Me parece demasiado cuando sus dedos reptan por mi espalda, cuando su boca me toca el cuello.

Mis piernas chocan contra el borde de su cama y caigo sentada, con ella todavía muy pegada a mí. Al segundo siguiente, estoy tumbada y ella me devora y yo pienso que nunca he hecho esto, pero no importa porque tiene sentido. Tienen sentido sus dedos sobre mi estómago, la cercanía y el calor que me estalla en el pecho hacia el resto del cuerpo. Noto su rodilla entre mis muslos y, cuando Blake se separa lo justo para mirarme, yo tomo aire. Sus ojos vuelven a estar fijos en mi rostro, sobre mis mejillas ardiendo.

Y de pronto solo puedo pensar en todos los otros ojos que también tiene que haber sobre nosotras, en todos los Testigos que están deseando robarme este momento también. Que nos lo van a robar todo.

El nudo en mi pecho sube a mi garganta y el sentimiento agradable se vuelve algo que detestar.

—Las cámaras... —digo.

Ella se pasa la lengua por los labios húmedos por nuestro beso y asiente, como si hubiera estado esperando justo esas palabras. Creo que no me imagino la forma en la que sus ojos se entornan un poco más, aunque no se apartan de mí. No tengo miedo de ella, nunca lo he tenido, pero sigo sin saber qué está pensando. No es solo en mí, ¿verdad? No es solo en nosotras y en estas caricias. Esto no es solo una despedida.

—Quiero una hora de desconexión —anuncia en voz alta, mientras sus dedos se mueven por mi estómago y se deslizan hacia arriba, lanzando un estremecimiento por todo mi cuerpo cuando rozan mi sujetador.

Se escucha un sonido. Una especie de pitido que relaciono con el momento en el que me trajo hasta aquí después de la prueba de la piscina y me acogió entre sus brazos. Pese a la tensión, mi cuerpo se relaja un poco, porque asocia ese sonido con la libertad.

—Yo también quiero una hora de desconexión —repito un poco más bajo, con la voz más ronca.

Otro pitido. Blake todavía me está mirando cuando suena. La veo respirar hondo. La veo inclinarse esa breve distancia que nos separa, pero su beso, cuando llega, es mucho más suave, mucho más delicado. Nos besamos con los ojos abiertos, mirándonos, lento. Sus manos retroceden entonces: dejan de estar debajo de mi jersey y simplemente suben a mi rostro, dejándome la piel erizada después de que la roce con la punta de sus dedos.

—Una vez te pregunté si escogerías otra vida si te la ofrecieran —murmura muy bajo contra mi boca, sus ojos en los míos—. Nunca me respondiste. ¿Lo harías, Dana? Si yo te ofreciese otra vida, ¿la tomarías?

Trago saliva, pero es la pregunta más fácil que me ha hecho jamás.

—Sí —susurro.

No quiero morir, pero tampoco quiero mi antigua vida: quiero más tiempo con ella. Y me parece muy cruel que no nos vayan a dejar tener más que unas horas. Es justo lo que ella me dijo el otro día: me habría gustado mucho conocerla en otras circunstancias, ver qué podríamos haber sido en otra situación. A lo mejor, nada; a lo mejor..., todo.

Blake suspira contra mis labios.

—No podía permitirme ninguna debilidad aquí dentro. Y entonces apareciste tú.

Lo dice como si fuera una queja, pero a mí, pese a la angustia, pese al dolor y toda la incertidumbre, me hace un poco feliz ser algo tan importante para ella como para ser el único error que se ha permitido en todas estas semanas, aunque sea precisamente eso lo que nos está condenando. La gente ha elegido esta prueba porque se ha dado cuenta de que matarme es lo único que Blake Cooper no es capaz de hacer, ¿verdad?

Lo ha hecho todo, pero no puede hacer eso.

Hay otro beso y yo solo quiero que dure, que se quede cerca, aprovechar esta hora si es lo que tenemos. Pero me pilla con la guardia baja cuando se aparta del todo. Cuando me coge de la mano y tira de mí para que me incorpore.

La miro confusa, pero ella solo presiona su boca contra mi frente y susurra:

—Vamos a buscar esa nueva vida.

Blake

Cuando decidí que entraría en Imperio, tenía claro cuál era mi objetivo. Tenía claro que estaba cansada, que odiaba el mundo en el que vivía, que me sentía sola y aislada, siempre demasiado enfadada. Por supuesto, tenía gente a mi alrededor: los Desconectados son más de los que la gente cree, pero por lo general asumen su rol y se limitan a vivir ajenos a la sociedad. Hay rebeldes, siempre los hay, pero sus ataques suelen ser más bien travesuras para intentar molestar y burlarse de lo establecido: *hackeos*, intervenciones de las conexiones, pequeñas revueltas. Cosas que incomodan, pero que a la hora de la verdad no cambian nada. Porque la cuestión es que no resulta tan sencillo cambiar las cosas: acabar con un sistema no es tan fácil como acabar con la persona adecuada, ni siquiera con la caída del programa adecuado. Pandora es sustituible: para cuando se lanzó al mundo, la diferencia de clases ya estaba ahí, aunque nadie se llamase a sí mismo Testigo, Icono o Imperial. Nuestro mundo lleva mucho tiempo sosteniéndose sobre gente que mira y mira y sigue mirando.

La única manera de que las cosas cambiaran de verdad sería que todo el mundo dejase de mirar, pero nunca va a pasar. No puedes obligar al mundo a cerrar los ojos.

Por eso estaba decidida a ser, al menos, la persona que acabase con la gente adecuada. Porque los sistemas también dependen de símbolos, y si el sistema es difícil de vencer, al menos puedes atacarlos a ellos.

Imperio es un símbolo. Los Imperiales son otro.

Mi plan era acabar con los dos desde dentro. Sin embargo, como no voy a matar a Dana, no llegaré a ser Imperial y, por tanto, no voy a alcanzar a Sadie Craft y a su condenado grupo de élite.

Pero todavía puedo encargarme del Edificio, tal y como siempre he querido.

Este lugar ha destruido a demasiada gente. Es hora de que alguien lo destruya a él.

Nos movemos con rapidez, en tensión, porque no puedo confiar por completo en que el truco de las cámaras funcione con los Imperiales; no puedo creer que no estén mirando. Por eso no hablamos tampoco, porque les resultará más difícil entender qué hacemos si no lo decimos. Ni siquiera tengo claro que Dana lo entienda cuando le paso las cargas de explosivos que he estado creando todas estas semanas con la excusa de trabajar en mi brazo y en mi pierna. A simple vista, ni siquiera parecen bombas, solo pequeñas bolas de metal. Dana las mira con desconfianza, pero me sigue fuera de mi habitación cuando tiro una al pasillo y le indico con gestos que tenemos que hacer eso mismo a lo largo de todos los pisos.

Hay otro pequeño detalle que dista mucho de los planes con los que llegué aquí: el Edificio debía estallar cuando yo estuviera muy lejos de él, coronada ya como Imperial. No contaba con que fuese a hacerlo cuando estuviera encerrada dentro con la única persona a la que no quiero hacer ningún daño.

No estoy segura de que las cargas vayan a funcionar siquiera. Tal vez salga mal: quizá Imperio sea casi indestructible, más de lo que yo misma he calculado jamás; quizá esté diseñado para aguantar muchas cosas.

La conclusión es que, si queremos hacer daño y huir de aquí, posiblemente solo tengamos una oportunidad. Y la oportunidad pasa por reventarlo todo y rezar para sobrevivir. No podemos arriesgarnos a simplemente explotar la entrada y salir corriendo, porque nos cogerán, estoy segura. Probablemente, de hecho, haya vigilantes que vayan a disparar antes de preguntar. Necesitamos que el golpe sea mucho más fuerte. Necesitamos tirar el Edificio por completo..., aunque nosotras sigamos dentro de él.

Si sale mal... Si sale mal, supongo que al menos tampoco les habremos dejado ganar a ellos. Moriremos ambas, no solo una de nosotras, y lo haremos destruyendo este lugar tan preciado para ellos. No me parece una mala manera de acabar con todo.

Nos separamos para soltar las cargas en los distintos pisos y nos encontramos de nuevo en el recibidor, jadeantes. Nadie nos ha interrumpido durante estos minutos, y eso me inquieta. ¿Los Imperiales realmente han dejado de mirar? ¿O simplemente sienten la curiosidad suficiente como para dejarnos hacer lo que queramos? ¿Quizá se están riendo de nosotras sabiendo que, sea lo que sea que estemos planeando, no va a funcionar?

—¿Estás segura de esto? —me pregunta Dana, casi sin voz.

Yo niego con la cabeza mientras, a toda prisa, me pongo a mover los muebles del recibidor hasta un rincón. Ella me ayuda. Igual que hicimos el otro día con mis mantas y sábanas en un intento de protegernos del mundo, ahora intentamos construir un refugio con todo lo que tenemos a nuestro alrededor: dos mesas de metal que creo que pueden ser lo suficientemente fuertes, varios sillones, un sofá que volcamos sin contemplaciones. No tenemos mucho tiempo: en mi visor, una cuenta atrás corre desde el momento en el que hemos pedido el tiempo de desconexión. Imagino que la gente se habrá puesto alarmas. Imagino que los ojos de muchas personas están pendientes de esta noche.

Me apresuro a meterme en el pequeño fuerte que hemos diseñado y extiendo los brazos hacia Dana para que venga conmigo. Ella se acurruca contra mi pecho y dice:

—Te lo voy a volver a preguntar: ¿estás segura? Puedes mentirme. Por favor, miénteme.

Yo trago saliva y apoyo mis labios contra sus cabellos.

—Estoy segura.

—Gracias.

Dana deja escapar una pequeña risa nerviosa, histérica, y a mi pesar, me río también. Es un sonido lleno de ansiedad, ahogado, la clase de carcajada que solo sale cuando en realidad te gustaría echarte a llorar. Dana levanta la cabeza, su sonrisa tirando de su boca aunque tiene los ojos anegados en lágrimas. Solo nos miramos un segundo y volvemos a besarnos a la desesperada. Como antes, en mi cuarto, pero esta vez de la manera más sincera en la que dos personas pueden besarse. Hace un rato, tuve que esforzarme en recordar que no pretendía acostarme con ella, que solo buscaba provocar el apagado de cámaras. Una parte de mí quería desnudarla y tatuarle la piel con la boca y olvidarme incluso de mi nombre. Ahora no es muy distinto: querría poder preocuparme solo de este beso, de la manera en la que se acerca a mí, de lo cómodo que es su cuerpo contra el mío incluso en este pequeño espacio.

Pero no puedo. Hay demasiadas cosas que bullen en mi cabeza, demasiadas posibilidades y miedos. Por eso me alejo un poco y echo la mano hacia atrás, a mi espalda. Tengo que darle una última oportunidad de que se lo piense, al menos. Tengo que ofrecerle de verdad el camino más fácil.

Dana traga saliva cuando pongo la pistola entre sus manos, con el cañón contra mi pecho, y me mira con los ojos muy abiertos. Su sonrisa ha desaparecido por completo.

—Todavía estás a tiempo. No tienes por qué arriesgarte a esto. Sería muy fácil, Dana. Acabaría rápido.

Ella parece torturada por la simple sugerencia.

—Te dije que no iba darte la espalda —protesta, casi como si la hubiera insultado. Aparta el arma de mi pecho y la deja sobre mis dedos. Ni siquiera la mira, porque sus ojos están fijos en los míos y, aunque se la ve aterrada, no hay duda en ellos—. Nunca he tenido la oportunidad de arriesgarme demasiado, pero sé que quiero hacerlo ahora. Y si sale mal..., al menos sabré que fue mi decisión. De nadie más.

Soy consciente de lo que significa eso para ella. Dana jamás ha podido tomar decisiones, no de verdad. Solo me gustaría que esta no tuviera que ser la primera.

Segundos en la cuenta atrás. Dana vuelve a apretarse contra mi cuerpo y yo protejo su cabeza con mi brazo mecánico, por si acaso. Beso su sien una última vez.

—Gracias —susurro, por si es lo último que puedo decirle.

—¿Por qué?

—Por recordarme que yo también podía elegir otra vida.

Una en la que la rabia no sea lo único que importa. Una en la que poder pensar en algo más que en hacer arder un mundo que, de todos modos, nunca iba a lograr vencer.

El pitido de las cámaras al volver a encenderse nos pone en tensión.

—Iconos —dice la voz de la Emperatriz, con suavidad—, ¿a qué creéis que estáis jugando?

Dejo escapar una risa entrecortada. ¿No es obvio?

—A Imperio.

Aprieto el detonador.

TESTIGO

No, no apartes la mirada. Las cámaras de Imperio se han apagado, pero sabes que esto no termina aquí: la competición jamás se va a acabar mientras tú quieras que continúe. Y quieres, ¿verdad? Por supuesto que sí, y eso es, en realidad, todo lo que necesitamos. Con tu ayuda, podemos hacerlo todo.

El año que viene, elegiremos a otros Iconos y, una vez más, el juego volverá a empezar.

Relájate, nada ha cambiado. A veces en Imperio la gente pierde el control, es normal. Blake Cooper y Dana Shifter solo fueron dos Iconos más que no pudieron con la presión, pero nos dieron un buen espectáculo hasta el final. ¿No es trágico? ¿No es hermoso, hasta cierto punto? Decidieron hacer estallar todo antes que matarse la una a la otra, incluso si eso significaba morir las dos. Sí, puede que no se hayan encontrado sus cuerpos, pero ya has escuchado a los expertos: las posibilidades de sobrevivir a una explosión así son bajas, muy bajas. Es una lástima.

La buena noticia es que seguiremos viéndolas. Hay tanto material grabado que, de alguna forma, van a vivir para siempre, ¿no crees?

Blake Cooper y Dana Shifter están muertas, Liv Shifter está muerta, Evan Walker está muerto, pero solo tienes que darle al *play* para que vivan de nuevo.

No te preocupes por el Edificio Imperio: podemos sustituirlo. Construiremos uno nuevo y lo haremos más ancho, más alto, más espectacular. Los juegos serán más grandes, los retos serán todavía más emocionantes, elegiremos a los Iconos perfectos para dar el mejor entretenimiento. Siempre más, más, más. No vamos a parar ahora. ¿No tienes ganas de ver cómo nos superamos? ¿No sientes curiosidad por saber qué más puede pasar?

Así que no, no te preocupes. Aquí tienes los mejores momentos de esta edición, para que vuelvas a ver tus favoritos.

Disfruta.

Y no dejes de mirar.

EPÍLOGO

Imagina un lugar lejos de las ruinas del Edificio, lejos de la ciudad e incluso del extrarradio. Aquí no existen los visores, no existen las cámaras, no existe Pandora ni su caja ni los desastres que parecen aguardar dentro. Aquí no existen los Imperiales, no existen sus juegos; aquí no existen los Iconos, ni siquiera existen los Testigos. Aquí nadie tiene poder sobre ti. Aquí no hay mil ojos que te observen desde todas partes.

Imagina que en este lugar los momentos son para vivirlos, no para venderlos al mejor postor ni para que te los roben y otros los hagan suyos.

Imagina la vista más perfecta del mar desde un acantilado.

Imagina dos chicas frente a ella, sentadas y de la mano. Miran al horizonte, donde el sol se pone, y, aunque han estado a mucha más altura, les parece que es en ese lugar donde el mundo está realmente a sus pies. Una de ellas se ríe, y puede que su risa nunca haya sonado tan alta ni tan libre; la otra la mira con los últimos rayos de luz en los ojos y una sonrisa en la comisura de los labios.

Hay una broma, un beso y varios sueños. Hay un montón de heridas, por dentro y por fuera, y días en los que parece que nunca vayan a sanar.

Pero en momentos como ese, tan sencillos, tan suyos, solo suyos, son felices. Están juntas, están vivas, y eso..., eso puede ser más que suficiente.

No las mires. No quieren que nadie más las mire.

Así que solo imagínalas.

Agradecimientos

Tuvimos la idea para *Imperio* por primera vez hace algunos años, cuando empezamos a plantearnos las redes sociales como un arma de doble filo, además de una herramienta. Por aquel entonces habíamos empezado a sentirnos un poco expuestas, a tener la incómoda sensación de que siempre había mil ojos puestos sobre nosotras. Fue entonces cuando nos imaginamos el Edificio por primera vez. Fue entonces cuando empezamos a pensar en un mundo en el que todo se redujese a la cantidad de gente que te ve, que te consume de alguna manera. Miramos alrededor, pensamos en los distintos perfiles que había en internet, las distintas maneras en las que alguien puede convertir su vida en contenido, con las cosas buenas y malas que eso podía implicar, y decidimos crear a partir de ahí.

Y la verdad es que ha sido una aventura. Esta es, por muchos motivos, una de las novelas que más complicado nos ha resultado escribir. De igual modo, estos son, probablemente, los personajes más cuestionables que hemos escrito jamás, pero los queremos pese a ello. Nos gusta que la mayoría tengan muchos más defectos que virtudes, que lleguen a mostrar lo peor de la gente y, al mismo tiempo, (ojalá) podáis empatizar con ellos. Por motivos legales, sin embargo, os tenemos que recordar que no sigáis su ejemplo, incluso si acabáis en un concurso donde todo está permitido.

Precisamente porque esta historia ha sido de las difíciles, tenemos claro que no podríamos haberla hecho sin mucha gente que decidió entrar en Imperio desde el principio.

Gracias a Esther, Mer y Loy, por leer siempre con tanta ilusión y animarnos con vuestras reacciones en directo: sois nuestras Iconos favoritas y nunca dejaríamos de veros.

Gracias a Myriam, que nos ha repetido por activa y por pasiva que esta es nuestra mejor novela y ha creído en ella más incluso que nosotras mismas: te perdonamos por tener el peor gusto posible para elegir personaje favorito.

Gracias a Marina, también, por todos sus mensajes mientras leía y por adoptar a Liv Shifter como si fuera suya. Ella también te quiere a ti, y se volvería loca leyendo tus libros.

Por descontado, esta historia nunca habría podido llegar a ti sin un montón de Imperiales que se han encargado de que todo salga a la perfección: gracias a todo el equipo de TBR por creer en la historia desde que les hablamos de ella y por cuidarnos tan bien, a nosotras y a todos los concursantes de *Imperio*. Gracias a nuestra editora, Paloma, por todos sus comentarios y por ayudarnos a pulir el manuscrito hasta tener su mejor versión posible. Gracias también a Andrea y Sergio, por motivarse y motivarnos tanto: es un placer trabajar con vosotros.

Pero, sobre todo, gracias a ti por llegar hasta aquí. Del mismo modo que los Iconos no son nada sin gente que los mire, los libros no tienen sentido sin gente que los lea, así que gracias por darle una oportunidad a este.

¿Nos sigues mirando?

¿SABES YA CUÁL ES TU PRÓXIMO LIBRO?

Si te ha gustado esta historia y no puedes esperar para seguir leyendo, visita nuestra web y redes socicles para estar al tanto de todas las novedades TBR:

Nos vemos en tu próxima lectura